Guide
Musée Fabre

rmn

musée fabre
montpellier agglomération

Montpellier Agglomération

Musée Fabre
39, boulevard Bonne Nouvelle
34000 Montpellier

tél. 04 67 14 83 00
fax 04 67 66 09 20
www.montpellier-agglo.com

Réservations :
public.museefabre@montpellier-agglo.com

Informations générales :
musee.fabre@montpellier-agglo.com

Station tramway : Comédie ou Corum

Illustration de couverture :
Frédéric Bazille, *La Vue de village*, 1868.
Voir n° 175.

ISBN : 2-7118-5129-4
GK 39 51 29

Préface

Après quatre années de travaux, le musée Fabre rouvre enfin ses portes : héritage du riche passé de Montpellier et témoignage de la générosité de ses illustres donateurs (Fabre, Valedau, Bruyas...), cette institution entre dans le XXIe siècle dotée d'un bâtiment rénové offrant au public tous les équipements et services qu'il est en droit d'attendre d'un musée moderne.

Les architectes bordelais Lajus, Pueyo, Brochet et le Montpelliérain Nebout, choisis pour mener à bien ce qui a constitué l'un des plus grands chantiers muséaux de France, ont fait le pari d'un projet résolvant les multiples difficultés techniques dans un total respect du site. Cette rénovation a permis de repenser ce bâtiment complexe, pétri d'histoire, et de valoriser un patrimoine d'exception enfin restitué dans toute sa cohérence et sa diversité. De cette transformation, un musée d'un nouveau type est né, ouvert sur l'accueil des publics, convivial et doté de toutes les nouvelles technologies. Le musée Fabre constitue aujourd'hui un véritable lieu de vie et d'accès à la culture où les visiteurs peuvent redécouvrir l'importante collection de peintures, sculptures, objets d'art décoratif et dessins dans toute sa splendeur. Il a aussi été conçu comme un équipement exemplaire quant aux critères de conservation et de présentation des chefs-d'œuvre légués par les générations passées.

Le musée Fabre, dont la surface d'exposition a été plus que doublée et portée à 7 000 m², a également retrouvé une unité et une meilleure logique de parcours, à travers un itinéraire que chacun peut parcourir à son rythme, émaillé d'espaces de repos et de documentation où l'on trouve des écrans multimédias, des fiches, des plaquettes et des guides spécialisés ou non, selon sa demande.

Autre fait remarquable, l'édification d'un pavillon neuf a permis de créer une ouverture sur l'art contemporain, notamment à l'occasion de la donation exceptionnelle de vingt toiles consentie par Pierre Soulages, faisant de notre musée le lieu où l'œuvre peint de cet artiste majeur sera le plus visible et le mieux représenté.

La rénovation totale du musée Fabre a nécessité un investissement de 62,7 millions d'euros et elle a permis à ses chefs-d'œuvre de regagner le rang qu'ils méritent, celui d'une des toutes premières collections de beaux-arts en France et en Europe, confortant ainsi la place de Montpellier Agglomération comme cité culturelle européenne.

Georges Frêche
Président de Montpellier Agglomération
Président de la Région Languedoc-Roussillon

Les auteurs

Sylvain Amic, conservateur du Patrimoine

Jérôme Farigoule, attaché de conservation

Michel Hilaire, conservateur en chef du Patrimoine,
directeur du musée Fabre

Olivier Zeder, conservateur en chef du Patrimoine

Sommaire

Le musée Fabre : une passion de collectionneurs

Dans la riche constellation des musées français, le musée Fabre se détache nettement par la qualité de ses collections de peinture, accumulées au fil du temps par quelques collectionneurs avisés, toujours issus de la région et fiers de contribuer à créer, en dehors de Paris, un musée exemplaire. L'important projet de restructuration qui s'achève vient couronner plus de deux siècles d'efforts pour promouvoir les arts dans la capitale administrative du Languedoc. Au siècle des Lumières, Montpellier connaît une vie intellectuelle intense au travers des institutions prestigieuses comme l'université de Médecine et la Société royale des sciences. La ville se transforme, et l'on assiste à d'importants travaux d'urbanisme, notamment avec l'aménagement de la Place royale du Peyrou : arc de triomphe de Daviler, en 1692, aqueduc de Saint-Clément (Henri Pitot), château d'eau, terrasses, escaliers (dus à J. A. Giral) et groupes sculptés des meilleurs artistes parisiens, Clodion, Pajou, Julien et Moitte. Montpellier est au XVIIIe siècle, avec Toulouse, la capitale de la province du Languedoc. Siège du gouvernement général, de l'intendance, de la Cour des comptes, la cité devient ville administrative en accueillant à partir de 1736 les États du Languedoc. De grands personnages, tels que le gouverneur, l'intendant, les conseillers ou de fastueux seigneurs, qui se font construire de beaux hôtels, y forment une société brillante. On assiste à la montée en puissance d'une élite éclairée qui entend promouvoir les arts dans la ville sur le modèle de l'Académie royale de peinture, architecture et sculpture de Toulouse créée en 1750. Dès 1778, une quarantaine de « curieux », amateurs d'art ou « connaisseurs » se rassemblent sous le patronage du maréchal duc de Biron, gouverneur du Languedoc, dans le but de créer un établissement utile au public montpelliérain. Les plus grands noms de la ville et de la province y figurent : le vicomte Marie-Joseph de Saint Priest, intendant du Languedoc, Nicolas-Joseph Marcassus, baron de Puymaurin, Philippe Laurent de Joubert, trésorier de la Bourse des États du Languedoc, Gourgas et Bazille, négociants, Bazille, orfèvre, Riban, parfumeur du roi et ami de Pajou qui séjourne chez lui de 1792 à 1794. Les membres de la Société des beaux-arts, instituée début 1779, sollicitent à plusieurs reprises le tout-puissant surintendant des Bâtiments de Louis XVI, le comte d'Angivillier afin d'obtenir « l'autorisation des règlements » et la reconnaissance du pouvoir royal. D'emblée, la Société, organisée selon une hiérarchie très stricte – associés fondateurs, associés honoraires, associés domiciliés – se fixe deux objectifs principaux : le développement de l'enseignement artistique et la promotion des arts par le biais d'expositions. Des cours gratuits de dessin sont dispensés dans les locaux de l'ancien collège des Jésuites, vacants depuis l'expulsion de l'ordre en 1764. Une fois par an, en hiver, durant la tenue des États du Languedoc, la Société organise des expositions qui sont autant d'occasions de montrer les travaux des professeurs, des élèves, mais aussi les œuvres puisées dans les meilleurs cabinets privés. L'organisation de ces expositions est confiée à un personnage incontournable de la vie culturelle de Montpellier à la fin du XVIIIe siècle : Abraham Fontanel. Né à Mende vers 1750, ce dernier s'installe à Montpellier en 1773, où il obtient une maîtrise de libraire. Sa boutique, rue du Gouvernement, dénommée « Le Rendez-vous des Artistes » devient vite le point de ralliement de tous les « curieux » de la ville. Homme de goût respecté, Fontanel prend une part active dans la création de la Société des beaux-arts en tant que gardien de la collection de « plâtres, estampes et dessins », embryon en quelque sorte de la future collection municipale. Il est aussi en relation avec les meilleurs artistes du temps, comme Greuze ou Houdon avec qui il correspond et qui envoie à Montpellier dès 1779 plusieurs morceaux, parmi lesquels un buste en plâtre de Molière et un grand écorché. Fontanel est l'auteur des deux catalogues conservés des expositions de la Société en 1779 et 1784. Le public a pu y admirer des œuvres en provenance des cabinets montpelliérains comme ceux du marquis de Saint-Priest, de Sanilhac, de Gourgas, de Riban et de Fontanel lui-même, qui prête son portrait par le peintre Duplessis de Carpentras (Montpellier, Pénitents-bleus), *Une jeune fille* par Greuze, et la terre cuite du morceau de réception de Julien, le *Gladiateur mourant*. Bien vite, des rivalités financières et personnelles vont miner les projets de la Société qui est dissoute en 1787. Les écoles sont alors incorporées, toujours avec le soutien des États du Languedoc, à l'école des Arts, Ponts et chaussées. Fontanel demeure conservateur de la collection, et le peintre Jean-Jacques Bestieu continue son enseignement. Sous la Révolution, un Muséum du département se constitue grâce aux toiles héritées de la Société des arts (*Bacchus et Ariane* de François de Troy, deux *Marines* de Vernet) et à l'afflux de nombreux tableaux saisis dans les églises et les couvents de la ville, provisoirement entassés au collège des jésuites et à l'hôtel de Claris pour « servir à l'instruction publique ». En 1796, l'École centrale de Montpellier annexe l'école des Arts et sa collection, dont Fontanel conservait toujours la charge. Le 22 nivose an VI (11 janvier 1798), Marc-Antoine Bazille, négociant, président de l'administration centrale de l'Hérault et arrière-grand-père du peintre, réclame au gouvernement l'attribution de tableaux provenant des collections nationales afin « d'exalter l'émulation des élèves, leur inspirer le goût du beau et développer en eux le germe du talent ». Sa requête restera lettre morte, et Montpellier fut oublié du fameux décret Chaptal instituant les quinze premiers musées de département (1er septembre 1801). Ce n'est que l'année suivante, grâce à l'intervention de Bestieu, que Montpellier est enfin doté par arrêté consulaire (3 septembre 1802) d'un envoi d'une trentaine de tableaux avec une belle série de morceaux de réception à l'Académie royale de peinture et de sculpture allant de 1665 à 1759 (Monnoyer, Coypel, Silvestre, Dandré-Bardon, Trémolières, Natoire, Deshays, Pierre) et quelques tableaux d'histoire comme ceux de Palma le Jeune (*Massacre des habitants d'Hippone*), Preti (*Un prophète*), Bourdon (*Déploration sur le Christ mort*), Raoux (*Vestale portant le feu sacré*), Vien (*Saint Grégoire le Grand)* et Coypel (deux grands tableaux provenant de la célèbre galerie d'Énée du Régent au Palais-Royal). Ainsi se constitue sous l'Empire un modeste musée municipal qui change plusieurs fois de localisation de la rue des Étuves à la rue Embouque d'or (hôtel de Manse) en 1811, puis dans l'hôtel de Belleval, siège de la mairie en 1816. Fontanel, quant à lui, anime une autre institution bien distincte de la première, la galerie Fontanel-Matet, sorte de musée privé, avec salon de lecture et salle de concerts. En 1802, on y inaugure le fameux *Voltaire assis* de Houdon. Le musée municipal, amputé de nombreux tableaux à cause des restitutions de la Restauration n'aurait pas pu, à lui seul, assurer la gloire de Montpellier, si n'était intervenue, contre toute attente, l'action d'un enfant du pays passé par les écoles de la Société des beaux-arts : François-Xavier Fabre.

Du lauréat du prix de Rome au baron Fabre, directeur du musée

D'origine modeste, Fabre reçoit une éducation classique soignée et fréquente les écoles de la Société, qui ouvrent leurs portes en avril 1779. Il bénéficie du soutien du peintre Jean Coustou qui le recommande à Vien (Montpelliérain lui aussi, rentré de Rome en 1781, après son directorat à l'Académie) et de celui de Philippe Laurent de Joubert, personnage clé du monde culturel montpelliérain. En 1783, Fabre quitte Montpellier pour Paris et entre dans l'atelier de David, l'un des plus novateurs du moment. Il ne fait pas de doute que les membres de la Société fondent de grands espoirs dans Fabre (présent en 1784 au Salon montpelliérain) et suivent de près le déroulement de ses études dans la capitale. Le 16 janvier 1786, Vien écrit à Coustou : « Je suis sûr que le jeune Fabre étudiera avec chaleur et grand profit ; ce jeune homme fera son chemin, je ne le perds pas de vue. » Dans l'atelier de David, Fabre côtoie des élèves plus âgés comme Wicar et Drouais, qui obtient le grand prix en 1784, et d'autres, admis au même moment, comme

Girodet. Une atmosphère d'émulation tenace règne parmi les élèves. Fabre remporte le grand prix en 1787 (*Nabuchodonosor fait tuer les enfants de Sédécias sous les yeux de leur père*), devant Girodet, qu'il accuse d'avoir bénéficié de conseils extérieurs. Une brouille durable s'installe entre ces deux artistes parmi les plus brillants de l'atelier de David. Après un passage triomphal à Montpellier, Fabre gagne Rome, où Ménageot vient d'être nommé à la tête de l'Académie. Fabre se montre un élève studieux, parfaitement à l'aise dans l'institution académique ; ses progrès sont constants et, encouragé par le directeur, il se tient prêt pour occuper la place laissée vacante par Drouais, disparu en 1788. Les événements politiques vont bouleverser une carrière qui commençait sous les meilleurs auspices, avec des commandes prestigieuses (de Joubert pour les Pénitents bleus de Montpellier; du comte d'Angivillier) et un triomphe au Salon parisien de 1791, avec *La Mort d'Abel* et *Suzanne et les vieillards*. Début 1793, Fabre fuit Rome pour Naples au moment où l'Académie est mise à sac, puis gagne Florence où règne un climat de paix, plus propice aux arts. L'ascension de Fabre en Toscane fut rapide grâce à sa rencontre et à son amitié avec deux des plus éminents personnages de la ville ; le poète Vittorio Alfieri et son égérie, Louise de Stolberg, comtesse d'Albany. Dès le mois de juillet, Fabre entreprend leur portrait (musée des Offices). Originaire de Mons, dans les Pays-Bas autrichiens, la comtesse avait été mariée à vingt ans à Charles Edouard Stuart, prétendant au trône d'Angleterre. Le couple vit à Rome dans le palais Muti, place des Saints-Apôtres, soumis au protocole qu'exige leur statut de souverains *in partibus*. C'est en 1776 que Louise rencontre Alfieri, issu d'une vieille famille piémontaise. En butte aux tracasseries d'un mari alcoolique et violent, elle engage une procédure de divorce qui aboutira en 1783, avec le consentement du Vatican et grâce à l'appui du roi de Suède Gustave III. Le couple s'installe à Paris en 1785, au moment où Fabre concourt pour la première fois pour le Grand prix, mais en vain (*Horace tuant sa sœur Camille*). La comtesse est au centre d'un brillant salon littéraire et artistique où se croisent les beaux esprits du temps : Beaumarchais, André Chénier, Mme de Staël, les antiquaires d'Agincourt et d'Hancarville, ce dernier lui servant de *cicerone* à travers la capitale. En août 1792, devant la tournure dramatique que prennent les événements, le couple parvient à fuir de justesse Paris et, à la fin de l'année, la comtesse s'installe à Florence au palais Gianfigliazzi, sur les bords de l'Arno. Fabre devient rapidement le portraitiste attitré d'une société brillante et cosmopolite de passage en Toscane. Après 1798, une fois le succès venu, il se livre à sa passion de collectionneur et d'expert, laquelle ira grandissante. Le peintre s'enracine à Florence où il occupe la première place, et renonce en son for intérieur à faire une carrière parisienne. Il se consacre de plus en plus à sa collection et achète en 1817 un petit palais dans le quartier de Santo Spirito, où artistes et amateurs viennent le visiter. En 1824, Fabre hérite des biens de la comtesse, décédée le 29 janvier, et songe à concrétiser son projet en discussion depuis 1822 (date d'un bref séjour à Montpellier) de faire don de sa collection à sa ville natale. Plus d'un tenta de l'en dissuader, comme son ami Bertin, directeur du *Journal des débats* qui lui écrit : « Vous fonderez à Montpellier une très belle galerie, mais non pas des yeux pour la voir. La peinture succombera sous la médecine. » Fidèle à sa patrie d'origine à laquelle il doit son éducation, il s'adresse au maire de la ville, le marquis Dax d'Axat, le 5 janvier 1824 : « Je possède en Italie un nombre considérable de tableaux anciens et modernes, de livres, estampes, dessins et autres objets d'arts, dont je me propose de faire hommage à la commune de Montpellier [...] J'ai toujours désiré que cette collection ne fût point désunie, et j'ai pensé que le meilleur moyen d'assurer son intégrité serait de la consacrer à l'utilité publique. » Le conseil municipal, réuni en conseil extraordinaire, accepte ce don généreux le 7 janvier, ainsi que les conditions du donateur, notamment l'obligation de lui construire un musée pour abriter ses richesses et de l'assurer d'en disposer sa vie durant. Un musée est installé dans l'hôtel de Massilian, partiellement remanié par les architectes de la Ville, Fovis et Boué, sous le regard exigeant du donateur. Ce dernier élabore la façade du musée selon un modèle toscan et fournit les dessins de la rampe d'escalier, des chambranles et des corniches des plafonds. Pour le décor des salles et de ses appartements, Fabre s'adresse, sur les conseils de son ami Réattu d'Arles, à un artiste suisse italien, Thomas Baroffi. Celui-ci élabore pour la galerie des peintures une frise de grands griffons, une patte posée sur un candélabre, d'après un modèle puisé par Fabre dans le *Cours d'Architecture* d'Augustin Charles d'Aviler. Le musée fut officiellement inauguré le 3 décembre 1828. L'événement fit grand bruit localement, comme nationalement. Le maire Dax d'Axat laisse éclater son enthousiasme « Une nouvelle école va prendre naissance ; les pinceaux de Bourdon et de Vien vont être ressaisis. » Le vieux peintre, malade de la goutte mais couvert d'honneurs – il est fait baron par décision royale – déploya une énergie sans relâche jusqu'à sa mort en 1837 pour parfaire l'institution qu'il avait fondée et qui réunissait, outre le musée, une école de dessin et une bibliothèque, riche du fameux fonds d'ouvrages provenant du poète Alfieri. Digne héritier de Fontanel, Fabre fondait tous ses espoirs dans cette école des Beaux-Arts qui devait aujourd'hui, comme naguère, réveiller les arts dans la cité où, enfant du pays, il avait choisi d'achever sa vie. La réunion de toutes ses richesses en un même lieu (surtout tableaux et bibliothèque), outre qu'elle permettait au donateur d'en jouir commodément sa vie durant, devait aussi garantir l'intégrité, le caractère unique et le prestige de la collection. Dans l'ensemble, les goûts de Fabre, assez traditionnels, vont aux écoles d'Italie, de la Renaissance au XVIIe siècle (Raphaël, Salviati, Allori, Cigoli, Guerchin, Dolci...), aux Français du XVIIe (surtout Poussin, son dieu) et à ses contemporains, marqués comme lui, par l'esthétique davidienne (Meynier, Desmarais, Girodet, Gauffier, Boguet...). Peu porté vers le naturalisme des écoles du Nord, il s'intéresse cependant aux paysagistes italianisants (Swanevelt, Wijck, Asselijn, Moucheron) qui complètent avec bonheur les Français et les Italiens. À ce panorama viennent s'ajouter les propres tableaux de l'artiste, dont plusieurs pièces essentielles couvrant tous les genres depuis l'histoire, le portrait et le paysage. Conscient des lacunes qui subsistaient dans sa collection, Fabre n'eut de cesse de poursuivre les achats, en particulier grâce à la rente de 1 000 francs instituée par Jean-Pierre Collot, ancien directeur de la Monnaie à Paris. Ainsi, plusieurs tableaux nordiques (point faible du fonds) font leur entrée au musée (Ryckhals, Rubens, Hondius, Bloemaert, Berckheyde...). À la mort de Fabre dans son appartement du musée, la donation de 1825 fut complétée par un legs comprenant une centaine de tableaux et autant de dessins encadrés ainsi qu'une somme de trente mille francs destinée à construire une galerie nouvelle au musée dans un délai de deux ans. Pour parachever son œuvre et prévenir tout détournement, Fabre nomme un directeur à vie, le marquis de Nattes, issu d'une vieille famille rouergate, qui s'employa durant son long directorat à maintenir le musée dans un statut semi-privé, en tentant de le couper de la création de son temps.

Antoine Valedau et les écoles du Nord

Le geste généreux de Fabre créa indéniablement une émulation parmi les amateurs et collectionneurs. Parmi ceux-ci, on relève un Montpelliérain d'origine, Antoine-Louis-Joseph-Pascal Valedau (1777-1836), dont on cerne mieux aujourd'hui la personnalité depuis la découverte de son inventaire après décès. Parvenu encore jeune dans la capitale, Valedau se constitue une belle fortune comme fournisseur aux armées de la République avant de devenir agent de change vers le début de l'Empire. Actif, excellent gestionnaire, Valedau ne cessa, sa vie durant, de s'intéresser aux affaires, achetant en 1818 des terres près de Montpellier et, en 1820, le château de Bièvres, dans la vallée de Chevreuse, miroir de l'ascension sociale de l'amateur, maire, la même année et jusqu'en 1830, de la commune. Mais c'est dans sa résidence parisienne, située rue Basse-du-

Rempart, dans le premier arrondissement, qu'il installe ses inestimables collections, qui montrent un goût plus varié que ce que l'on a bien voulu dire parfois. Certes, les écoles du Nord prédominent, avec le rassemblement de tableaux rares arrachés à un prix souvent élevé : Teniers, Rubens, Wouwerman, Steen, Potter, Mieris, Metsu, Dou, Ruisdaël... Mais à côté de cela, on trouve plusieurs tableaux français comme *La Halte de bohémiens* de Bourdon, l'ensemble des Greuze de belle qualité comme *Le Gâteau des rois, La Prière du matin* et *Le Petit Paresseux,* provenant de la collection Duclos du Fresnoy vendue en 1795, plusieurs exemples d'œuvres d'artistes contemporains comme Girodet, Prud'hon, Swebach, Demarne ou encore Taunay, des tableaux des écoles étrangères comme les *Ruines antiques* de Pannini et le *Petit Samuel* de Reynolds, l'un des premiers exemples de peinture anglaise dans une collection française. L'amateur appréciait aussi, comme le prouvent ses albums de dessins, les petits maîtres néoclassiques et préromantiques comme Ciceri, Brascassat, Deveria, Révoil, Granet, Michallon, Isabey, Bonington, Fielding, Charlet, Gudin, et aimait s'entourer de beaux objets d'art, vases grecs, coupes, figurines de marbre, bronze antiques ou florentins. S'il ne fait pas de doute que dès la période de l'Empire, la confortable fortune de l'amateur lui permit de se livrer à sa passion de collectionneur, il n'est pas toujours aisé de préciser les dates et le rythme des acquisitions. On constate seulement que plusieurs chefs-d'œuvre de Dou, Ter Borch, Van Ostade, Metsu entrèrent à une date tardive, après 1820, dans sa collection. Certains de ses achats très convoités avaient une provenance illustre comme le Dou (*La Souricière*), passé entre les mains de Valerius Röver, du Langrave de Hesse et de l'Impératrice Joséphine à Malmaison, ou encore le Rubens (*Allégorie religieuse*) qui avait appartenu à Dominique Vivant-Denon, directeur du Muséum.

Très complémentaires de celles de Fabre, ces collections constituaient une aubaine pour le jeune musée de Montpellier. On ne connaît pas exactement quelles étaient les dispositions réelles de Fabre vis-à-vis de la collection Valedau. Au moment de la donation, Fabre, âgé, devait craindre pour sa propre entreprise et redouter dans son for intérieur que l'exiguïté des locaux n'entrave l'exposition de sa collection dans sa totalité. Selon les propres termes du testament olographe du 11 février 1836, Valedau offrait ses collections, désirant ainsi pouvoir s'associer « aux vues bienfaisantes et généreuses du Fondateur de ce musée dans ma ville natale ». Valedau étant mort le 7 décembre 1836, le conseil municipal, mené par le maire Granier, accepte la donation le 29 décembre 1836 et dégage les crédits nécessaires à son installation au musée. À l'instigation de Fabre, déjà bien malade, la ville commande en février 1837 le buste du nouveau donateur à Emilio Santarelli, lequel utilise un portrait dessiné de Valedau exécuté par Cazals, professeur de dessin. À la mort de l'artiste en 1837, la collection Valedau est installée dans les anciens appartements du directeur, rendus au musée. Le « cabinet nordique » de Montpellier devint vite célèbre, et les chroniqueurs du XIXe siècle ne manquèrent pas une occasion de le citer en termes louangeurs.

L'époque intermédiaire

Les goûts relativement traditionnels de Fabre et de son successeur, le marquis de Nattes (directeur à vie du musée), la rigueur du règlement, l'exiguïté des locaux ne permirent pas au musée de s'ouvrir à l'art de son époque, à l'exception notoire de quelques envois de l'État, comme *La Mort de Charles IX* de Monvoisin, *La Mort d'Abel* de Rémond, ou encore *Le Sang de Vénus* de Glaize, commenté par Baudelaire dans son premier Salon. La vie culturelle locale se résume, comme ailleurs en France, aux activités de la Société des amis des arts, fondée en 1845, qui s'efforce de soutenir l'art contemporain en organisant des expositions où se mêlent artistes locaux et artistes parisiens. Parmi les membres les plus actifs de la Société, on compte Jean-Joseph Bonaventure Laurens, agent-comptable de la faculté de médecine, dessinateur-lithographe, botaniste, fin connaisseur de musique, qui accueille Liszt à Montpellier en 1844, ainsi que Jules Renouvier (1804-1860), inspecteur des monuments du département, critique et historien d'art talentueux, passionné par l'Italie. Ces beaux esprits de la ville se retrouvent dans le salon de Madame Marès, riche veuve mère de quatre enfants qui accueille et favorise les talents naissants comme Alexandre Cabanel (qui fera son portrait en 1851) et Jules Laurens (frère cadet de Bonaventure et futur ami et confident de Bruyas), tous deux issus de l'atelier de Charles Matet. Ce dernier, fils d'un peintre miniaturiste de la ville a étudié grâce au soutien de la ville dans l'atelier parisien de Hersant de 1820 à 1825 avant d'être nommé professeur à l'école des Beaux-Arts en 1827. À la mort de Fabre, il prend en main le musée et l'école des Beaux-Arts. Portraitiste modeste et prolifique de la bonne société montpelliéraine de la monarchie de Juillet et du Second Empire, Matet ne semble pas en mesure de renouveler en profondeur la prestigieuse institution voulue par Fabre.

La « solution » d'Alfred Bruyas

Le mérite revient à Alfred Bruyas d'avoir fait entrer le musée dans l'ère moderne. Né en 1821 dans une famille de banquiers, Bruyas montre très tôt des dispositions artistiques, fréquente brièvement l'atelier de Matet et devient, dès sa création en 1845, un des actionnaires les plus actifs de la Société des amis des arts, y exposant à l'occasion de l'exposition inaugurale son portrait, précisément par Matet. De santé fragile (il est atteint d'une tuberculose pulmonaire), passionné par les arts, Bruyas visite l'Italie en 1846, fréquentant à Rome le milieu de la Villa Médicis et son compatriote Alexandre Cabanel, prix de Rome en 1845. Il passe commande à son ami du fameux triptyque *Albaydé* ; *Un penseur, jeune moine romain* ; *La Chiaruccia,* qui inaugure son activité de connaisseur et de mécène. À son retour à Montpellier, Bruyas s'enthousiasme pour un autre de ses compatriotes, Auguste Glaize, en lui commandant des toiles mettant en scène sa vie intime et familiale : *Intérieur du cabinet d'Alfred Bruyas* (1848), le *Burnous,* dans lequel le jeune dandy exhibe un châle offert par son ami le peintre Jules Laurens à son retour d'Orient, et enfin le *Olim, souvenir des Pyrénées*, souvenir d'une excursion sur la route des eaux près de Perpignan. De plus en plus à l'étroit dans la vie provinciale, en butte à l'hostilité de sa famille, Bruyas quitte Montpellier vers la fin de l'année 1849 pour Paris, où il séjourne durablement jusqu'en 1853. Il se mêle avec passion à la vie artistique de la capitale, partageant son temps entre les musées, le Salon, les boutiques des marchands et les ateliers des artistes. Dès 1850, il pose à deux reprises pour Thomas Couture et donne libre cours à sa frénésie d'achat d'artistes vivants : Corot, Diaz, Hervier, Guignet, Millet, Marilhat, Rousseau, Troyon, Fromentin... Surtout, il s'empare coup sur coup de chefs-d'œuvre de Delacroix, chef de file des romantiques, toujours contesté, mais célèbre : *Exercices militaires des Marocains* ; *Daniel dans la fosse aux lions* ; *Michel-Ange dans son atelier* et l'admirable *Femmes d'Alger dans leur intérieur.* Toujours à la recherche de talents nouveaux, Bruyas se tourne vers Octave Tassaert qui vient de triompher au Salon de 1850-1851 avec sa *Famille malheureuse*, inspirée d'un passage des *Paroles d'un croyant* de Lamennais. Il multiplie les achats et les commandes, portraits, scènes de genre, allégories (*Ciel et enfer*). Dans *L'Atelier du peintre,* le mécène occupe une position prédominante au centre de la toile et affirme ainsi son rôle essentiel dans le processus d'élaboration de l'œuvre au rebours de l'iconographie traditionnelle. Le séjour parisien de Bruyas avait coïncidé avec les débuts fracassants d'un inconnu originaire d'Ornans en Franche-Comté : Gustave Courbet. La rencontre véritable avec le chef de file des réalistes a lieu au Salon de 1853 : Bruyas se porte acquéreur des *Baigneuses*, qui viennent de provoquer un scandale par leur naturalisme agressif (« Voilà enfin l'art libre, se serait-il écrié selon Champfleury, ce tableau m'appartient ! »), et aussi d'une deuxième toile, elle aussi contestée, quoique dans une moindre mesure, *La Fileuse endormie*. Bruyas teste son nouveau prodige en lui commandant son portrait, dit *Tableau-solution,* qui scelle entre les deux hommes un pacte d'amitié. Celui-ci signifiait avant tout pour le peintre le triomphe de ses tendances artistiques, encore contestées, en toute indépendance tant morale qu'économique, et pour le mécène le soutien à un art libre, capable de réconcilier toute la société française, sans oublier l'enrichissement et la promotion de sa propre collection. Après avoir caressé un temps le projet de montrer sa galerie à Paris aux côtés des œuvres de Courbet, Bruyas regagne le Midi vers la fin de l'été, non sans avoir invité l'artiste à venir le rejoindre. Leur correspondance traduit bien le climat de fièvre et d'enthousiasme qui caractérise les mois précédant le voyage. Courbet arrive en Languedoc en mai 1854 et y demeure jusqu'en septembre. Il est vite introduit dans le clan Bruyas, ses parents, sa sœur, ses amis comme Tissié ou François Sabatier, riche propriétaire passionné d'art contemporain et de musique. Courbet travaille exclusivement pour Bruyas et réalise plusieurs chefs-d'œuvre : *La Rencontre,* véritable icône de la modernité du XIXe siècle ; *Bord de mer à Palavas*, qui célèbre sur le mode lyrique la découverte de la Méditerranée ; l'*Autoportrait au col rayé* qui sera repris, l'année suivante, dans l'*Atelier* du musée d'Orsay. Pour l'Exposition universelle de 1855, Bruyas prête *La Rencontre* qui excita la verve des caricaturistes, au désespoir de sa famille. *Les Baigneuses*, quant à elles, figuraient dans l'exposition rivale montée par Courbet : *Du Réalisme. G. Courbet* ; *Exposition de quarante tableaux de ses œuvres.*

Après les événements de l'année 1855, Bruyas adopte clairement une position de repli, causée en grande partie par l'aggravation considérable de son état de santé en 1856. Le mécène ralentit ses achats et songe à entreprendre, grâce au concours du critique Théophile Silvestre, la rédaction du catalogue de la galerie, vaste projet qui s'étirera pendant des années pour rester inachevé à la mort du mécène. Le second séjour de Courbet à Montpellier en 1857 n'a pas la ferveur du précédent, et Bruyas, blessé par un article publié dans *La Revue des Deux Mondes* par Champfleury, ridiculisant sa personnalité et sa collection, prend désormais ses distances et renonce à soutenir les tendances les plus avant-gardistes de la peinture de son temps. Après la mort de son père en 1863, le collectionneur songe de plus en plus à imiter ses compatriotes Fabre et Valedau, en offrant ses prestigieuses collections au musée de sa ville. Le 14 septembre 1868 Bruyas écrit au maire de la ville Jules Pagézy : « J'ai le bonheur de posséder divers tableaux des meilleurs peintres contemporains et comme j'ai toujours pensé que les œuvres de génie, appartenant à la postérité, doivent sortir du domaine privé pour être livrées à l'admiration publique, je viens aujourd'hui offrir ma galerie à la ville de Montpellier, voulant ainsi concourir dans la mesure de mes forces au développement du progrès artistique. » Le conseil municipal accepte la donation le 27 octobre 1868 et exprime, à travers son maire, sa reconnaissance : « Votre galerie est depuis longtemps hautement appréciée dans le monde artistique. Elle est l'œuvre d'une intelligence élevée, d'une persévérance qui ne s'est jamais démentie et de sacrifices pécuniaires considérables, répondant à toutes les exigences. Elle présente un ensemble de chefs-d'œuvre dont notre Musée aura le droit d'être fier, au milieu des richesses dont il est déjà en possession… » Bruyas, nommé conservateur à vie, contrôle l'installation de sa collection dans trois salles du musée dont il fixe rigoureusement le plan d'accrochage. Souvent aidé de Silvestre, il s'emploie alors à combler certaines lacunes en demeurant fidèle à Delacroix et en s'ouvrant à certaines figures historiques du XIXe siècle (Gros, David, Géricault, Delaroche, Ingres, Gérôme). Dans l'ensemble, Courbet dominait moins, même si le mécène (à la différence de Silvestre) continuait d'admirer son art et à se tenir discrètement informé, par le biais de son ami Laurens, de la poursuite de sa carrière. En 1866, Bruyas fait l'acquisition d'une toile, *Solitude*, belle version d'un thème particulièrement cher à l'artiste qui le répéta à plusieurs reprises (Paris, musée d'Orsay, Toulouse…). La publication du catalogue, étalée sur de longues années avait pour mission de faire connaître bien audelà des frontières de Montpellier cette collection et aussi le grand dessein de Bruyas, unique en son temps, de constituer une galerie montrant l'évolution de l'art au XIXe siècle. « Votre Galerie c'est vous-même, écrivait Silvestre à Bruyas en 1872, Vous êtes incarné en elle ; elle est incarnée en vous... Cette galerie, c'est toute votre vie. » Cette même année 1872, Bruyas offrait à la Ville sa bibliothèque et trouva encore le temps, avant de mourir le 1er janvier 1877, de compléter le don de 1868 par un legs important fait en vue de « fournir aux jeunes artistes des éléments d'instruction et d'appréciation plus faciles et plus sûrs en présence des diverses manières de nos grands peintres modernes ».

Le long directorat d'Ernest Michel

Le 1er juillet 1871, Ernest Michel est nommé conservateur du musée et un peu plus tard directeur et professeur de dessin à l'école des Beaux-Arts. Contre toute attente, cet élève de Matet puis de Picot et de Cabanel, Grand prix de Rome en 1860 (*Sophocle accusé par ses fils devant l'aréopage*), ancien condisciple de Jules Massenet à la Villa Médicis, de santé plutôt fragile, prit très au sérieux sa tâche. C'est lui qui réorganisa les collections agrandies par les dons successifs et logées trop à l'étroit dans le bâtiment primitif. Dès 1866, l'architecte de la ville, Cassan, avait soumis des plans d'agrandissement qui seront finalement réalisés en 1878 en bordure de la rue Montpelliéret et de l'esplanade. C'est ce nouveau musée que découvrent Van Gogh et Gauguin en décembre 1888, admirant particulièrement les tableaux de la collection Bruyas : « Dis cela à Degas, écrit Van Gogh à son frère Théo, que Gauguin et moi avons été voir le portrait de Brias [*sic*] par Delacroix à Montpellier, car il faut hardiment croire que *ce qui est*, et le portrait de Brias par Delacroix nous ressemble à toi et à moi comme un nouveau frère. » Conscient de la richesse des collections, Michel entreprend la publication d'un catalogue en 1879 puis à nouveau en 1890 avec les fac-similés des signatures de nombreux artistes dont la parution coïncide avec les fêtes du VIe centenaire de l'université de Montpellier et la venue de Sadi Carnot, président de la République. Après la mort du marquis de Nattes en 1881, directeur désigné par Fabre, Michel se retrouve enfin seul à la tête du musée. Malgré le manque chronique d'espace, les collections continuaient de s'enrichir par des dons : Bonnet-Mel (1864) ; Canonge (1870), pour les dessins ; Chaber (1875, 1876, 1878), avec notamment le *Portrait d'homme* de Bernin ; Leenhardt (1892), avec *Prisonnières huguenotes à la tour de Constance* ; Bouisson-Bertrand (1893), avec arts décoratifs, tableaux français du XVIIIe siècle, œuvres nordiques ; Anterrieu, maire de Gigean (1894), avec une trentaine de tableaux et d'aquarelles ; Cabanel (1880), avec *Phèdre*, présenté au Salon à Paris en 1880 et spécialement destinée par son auteur au musée de sa ville natale ; Castelnau (1894), avec en particulier les fameuses *Garrigues du pic Saint-Loup* ; Bazille (1898), avec *Le Héron aux ailes déployées* et la *Vue de Castelnau* offerts par madame Gaston Bazille ; des achats comme, en 1884, *Antiochus et Stratonice* d'Ingres, en 1889, *Vénus et l'Amour* d'Allori et *Les Lutteurs* d'Émile Friant, en 1895, la *Vénus victorieuse* de Cabanel, en 1900 le *Portrait du Cardinal de Bonsy* du Dominiquin. Outre ses activités de conservateur, Michel s'occupe sans relâche de l'école des Beaux-Arts qui obtient une reconnaissance nationale et poursuit sa carrière de peintre décorateur – à la cour d'assises en 1880 (*La Cour des aides, comptes et finances de Montpellier, réunies en une seule cour par Richelieu en 1629*, qui lui vaut la Légion d'honneur), à l'Opéra en 1888 (grand foyer avec *La Voie lactée* et escalier d'honneur), au palais universitaire de Montpellier en 1888 (*Le Panthéon universel*) –, et de portraitiste mondain dans la lignée de Matet et enfin de peintre religieux (cathédrale Saint-Pierre, église Saint-Roch).

Le musée Fabre au XXe siècle

Au début de l'année 1902, Michel se retire après trente et un ans de service, et la Ville nomme Georges d'Albenas, âgé de 75 ans, et issu d'une vieille famille languedocienne d'amateurs et d'érudits. Ce dernier s'emploie, malgré l'exiguïté des locaux, à retoucher l'accrochage en créant des ensembles plus harmonieux, à classer la masse des dessins et à publier un nouveau catalogue avec des reproductions phototypiques qui connaîtra plusieurs rééditions (1904, 1910, 1914). En 1911, la Ville décide enfin de transférer la mairie, permettant ainsi à la bibliothèque et au musée d'envisager la conquête de nouveaux espaces. Après la mort d'Albenas en 1914, pour la première fois, un universitaire est nommé, André Joubin, chargé des cours d'histoire de l'art à la faculté des lettres de Montpellier. La fermeture du musée à cause de la guerre lui permet de réorganiser les collections et surtout de poursuivre le nécessaire travail d'inventaire, en particulier dans le domaine des documents graphiques. Un remarquable catalogue avec bibliographie, s'inspirant de ceux de Nantes et du Louvre, est publié en 1926. André Joubin prône une nécessaire ouverture à l'art moderne, longtemps négligé, depuis les géniales intuitions d'Alfred Bruyas. Après le départ de Joubin de Montpellier en 1920, le peintre Auguste Privat, ancien élève de l'école des Beaux-Arts et de Cabanel, lui succède. Entre les deux guerres, grâce à l'action de Pierre Azéma, adjoint aux Beaux-Arts, le musée s'engage dans une politique d'achats et de dépôts en direction de l'art moderne. Ainsi plusieurs œuvres des Peintres de la Réalité poétique font leur entrée dans les collections (Brianchon, Cavaillès, Oudot, Legueult, Limouse, Terechkovitch...), mais aussi de façon plus audacieuse en 1938, Suzanne Valadon (*Route dans la forêt de Compiègne*) et, l'année suivante, Friesz (*La Foire à Rouen*) et Van Dongen (*Portrait de Fernande Olivier*). La Ville confie alors le soin à l'architecte Bernard d'aménager des espaces pour les modernes en couvrant une cour de l'hôtel de Massilian. Tandis que les travaux se poursuivent, les chefs-d'œuvre de la collection sont montrés en 1939 à l'Orangerie à Paris, puis à Berne. Cette mémorable exposition, dont le catalogue est dû à Michel Faré et Henri Baderou, avec une préface de Paul Valéry, constitue pour le musée une vraie consécration nationale. René Huyghe, conservateur du département des Peintures du musée du Louvre, insiste dans l'avant-propos du catalogue sur la richesse des collections : « Encore leur nombre était-il si abondant qu'il a fallu procéder à un choix rigoureux et que cette galerie, malgré le prélèvement considérable que nous venons d'y faire, est à même de rester ouverte aux visiteurs et de leur proposer encore mainte pièces intéressantes. » L'éclatement du second conflit mondial, l'évacuation des collections (au château de Meyrueis en Lozère) entravèrent quelque peu la mutation encore timide, qu'était en train d'opérer le musée. En 1943, Henri Matisse, déjà présent au musée avec la *Nature morte aux couteaux noirs* présentée au Salon d'automne de 1904, offre la belle série de *Thèmes et variations*. Au même moment, Pierre Soulages, originaire de Rodez, élève de l'école des Beaux-Arts installée au rez-de-chaussée du musée, s'imprègne des collections, en particulier des Espagnols – Campana, Zurbarán – des Courbet et des Delacroix de la collection Bruyas. Au lendemain de la guerre, Jean Claparède (conservateur de 1945 à 1965 mais ayant débuté son travail au musée dès 1939) entreprend un rigoureux travail d'inventaire et d'étude des fonds (notamment la collection de dessins du XIXe siècle). Souvent conseillé par le peintre François Desnoyers, il s'attache aussi à ouvrir le musée à l'art moderne en achetant notamment des œuvres de Robert Delaunay (*Nature morte portugaise*) et d'André Lhote (*Collioure*). En 1956, la lumineuse *Vue d'Aigues-Mortes* de Bazille est acquise localement. Le fonds ancien n'est pas oublié, comme en témoigne l'achat, en 1964, de l'exceptionnel *Vertumne et Pomone* du Montpelliérain Jean Ranc. Par la suite, plusieurs expositions, grâce notamment à l'action de l'adjoint à la Culture, Georges Desmouliez (*Vieira da Silva*, 1971 ; *Poliakoff*, 1974 ; *Soulages*, 1975), plusieurs dépôts du MNAM en 1979 (Estève ; Poliakoff ; Soulages) et achats (*Ménerbes* de Nicolas de Staël, en 1982, *Sans titre* de Viallat, en 1981, *Place d'Aix, hommage à Auguste Chabaud* de Bioulès, en 1982 ...) tenteront d'ancrer définitivement le musée dans l'art de son temps.

L'avenir du musée Fabre

Les travaux d'agrandissement du musée ont, bien sûr, permis la création de fonctionnalités nouvelles incontournables aujourd'hui (centre de documentation, librairie, auditorium, restaurant...). Mais ils offrent surtout la possibilité de mieux présenter une collection exceptionnelle profondément renouvelée et enrichie. De nombreuses œuvres exhumées des réserves ont pris place au sein du parcours (Preti, Le Lorrain, Vien, Lagrenée, Bellel, Doré, Couture, Troyon, Cabanel, Desboutin...). Plusieurs achats de la Communauté d'agglomération avec l'aide du FRAM (Fonds régional d'acquisitions pour les musées) et de l'Association des amis du musée Fabre ont permis de renforcer et d'éclairer sous un jour nouveau telle ou telle séquence. Pour la partie ancienne, il convient de citer plusieurs noms : Pietro da Rimini, avec une *Nativité et Annonce des bergers* qui vient rejoindre la *Dormition de la Vierge*, donnée par Fabre en 1825, autre fragment d'un même retable aujourd'hui démembré ; Stella, avec une rare *Sainte Famille* datant de la fin de son séjour italien ; Bourdon, avec une *Lamentation sur le Christ mort*, superbement colorée et pathétique ; Dughet, beau-frère et élève de Poussin, avec *Le Paysage au bon Samaritain*, empreint d'une sève naturaliste et déjà préromantique ; Blanchard, avec une *Madeleine pénitente* sensuelle et baroque qui dialogue opportunément avec la *Sainte Marie l'Égyptienne*, fiévreuse et décharnée, du Napolitain Ribera ; Raoux, Montpelliérain encore trop méconnu, qui illumine l'art de la Régence (*Le Jugement de Salomon*) ; Vien (deux superbes esquisses de jeunesse, *Le Frappement du rocher* et *Osa frappé de mort*) ; Fabre, avec des portraits (*La Comtesse d'Albany, Laurent de Joubert*), des paysages (*Paysage au moine lisant*) et surtout un rare et inédit tableau d'histoire réalisé à Florence en 1799, *Le Retour d'Ulysse* ; Pajou, si étroitement lié à Montpellier (*Portrait de Jean-Baptiste Riban*) ; Hillemacher, *Clotilde de Surville*, du Salon de 1853, dans lequel figurait aussi Courbet avec les *Baigneuses*. Plusieurs chefs-d'œuvre de Frédéric Bazille sont entrés depuis 2002 dans la collection, contribuant ainsi à faire du musée Fabre un lieu de référence pour la connaissance de l'œuvre de ce peintre précurseur de l'impressionnisme (*Jeune Homme nu couché sur l'herbe, Petite Italienne chanteuse des rues, Bouquet de narcisse,* enfin *Ruth et Booz*, testament artistique de l'artiste en 1870).

L'art du XXe siècle n'a pas été oublié, avec la constitution d'un fonds d'œuvres autour d'Hantaï et du mouvement Supports-Surfaces dont plusieurs acteurs sont originaires de la région : Viallat (belle série de toiles depuis 1966), Bioulès, Cane, Dezeuze, Pincemin, Devade. Hantaï, installé en France en 1949, est représenté par plusieurs pièces fondamentales : *Sans titre*, 1958 ; *MMIII*, 1964, qui fait partie des *Panses* ; et enfin, *Blanc*, 1974, don récent en mémoire du galeriste Jean Fournier.

Autre pôle essentiel pour le musée : la constitution d'un fonds Germaine Richier. Liée à la région par ses origines languedociennes, passée par l'école des Beaux-Arts de Montpellier, Richier est partie poursuivre son apprentissage à Paris en 1926, dans l'atelier de Bourdelle : *Loretto I*, œuvre de jeunesse, appartient à la période dite « réaliste », mais préfigure à bien des égards les distorsions expressives à venir, comme la *Chauve-souris* (1946) en bronze doré et l'*Araignée* (1946), première œuvre de la série des sculptures à fil. Enfin, *La Montagne* (1956-1957) vient de faire l'objet d'un redéploiement de dépôt de la part du MNAM.

À la suite de la rétrospective Jean Hugo de 1995, le musée a souhaité évoquer l'œuvre de cet artiste intimiste et inclassable, qui vécut aux portes de Montpellier, dans la propriété familiale du mas de Fourques à Lunel. Plusieurs achats et dons de la famille ont enrichi le fonds de toiles précoces et fondatrices, comme *L'Imposteur* de 1931 ou *La Baie des trépassés*. Des achats récents illustrent la veine décorative et fantastique, teintée de mélancolie, qui contraste avec la période parisienne plus brillante et mondaine du peintre : *Le Puits*; le *Mois de Marie* et *Saint Antoine demandant son chemin à un centaure*.

Le goût pour le paysage et le classicisme de Hugo permet de tisser des correspondances secrètes avec la collection ancienne du XVIIe siècle français à Fabre lui-même.

Grâce à plusieurs dépôts consentis par les musées nationaux, l'image de la collection a pu être renouvelée, et certaines lacunes comblées. D'abord le musée du Louvre, avec plusieurs grandes toiles brillamment restaurées pour la réouverture qui permettent de témoigner de la grande peinture d'histoire sous l'Ancien Régime : *Énée et Achate apparaissant à Didon* de Charles Coypel évoque la fameuse galerie d'Énée du Régent au Palais-Royal à Paris. Ce décor, un des sommets de l'art du Grand Siècle, malheureusement détruit en 1781-1783, est en partie reconstitué à Montpellier avec les deux toiles envoyées par l'État en 1804. L'immense *Baptême du Christ* de Jean Restout vient opportunément renforcer la première moitié du XVIIIe siècle assez mal représentée au musée. Ce carton de tapisserie appartenant à la *Tenture du Nouveau Testament* aux accords raffinés de jaune et de bleu illustre le dynamisme de la peinture religieuse au XVIIIe siècle de la part d'un des peintres les plus brillants de sa génération, neveu du grand Jean Jouvenet.

Énée dans l'embrasement de Troie (1784-1785) de Suvée rend présente à Montpellier la grande peinture d'histoire de goût antiquisant dans les années qui précédent la Révolution et qui correspondent aussi à la période de formation de Fabre dans l'atelier de David.

Le musée d'Orsay s'est associé généreusement à la rénovation, en consentant de déposer à Montpellier des toiles de Bazille et de ses contemporains afin de marquer l'importance du fonds Bazille pour la compréhension du mouvement impressionniste à ses débuts. Enfin, l'apport majeur du MNAM a permis de renforcer l'ensemble des tableaux modernes autour de la couleur de 1905 à 1920 (Chabaud, Camoin, Delaunay, Gontcharova...).

Prolongeant la tradition des donateurs – amateurs ou artistes – qui ont fait le musée, Pierre Soulages a offert en novembre 2005 au musée un ensemble exceptionnel d'œuvres retraçant son parcours depuis 1951 jusqu'à aujourd'hui. Associé depuis l'origine au projet de rénovation du musée, il a toujours manifesté un attachement particulier pour la collection ancienne. Sur près de 600 m², les 20 toiles de la donation, la douzaine du dépôt sont présentées avec une mise en valeur particulière des œuvres d'après 1979, les fameux « outrenoirs ». La donation consentie au musée Fabre a enrichi de façon éclatante la section consacrée à l'art contemporain en même temps qu'elle permet de constituer un pôle de référence pour la connaissance de l'œuvre de Pierre Soulages, sans équivalent ailleurs.

Tous ces apports réalisés durant la longue période de fermeture du musée ont été faits dans le souci constant de respecter l'esprit général de la collection, en cherchant à renforcer les ensembles déjà existants plutôt qu'à vouloir combler les inévitables lacunes de tout grand musée de région français. Le musée de Montpellier, grâce au discernement et au goût de ses pères fondateurs, pouvait déjà s'enorgueillir de posséder de belles séries d'artistes qui scandaient fortement le parcours. Chacun gardait en mémoire les noms fameux de Teniers, de Bourdon, de Greuze, de David, de Fabre, de Delacroix, de Courbet, de Cabanel ou de Bazille. C'est donc autour de ces axes que nous avons travaillé en cherchant toujours à conserver l'image d'un « musée de peinture » que la donation Soulages est encore venue renforcer. Au terme de ces importants travaux, le musée de F.-X. Fabre, magnifié dans ses espaces comme dans sa lumière, tout au long d'un parcours majestueux ou au contraire intimiste, s'impose désormais comme l'une des toutes premières collections de beaux-arts en France et en Europe.

Michel Hilaire
Directeur du musée Fabre

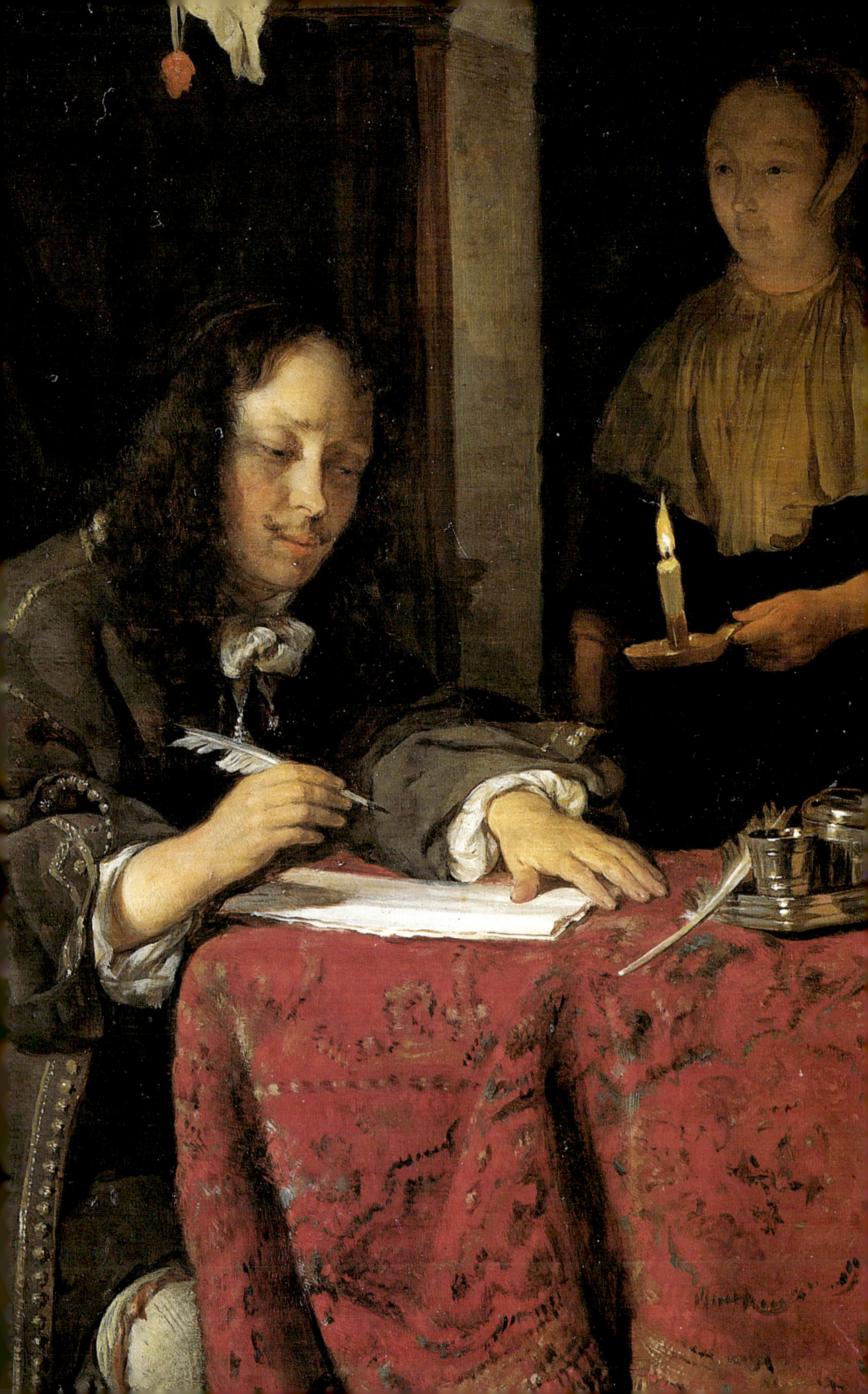

XVIIe siècle

Peinture flamande et hollandaise

1 et 2

PIETER PAUL RUBENS (Siegen, 1577 – Anvers, 1640)

Portrait du peintre Frans Francken l'Ancien

Vers 1615 • Huile sur bois • 47,0 × 61 cm (ovale) • Achat de la Ville, 1833, inv. 833.1.1

Allégorie de l'Autriche catholique attaquée par des princes protestants

Vers 1620-1622 • Huile sur bois • 51 × 66,5 cm • Legs Antoine Valedau, 1836, inv. 836.4.52

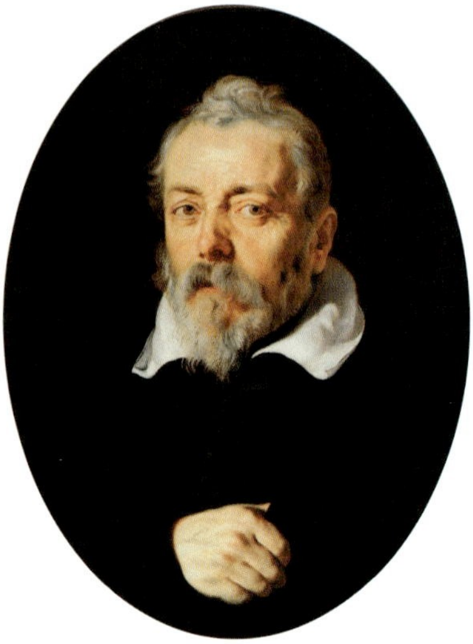

Rubens fait vers 1615 le portrait de l'un des peintres d'histoire anversois appelés « romanistes » auxquels il succède en quelque sorte après son retour d'Italie : Frans Francken l'Ancien (1542-1616). Membre d'une éminente dynastie de peintres dont le plus connu est son fils Frans le Jeune (1581-1642), il représente une tradition sur laquelle Rubens s'est appuyé et qu'il a totalement renouvelée.

Ce portrait plein d'empathie témoigne du respect de Rubens. Antoine van Dyck s'en servira d'ailleurs comme modèle pour la gravure de son recueil de portraits de ses illustres contemporains paru en 1636 et augmenté en 1645, *L'Iconographie*. D'une forte plasticité, peint de manière plus large, avec un coloris plus vif et lumineux, des ombres plus claires et plus nuancées que dans les toutes premières années de son retour d'Italie, d'une grande mobilité de traits qui rendent bien la vie et l'esprit, ce tableau est l'un des rares portraits de Rubens des collections publiques de province (Aix-en-Provence, Nîmes, Troyes et Tours).

Quelques années plus tard, vers 1622, Rubens esquisse ce *modello* d'une œuvre inconnue dont le sujet est longtemps resté mystérieux avant d'être identifié avec assez de certitude comme une allégorie d'un fait historique de la guerre de Trente ans : l'Autriche catholique attaquée en 1619 par des princes protestants, alliés des Turcs. Gabor Bethlen (1580-1629), prince de Transylvanie et Henri Matthias von Thurn, comte de Bohême (1580-1640) dirigent à cheval leurs troupes, secondées par un cavalier maure, qui accablent l'Autriche, personnifié par la femme assise sur la sphère symbolisant le pouvoir impérial : elle regarde pour trouver aide et réconfort des anges porteurs de la Croix, du calice et des clés de saint Pierre. Les catholiques seront finalement sauvés par le général Charles de Longueval, comte de Bucquoy : Rubens a peint d'ailleurs aussi le modèle pour son portrait commémoratif gravé.

Le blanc très dilué esquisse les formes sur le fond brun-jaune appliqué sur la préparation claire ; quelques empâtements pour les lumières, quelques notes de couleurs suffisent ensuite à rendre avec le maximum d'intensité une scène d'un mouvement organique tout rubénien.

O.Z.

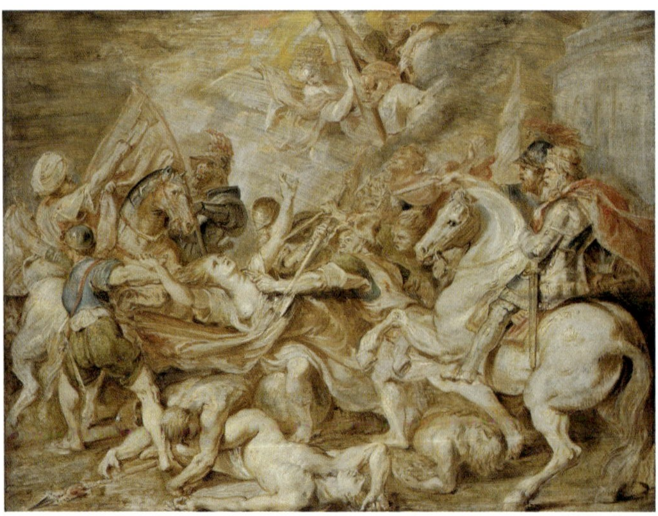

3 et 4

DAVID TENIERS (Anvers, 1610 - Bruxelles, 1690)

Tabagie (L'homme au chapeau blanc)

Vers 1644-1645 • Huile sur bois • 48 × 69 cm • Signé en bas à droite : *D. Tenier, F.* • Legs Antoine Valedau, 1836, inv. 836.4.66

Paysage au château

Vers 1652 • Huile sur toile • 80 × 114,5 cm • Signé en bas à droite : *D. Teniers F.* • Legs Antoine Valedau, 1836, inv.836.4.61

La *Tabagie*, dite *L'Homme au chapeau blanc*, date de la meilleure période de l'artiste alors détaché de l'influence des gueuseries truculentes et sarcastiques d'Adriaen Brouwer. Les paysans occupés à leur divertissement favori, fumer et boire, semblent détendus, parfois perdus dans leur rêverie, comme le vieil homme en bleu. La monumentalité des figures, le dessin précis et économe participent à cette impression de pondération et d'équilibre dans les plaisirs. Le camaïeu gris et brun est relevé de rares touches de couleurs bleu, blanc et rouge : au XVIIIe siècle, ce tableau était célèbre sous le titre de *L'Homme au chapeau blanc*. Teniers a multiplié dans les années 1640-1650 les scènes de tabagie, variant à l'infini les compositions et le coloris (*Joueurs de cartes* conservé au musée des Beaux-Arts de Strasbourg, au Louvre (1645).

Teniers est aussi un grand paysagiste dès les années 1640 dans ses kermesses, fêtes champêtres, paysages au château. On a longtemps cru que le château représenté était celui qu'il possédait dans le Brabant mais il reste non identifié, même si on le reconnaît dans des paysages conservés à Anvers (musée royal des Beaux-Arts), Dresde (Gemäldegalerie) et dans un beau dessin conservé à Londres (Institut Courtauld). En revanche, il est très probable que ce soit Teniers lui-même, en rouge, et sa femme Anna Bruegel, petite-fille du grand Pieter Bruegel (vers 1525-1569) qui soient en visite : on les revoit dans de nombreux paysages au château, comme dans celui que conserve la Dulwich Picture Gallery à Londres.

Teniers peint une scène d'une sérénité idyllique où les figures et le château, isolé par l'étang et comme enchâssé, s'intègrent à merveille dans un paysage balayé de lumières fuyantes et argentées, au ciel mobile et changeant, typique du Brabant. O.Z.

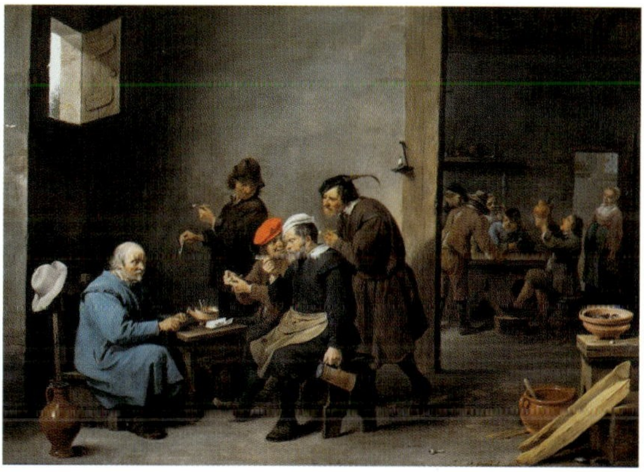

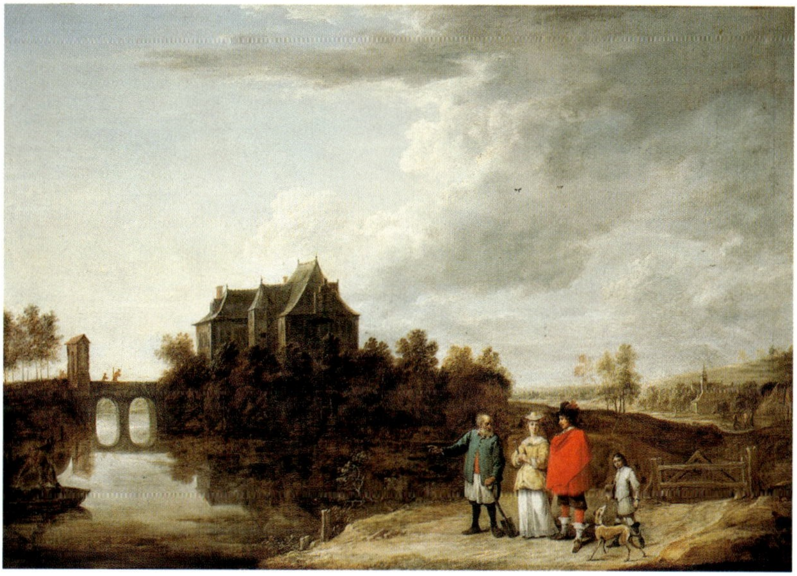

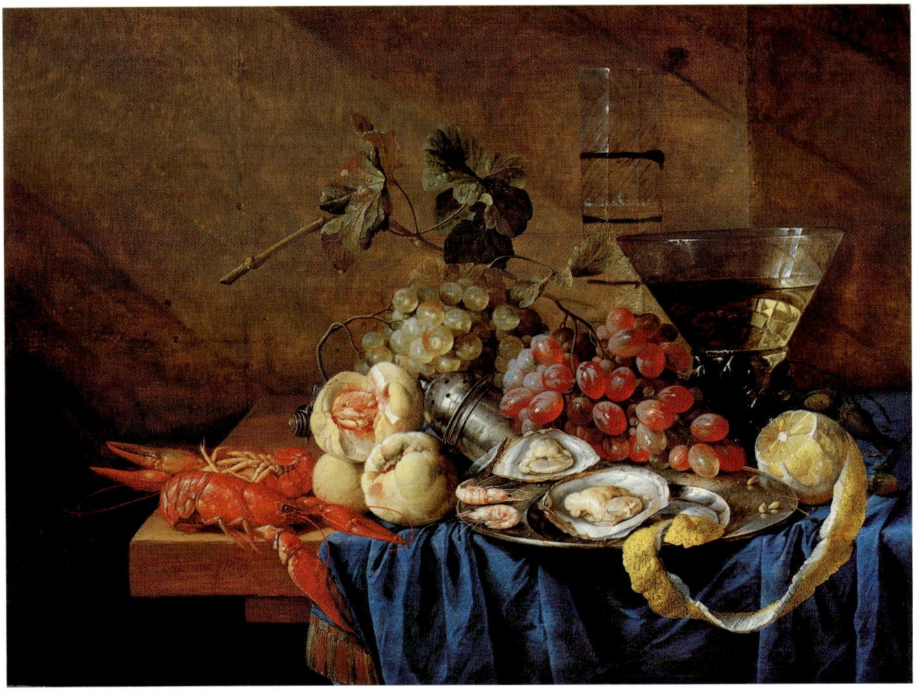

5
CORNELIS DE HEEM (Leyde, 1631 – Anvers, 1695)

Nature morte de fruits et de fruits de mer

1659 • Huile sur bois • 46,5 × 64,4 cm • Signé daté en bas à gauche : *J.D. de Heem f. 1659* • Legs François-Xavier Fabre, 1837, inv. 837.1.38

La nature morte anversoise est dominée par les fortes personnalités de Frans Snyders (1579-1657) et de Jan Davidsz de Heem (1606-1683 / 1684). Ce dernier insuffla à ses luxueuses tables servies, peintes avec une précision et un illusionnisme tout hollandais, le dynamisme rubénien des œuvres de Snyders. L'un de ses fils, Cornelis de Heem, est l'un des meilleurs continuateurs de son art. Son va-et-vient entre les villes d'Anvers, d'Ijsselstein, près d'Utrecht, et de La Haye témoignent des relations et influences réciproques entre les Pays-Bas du Sud et du Nord, fréquentes et fructueuses, en dépit des guerres et de l'antagonisme religieux.

Cette nature morte de 1659 date de sa meilleure période : touche souple et précise, relevée d'empâtements peints dans le frais, composition équilibrée et dynamique dont les éléments sont reliés entre eux de manière organique. La gageure que constitue le rendu des différentes matières, des transparences était estimée comme telle en son temps mais on voyait aussi dans ses natures mortes une signification plus profonde : la vanité du plaisir pris à savourer tous ces mets savoureux mais des plus périssables qui nous rappellent que nous sommes mortels ; vanité aussi de cette virtuosité du peintre qui s'attache à rendre la beauté de ces choses matérielles et fragiles. Dans certaines œuvres moralisantes, le citron est symbole de l'amertume de la vie, la pêche celui du péché, l'huître considérée comme aphrodisiaque, celui du plaisir charnel. Le raisin et le vin du Rhin contenu dans le beau *roemer* à cabochons symbolisent parfois le sacrement de l'Eucharistie et seraient là pour rappeler le Salut.

O.Z.

6

DANIËL SEGHERS (Anvers, 1590 – Anvers, 1661)

Guirlande de fleurs avec l'apparition de la Vierge à l'Enfant à saint Léopold

1647 • Huile sur cuivre • 117,5 × 97,5 cm • Signé daté en bas à droite : *D. Seghers. Soc. Tis JES/1647* • Dépôt de l'État, 1892, inv. D892.3.1

La collaboration sur une même œuvre de plusieurs peintres spécialisés est une habitude courante en Flandre au XVIIe siècle. Cette spécialisation dans des sujets précis et très variés (figures, fleurs, animaux, paysages, architecture) répond à un engouement pour la représentation de la réalité dans toute sa diversité et cette collaboration favorise la qualité d'exécution des parties qu'un seul peintre n'exécuterait pas toutes avec le même bonheur.

Seghers peint les fleurs et Diepenbeeck le camaïeu en manière de bas-relief qui se trouve dans le cartouche central. Ce chef-d'œuvre de 1647 sera offert l'année suivante à l'archiduc Léopold-Guillaume d'Autriche (1614-1662), gouverneur des Pays-Bas espagnols, lors de sa visite au couvent des jésuites d'Anvers. En l'occurrence, le cartouche représente l'apparition miraculeuse de la Vierge à l'Enfant au saint patron de l'archiduc, saint Léopold (1073-1136), margrave d'Autriche.

Seghers, formé chez Jan Brueghel de Velours (1568-1625), puis entré chez les jésuites, modernisa les guirlandes de fleurs continues de son maître en les groupant par festons devant un édicule architecturé baroque : dans ses compositions plus spectaculaires, il relie de manière dynamique et équilibrée ces festons par le jeu des tiges et des couleurs. Ses fleurs d'une grande vérité et d'un grand relief sont peintes en pleine lumière sans effet d'ombre noircie. Diepenbeeck est l'auteur de tableaux d'autel rubéniens, ainsi que de vitraux pour les églises anversoises et de camaïeux destinés à être gravés : son style suave et efficace correspondait parfaitement à la piété flamande. Les deux peintres parviennent à rendre sensibles les qualités opposées des matériaux : la légèreté, la fragilité des fleurs fugaces dont la symbolique exalte les qualités de la Vierge et du saint; la solidité minérale du bas-relief en trompe l'œil qui décrit le miracle. O.Z.

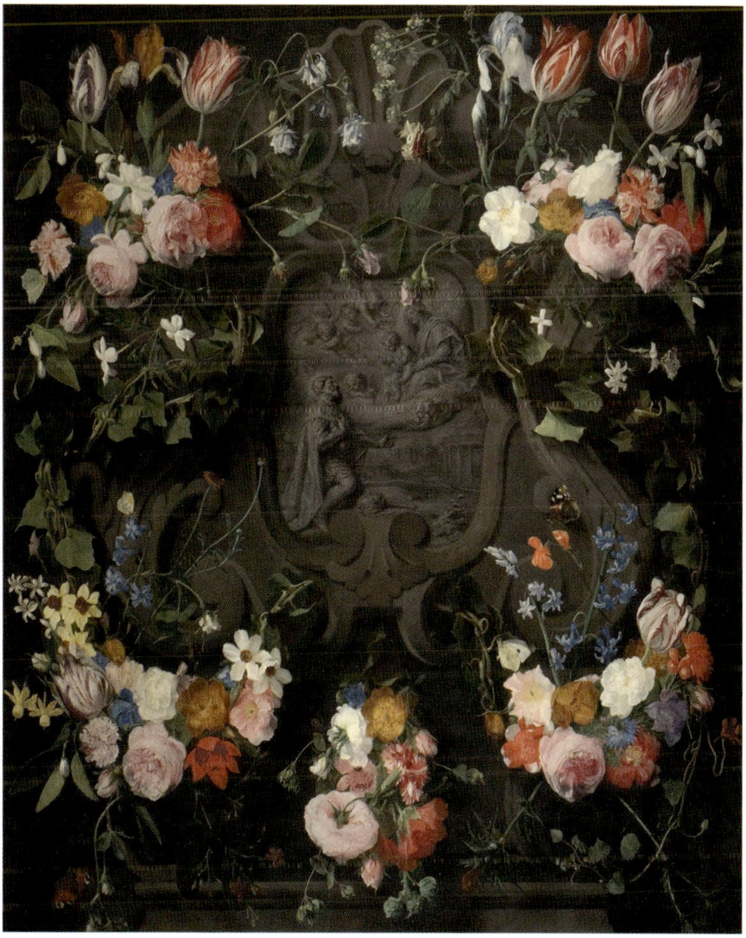

7

GERRIT DOU (Leyde, 1613 – Leyde, 1675)

La Souricière

Vers 1645-1650 • Huile sur bois • 47 × 36 cm • Signé sur le tonneau : *G* et *D* entrelacés • Legs Antoine Valedau, 1836, inv. 836.4.14

Après avoir été l'élève de Rembrandt de 1628 à 1631, quand le maître séjournait à Leyde, Dou a mis au point un style de représentation illusionniste rendue possible par une technique extrêmement virtuose, fine et lisse. Le succès de ses scènes de genre à la symbolique souvent complexe a suscité bien des émules qualifiés comme lui de *fijnschilder* (« peintres fins ») de Leyde. *La Souricière* est peinte peu avant un autre de ses chefs-d'œuvre, *Le Charlatan* de 1652 du musée Boymans van Beuningen à Rotterdam, deux tableaux dans lesquels Dou nous parle de l'art fallacieux du peintre. Dans *Le Charlatan*, il peint un charlatan de foire ainsi que lui-même au second plan et fait un parallèle entre la tromperie qui commande leurs activités : l'un ment sur sa marchandise, l'autre produit l'illusion du réel. Dans l'œuvre de Montpellier, un jeune apprenti peintre montre à une servante une souricière avec un rongeur prisonnier, signifiant peut-être par là qu'il sait à présent tromper l'observateur par ses peintures d'un réalisme abouti. Mais il existe d'autres interprétations de cette scène intrigante : par exemple, la souris piégée symboliserait les mauvais instincts que l'enfant a su dominer.

Dou conçoit une scène étrange : la belle salle voûtée qui sert de cuisine est ornée d'un tableau – *Les Pèlerins d'Emmaüs* ou une scène de l'Ancien Testament, tirée de l'histoire d'Esther par exemple –, d'un crucifix sur la cheminée et d'une cage à oiseau suspendue. Sa virtuosité à la fois ludique et esthétique, se délecte du jeu des effets lumineux, au clair-obscur savant et au rendu des matériaux les plus divers. Ce chef-d'œuvre a appartenu au grand collectionneur hollandais Valerius Röver, puis au landgrave de Hesse-Cassel, avant d'entrer dans la collection d'Antoine Valedau. O.Z.

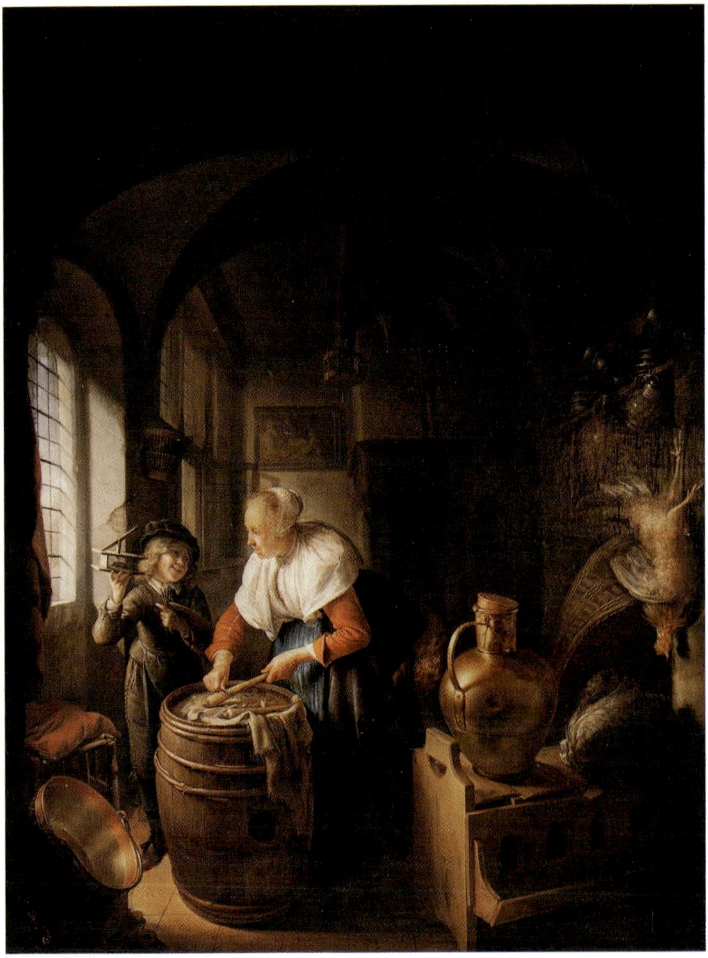

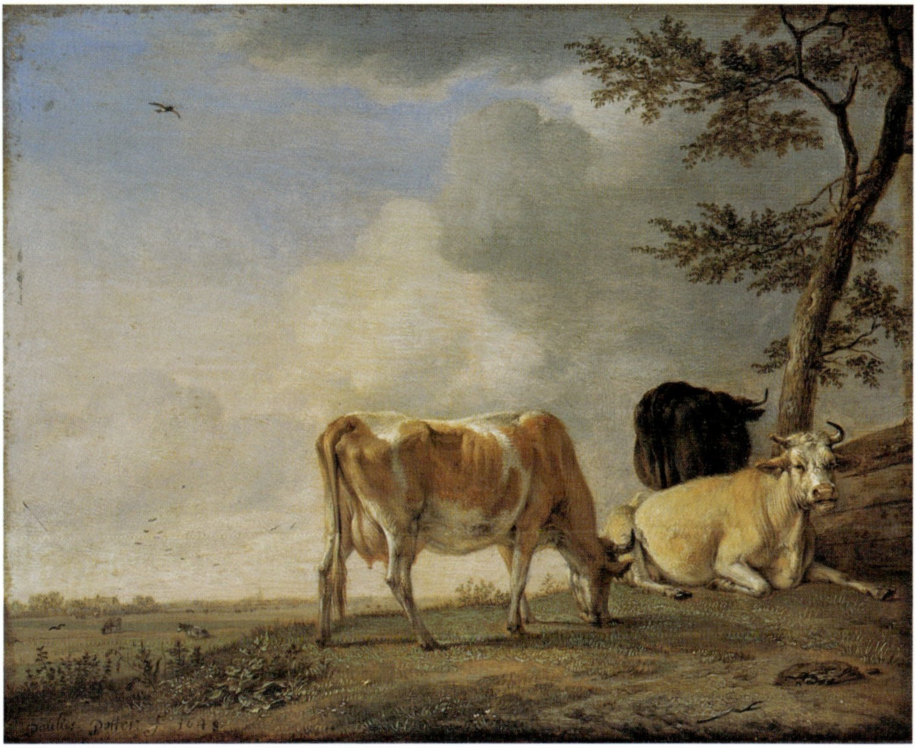

8

PAULUS POTTER (Enkhuyzen, 1625 – Amsterdam, 1654)

Trois Vaches au pâturage

1648 • Huile sur bois • 23,2 × 29,5 cm • Signé daté en bas à gauche : *Paulus Potter F. 1648* • Legs Antoine Valedau, 1836, inv. 836.4.47

À partir des *Vaches près d'une clôture* de 1644 (Kassel, Staatliche Museen), Potter met au point un type de paysages où les animaux occupent une place prépondérante, souvent sans présence humaine. Le tableau du musée Fabre est exécuté un an après le célèbre et monumental *Taureau* de 1647 (La Haye, Mauritshuis) dont l'exposition au Louvre entre 1795 et 1815 fut pour beaucoup dans la notoriété de l'artiste en France. Il est composé de sorte que les bovins en constituent le sujet principal, placés en contre-jour devant le ciel prépondérant et changeant, dégagé par un horizon placé très bas à la manière des paysagistes haarlémois des années 1625-1645, Jan van Goyen (1596-1656) et Salomon van Ruysdaël (1630-1681). L'hirondelle esseulée dans les nuées produit un effet de profondeur accru en même temps qu'une sensation émouvante de petitesse dans l'infini. Ainsi, monumentalité et grande extension horizontale caractérisent ce tableau de petit format peint avec les tons froids et la minutie caractéristiques de Potter qui détaille brins d'herbe et poils. Il avait d'ailleurs l'habitude de dessiner sur le vif et le Rijksmuseum à Amsterdam conserve un dessin pour la vache située au centre de ce tableau.

Ce remarquable peintre animalier particulièrement novateur a marqué des générations d'artistes, des italianisants hollandais Claes Berchem (1620-1683), Karel du Jardin (1626-1678) au Français Jacques-Raymond Brascassat (1804-1867), en passant par le Belge Balthasar-Paul Ommeganck (1755-1826).

Donné par Valedau, ce panneau, souvent copié, possède un pedigree remarquable puisqu'il a appartenu au grand collectionneur Pierre-Louis-Paul Randon de Boisset (1708-1776), l'un des premiers amateurs de Nordiques du XVIIIe siècle, puis au célèbre Talleyrand (1754-1838).

O.Z.

9
JACOB VAN RUISDAEL (Haarlem, 1628 – Amsterdam, 1682)

Paysage par temps d'orage

1649 • Huile sur bois • 25,5 × 21,5 cm • Signé daté en bas à gauche : *J.R. 1649* • Legs Antoine Valedau, 1836, inv. 836.4.53

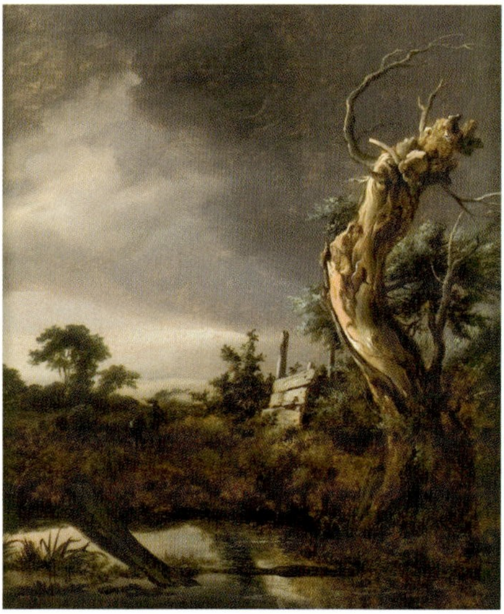

Haarlem était au XVIIe siècle l'un des centres les plus actifs et les plus novateurs des Pays-Bas du Nord, en particulier pour l'art du paysage.

Paysage par temps d'orage est l'un des premiers chefs-d'œuvre d'un Ruisdaël âgé de vingt ans qui s'annonce comme le grand successeur des paysagistes monochromes de Haarlem, son oncle Salomon van Ruysdaël (1630-1681) et Jan van Goyen (1596-1656). Un adulte et un enfant se fondent dans le paysage lugubre, aux nuées menaçantes trouées de lueurs blafardes. L'atmosphère chargée d'humidité et les nuances du ciel bouleversé sont rendues avec beaucoup de vérité.

Belle arabesque interrogative, l'arbre mort est un motif symbolique récurrent des paysagistes hollandais, particulièrement Van Goyen (musée des Beaux-Arts de Bordeaux, etc). Ruisdaël a peint plusieurs tableaux qui en comportent un à cette période (Saint-Pétersbourg, Ermitage ; Manchester, Currier Gallery of Art...). Goethe admirait beaucoup Ruisdaël pour le naturalisme et le préromantisme de ses paysages expressifs et panthéistes.

10
PHILIPS WOUWERMAN (Haarlem, 1619 – Haarlem, 1668)

Paysage aux ramasseurs de bois mort « Les petits sables »

Vers 1652 • Huile sur toile • 66 × 82 cm • Signé en bas à droite : *P. W* • Legs Antoine Valedau, 1836, inv. 836.4.77

Philips Wouwerman est paysagiste, peintre de chasses, de la vie guerrière et des chevaux qu'il réussit admirablement : il situe presque toujours un cheval blanc au centre de sa composition.

Ce paysage imaginaire réunit capricieusement dunes hollandaises et montagnes. L'ampleur de la composition, la facture souple et onctueuse, les tons argentés et dorés, la subtilité des dégradés de teintes qui unifient l'espace tout en suggérant la profondeur, l'intégration naturelle, efficace et équilibrée des figures dans le site le hissent au rang de chef-d'œuvre. Ce tableau, qui a appartenu à de grands collectionneurs français du XVIIIe siècle comme Jean de Jullienne (1686-1766), est emblématique de ce qui fit la mode extraordinaire de Wouwerman : un style déjà rocaille et une vision heureuse à la fois rêvée et bien observée (une autre version est conservée au musée d'art de Kouïbychev).

O.Z.

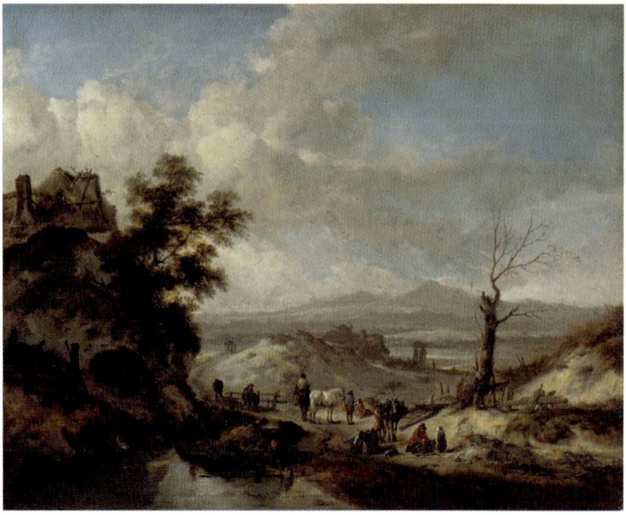

11

GERARD TER BORCH (Zwolle, 1617 – Deventer, 1681)

Jeune Hollandaise versant à boire

Vers 1650 • Huile sur bois • 34,5 × 27,5 cm • Legs Antoine Valedau, 1836, inv. 836.4.69

À la fin des années 1640, Ter Borch peint quelques scènes de taverne et de corps de garde, sujets souvent traités par Adriaen Brouwer (vers 1606-1638) et David Teniers le Jeune (1610-1690) dont il a pu voir de nombreux exemples lors de son passage en Flandres. Ce tableau important constitue le point de passage pour Ter Borch entre ses scènes populaires et ses scènes mondaines et élégantes qui feront sa renommée : en effet, il en adopte déjà la formule des personnages vus à mi-corps dans un cadrage resserré et le fond neutre qui ne disperse pas l'attention sur des accessoires, réduits ici à une table et des couverts. Cette économie de moyens était très novatrice et a marqué de nombreux peintres, de Frans van Mieris (1635-1681) à Johannes Vermeer (1632-1675).

La jeune servante de taverne – ou de bordel – sert à boire et a certainement enivré le soldat endormi que regarde avec un sourire moqueur le troisième larron (ce personnage est d'ailleurs apparu sous un grand repeint lors d'une restauration en 1997) : le dormeur a bu et fumé – on voit une pipe blanche en écume sur la table. L'effet narcotique du tabac et de l'alcool était mise en cause par les moralistes et cette peinture a pu être vue comme une mise en garde contre l'intempérance.

Mais elle est avant tout un plaisant jeu ironique sur la psychologie des personnages. L'expression de la jeune servante est séduisante mais énigmatique : se réjouit-elle d'avoir joué un tour à son client, d'avoir vidé avec lui le pichet, de se servir à boire ? L'homme debout est-il son comparse ? C'est d'ailleurs l'une des premières fois que Ter Borch peint une figure regardant par-dessus l'épaule d'une autre, suscitant de fait chez nous l'impression d'assister à la scène. Le col ouvert du pichet qui intrigue au centre de la composition, la facture souple et très enlevée du costume au coloris subtil de la servante, son profil rayonnant font de ce tableau un chef-d'œuvre. O.Z.

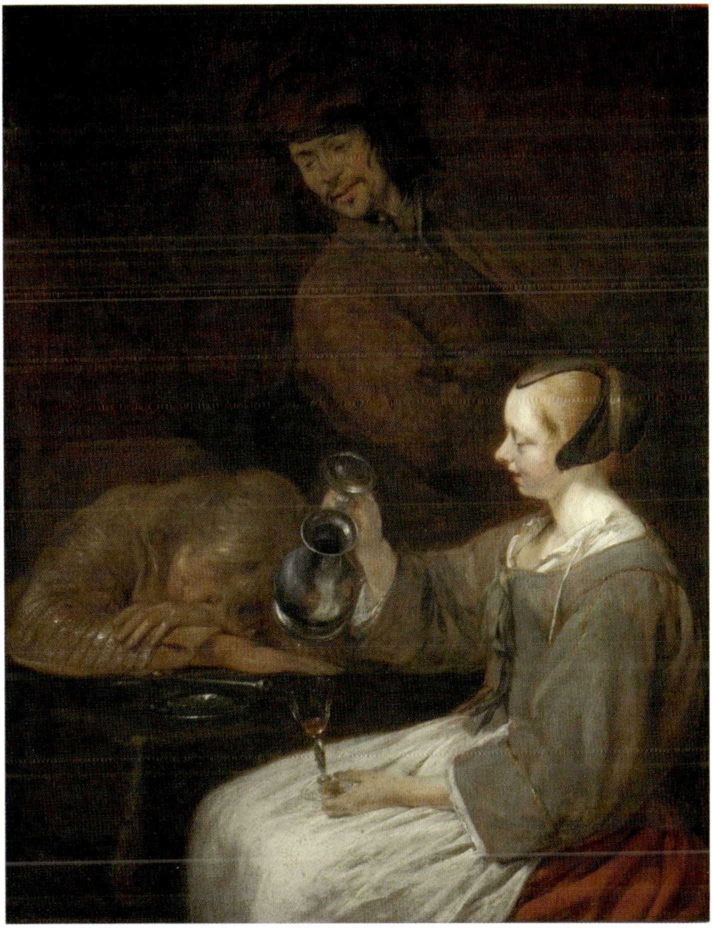

12 et 13

GABRIËL METSU (Leyde, 1629 – Amsterdam, 1667)

Jeune Homme écrivant

Vers 1658-1660 • Huile sur bois • 28 × 26 cm • Signé en bas à gauche : *Metsu* • Legs Antoine Valedau, 1836, Inv. 836.4.38

La Marchande de harengs

Vers 1660 • Huile sur bois • 0,280 × 0,240 m • Signé en bas à gauche : *G. Metsu* • Legs Antoine Valedau, 1836, inv. 836.4.37

Gabriel Metsu est mort assez jeune et ces deux tableaux, donnés par Valedau, datent de sa meilleure période.

Le *Jeune Homme écrivant*, datable vers 1658-1660, possède un pendant au Timken Museum of Art, à San Diego : *Jeune Femme recevant une lettre*. Leurs sujets témoignent de la mode d'origine française pour l'art d'écrire, calligraphier, et composer une lettre : Gerard ter Borch (1617-1681), puis Frans van Mieris (1635-1681) et bien sûr Johannes Vermeer (1632-1675) ont exploité cette veine mondaine.

Metsu s'est représenté dans ce jeune écrivain et sa jeune épouse Isabelle de Wolff est peut-être celle qui reçoit le courrier (portraits conservés à Louisville, J. B. Speed Museum). Metsu peint dans une facture souple et moelleuse, très virtuose, qui traite par plans larges les formes, dans une lumière franche. L'éclairage de la chandelle inspiré certainement par les scènes nocturnes de Gerrit Dou (1613-1675), le maître de Leyde, ville natale de Metsu, crée une aura d'intimité à cette scène composée suivant la mode instaurée par Ter Borch dont les compositions sont resserrées sur quelques personnages.

La Marchande de harengs reprend les sujets de Dou : l'exécution en est fine et lisse, mais garde cette sensualité qui caractérise le meilleur Metsu ; la vieille femme du peuple à la trogne typique de Dou, exhibe un hareng tiré d'un baquet. Le hareng, souvent peint chez Joseph de Bray (?-1664), Dou et Metsu, était un mets presque patriotique en ce temps : abondamment pêché et largement consommé par les classes populaires, il leur assurait une ration protéinique notable et rare en Europe. Il symbolise en fait l'âme sobre, honnête mais substantielle et riche du « vrai Hollandais ». Une curieuse nature morte de 1657 peinte par De Bray, *L'Éloge du hareng*, présente un livre avec un poème à la gloire de ce poisson fruste mais excellent pour la santé qu'il est suggéré d'accommoder avec des oignons (Aix-la-Chapelle, musée Suermondt) : Metsu peint d'ailleurs ceux-ci sur la table. La présence jaillissante et insistante des superbes lis reste plus énigmatique : leur parenté botanique avec les oignons l'explique peut-être. O.Z.

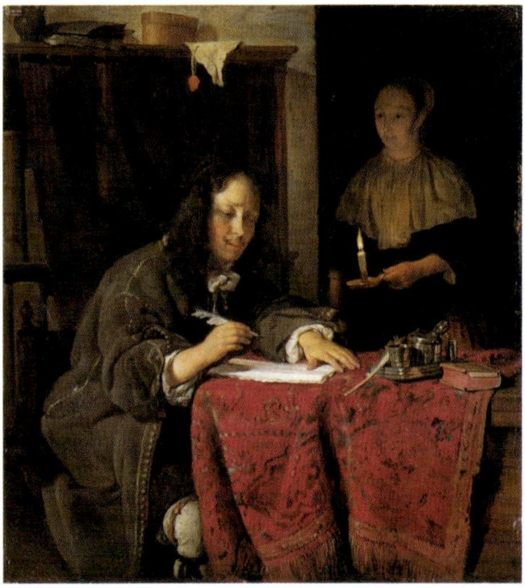

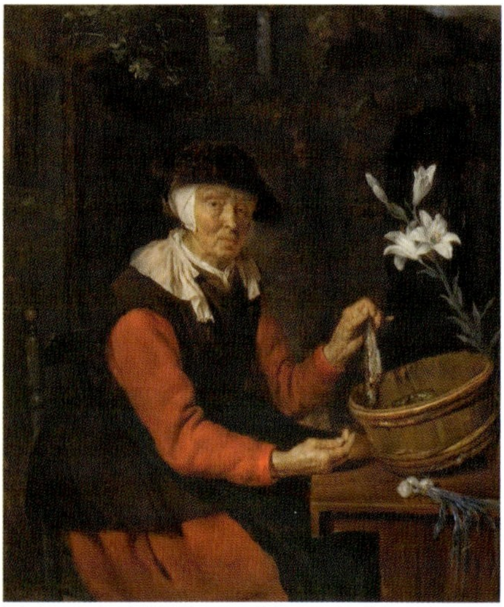

14
FRANS VAN MIERIS (Leyde, 1635 – Leyde, 1681)

L'Enfileuse de perles

1658 • Huile sur bois • 23, × 18,3 cm • *F. Van Mieris 1658* • Legs Antoine Valedau, 1836, inv. 836.4.39

Ce tableau a appartenu au grand collectionneur hollandais Diederik van Leyden (1744-1810), plus tard au célèbre Talleyrand – comme celui de Paulus Potter (1625-1654) – et plus tard encore à Antoine Valedau. Frans van Mieris était déjà de son vivant l'un des peintres les plus prisés, comme son maître Gerrit Dou (1613-1675).

Sa composition s'inspire de Gerard ter Borch (1617-1681) : assise, la figure principale occupe amplement le premier plan, tandis que ce qui l'entoure reste dans l'ombre, sans distraire l'attention. Van Mieris a appris dans l'atelier de Dou, à Leyde, une technique d'une virtuosité précise et illusionniste, lisse et miniaturiste, égale à celle de son maître. Parmi les *finschilder* (peintres fins), Dou considérait Van Mieris comme le « prince » de ses élèves. Ce talent, qui ne put échapper, tardivement, à l'écueil de la sécheresse est à son meilleur dans ce tableau de 1658 qui est d'ailleurs contemporain d'un autre chef-d'œuvre, *Le Duo* du Staatliches Museum de Schwerin.

Le thème est rare en peinture : une jeune femme est occupée à enfiler des perles dans sa chambre dont on distingue les colonnes du lit, en présence de sa servante. Le coloris est froid, en dépit de l'admirable rouge du tapis d'Orient et du vermillon de la manche de la jeune femme que l'on retrouve d'ailleurs, avec les passementeries d'or et d'argent, chez la claveciniste de Schwerin : gris taupe du siège, rubans bleus, argent de l'aiguière. Le caractère précieux et sophistiqué de cette œuvre de petit format destinée aux très riches clients de Van Mieris est bien dans l'esprit du sujet : une belle jeune fille riche et élégante s'occupant d'enfiler les perles sorties d'une délicate boîte en laque japonaise. Le regard qui nous relie à la scène reste mystérieux ; le coloris froid nous impose une distance. Ce tableau est d'une beauté cristalline et irritante, un chef-d'œuvre très singulier. O.Z.

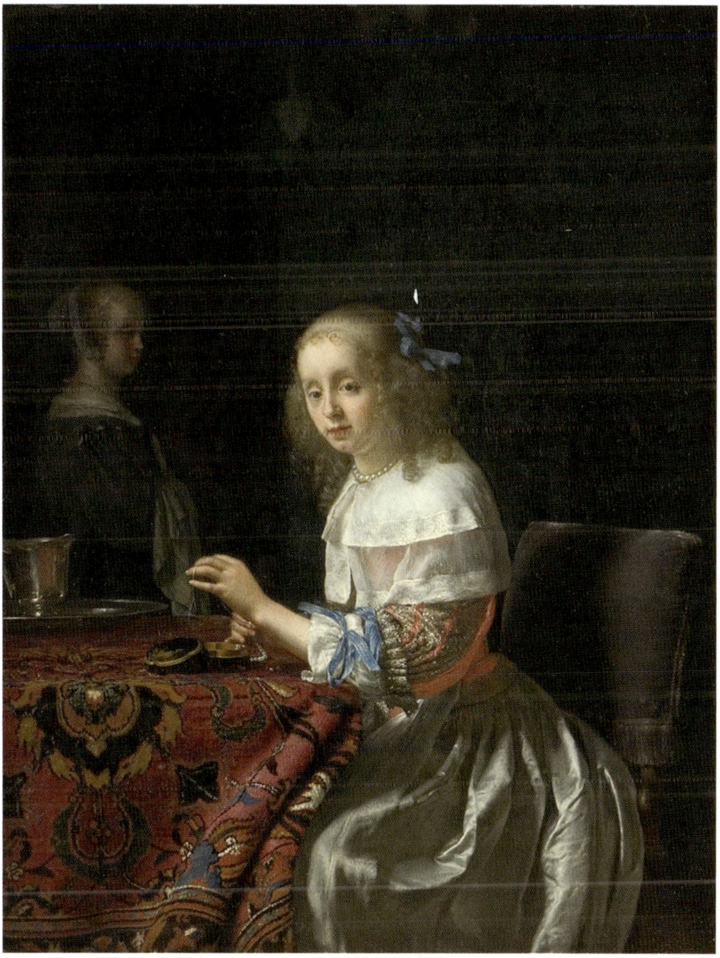

15

ADRIAEN VAN OSTADE (Haarlem, 1610 – Haarlem, 1685)

Intérieur d'un cabaret

1666 • Huile sur bois • 33 × 25 cm • Signé daté en bas à droite : *Ostade 1666* • Legs Antoine Valedau, 1836, inv. 836.4.41

Peintre de genre d'une grande longévité, Van Ostade a beaucoup évolué : sa manière des années 1630-1640 est inspirée des truculences du Flamand Adriaen Brouwer (vers 1606-1638) ; après 1640, il fait sien le clair-obscur de Rembrandt pour en tirer des effets de lumière étranges et presque inquiétants ; le climat de ses scènes populaires s'apaise ; puis, après 1660, il privilégie un coloris clair, une lumière égale, une facture lisse et fine, très détaillée, qui cherche certainement à suivre la mode des *fijnschilder* (peintres fins) de Leyde, comme Gerrit Dou (1613-1675) : c'est à ce dernier style que notre tableau de 1666 appartient. À l'instar du Flamand David Teniers le Jeune (1610-1690), Van Ostade maîtrise une harmonie colorée à base de bruns et de gris, de bleus et de mauves, exaltée de discrètes taches rouges. Nouvelle parenté avec le très admiré Teniers, sa peinture des mœurs populaires est pleine d'empathie et heureuse, charmée de montrer des paysans paisibles, même un peu endormis par les effets narcotiques du tabac et du vin : on conçoit difficilement cette scène comme une caricature de mœurs dépravées ou comme une injonction à la tempérance, significations en filigrane de maintes scènes de genre du début du siècle, telles d'ailleurs les premières « gueuseries » de Van Ostade. Si les traits et les chiffres à la craie récapitulent probablement les consommations des clients, certains détails – le dévidoir, le chapelet – font penser que ces paysans sont dans une auberge familiale, domestique.

La bonhomie rustaude des corps épais de ces paysans tente de retrouver l'humanité « abstraite », générale, des figures monumentales de Pieter Bruegel l'Ancien (vers 1525-1569), modèle finalement constant de Van Ostade. O.Z.

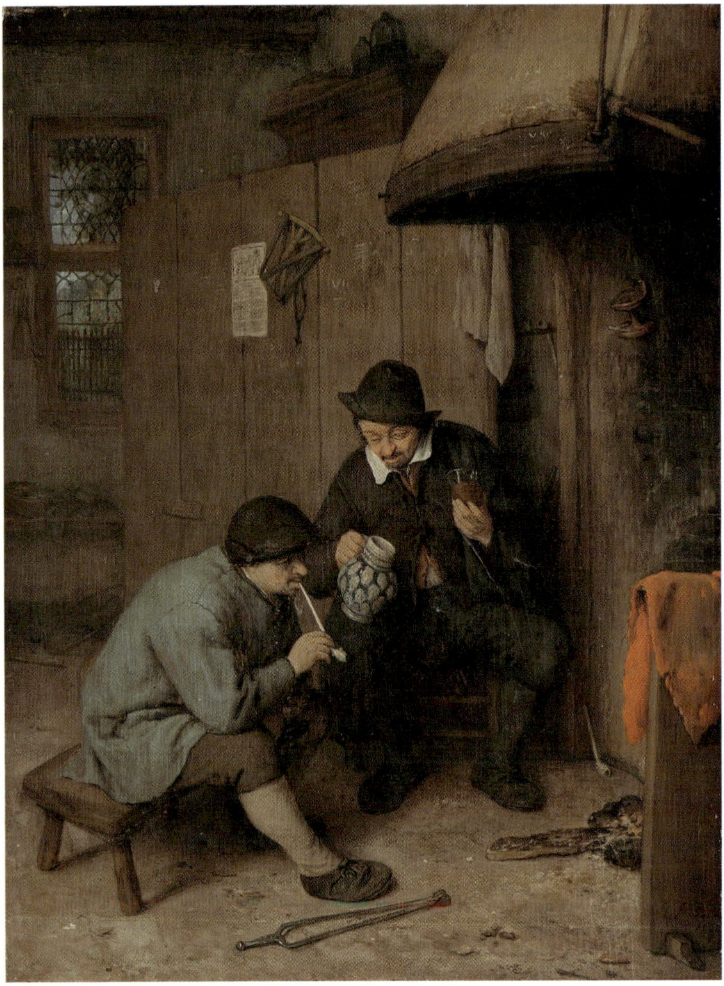

16 et 17

JAN HAVICKSZ STEEN Leyde, 1626 – Leyde, 1679

Le Repos devant l'auberge

Vers 1660 • Huile sur bois • 55 × 40,5 cm • Signé en bas à gauche : sur la marche : *Steen* • Legs Antoine Valedau, 1836, inv. 836.4.55

Comme les vieux chantent, les enfants piaillent

Vers 1662 • Huile sur toile • 94,5 × 81 cm • Signé sur la cheminée : *Jan Steen* • Legs Antoine Valedau, 1836, inv 836.4.56

Le prolifique Steen a peint une variante de ce *Repos devant l'auberge* qui appartient au National Trust (Upton House, Banbury), où une rose posée sur la table signale que nous assistons à une scène de séduction. Le contexte amoureux est moins flagrant dans le tableau de Montpellier mais les noix, ouvertes pour certaines, évoquent le vieux dicton hollandais : « qui a une noix, doit la casser », signifiant ainsi que toute opportunité doit être saisie. Ici, le voyageur va probablement tenter de séduire la servante qui lui tend un verre. Au demeurant, l'expression de celle-ci ne laisse pas deviner une inclination ou un désir éventuels pour son hôte. Le crépuscule, propice au rapprochement du couple, et le chien endormi présagent que le voyageur va s'arrêter pour la nuit.

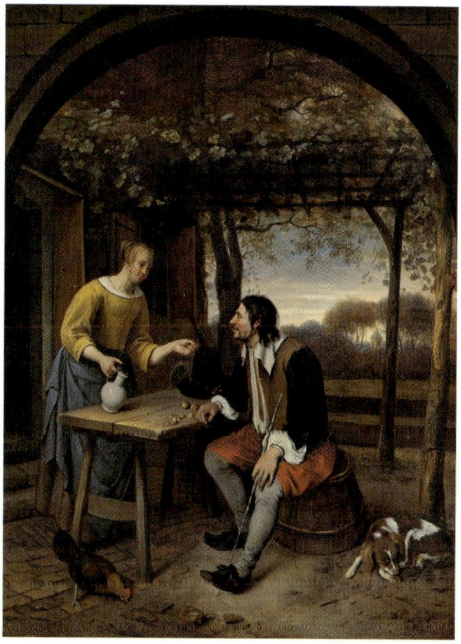

L'arc en pierre qui nous sépare de cette scène provoque le même effet que le rideau à l'avant-plan du deuxième tableau de Steen, *Comme les vieux chantent, les enfants piaillent* : nous assistons à une comédie humaine. Après Jacob Jordaens (Anvers, musée royal des Beaux-Arts ; Valenciennes, musée des Beaux-Arts), Steen illustre le vieux proverbe flamand chanté par la vieille femme qui le lit sur le papier qu'elle tient. Il joue sur le sens du mot « piailler » qui en hollandais prend le sens de gazouiller comme le jeune oiseau, mais qui est à la racine du verbe jouer de la cornemuse, fumer la pipe et « siffler » un verre. Ici, l'enfant boit à même le pichet, imitant ses aînés adonnés à l'intempérance, en particulier la maîtresse de maison, pourtant garante de l'harmonie et de la pureté du foyer. L'huître, considérée comme un aphrodisiaque, et la pomme, symbole du péché originel, visibles sur la table, ainsi que la statue de l'Amour, le tableau montrant le combat de cavaliers au-dessus de la cheminée évoquent l'étendue des vices de l'homme qui perdurent à travers les générations.

Steen a peint plusieurs tableaux différents sur ce sujet, celui par exemple du Mauritshuis à La Haye. O.Z.

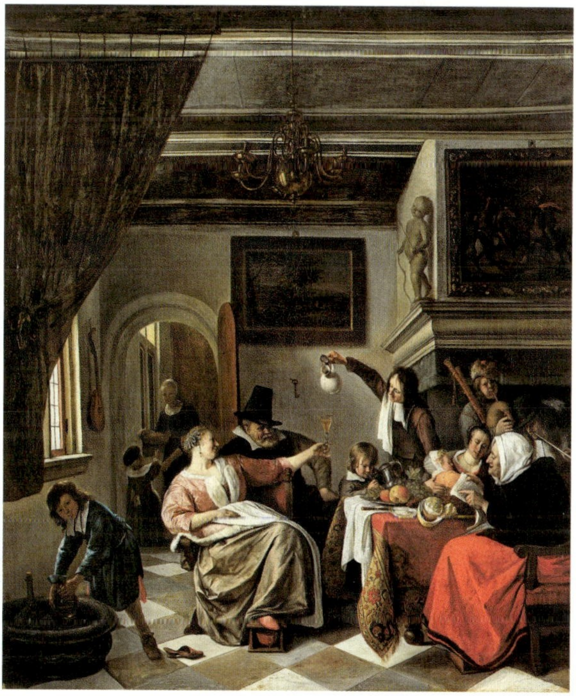

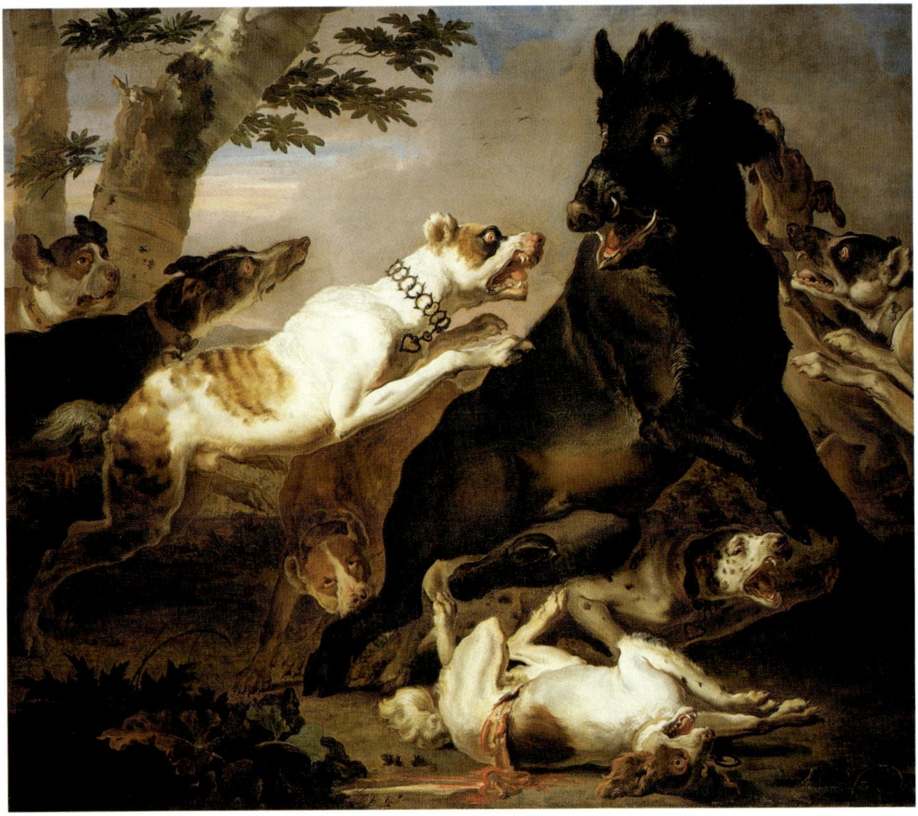

18

ABRAHAM HONDIUS (Rotterdam, 1625 – Londres, 1695)

Chasse au sanglier

1675 • Huile sur toile • 167,5 × 195 cm • Signé daté en bas à gauche : *Abraham Hondius 1675* • Achat de la Ville, 1835, inv. 835.2.1

Le peintre animalier anversois Frans Snyders (1579-1657), et Paul de Vos (1596-1678) à sa suite, a mis au point des grandes chasses, mouvementées et dynamiques, d'un esprit très rubénien. Puis Pieter Boel (1622-1674), Nicasius Bernaerts (1620-1678) ont divulgué en France ce genre qui continuera au XVIIIe siècle avec Jean-Baptiste Oudry (1686-1755) et François Desportes (1661-1743) ; l'Allemand Karl Ruthart (v. 1630-après 1703), formé à Anvers, fait de même en Allemagne. Le Hollandais Hondius peint de telles chasses violentes, décoratives et monumentales : sa formation à Rotterdam l'a probablement familiarisé avec la peinture d'Anvers. Les cours et l'aristocratie de l'Europe des XVIIe et XVIIIe siècles – les clients presque exclusifs des peintres de chasse – ont trouvé dans l'art baroque flamand des solutions esthétiques en adéquation avec leur mode de vie.

Ce grand tableau, certainement prévu pour décorer un pavillon de chasse, date du séjour de Hondius à Londres où il réside de 1666 jusqu'à sa mort. Depuis quelques années, il resserre ses compositions sur les animaux, réduisant le paysage à la portion congrue : l'effet de surgissement des bêtes, la sauvagerie de la lutte s'en trouvent accrus. En revanche, une gravure à l'eau-forte de Hondius montre une grande meute de chiens autour de notre sanglier campé de manière très comparable au premier plan d'un paysage beaucoup plus ample avec une chasse à courre dans le lointain.

La touche et la ligne sinueuses, ondulantes – caractéristiques du peintre – assurent aux mouvements une animation vive et fébrile. Cette facture souple annonce d'ailleurs l'art rocaille, tout comme le coloris en demi-teintes brunes relevées par les bleus et les roses du ciel : en cela, Hondius rejoint son contemporain Philips Wouwerman (1619-1668). O.Z.

19 et 20

JAN VAN HUYSUM (Amsterdam, 1682 – Amsterdam, 1749)

Bouquet de fleurs

Vers 1730-1740 • Huile sur cuivre • 50 × 40,5 cm • Signé en bas à droite : *Jan Van Huysum fecit* • Legs Antoine Valedau, 1836, inv. 836.4.31

Nature morte aux fruits

Vers 1730-1740 • Huile sur cuivre • 49,5 × 40,5 cm • Signé en bas à gauche : *Jan Van Huysum fecit* • Legs Antoine Valedau, 1836, inv. 836.4.32

Ces deux tableaux, peints vers 1730-1740, sont décrits en 1757 dans la collection du trésorier général Augustin Blondel de Gagny (1695-1776). On sait la notoriété européenne de Huysum, confirmée par cet indice français d'un intérêt précoce. Ses nombreux suiveurs, notamment Van Spaendonck (1746-1822) et Jan Frans van Dael (1764-1840), bénéficieront d'une vogue considérable dans notre pays jusqu'à la Restauration.

Peintre de fleurs et de fruits prolifique, il innove en abandonnant les fonds sombres des bouquets de ses modèles hollandais et flamands du XVIIe siècle, pour adopter un fond clair en harmonie avec les demi-teintes du bouquet et des fruits : cette dominante lumineuse, pastel, convient mieux à l'esprit de l'art rocaille. Pour autant, il a conservé la liberté et la fantaisie mouvementées des compositions de ses prédécesseurs : arabesque des tiges, éclatement, dispersion des corolles, effet de déséquilibre des fruits ou des feuilles en suspens au-delà de la table de marbre. L'exécution lisse, virtuose et sensible se joue des matières, variées à dessein : ainsi le nid avec les œufs et le duvet, qui paraît d'autant plus fragile qu'il est placé en déséquilibre au bord de la table.

Huysum peint d'après nature, repoussant parfois l'achèvement d'un tableau dans l'attente d'une fleur fraîche. Comme au siècle passé, il réunit des fleurs et des fruits à des stades de croissance qui ne peuvent être simultanés.

O.Z.

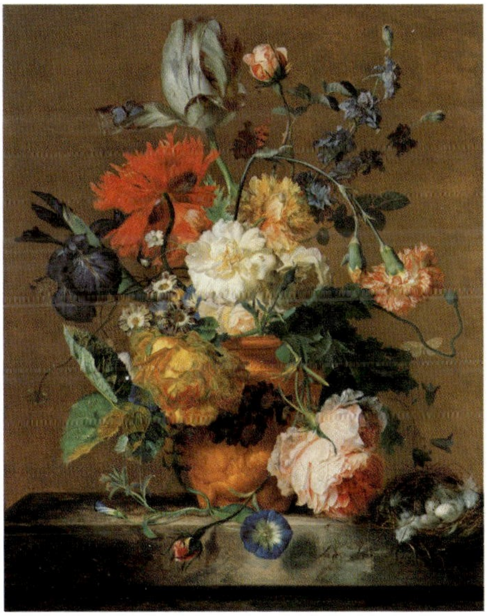

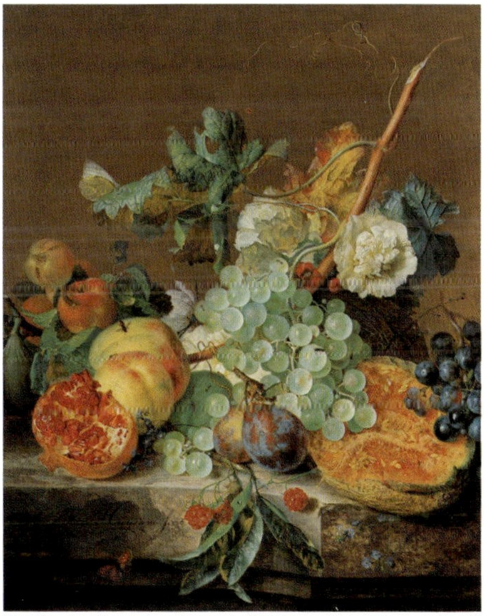

21

CLAES PIETERSZ BERCHEM (Haarlem, 1620 – Amsterdam, 1683)

Les Fagots

Vers 1670-1680 • Huile sur bois • 30 × 37 cm • Signé en bas à gauche : *Berchem* • Legs Antoine Valedau, 1836, inv 836.4.3

En amateur d'un goût formé aux normes du XVIIIe siècle, Valedau a collectionné deux beaux tableaux du paysagiste italianisant Berchem dont la facture souple, les formes ondoyantes, le coloris lumineux, les accents fantaisistes et les pastorales correspondaient bien au temps de Boucher et de Gainsborough.

Berchem, qui n'a peut-être jamais voyagé en Italie, s'inspire des scènes et des paysages italianisants de Pieter van Laer (1599-après 1642), Jan Both (vers 1615-1652) et Jan Asselijn (1610/1615-1652/1660). Artiste complet, il fait une synthèse totalement convaincante de l'art de ses prédécesseurs. Il peint remarquablement les figures qui, dans ses sujets historiques, possèdent une grâce et une souplesse maniérisantes, ainsi que les animaux auxquels il donne une présence touchante. Berchem situe bergers et bêtes au premier plan de ses paysages qui se déploient largement à l'horizontale à l'époque où il peint *Les Fagots,* dans les années 1670. L'effet de raccourci rapide entre l'avant-plan et l'arrière-plan contribue au volume et à la monumentalité des formes. Ses paysages présentent souvent des reliefs fantastiques – tels les rochers étranges inspirés des sites de la Campanie. La lumière chaude et enveloppante du Sud répandue par les teintes claires, saturées et transparentes, produit un éclat intense et naturel. Bien avant les paysagistes du temps de Valenciennes et de Corot, les Nordiques italianisants ont su voir et rendre la lumière italienne.

Un dessin préparatoire à la plume (Bruxelles, musées royaux des Beaux-Arts) est composé de manière plus touffue : dans le tableau, il obtient plus de clarté et d'efficacité. O.Z.

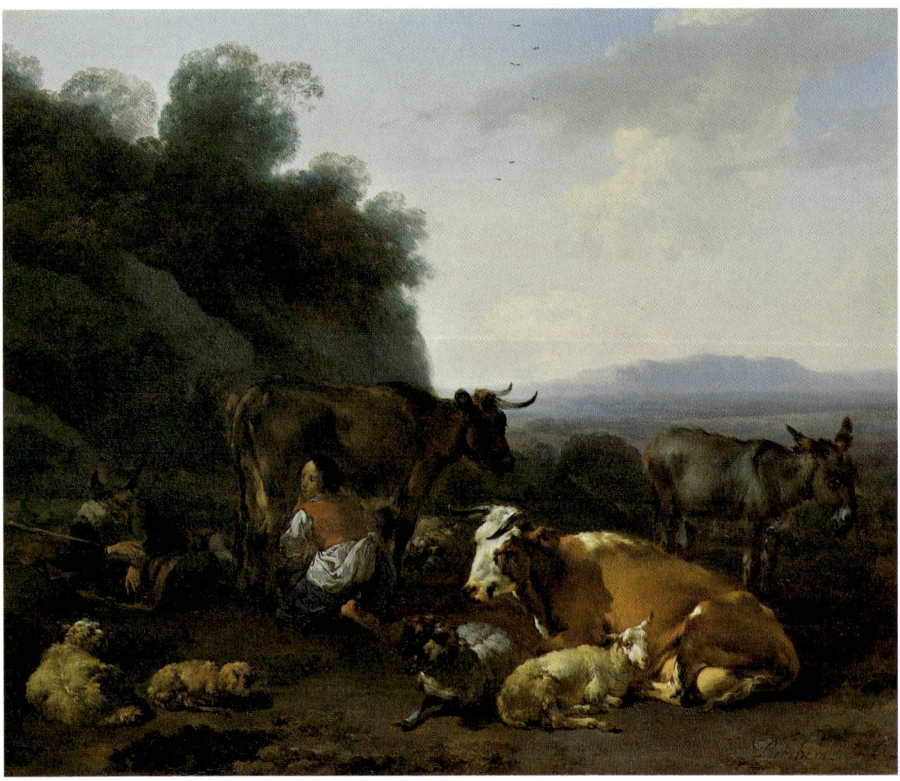

22

KAREL DUJARDIN ou DU JARDIN (Amsterdam, 1622 – Venise, 1678)

Deux muletiers à l'auberge

1658 • Huile sur bois • 33,5 × 40 cm • Signé daté en bas à droite : *K. Du Jardin/1658 FE* • Legs Antoine Valedau, 1836, inv. 836.4.15

Comme Claes Berchem (1620-1683), Dujardin était peintre d'histoire, paysagiste italianisant et animalier. Il voyagea par deux fois en Italie. Ce thème des haltes dans des auberges italiennes de muletiers ou de cavaliers avait déjà été traité par Pieter van Laer (1599-après 1642) devenu Il Bamboccio en Italie ou Le Bamboche, dont les œuvres étaient courantes en Hollande. Notre tableau est peint à La Haye en 1658 : sept ans auparavant, Dujardin avait représenté le même paysan levant son verre, assis sur sa mule mais cette fois sur un fond de ruines (collection privée).

Vers la fin des années 1650, le paysage prend de plus en plus de place dans les compositions de Dujardin. Ainsi les *Deux muletiers à l'auberge* constituent une étape dans cette évolution : les trois figures principales mises en valeur par la lumière rasante de la fin du jour s'intègrent bien dans ce paysage idéalement italien, une auberge agrémentée d'une treille devant un panorama montagneux. Au second plan, les personnages secondaires de la bohémienne et des voyageurs relient avec fluidité les plans extrêmes. Les ombres tranchées et longues du soir, la facture miniaturiste des nuages et des herbes sont des réminiscences d'un artiste marquant pour Dujardin à ses débuts, c'est-à-dire Paulus Potter (1625-1654), mort depuis quatre ans. Par ailleurs, la tonalité gris-bleu, le type même des personnages ont souvent été comparés avec ceux des bambochades du Français Sébastien Bourdon (1616-1671). À Paris, où il est cité en 1650, ou en Italie, Dujardin a pu prendre connaissance de ses œuvres.

O.Z.

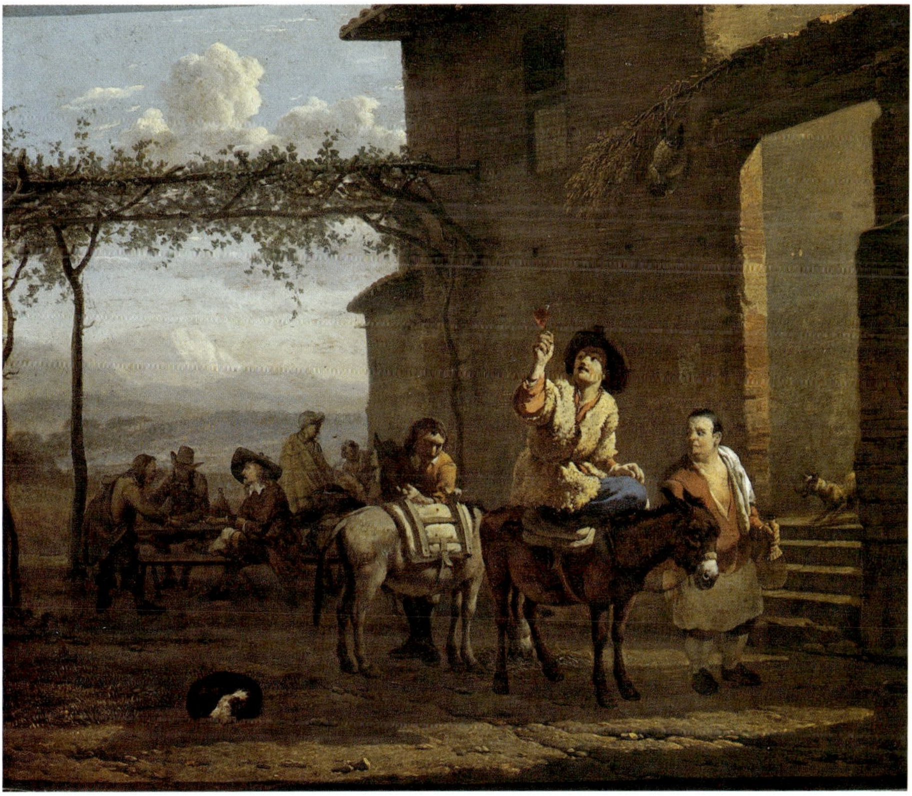

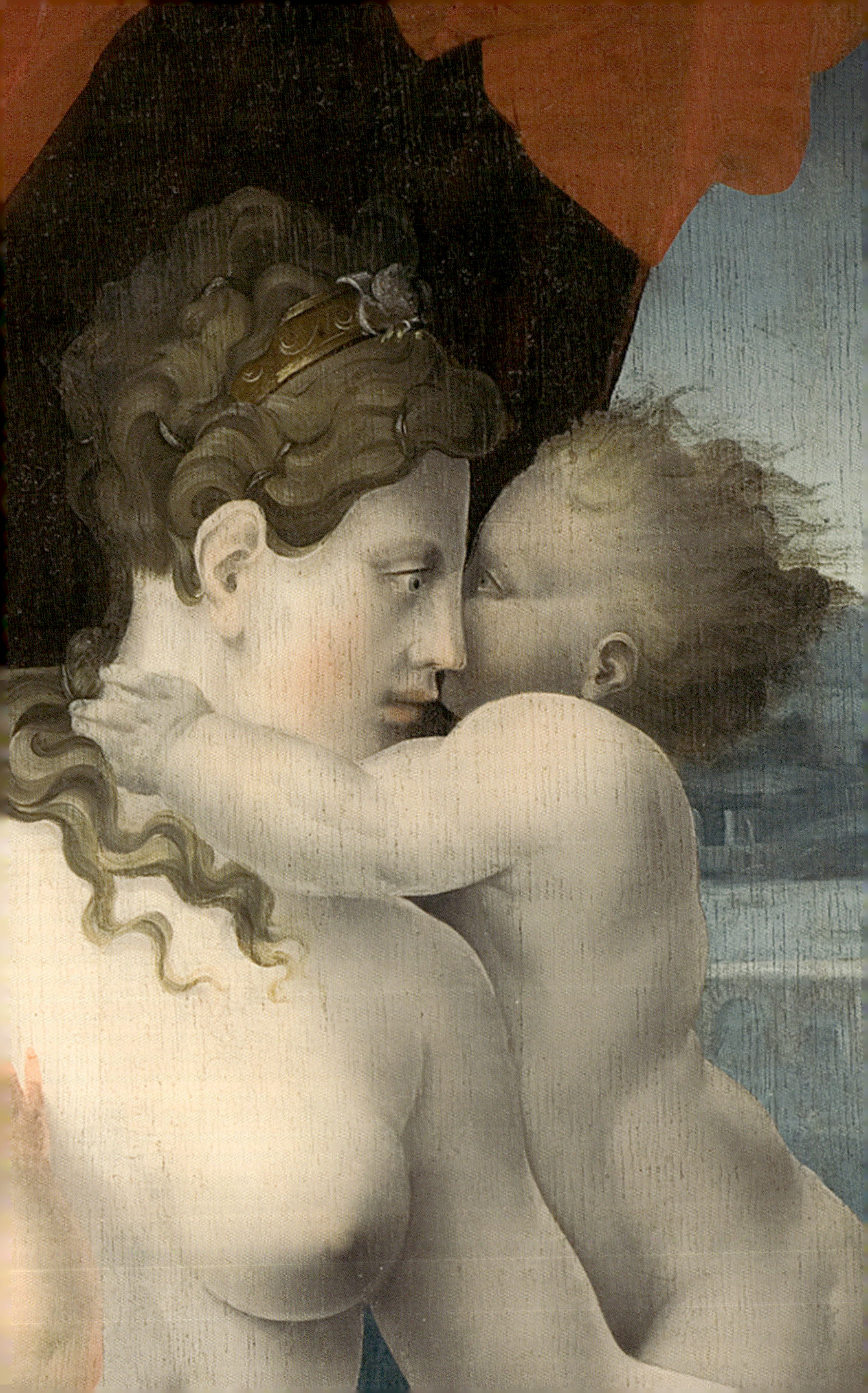

XIVe siècle – milieu du XVIIIe siècle

Peinture et sculpture européennes

23 et 24

PIETRO DA RIMINI (Actif à Rimini et Padoue vers 1315 et 1333)

La Nativité et l'Annonce aux bergers

Vers 1320 • Tempera et feuille d'or sur bois de peuplier • 20,3 × 15,9 cm • Achat de la Communauté d'agglomération, 2004, inv. 2004.1.1

La Dormition de la Vierge

Vers 1320 • Tempera et feuille d'or sur bois de peuplier • 20,5 × 16 cm • Don François-Xavier Fabre, 1825, inv. 825.1.122

Ces deux panneaux sont les deux peintures les plus anciennes du musée Fabre. Ils proviennent, avec d'autres scènes de la vie de Marie, d'un même retable démembré : ils faisaient partie soit de la prédelle, soit ils encadraient symétriquement un panneau central plus important représentant la Vierge à l'Enfant ou le Couronnement de la Vierge. Ils sont entrés séparément au musée : *La Dormition* a été donnée par Fabre en 1825, sous le nom de Giotto ; *La Nativité* a été achetée en 2004.

L'attribution à Giotto de *La Dormition*, suggérée par la monumentalité des figures et les rythmes amples et nobles, rend compte des approximations de l'histoire de l'art du début du XIXe siècle, qui commençait à peine à s'intéresser aux primitifs. Par contre, elle témoigne de l'influence du maître en Italie centrale et en l'occurrence à Rimini, sur Giovanni da Rimini (mentionné à partir de 1292) et sur l'auteur présumé de nos deux panneaux, Pietro da Rimini. L'historien d'art Carlo Volpe a réuni un groupe d'œuvres autour du *Crucifix* signé par Pietro et conservé à Urbania (église des Morts), qui se caractérisent par une interprétation lyrique et pathétique de l'art de Giovanni : la gravité et la tension sont ainsi sensibles dans l'assemblée des saints de *La Dormition*. Certaines techniques d'exécution se retrouvent dans le diptyque attribué à Pietro conservé à l'Alte Pinakothek de Munich : le fond doré avec des motifs décoratifs incisés dans la préparation, les plis du manteau de la Vierge peint à la mixtion sur le bleu, la technique du « sgraffito » dans les vêtements des deux saints tenant un livre et dans la couverture du lit de *La Dormition* ainsi que le tapis rouge de *La Nativité*. La composition de *La Dormition* est très comparable à la même scène du diptyque de Pietro conservé à la Kunsthalle de Hambourg. O.Z.

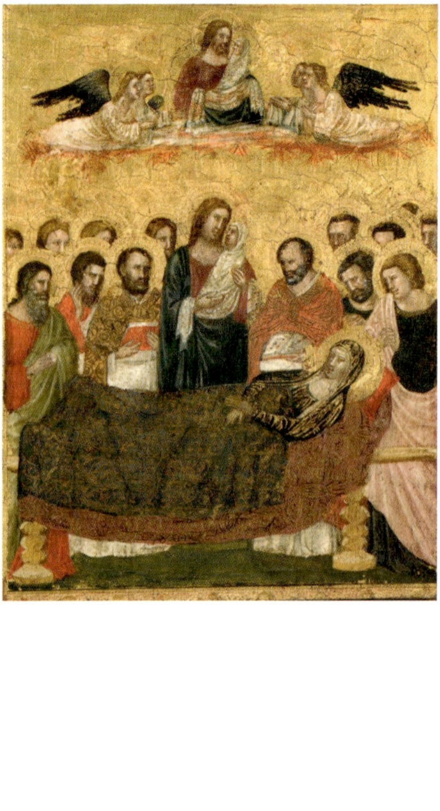

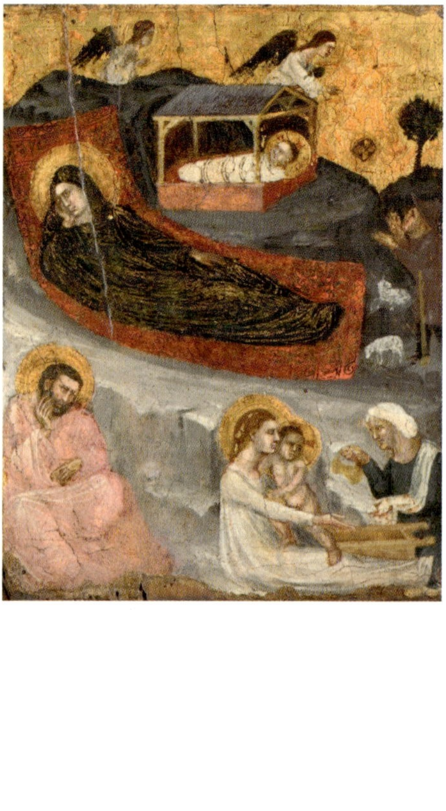

25

MAÎTRE DE DREUX-BUDÉ (ANDRÉ D'YPRES?)

La Résurrection du Christ avec Jeanne Peschard, femme de Dreux Budé et ses filles Jacquette et Catherine présentées par sainte Catherine

Vers 1450 • Huile sur bois • 48,5 × 30,5 cm • Legs François Sabatier, 1892, inv. 892.4.7

Ce tableau est le volet droit d'un triptyque démembré : le panneau central, conservé au musée Getty à Malibu, figure la Crucifixion, tandis que le volet gauche (collection particulière), montre l'Arrestation du Christ avec deux donateurs, identifiés par Charles Sterling comme Dreux Budé et son fils Jean présentés par saint Christophe. Le tableau de Montpellier montre, devant sainte Catherine, son épouse Jeanne Peschard et leurs filles Jacquette et Catherine. Audiencier de la chancellerie, secrétaire du roi Charles VII, Dreux Budé était au faîte de sa carrière vers 1450. En 1454, il fonde une chapelle familiale dédiée à saint Christophe dans l'église Saint-Gervais à Paris, où ce triptyque a pu trouver place.

Un temps donné à l'entourage de Dirk Bouts (vers 1410-1475), puis au Maître de Dreux-Budé à la suite de la découverte de Sterling, ce triptyque est attribué au peintre de la *Crucifixion dite du Parlement de Paris* (vers 1450, Louvre), peut-être identifiable avec André d'Ypres, né à Amiens, franc-maître à Tournai en 1428, en contact avec Rogier van der Weyden (1399/1400-1464) et actif à Paris après 1444 (pour sa part, Sterling considère que les panneaux de Montpellier et du Louvre sont de mains différentes). L'influence de Van der Weyden est évidente, ainsi la sainte Catherine provient de son *Diptyque avec la Vierge à l'Enfant et sainte Catherine*, conservé à Vienne (Kunsthistorisches Museum). Le maître, qui fut aussi miniaturiste, montre un fort attachement au rendu précis, détaillé, et le paysage, juste de tons, est d'une belle cohérence spatiale.

Ce triptyque témoigne, avec l'œuvre du Maître de Coëtivy, de l'importance des peintres de formation flamande dans le Paris d'après la guerre de Cent Ans. O.Z.

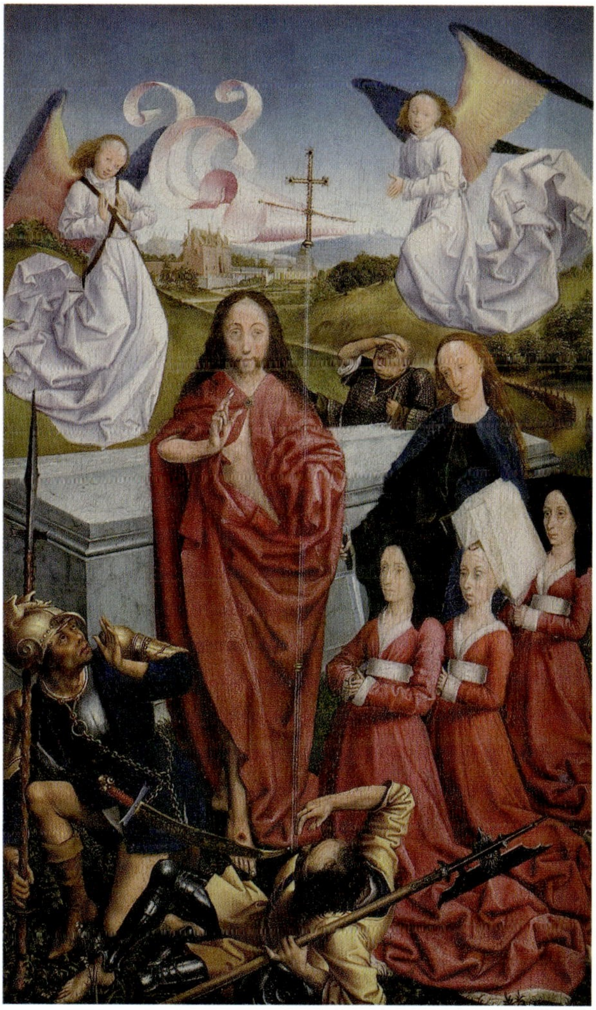

26

RAFFAELLO SANZIO, dit RAPHAËL (Urbino, 1483 – Rome, 1520)

Homme penché en avant (étude pour « La dispute du Saint Sacrement »)

Plume, encre brune, sur premier tracé à la pointe de plomb, traits de stylet, pierre noire pour le croquis • 39,8 × 25 cm • Don François-Xavier Fabre, 1825, inv 825.1.275

Cette admirable étude, donnée par François-Xavier Fabre au musée en 1825, se rattache à un des décors les plus célèbres de la haute Renaissance à Rome : *La Dispute du saint Sacrement*, première fresque exécutée par Raphaël dans la *Chambre de la Signature* (1508-1511). L'Église triomphante et l'Église militante contemplent le mystère de l'Eucharistie, miracle par excellence, lien entre ciel et terre. Dans la partie basse qui correspond à « l'étage » terrestre seuls quelques personnages peuvent être identifiés : Fra Angelico, en habit de dominicain, Bramante appuyé sur la balustrade, saint Grégoire le Grand sous les traits de Jules II, saint Jérôme, saint Augustin, saint Thomas d'Aquin, le pape Innocent III et saint Bonaventure, le poète Dante et le prédicateur Savonarole.

Une quarantaine d'études sont conservées pour *La Dispute*, qui montrent le long processus de décantation qui aboutira à l'architecture finale, majestueuse et concise, manifestation visible de la *civitas Dei*, en présence des fondateurs divins et humains de l'Église. Notre étude se rattache à la figure d'homme s'appuyant sur le parapet, au premier plan à droite de la composition. Il s'agit d'un homme jeune qui n'a pu être identifié avec aucun personnage précis mais que l'on désigne parfois comme « le sectaire ». À l'aide d'un trait de plume vigoureux, l'artiste a observé son modèle, au visage caractérisé, les cheveux repris dans une sorte de turban. L'attitude traduit bien l'intensité psychologique du personnage qui tente de se projeter avec ferveur en avant de la scène afin de ne rien perdre de l'événement sacré dont il est le témoin. L'étude au verso de la feuille propose une variante dans la position de la main droite ; peu en accord avec le raccourci du buste et de la tête, elle devait suggérer un geste lié à la figure voisine (Denys l'Aréopagite) mais n'a pas été retenue. La draperie qui accentue le caractère spontané de l'étude sera également écartée. Ces études puissantes et énergiques laissent transparaître l'influence de Michel-Ange qui travaillait au même moment à la voûte de la chapelle Sixtine.

Le poème en italien reflète les idéaux platoniciens en vogue à la cour de Jules II :

« Oh, labeurs, et vous nobles tribulations,
réveillez la pensée amollie dans l'oisiveté !
Montrez-lui cette colline élevée afin
Qu'elle la gravisse de haut en bas,
pour accéder aux sièges les plus sublimes. » M.H.

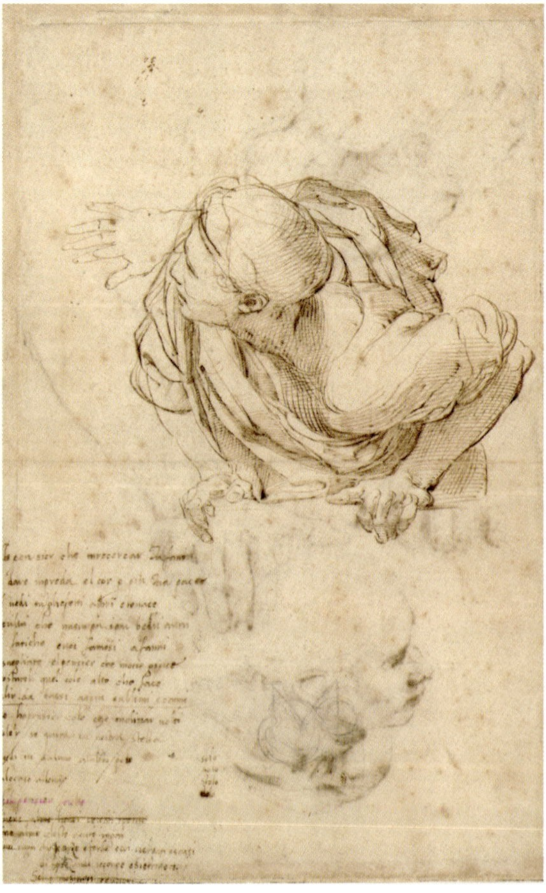

27

DANIELE RICCIARELLI, dit DANIELE DA VOLTERRA (Volterra, 1509 – Rome, 1566)

Énée quittant Didon endormie

Vers 1555-1556 • Pierre noire sur papier vergé • 49,7 × 34 cm • Don Jules Canonge, 1870, inv. 870.1.182

Peintre, sculpteur et dessinateur, Daniele Ricciarelli, originaire de Volterra, se forma à Sienne dans l'atelier de Sodoma. Installé à Rome dans les années 1535-1536, il y développa l'essentiel de sa carrière au contact de l'art de Michel-Ange qui aura sur lui une influence prépondérante. Artiste maniériste au talent de décorateur indéniable, il s'attacha à réaliser de grands ensembles à fresques et stucs (palais Farnèse, Vatican, Sala Regia). S'il connut de son vivant une certaine renommée, il est malheureusement passé à la postérité pour avoir masqué, sur ordre du pape, les nudités du *Jugement dernier* de Michel-Ange.

Ce dessin est à rapprocher d'un tableau disparu commandé par Giovanni della Casa dans les années 1555-1556 et inspiré des amours d'Énée et Didon. Le sujet de cette toile, décrit brièvement par Vasari, a permis d'identifier une copie ancienne de cette toile, aujourd'hui en Suède, redonnant son iconographie exacte à notre feuille.

L'épisode est extrait de l'*Énéide* de Virgile. Alors qu'il errait sur les mers à la suite de l'anéantissement de Troie, Énée est recueilli par la reine de Carthage. Mais, par la volonté des déesses Vénus et Junon, Didon tomba amoureuse du héros troyen et s'unit à lui. Cependant, pour Jupiter, cette idylle menace la destinée du héros qui doit fonder Rome : il lui envoie Mercure qui lui demande de briser cette liaison et lui enjoint de reprendre sa route. On le voit ici, revêtant son manteau, prenant par la main son fils Ascagne, pour fuir sa maîtresse. Lorsqu'elle découvrit la trahison de son amant, Didon, folle de douleur, s'immola par le feu.

On retrouve dans cette œuvre les caractéristiques de l'art de Ricciarelli. Le traitement sculptural du corps d'Énée, hérité de Michel-Ange, contraste avec la silhouette enfantine d'Ascagne, et le modelé puissant du personnage rappelle les grands nus du maître de la chapelle Sixtine. Si le double mouvement du héros endossant son manteau alors qu'il attrape son fils suggère la soudaineté et la précipitation de son geste, la douceur de son expression non dénuée d'une certaine détermination évoque les modèles de Raphaël. J.F.

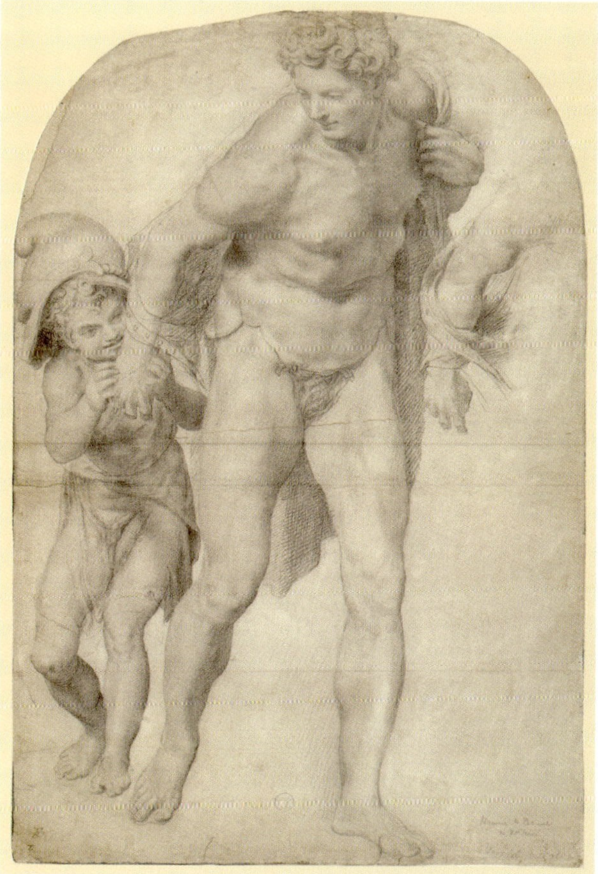

28

JEAN COUSIN (Soucy, 1490 – Paris, 1560)

La Charité

Vers 1540-1545 • Huile sur bois • 100 × 80,5 cm • Don Paul Lacroix, 1884, inv. 884.3.1

Ce panneau est une pièce très importante de la peinture française du XVIe siècle, période mal connue dont subsistent surtout des peintures murales, comme celles de Giovanni Battista Rosso (1494-1540), de Francesco Primatice (1504/1505-1570) au château de Fontainebleau et de Noël Jallier (actif vers 1650) au château d'Oiron.

La Charité de 1518 d'Andrea del Sarto peinte pour François Ier, est à l'origine de la divulgation en France de l'iconographie italienne de la vertu chrétienne de la Charité qui symbolise l'amour de Dieu et l'amour du prochain : une femme qui accueille, allaite et réchauffe trois enfants.

Charles Sterling attribua en 1955 à Jean Cousin le Père *La Charité* de Montpellier auparavant donnée à l'école de Primatice puis à celle de Rosso. Mal connu, on sait qu'il fit des cartons pour des tapisseries (*Vie de saint Mammès*, 1543, Louvre et Langres, cathédrale), pour des vitraux, des décors éphémères pour l'entrée d'Henri II à Paris ; une seule peinture lui est attribuée avec certitude, *Eva prima Pandora* (avant 1538) du Louvre. L'opinion de Sterling est fondée sur la ressemblance des figures féminines des tableaux du Louvre et de Montpellier inspirées des nus antiquisants diffusés en France par Rosso et Primatice à Fontainebleau, ainsi que sur la similarité entre les plis aigus de *La Charité* et ceux des drapés dans les cartons de la vie de saint Mammès. Le coloris acide appartient au monde maniériste de Fontainebleau.

Il est très probable que la composition de Cousin soit inspirée directement d'un stuc de Rosso de la galerie François Ier, représentant une *Charité romaine*, ou d'après la gravure de 1542, qui la reproduit presque fidèlement et est attribuée à Giovanni Bonasone (actif entre 1531 et 1574) : la figure féminine est nue dans une position bien proche (en dernière instance, un modèle romain antique, le bas-relief de Tellus de l'Ara Pacis à Rome, est peut être à l'origine de toutes ces œuvres). Les cheveux emportés par le vent, motif emprunté à Rosso, donnent du dynamisme à l'élan des enfants. Très stylisé, ce tableau aux contours linéaires est d'une rigueur de composition qui simplifie les plans et les formes, d'une monumentalité modulée par les lignes légères sur le rideau rouge, les ombres rares et transparentes qui donnent du volume aux corps. O.Z.

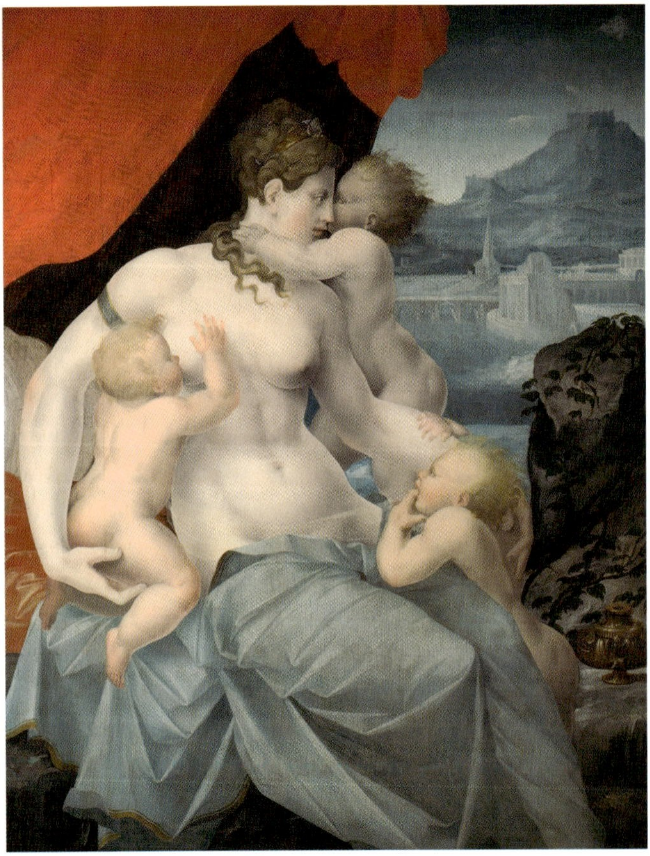

29

PIETER DE KEMPENEER, dit PEDRO CAMPANA (Bruxelles, 1503 – Bruxelles, 1580)

La Descente de croix

Vers 1537-1538 • Huile sur bois • 189 × 179 cm • Don Collot, 1845, inv 845.1.1

La Descente de Croix de Pedro Campana compte parmi les œuvres majeures de la collection. Aux côtés des chefs-d'œuvre de Zurbarán, de Ribera et d'Antolinez, elle contribue à faire du musée une des plus prestigieuses « escales espagnoles » des grands musées de région français. Le tableau particulièrement prisé et loué à Séville fut acquis par Aguado, colonel du premier régiment des lanciers qui faisait partie de la garde du roi Joseph Bonaparte. À sa vente après décès, en 1843, Jean-Pierre Collot l'achète pour l'offrir au musée de Montpellier. Originaire de Bruxelles, élève de Bernard van Orley, Kempeneer voyage en Italie, sans doute à partir de 1527-1528, et assimile toute la culture classique et maniériste de son époque. En 1537, il s'installe à Séville, ville prospère à cause du commerce avec les Amériques et y demeure un quart de siècle avant de regagner sa patrie d'origine vers 1562-1563.

La Descente de Croix peinte pour le monastère Santa María de Gracia constitue le premier coup d'éclat du peintre pour tenter de s'imposer dans la cité. L'auteur reprend à Raphaël (à travers une gravure de Marcantonio Raimondi) le schéma général de la composition. À l'intérieur de ce cadre majestueux et italien, Campana laisse éclater ses tendances expressionnistes et naturalistes particulièrement accordées à la sensibilité espagnole. Tout est mis en œuvre pour intensifier la dramaturgie de la scène et forcer la participation du spectateur : un jeu subtil de diagonales opposées entraîne le regard depuis le visage douloureux de la Vierge, au pied de la croix, jusqu'au corps cassé et inerte du Christ qui s'affaisse et bascule au-dessus des têtes. Une lumière blême venant de la gauche rejaillit sur les visages principaux, se reflète sur les autres et projette partout des ombres intenses et enveloppantes. Les chairs livides, les visages émaciés aux pommettes osseuses (comme celui de la Vierge), les regards inondés de larmes matérielles, les mains aux longs doigts effilés sont autant de signes de l'abandon et de l'extase.

À droite, saint Jean, dans une position courbée et ramassée (emprunt à Fra Angelico), fixe la couronne d'épines dans une méditation quasi hallucinée sur le mystère de la mort et de la Résurrection. Le vieux fonds de réalisme flamand, dont ne se départira jamais Campana s'exprime encore dans le traitement contrasté des figures masculines : ainsi l'expression triviale de Simon le Cyrénéen, un peu extérieure à la scène, celle touchée et convaincue de Nicodème, à droite, ou encore l'attitude de dévotion de Joseph d'Arimathie, comme impatient de recueillir le précieux corps obtenu de Pilate, la veille. À partir d'une palette à dominante de brun et de bleu-vert, Campana dispose ici ou là quelques tonalités plus chaleureuses – des rouges sonores, des mauves subtils virant au lie-de-vin, des jaunes lumineux – qui contrastent avec la pâleur cadavérique des chairs. La clarté retrouvée de l'horizon, le vaste ciel traversé de fins nuages comme effilochés, le paysage vallonné (évocation de Jérusalem et des collines de Judée) parsemé de « fabriques » antiquisantes, de minuscules figures et de bouquets d'arbres ont rendu toute sa respiration à ce chef-d'œuvre, de même que toute sa force et sa cohérence, savamment calculées par l'artiste. M.H.

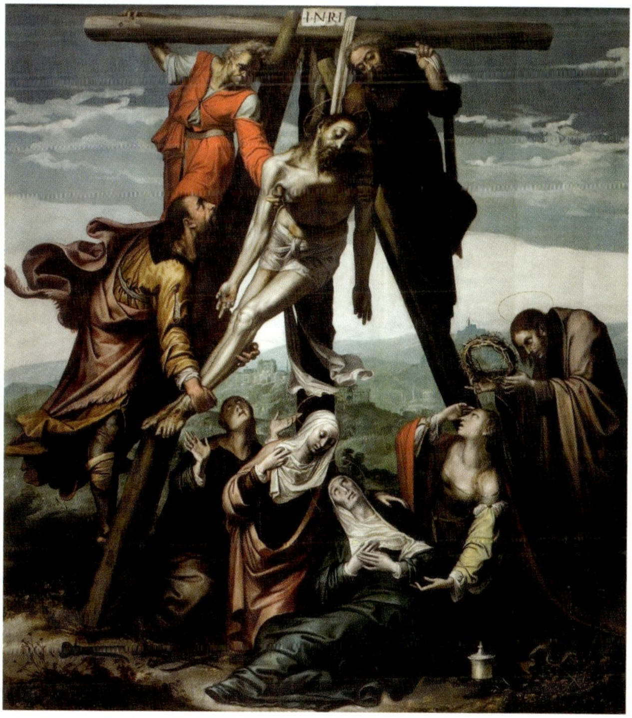

30

ALESSANDRO ALLORI (Florence, 1535 – Florence, 1607)

Vénus et l'Amour

Après 1570 • Huile sur bois • 150 × 240 cm • Achat de la Ville, 1887, inv. 887.3.1

Cet impressionnant tableau, admirablement préservé, a fait partie de la collection du duc d'Orléans au Palais-Royal. Ernest Michel (conseillé par A. Cabanel) en fait l'acquisition pour le musée en 1887. Le thème ici représenté est l'un des plus souvent abordés par les artistes à la Renaissance : Vénus s'empare de l'arc de l'Amour, son fils, au moment où le dieu s'apprête à décocher un trait, et lui lance un regard réprobateur ; près d'elle, deux colombes se becquettent sur des roses et symbolisent la tendresse ; la pomme d'or, bien mise en évidence, fait allusion au prix de beauté remporté par Vénus sur les autres déesses (Junon, Minerve) ; le lapin, à gauche, exprime la crainte et la timidité. À l'arrière-plan, on distingue un couple nu, tourmenté par le remords, qui se débat dans un brasier. L'allégorie sert ici à mettre en garde le spectateur sur les méfaits de l'amour et les égarements du vice et de la volupté.

Le caractère alambiqué de l'allégorie est bien caractéristique du maniérisme florentin qui mêle de façon érudite la mythologie à la morale chrétienne. Allori, élève de Bronzino, avait participé en 1564 aux célébrations officielles lors des obsèques de Michel-Ange. Comme tous les peintres de sa génération, il fut profondément influencé par la puissance des formes et l'énergie souveraine du maître. Allori s'inspire d'ailleurs ici directement d'un célèbre carton de Michel-Ange, *Vénus et l'Amour*, exécuté vers 1532-1533, et qualifié de *cosa divina* par Vasari (perdu). Pontormo en fit un tableau qui devint la propriété du duc Alexandre de Médicis (Florence, Offices). On retrouve dans les deux cas la même évidence plastique, le même souci de monumentalité, de même que l'utilisation d'une allégorie à des fins morales. L'élégance glacée, l'exécution fine, le souci du détail précis (chevelure, bijoux, plumage) rappellent plutôt l'art de Bronzino. Le paysage de fantaisie à gauche, parsemé de ruines et d'obélisques, dans sa tonalité vert bleuté reflète à l'évidence la fascination pour l'art des Flandres, très prisé à la cour de Toscane. Ce chef-d'œuvre du maniérisme florentin fut toujours très apprécié, comme en témoignent les nombreuses répliques autographes qui subsistent avec quelques variantes, notamment dans le premier plan et le paysage (Londres, Hampton Court ; Los Angeles, County Museum ; musée d'Auxerre). M.H.

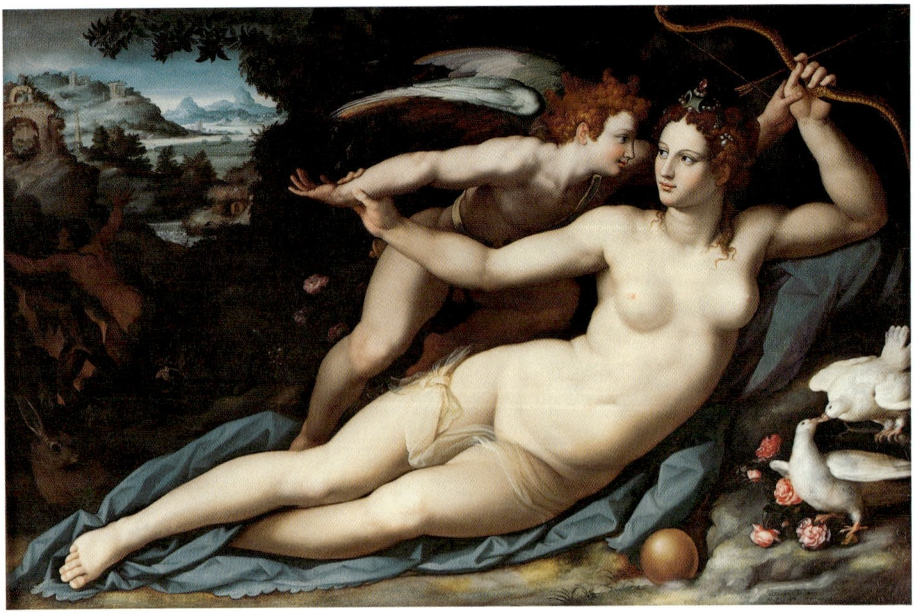

31

PAOLO CALIARI, dit VÉRONÈSE (Vérone, 1528 – Venise, 1588)

Le Mariage mystique de sainte Catherine

Vers 1560-1565 • Huile sur toile • 130,5 × 130 cm • Legs François-Xavier Fabre, 1837, inv. 837.1.69

Ce superbe tableau, récemment restauré, compte parmi les œuvres les plus attachantes du musée. Le thème, très en vogue à la Renaissance, met en scène une figure purement légendaire dont l'histoire a été rapportée d'Égypte par les croisés : Catherine, fille du roi Costus, était renommée pour sa beauté et sa science. Pour avoir refusé de sacrifier aux idoles, elle fut condamnée une première fois au supplice de la roue, fut sauvée par le Christ et finalement décapitée. La composition dérive des « conversations sacrées » de Titien : d'un côté, la Vierge, bienveillante et attentive, est assise devant un puissant soubassement classique vu de biais ; de l'autre, Catherine, éclatante de jeunesse et de pureté, parée d'un lourd manteau de brocart noir et or (qui rappelle ses origines royales) est agenouillée très près du rebord de la toile. L'Enfant Jésus se penche vers elle avec une expression de douceur ineffable et lui remet l'anneau symbolique du mariage, en témoignage de sa foi héroïque. La richesse des textures, l'éclat des carnations, le modelé délicat donnent l'illusion d'une réalité immédiate, tandis que la lumière irréelle (sans source précise) ramène le spectateur dans la sphère plus abstraite du rêve et du sacré. Parmi les nombreux tableaux de même sujet peints par Véronèse (Londres, Hampton Court ; Gallerie dell'Academia, provenant de l'église Santa Catarina de Venise ; Venise, San Sebastiano), la version de Montpellier appartient à la phase juvénile de l'artiste, vers 1557-1565 – soit après l'installation définitive à Venise –, et offre de nombreuses affinités stylistiques avec un ensemble de *Sainte Famille* datant de la même période.

Le tableau, sans doute diminué dans sa partie haute, provient de la célèbre collection du marquis Gerini de Florence où Fabre en fait l'acquisition. Bazille copie le tableau du musée Fabre. Après la mort du peintre, Gaston Bazille offrit le tableau à l'église de Beaune-la-Rolande, en remerciement de l'aide que le prêtre lui avait apportée pour retrouver le corps de son fils bien-aimé.

M.H.

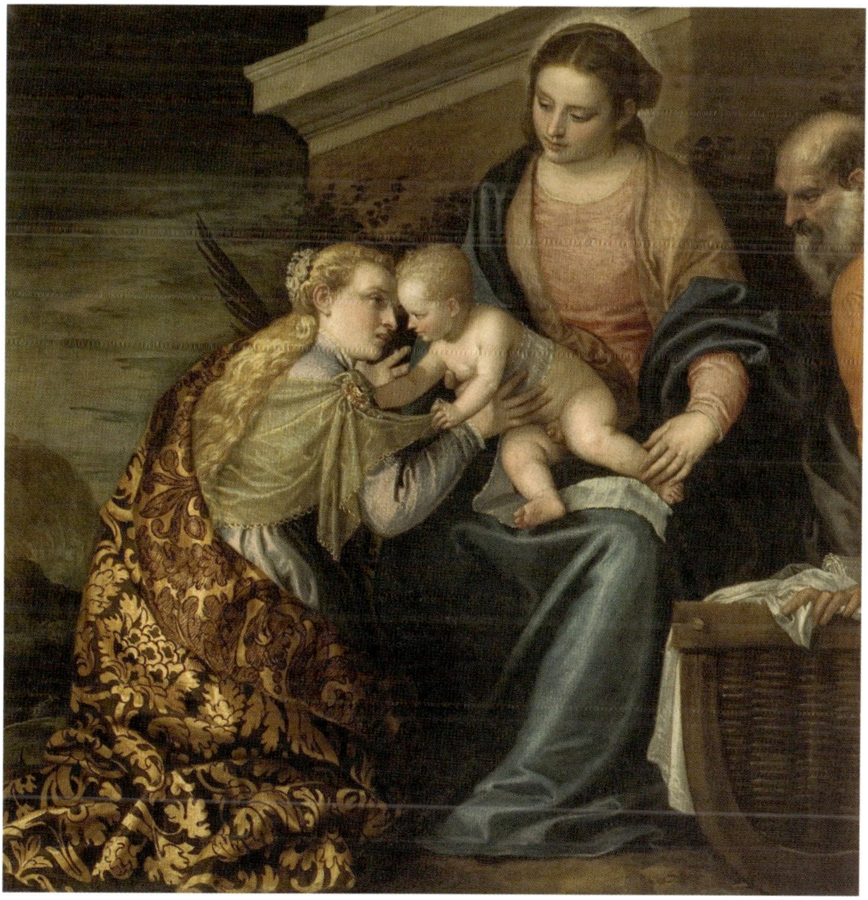

32

JACOPO DA PONTE, dit BASSANO (Bassano, 1515 – Bassano, 1592)

La Vierge s'inclinant vers l'Enfant Jésus debout qu'elle prend dans ses bras

Lavis de bistre et rehauts de blanc sur papier gris • 30 × 24 cm • Legs François-Xavier Fabre, 1837, inv 837.1.281

Sans doute formé dans l'atelier paternel à Bassano, Jacopo entre en 1530 dans l'atelier de Bonifacio de'Pitati à Venise. Personnalité reconnue et respectée de Bassano, le peintre se trouve à la tête d'un important atelier dans lequel quatre de ses sept enfants, Francesco, Giovanni Battista, Leandro et Giacomo se distinguent avant d'aller, pour certains d'entre eux, travailler à Venise. Ce superbe dessin est à mettre en relation avec *Saint Éleuthère bénissant les fidèles* (vers 1565) du maître autel de l'église Saint-Éleuthère de Vicence, aujourd'hui conservé à l'Accademia de Venise.

Le dessin correspond exactement au groupe de la Mère et de l'Enfant, agenouillé sur les marches à droite de la composition. Le haut degré d'achèvement du dessin pourrait faire songer à un *ricordo* réalisé après coup pour l'usage de l'atelier. Mais, selon toutes vraisemblances, nous sommes bien plutôt ici en présence d'un *modello* plein de spontanéité et de délicatesse exécuté en vue de la réalisation de cette première et importante commande pour Vicence. L'effet très pictural de lavis est bien caractéristique des dessins de l'école vénitienne : la pose énergique du lavis brun, les effets papillotants des rehauts de craie blanche procurent une incroyable présence à la feuille, sans jamais rien perdre en puissance et en monumentalité, comme en témoigne en particulier le corps de l'enfant à gauche qui vient se blottir dans le giron de sa mère. M.H.

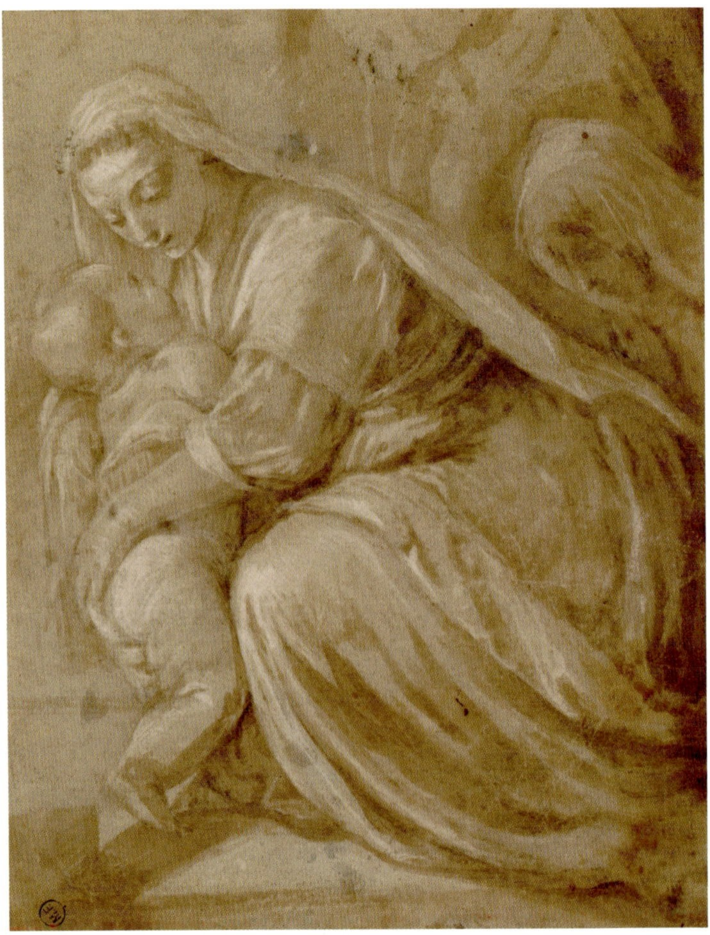

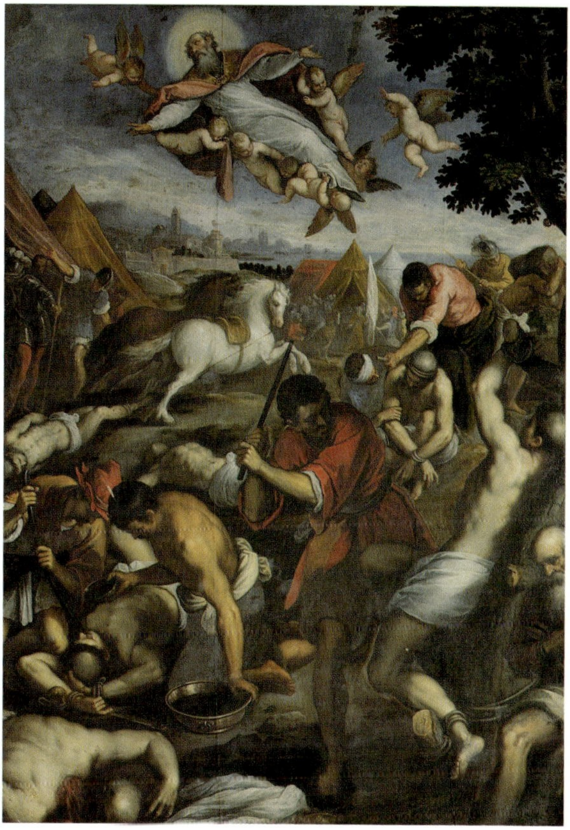

33

JACOPO NEGRETTI, dit PALMA LE JEUNE (Venise, 1544 – Venise, 1628)

Massacre des habitants d'Hippone

1593 • Huile sur toile • 333 × 237 cm • Signé daté : *Jacobus Palma F. 1593* • Dépôt de l'État, 1804, inv. D804.1.1

Jacopo Palma est le meilleur représentant de l'« éclectisme académique » de la fin du siècle. Élève de Titien, Palma s'illustre à plusieurs reprises sur le chantier du palais des Doges (plusieurs fois incendié), notamment à la salle du Scrutin (1587-1594) avec un célèbre *Jugement dernier*. C'est de la même époque que date *Le Massacre des habitants d'Hippone* peint pour l'église Saint-Jacques de Murano, île de la lagune de Venise, envoyé par l'État à Montpellier, en 1803, parmi un lot de 31 tableaux. Le tableau formait pendant à l'origine avec un *Martyre de sainte Catherine* (non localisé). Il illustre un épisode rarement représenté de la vie des saints, un miracle posthume de saint Augustin (vers 350-430), ancien évêque et saint protecteur d'Hippone (près de Bône, aujourd'hui Annaba en Algérie) : Genséric, roi des Vandales, terrorise les populations d'Afrique en attaquant souvent de nuit. Après la prise et la mise à sac de la ville d'Hippone, vers 430, le saint prélat, qui venait de mourir, arrête le massacre de ses habitants. Augustin, porté par des anges, plane au-dessus du tumulte des combats qui font encore rage. La composition, datée de 1593, appartient encore au maniérisme, avec ses figures repoussoir au premier plan, ses ruptures d'échelle, ses raccourcis audacieux, ses rythmes décoratifs et ses effets d'accumulation. Le regard sans cesse sollicité passe d'un plan à un autre sans répit. Les musculatures puissantes, l'élongation des figures, les armes scintillantes font songer à Tintoret, qui fascinait l'artiste. L'homme entraîné par un cheval au second plan à gauche est un emprunt direct à la célèbre composition de Tintoret, *Saint Marc libérant un esclave*, exécutée en 1548 pour la Scuola di San Marco. Les forts contrastes d'ombre et de lumière, la palette à dominante de tons bruns et rouges, égayés ici ou là par les blancs éclatants et les bleus lapis (aujourd'hui décolorés) renforcent encore l'effet de panique et la folie sanguinaire des envahisseurs. Au second plan à gauche, un homme torture un prisonnier, lié et couché, en lui versant un liquide dans la bouche qu'un soldat tient ouverte en y enfonçant son épée. C'est ce mélange presque improbable de naturalisme (visages individualisés, détails triviaux) et de fantaisie (cheval fougueux au second plan de la composition) qui fait tout l'intérêt de ce tableau imposant qui montre chez Palma une volonté de réconcilier à la fin du siècle nature et manière.

M.H.

34

NICOLAS POUSSIN (Les Andelys, 1594 – Rome, 1665)

Vénus et Adonis

Vers 1625-1626 • Huile sur toile • 74,5 × 112 cm • Don François-Xavier Fabre, 1825, inv. 825.1.171

Longtemps méconnu, voire dévalorisé à cause de prétendues maladresses dans l'agencement des figures, le tableau a retrouvé toute sa place dans le *corpus* de l'œuvre de Poussin. Il constitue un témoignage rare et précieux de l'activité de Poussin peu après son arrivée à Rome, en 1624. La restauration de 1978 a révélé sur la toile d'origine une inscription montrant que l'œuvre a fait partie des collections de Cassiano dal Pozzo. Secrétaire du pape Urbain VIII Barberini, érudit et « antiquaire » célèbre, Cassiano fut en outre un soutien infaillible du jeune Poussin et constitua une collection d'une cinquantaine d'œuvres de l'artiste. On a pu établir que le tableau correspondait à une *Vue de Grotta Ferrata* mentionnée dans les inventaires et qui avait été coupée vers le milieu du XVIIIe siècle : la partie gauche manquante, *Paysage avec un dieu fleuve,* est conservée dans une collection privée à New York. Après la relative sécheresse des *Batailles* (Moscou ; Saint-Pétersbourg ; Rome, Vatican), Poussin se tourne, pour survivre, vers la peinture vénitienne et vers Titien, qui l'enthousiasme. Comme beaucoup de peintres de sa génération, Poussin admire à la *Vigna Aldobrandini* les célèbres *Bacchanales* de Titien. Le thème des amours de Vénus et Adonis, souvent abordé à la Renaissance, connaît un regain de faveur avec la publication en 1623, de *L'Adone,* dédié à Louis XIII, par Giambattista Marino, ami et bienfaiteur de Poussin. L'artiste s'intéresse à ce mythe raconté par Ovide (*Métamorphoses*, X, 529 et suiv.) tantôt dans son aspect heureux, comme ici, tantôt dans son dénouement tragique comme dans *La Mort d'Adonis* du musée de Caen (vers 1626). Poussin installe le couple mythique, audacieusement enlacé, à l'ombre d'un massif de végétation autour duquel s'ébattent, en toute liberté, des *putti* joueurs et complices. À gauche, dans la toile new-yorkaise, un dieu fleuve assiste avec une note de discrète mélancolie à la scène. Un climat érotique imprègne la nature tout entière : les feuillages épais, les doux vallonnements du terrain, et jusqu'à l'horizon du couchant embrasé. L'extraordinaire palpitation de l'atmosphère, l'accord entre l'émoi des humains et la nature éternelle et féconde sont à l'évidence inspirés de Titien mais avec une conviction et une franchise nouvelles qui sont l'apanage de Poussin seul. La vigueur de la touche largement étalée, la fougue et l'ivresse à peine contenues invitent à situer l'œuvre précocement, vers 1625. *Vénus et Adonis*, comme tant d'autres tableaux de la même période, constitue pour le spectateur d'aujourd'hui, la part la plus sensible et la plus mystérieuse de l'œuvre de celui qui incarne, à lui seul, le classicisme français. M.H.

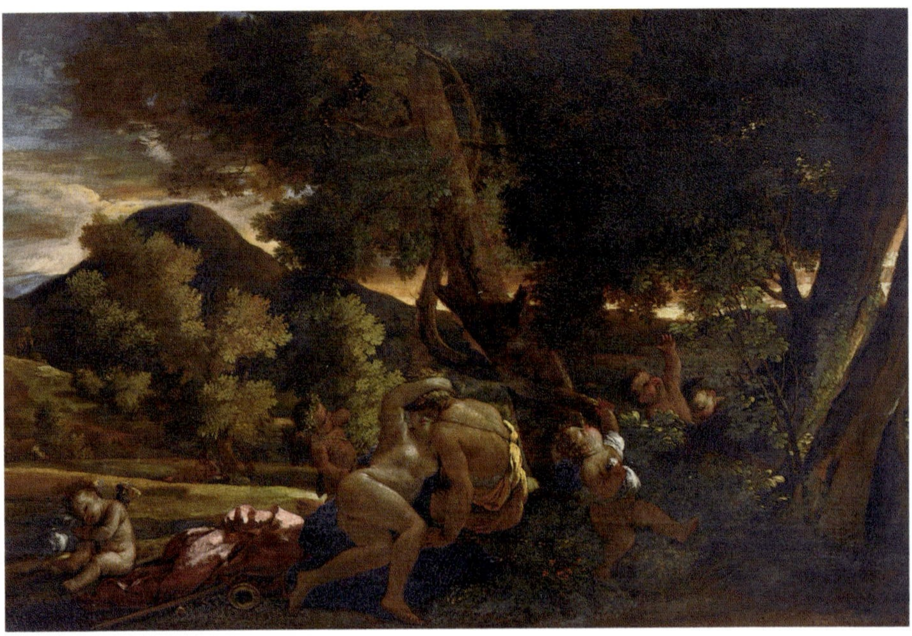

35
NICOLAS POUSSIN (Les Andelys, 1594 – Rome, 1665)

Paysage au satyre endormi

Vers 1625-1627 • Huile sur toile • 75,5 × 100 cm • Don François-Xavier Fabre, 1825, inv. 825.1.169

Comme l'attestait une inscription ancienne au dos de la toile, le tableau provient de la célèbre collection de l'« antiquaire » et ami de Poussin, Cassiano dal Pozzo. Au XVIIIe siècle, il figure dans la collection du bailli de Breteuil, ambassadeur de Malte à Rome, avant d'être acquis par Fabre en Italie. Diversement apprécié par la critique, parfois rejeté, le tableau constitue un témoignage essentiel de l'activité de jeunesse de Poussin dans les années qui suivent directement son installation à Rome, vers 1625-1626, avant le départ de Cassiano dal Pozzo pour l'Espagne avec la légation du Cardinal Francesco Barberini.

Le climat vénitien du tableau, la composition en frise lucide des personnages, le caractère méditatif et serein, l'écriture en petites touches hâtivement juxtaposées sont bien caractéristiques de la manière de jeunesse. Bien que profondément marqué par Titien et ses *Bacchanales* admirées à la *Vigna Aldobrandini*, Poussin montre clairement ici son attrait pour la statuaire classique et sa transposition dans l'œuvre peint : la figure du dieu fleuve réapparaît d'un tableau à l'autre ; le satyre endormi fait songer au célèbre *Faune Barberini* aujourd'hui à Munich, découvert vers la même période dans les fossés du château Saint-Ange et aussitôt transporté chez le cardinal Barberini ; la nymphe, au centre, accoudée à un bloc de pierre, est directement inspirée par l'une des figures des *Noces Aldobrandines*, et encore plus nettement de la *Muse Polymnie*, un des antiques fameux de Rome, conservé au Louvre. Cette synthèse unique de sensualité pour la touche et la couleur qui vient de Venise mais aussi des Carrache et de leur école, cette passion pour la culture classique et archéologique (voulue par Cassiano), cette recherche constante d'intégration de la figure dans un cadre naturel, ce romantisme diffus et contemplatif que l'on dénote dans le tableau, constituent bien la marque essentielle de Poussin au début de son installation en Italie et laissent présager de nombreux chefs-d'œuvre, réalisés au cours de la décennie suivante. M.H.

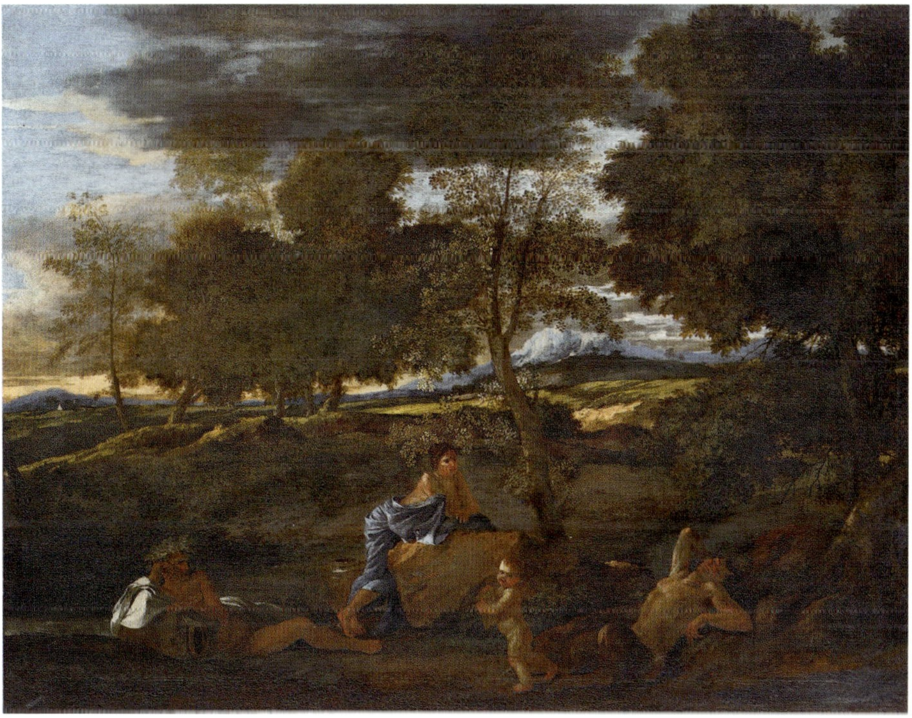

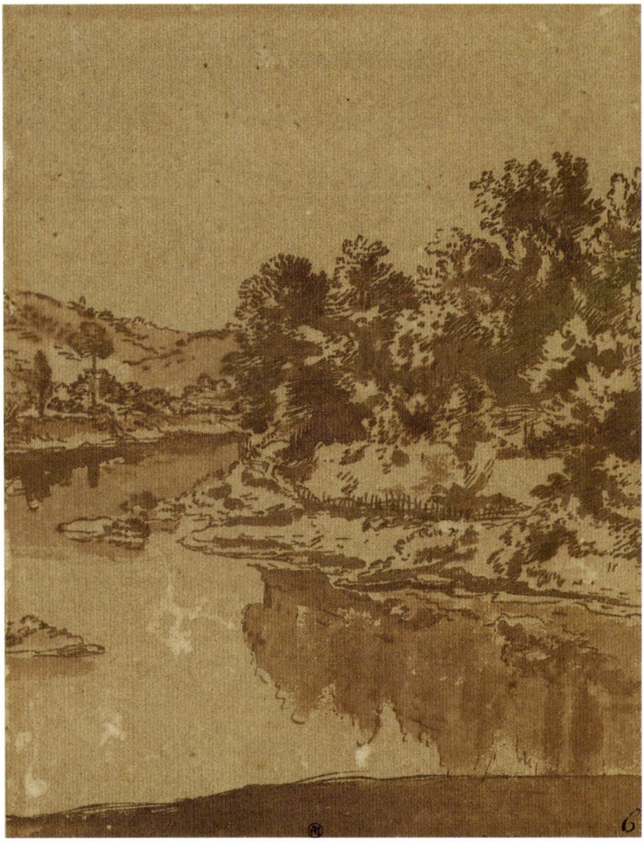

36

NICOLAS POUSSIN (Les Andelys, 1594 – Rome, 1665)

Paysage des bords du Tibre

Plume, encre brune, lavis brun sur papier beige • Agrandi sur trois côtés, probablement par Mariette • Inscription à la plume, encre brune, en bas à droite : *collé en plein 6* • 18,8 × 14, 2 cm • Coll. François-Xavier Fabre ; don Fabre en 1825, inv. 825.1.272

Ce dessin lumineux, de provenance illustre (Pierre Crozat, Pierre-Jean Mariette), a toujours suscité des commentaires élogieux de la critique depuis son entrée dans les collections du musée, en 1825. On a longtemps rapproché le site ici représenté du célèbre *Paysage avec saint Matthieu* du musée de Berlin, mais sans véritable fondement. A. Blunt préfère y voir « une courbe du Tibre vue en surplomb, juste en amont du Ponte Molle ». Dans le dessin, le spectateur demeure frappé par la franchise de la représentation qui, en effet, par-delà les siècles et le relatif mauvais état de la feuille, n'a rien perdu de sa force : eaux stagnantes laissant apparaître des lambeaux de terre, comme il advient durant les mois de chaleur, berges dénudées, clôture indiquée d'un trait de plume hâtif qui court à flanc de talus à droite, massif de végétation désordonné et luxuriant à la fois, habitations indistinctes sur la rive opposée dans les lointains. La justesse de l'observation s'allie ici à une rigueur dans l'organisation de l'espace et le refus de tout sentiment lyrique. Malgré les reflets dans l'eau si caractéristiques et la crête déchiquetée du massif de végétation, le dessin frappe par son atmosphère statique et comme saturée par une chaleur excessive. Poussin se plaît à l'évidence à souligner les éléments structurels de la composition au moyen des reflets dans l'eau, mais sans en abuser, comme dans d'autres dessins connus. Du monde des apparences, l'artiste ne retient que ce qui fait sens pour lui : clarté, équilibre, harmonie naturelle. Selon le témoignage direct de Joachim Sandrart, Poussin allait dessiner dans la campagne romaine, jusqu'à Tivoli, en compagnie de Claude et de Pieter van Laer. Entraîné par ses amis et surtout par un intérêt précoce et constant pour le paysage depuis son arrivée en Italie, Poussin a multiplié les études sur le motif. Le dessin de Montpellier, que l'on peut dater vers 1635-1638, compte parmi les plus beaux exemples conservés de ces feuilles d'études réalisés au nord Rome, entre le Ponte Molle et le mont Soracte. C'est bien dans cette région, au contact d'une nature sauvage et inviolée depuis l'Antiquité, que s'élabore le paysage classique du XVIIe siècle, dont Poussin demeure sans conteste le plus illustre représentant.

M.H.

37

NICOLAS POUSSIN (Les Andelys, 1594 – Rome, 1665)

La Pénitence

Mise au carreau à la pierre noire ; plume, encre brune, lavis brun sur pierre noire • 21 × 31,2 cm • Legs Fabre, 1837, inv. 837.1.240

Dessin prestigieux et célèbre, légué par François-Xavier Fabre, qui constitue une étude pour *La Pénitence*, appartenant à la seconde série des *Sacrements*, réalisée de 1644 à 1648 pour Paul Fréart de Chantelou, l'ami et mécène de l'artiste. Le dessin, qui date de 1646, offre déjà par rapport au tableau le même nombre de figures, dans les mêmes attitudes, à quelques nuances près. Toutes les rimes plastiques sont déjà en place : les ustensiles inspirés de l'antique, au premier plan, la position courbée des serviteurs faisant écho à la Madeleine à gauche, les rythmes implacables de l'architecture, d'une remarquable sobriété, déjà pré-davidienne. Pour cette nouvelle série, Poussin pousse très loin ses recherches archéologiques en particulier dans la représentation du *triclinium,* sorte de lit bas utilisé par les Romains pour leurs repas, qui épousait la forme de la lettre grecque *sigma.* Le dessin, un des plus admirés et un des plus accomplis, frappe par son dépouillement, son souci de concentration et sa vérité archéologique. Les figures nues avec ces têtes ovoïdes, au regard sommairement indiqué par un trait de plume, ont quelque chose de « métaphysique » au sein de ce décor d'une implacable rigueur. Elles ont vraisemblablement été dessinées à partir de mannequins de cire que Poussin avait l'habitude d'utiliser pour la mise en place de ses compositions. Ce chef-d'œuvre résume à lui seul tout l'idéal classique du XVIIe siècle, tout pénétré de naturalisme et de la plus haute leçon de l'Antiquité.

M.H.

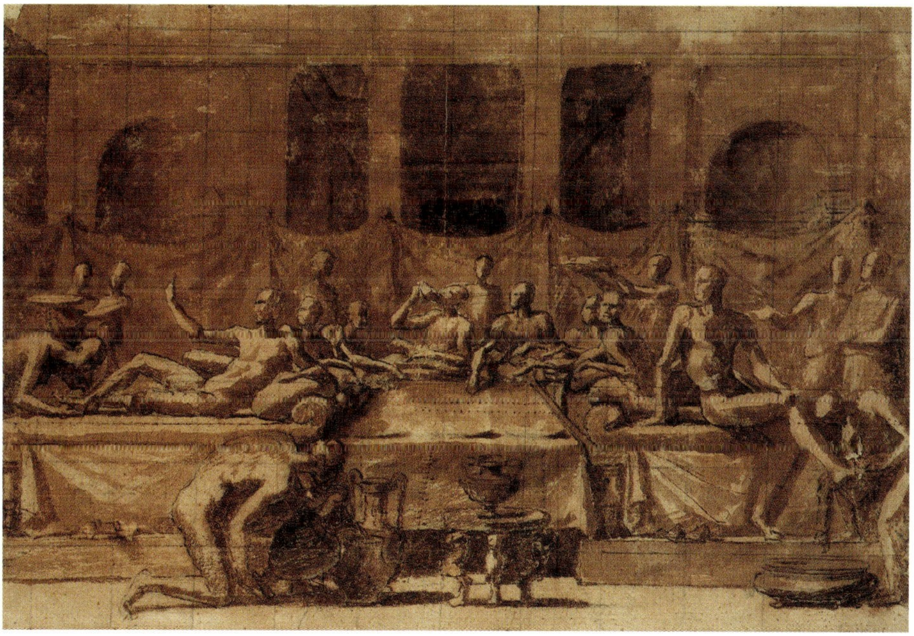

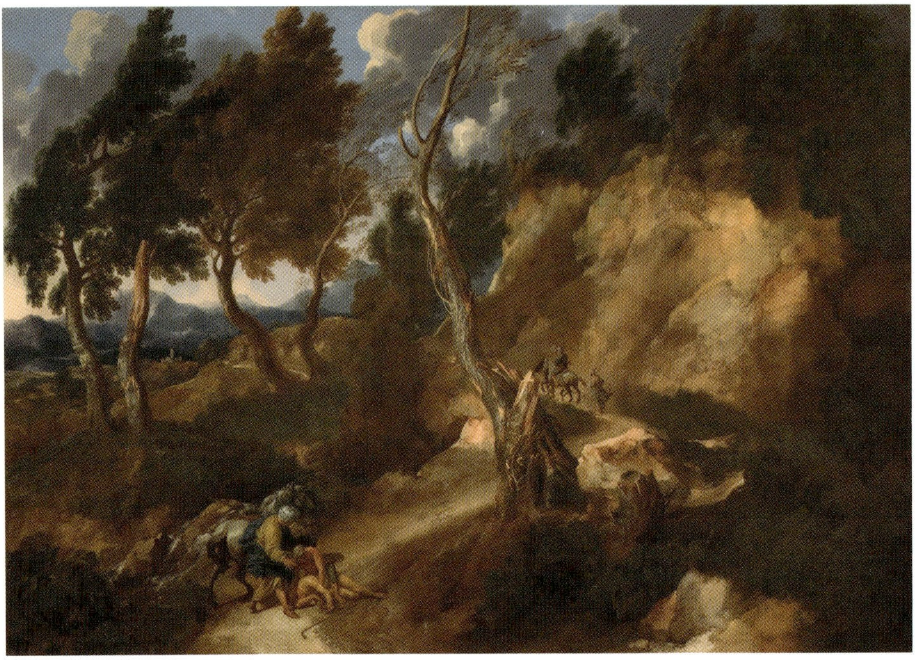

38
GASPARD DUGHET (Figures par LOUIS-MICHEL VAN LOO) (Rome, 1615 – Rome, 1675)

Paysage au bon Samaritain

1638 • Huile sur toile • 120 × 171 cm • Achat de la Ville avec la participation du FRAM Languedoc-Roussillon, 1995, inv. 95.1.1

Fils d'un pâtissier d'origine parisienne établi à Rome, Dughet entre, âgé d'une quinzaine d'années, dans l'atelier de son beau-frère, Nicolas Poussin, qui le prend en affection et l'initie à l'art du paysage. Ce chef-d'œuvre de la jeunesse de Dughet, brillamment acquis en 1995, fut conçu à l'origine sans figures, comme il arrive parfois dans certains tableaux connus de l'artiste. Par la suite, au XVIIIe siècle, le possesseur de l'œuvre, le peintre Louis-Michel van Loo, rajouta l'épisode du bon Samaritain contribuant ainsi à hisser cette grandiose scénographie naturelle au rang de la peinture d'histoire. Le tableau, que l'on peut situer vers 1638, frappe par son puissant naturalisme largement inspiré par les Vénitiens ou les Nordiques comme Bril et Swanevelt – relief accidenté, chemin en zigzag, multiplication des points de vue, réalisme de certains détails comme l'écorce sur l'arbre mort au centre –, et aussi par son souffle romantique – coup de bourrasque dans les frondaisons sonores, palpitation de l'atmosphère, ombres denses – visant à faire partager au spectateur la vive émotion ressentie devant le spectacle de la nature déchaînée. Comme tous les plus grands rénovateurs du paysage à l'époque, Dughet a étudié de près la nature dans les environs de Rome, à l'occasion de parties de pêche et de chasse, qu'il pratiquait avec passion depuis sa jeunesse. Un des premiers grands paysages « romantiques » du XVIIe siècle, notre tableau anticipe d'une dizaine d'années les recherches plus intellectuelles et rationnelles de Poussin autour des cataclysmes naturels. On comprend, devant un tel tableau, la renommée, durant tout le XVIIIe siècle, de Dughet, peintre de tempêtes, de bourrasques et de coups de vent. M.H.

39
JACQUES STELLA (Lyon, 1596 – Paris, 1657)

Sainte Famille avec saint Jean-Baptiste

1635 • Huile sur ardoise • 53 × 37 cm • Signé daté en bas à gauche : *Ja...es Stella fecit / 1633* • Achat de la Ville, 2001, inv. 2001.6.1

Ce chef-d'œuvre du classicisme français, récemment entré dans les collections, appartient à la phase italienne de la carrière de Stella, peu avant le retour en France en 1634. Il se livre ici à une variation très savante, à partir d'un thème particulièrement répandu en Italie depuis Raphaël et son école : la Vierge, pleine de retenue et de noblesse, retient délicatement son fils qui esquisse un mouvement en direction de Jean-Baptiste enfant, sensiblement plus âgé que lui, selon l'iconographie traditionnelle fixée à la Renaissance. Le précurseur du Christ tire, à l'aide d'une fine cordelette, un agneau, symbole du sacrifice futur de Jésus selon le passage célèbre du quatrième Évangile (I, 36) : « Jean, ayant regardé Jésus qui passait, dit : "Voilà l'agneau de Dieu" ». Sur la croupe de l'animal est figuré un ballot de fruits parmi lesquels on distingue la grenade, symbole de la Résurrection mais aussi de l'unité triomphante de l'Église, la pomme qui rappelle la chute dans le péché, alors que la cerise, dont le jus rouge est assimilé au sang du Christ, fait allusion à la Passion. Devant l'animal, posée sur le sol, la croix, sous l'aspect d'une fine tige de roseau (attribut de Jean-Baptiste), préfigure encore la Passion de Jésus, tout comme le petit panier chargé de raisins renvoie à l'Eucharistie et donc au sang versé par le Christ. Le visage empreint de douceur et de dignité de la Vierge montre qu'elle accepte déjà de sacrifier son fils unique. À ses côtés, en guise de soutien, Joseph, à l'expression à la fois tendre et bienveillante, montre la place grandissante qu'occupait le compagnon de Marie dans la piété de la Contre-Réforme. Les formes rondes, puissantes, fortement modelées par la lumière, rattachent encore l'œuvre à l'esthétique baroque tandis que le coloris précieux et l'exécution fine et virtuose trahissent les origines flamandes de l'artiste et son goût prononcé pour les tableaux sur pierres fines qu'il multiplia durant le séjour en Toscane. Ce tableau charnière, plein de noblesse et de dignité laisse entrevoir, sans sécheresse, les orientations classiques de l'œuvre à venir.

M.H.

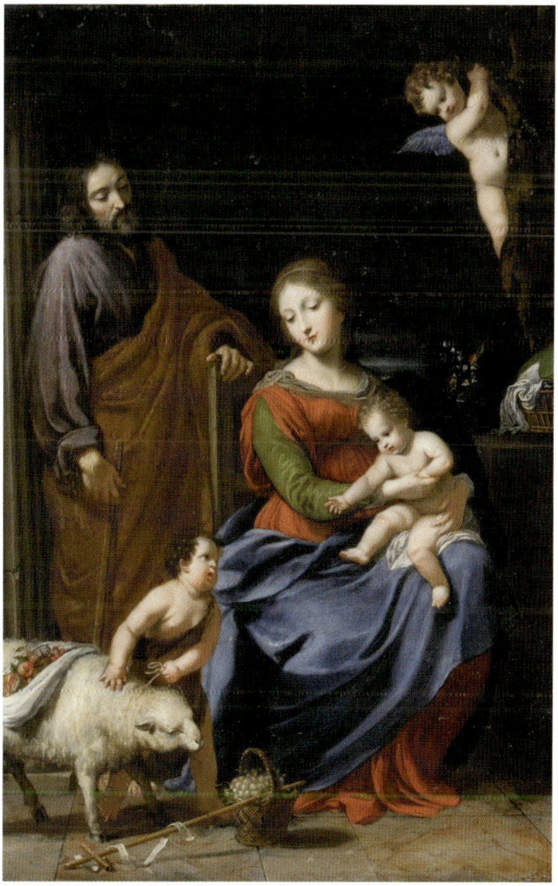

40

JACQUES BLANCHARD (Paris, 1600 – Paris, 1638)

La Madeleine pénitente

Vers 1637-1638 • Huile sur toile • 128 × 97 cm • Achat de la Communauté d'agglomération avec la participation du FRAM Languedoc-Roussillon, 2005, inv. 2005.3.1

Jacques Blanchard est, avec Simon Vouet, le plus important peintre français sous le règne de Louis XIII. Dès son retour d'Italie en 1629, il s'impose rapidement comme le meilleur peintre du moment, le plus « moderne », et entame une carrière brillante de peintre d'histoire. Blanchard a plusieurs fois abordé le thème de la Madeleine repentante, très répandu à la Contre-Réforme dans le milieu des Carrache, puis en France chez Claude Vignon et Philippe de Champaigne. La sainte est bien identifiable ici, avec le crâne, la longue chevelure, le flacon de parfum sur le rebord de pierre en haut à gauche (signe de renoncement aux biens terrestres) et le grand faisceau lumineux, signe de sa conversion. Debout, puissamment déhanchée, la sainte est saisie dans l'instantanée des transports mystiques et de la conversion : la main gauche levée en signe d'acceptation, les yeux levés en direction de la lumière céleste, le bras droit appuyé presque fièrement sur le crâne. Rarement Blanchard est allé aussi loin dans la recherche de sincérité et de monumentalité baroque. Le drapé et l'abondante chevelure suivent les sinuosités du corps. L'artiste exalte avec un pinceau souple et onctueux, digne de Corrège, l'épanouissement des formes féminines comme pour mieux nous pénétrer du mystère de la conversion. Ce chef-d'œuvre, charnel et mystique à la fois, connu par une gravure de Pierre Daret (1640), jusqu'à sa récente redécouverte sur le marché de l'art parisien, compte parmi les plus belles réussites du « Titien français » vers la fin de la carrière (1637-1638). M.H.

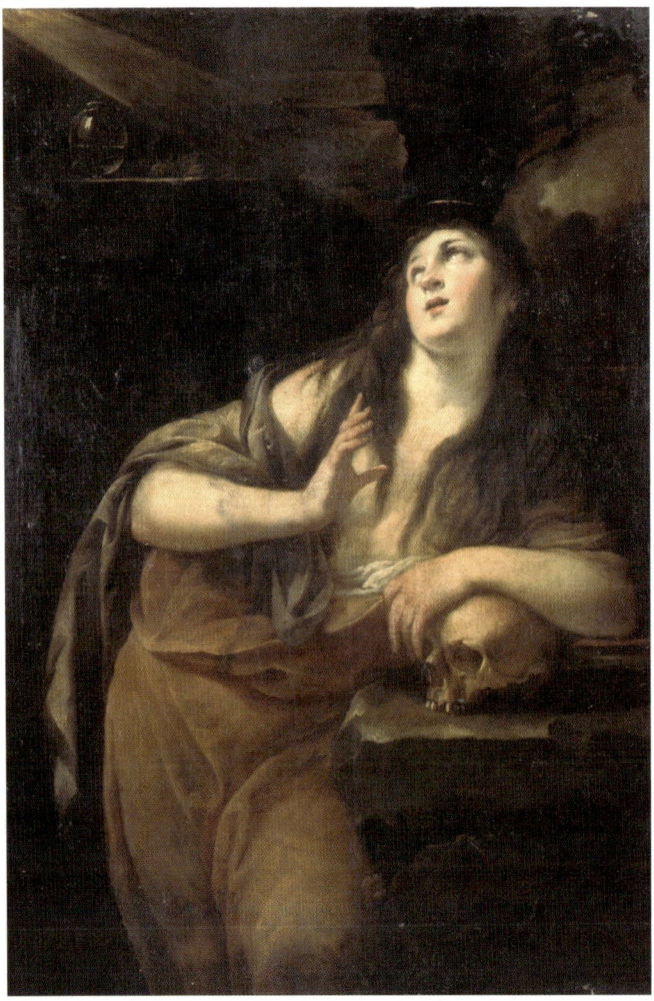

41

SIMON VOUET (Paris, 1590 – Paris, 1649)

Allégorie de la Prudence

Vers 1645 • Huile sur toile • 116,5 × 90,5 cm • Legs François-Xavier Fabre, 1837, inv. 837.1.98

Ce beau et lumineux tableau faisait à l'origine partie d'une cheminée de la chambre-alcôve située dans les appartements de la reine Anne d'Autriche au Palais-Royal à Paris, que Richelieu venait de léguer à la couronne. Vouet choisit de représenter la Prudence avec ses attributs traditionnels : le miroir et le serpent. La présence des Trois Grâces indique clairement que l'image de la Prudence se double de celle de la Beauté. La belle et triomphante figure féminine qui incarne la Régente (dont on reconnaît les traits idéalisés dans le miroir) s'appuie sur le globe terrestre et domine imperturbablement un vieillard Temps apeuré, accompagné de la faux et du sablier. Le message était clair : celui qui fait preuve de sagesse et de modération parvient à maîtriser mieux que quiconque le temps si précieux qui lui est donné de vivre. L'amour qui volette dans le ciel apporte une couronne de laurier en signe de victoire. Dans une époque particulièrement troublée et instable, on fondait beaucoup d'espoir sur les vertus d'équité et de bon gouvernement d'Anne d'Autriche. Le tableau est un bon exemple du lyrisme de Vouet dans sa pleine maturité : des arabesques fluides entraînent le regard du spectateur d'un bout à l'autre de la toile en s'arrêtant sur la grande tâche claire du manteau blanc et bleu de la Prudence. L'évidence plastique, caractéristique de Vouet, se nuance ici de raffinement poétique et de préciosité qui préfigurent certaines des meilleures réalisations de l'« atticisme parisien » sous la Régence d'Anne d'Autriche et de Mazarin.

M.H.

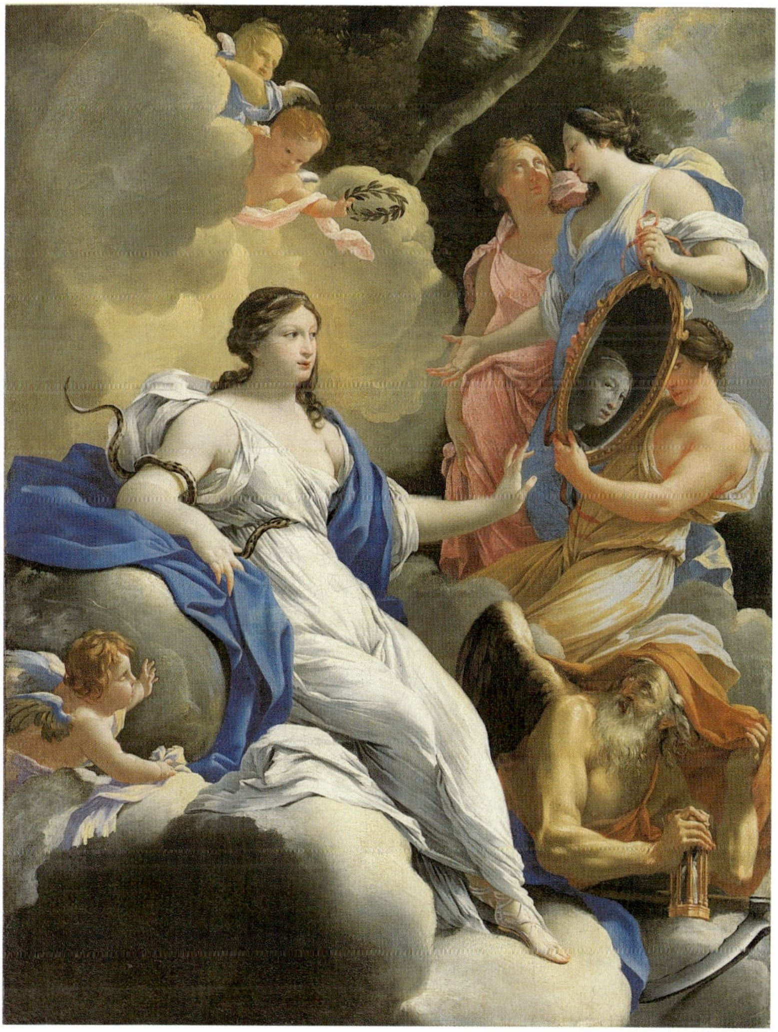

42
LAURENT DE LA HYRE (Paris, 1606 – Paris, 1656)

Les Trois Grâces

Pierre noire, lavis gris avec rehauts de craie blanche sur papier ocre • 30,2 × 21,2 cm • Legs François-Xavier Fabre, 1837, inv. 837.1.211

Éduqué dans un milieu favorable aux arts, La Hyre a très jeune la révélation du grand art bellifontain (Rosso, Primatice, Dubois, Dubreuil) et fréquente, vers 1626, l'atelier très actif du Nancéen Georges Lallemant. La Hyre devient rapidement, aux côtés de Vouet et de Blanchard, un des plus brillants promoteurs du renouveau de la peinture française sous le règne de Louis XIII. Ce très beau dessin est à mettre en relation avec un tableau aujourd'hui perdu que l'artiste se soucia de faire graver par son élève Chauveau. La pose harmonieuse des Trois Grâces – Euphrosyné, Thalia et Aglaé – fait évidemment référence à un célèbre groupe sculpté antique largement diffusé à la Renaissance et source d'inspiration pour de nombreux artistes (Raphaël notamment). Mais le conciliabule des trois sœurs est surtout prétexte à rendre un hommage non déguisé à la beauté du corps de la femme. La souplesse du trait de pierre noire, les rehauts de blanc rendent à merveille la palpitation des chairs dans la lumière tamisée d'un sous-bois. L'érudit La Hyre n'était sans doute pas sans savoir que les Trois Grâces, qui habitent comme les Muses sur le mont Olympe, étaient considérées depuis la plus haute Antiquité comme des personnifications des forces naturelles. L'impression de plénitude heureuse qui se dégage de la feuille du musée Fabre, que l'on peut situer autour de 1640, fait naturellement songer à l'art de Rubens ou du « Vénitien » Blanchard… Pourtant, il subsiste ici une élégance un peu raidie propre à La Hyre, dans le canon minuscule des têtes qui évoque l'art de Fontainebleau ou encore dans les chevilles un peu lourdes et comme simplifiées.

M.H.

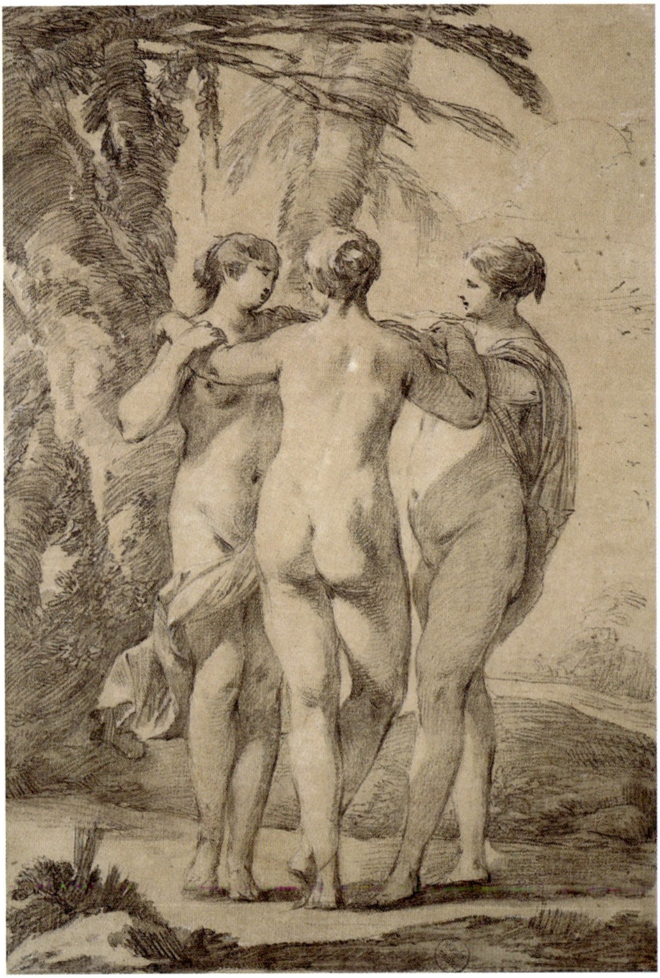

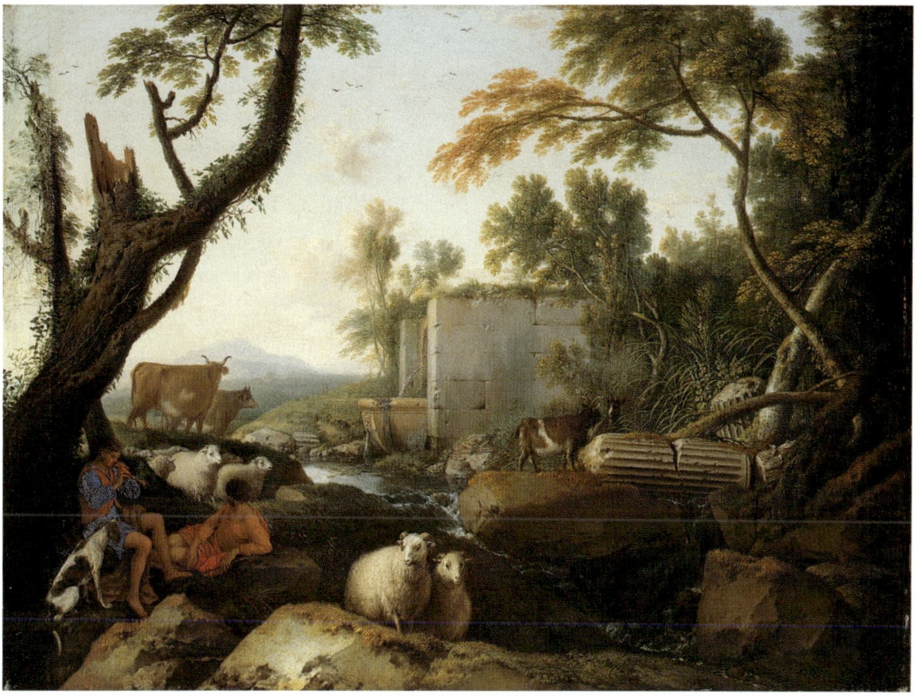

43
LAURENT DE LA HYRE (Paris, 1606 – Paris, 1656)

Paysage au pâtre jouant de la flûte

1647 • Huile sur toile • 59 × 78 cm • Signé daté : *L. de La Hire in E F 1647* • Legs François-Xavier Fabre, 1837, inv. 837.1.50

Formé au contact de l'art bellifontain, peintre d'histoire reconnu et recherché, La Hyre montre un goût de plus en plus marqué pour le paysage qui connaît alors une floraison sans précédent tant en Italie qu'en France. Au sein d'une nature secrète et romantique deux pâtres ont trouvé refuge. Le son de la flûte se mêle au murmure de l'eau. Des animaux ont envahi les abords de ce ruisseau escarpé où la végétation sauvage submerge des vestiges de l'Antiquité classique. La Hyre emprunte à son contemporain Claude Lorrain (qui travaille à Rome) les conventions du paysage idyllique et pastoral largement diffusées dans les milieux artistiques parisiens proches de l'Académie. Les amateurs du temps goûtaient particulièrement cette poésie virgilienne qui permettait une évasion commode d'une réalité inquiétante et troublée. À l'exemple italien, La Hyre juxtapose une science naturaliste héritée du Nord et des Flandres (Fouquières, Champaigne), particulièrement sensible dans le rendu de la lumière dans les lointains et la précision, toute graphique, des frondaisons et des troncs. Ce paysage plein de poésie et de fantaisie révèle aussi chez La Hyre le besoin de contrôler la nature en la soumettant aux règles strictes de l'esprit, préoccupation qu'il partage avec les principaux peintres au même moment, membres fondateurs, comme lui, de l'Académie royale de peinture et de sculpture (Le Sueur, Bourdon, Stella...). M.H.

44

EUSTACHE LE SUEUR (Paris, 1617 – Paris, 1655)

Femme effrayée tenant un enfant par la main droite

Pierre noire avec rehauts de craie blanche • 40,6 × 24,5 cm • Legs François-Xavier Fabre, 1837, inv. 837.1.219

Ce superbe dessin est préparatoire à la figure à l'extrême gauche dans *Marcus Curtius se précipitant dans le gouffre*, tableau perdu mais connu par une étude d'ensemble mise au carreau aujourd'hui conservée au Louvre. Selon les sources anciennes, cette œuvre, de même que *Allégorie du ministre parfait*, fut exécutée en 1653 pour un certain Planson « qui demeuroit dans la Halle ». Les deux sujets constituaient une sorte de programme politique voulu par le commanditaire au lendemain des troubles de la Fronde : d'un côté l'exaltation des « qualités intellectuelles et morales de l'homme d'État idéal », de l'autre le dévouement héroïque de l'individu à la cause de l'État, par-delà les intérêts particuliers. Ici, Le Sueur s'est surtout attaché à étudier les plis profonds du drapé noué sur le devant, laissant volontairement esquissées les parties du visage et des membres.

Les traits de pierre noire, impétueux et hâtifs, de l'enfant au premier plan rendent de façon très suggestive le mouvement d'horreur et de surprise de la mère au moment où elle aperçoit le jeune noble romain qui se précipite dans l'abîme parce que les aruspices ont réclamé le sacrifice de « ce qui faisait la force principale du peuple romain » (Tite-Live). M.H.

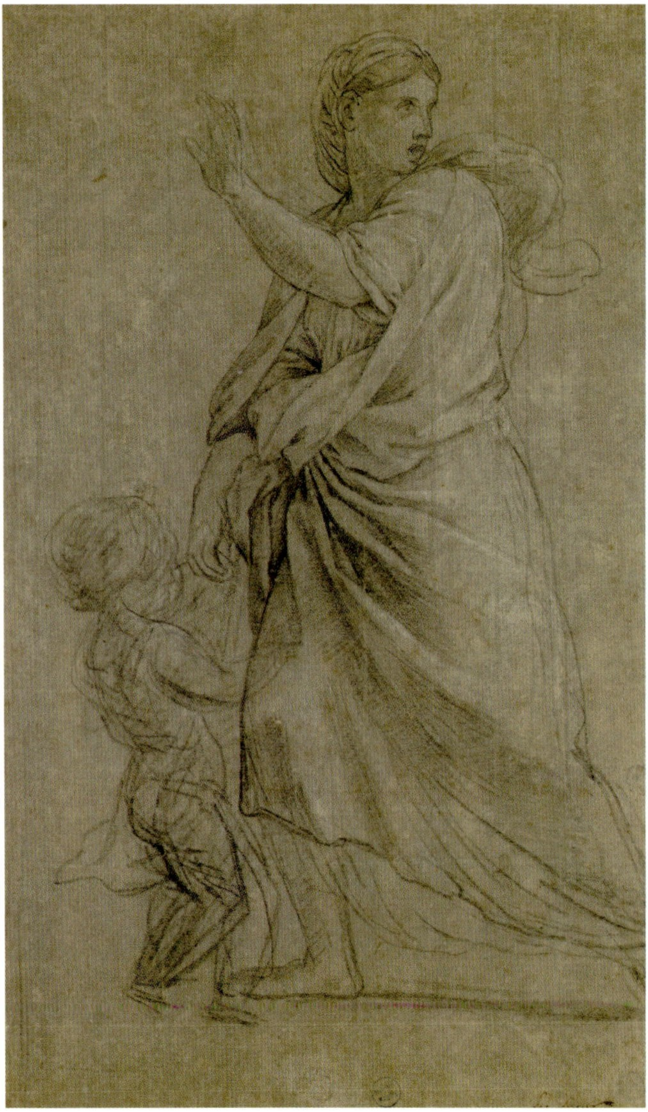

45
EUSTACHE LE SUEUR (Paris, 1617 – Paris, 1655)

Étude pour la Muse Thalie

Pierre noire avec rehauts de craie blanche sur papier gris-brun • 29 × 42 cm • Legs François-Xavier Fabre, 1837, inv. 837.1.1155

Étude préparatoire pour la Muse de la Comédie tenant un masque dans *Clio, Euterpe, Thalie* (musée du Louvre), l'un des panneaux exécutés pour décorer l'alcôve de la présidente Lambert dans la chambre des Muses, au second étage de l'hôtel, de même nom, dans l'île Saint-Louis à Paris. Le cycle peint en 1652-1653 constitue l'un des sommets de l'art de Le Sueur et résume à lui seul tout l'idéal de l'art de la régence d'Anne d'Autriche (l'« atticisme parisien ») : clarté et équilibre souverain de la composition, noblesse et délicatesse de l'inspiration. L'artiste prend pour modèle ici Raphaël et en particulier *Le Parnasse* du Vatican (connu par la gravure), dans lequel figure, dans une pose similaire, Calliope aux côtés d'Apollon. Naturel, élégance, sensualité diffuse font tout le charme de ce dessin qui témoigne magistralement du talent de dessinateur du « Raphaël français ». M.H.

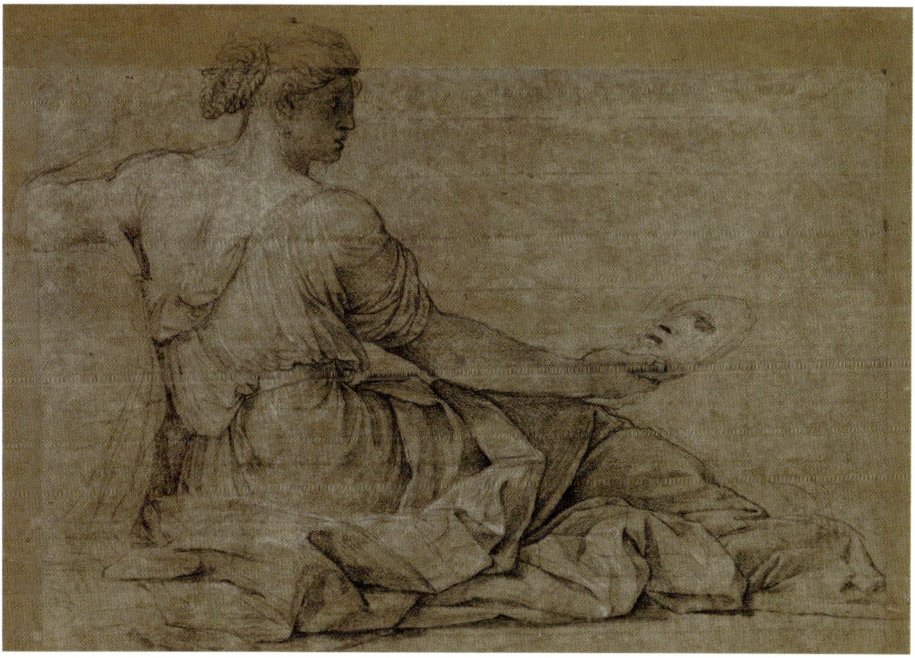

46

SÉBASTIEN BOURDON (Montpellier, 1616 – Paris, 1671)

L'Osteria au fumeur de pipe

Vers 1638-1642 • Huile sur bois • 38,5 × 53,5 cm • Legs Antoine Valedau, 1836, inv. 836.4.5

Au lendemain de son séjour italien (1637), Bourdon diffuse sur le marché parisien des tableaux de bambochades qui connaissaient un vif succès auprès des amateurs du temps. Ces scènes naturalistes l'avaient séduit en Italie à travers les exemples de Castiglione et de Pieter van Laer, véritable inventeur du genre. Dans l'enclos bien improbable d'une petite auberge de la campagne romaine se sont réunis des bohémiens et des militaires qui semblent vivre en bonne intelligence sous les cieux sereins de l'Italie. Comme souvent dans les scènes de cette période, Bourdon se plaît à évoquer une Antiquité de fantaisie, en reconstituant la pyramide de Cestius à côté de colonnes et de murets à demi ruinés et en montrant l'insouciance des habitants au milieu de ces vestiges glorieux. La lumière argentée, le camaïeu de gris et de brun sur lequel se détachent quelques notes de couleur, comme ici la manche dorée du justaucorps du soldat et le rouge de sa cape, sont bien caractéristiques du style de Bourdon qui ne va pas tarder à délaisser les bambochades pour un classicisme plus sévère inspiré de Poussin. Reste une indéniable réussite qui montre tout le brio du pinceau de Bourdon qui rivalise ici avec les plus habiles maîtres des Flandres (Teniers, Kalf), bien connus dans les milieux artistiques de la capitale. M.H.

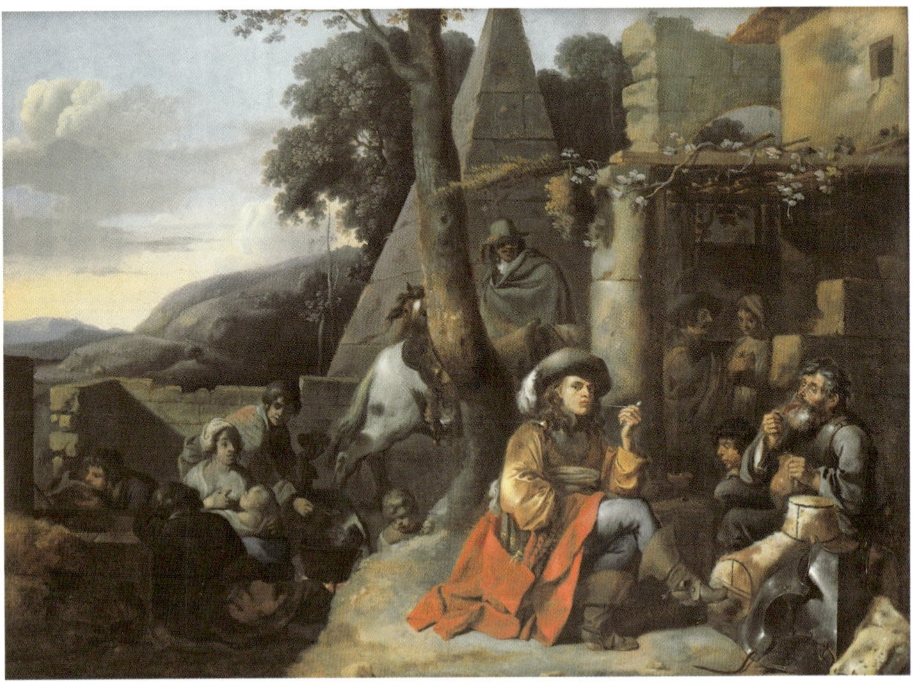

47

SÉBASTIEN BOURDON (Montpellier, 1616 – Paris, 1671)

La Guérison du démoniaque

Vers 1653-1657 • Huile sur toile • 110,5 × 144 cm • Achat de la Ville avec la participation du FRAM Languedoc-Roussillon, 1982, inv. 82.3.29

Superbe exemple de l'idéal classique de Sébastien Bourdon au lendemain du séjour à la cour de Christine de Suède et avant le séjour à Montpellier en 1657. L'artiste, fin connaisseur de la Bible, emprunte son sujet à un passage, peu souvent abordé par les peintres, de l'Évangile de Luc (8, 26-39) : le Christ, pivot central de la composition, chasse d'un geste autoritaire de la main les esprits malins qui habitaient le démoniaque, figurés par des pourceaux se jetant dans la mer. Les trois hommes à droite, rigoureusement campés dans l'espace, expriment, par la déclinaison systématique de leur tête et de leurs bras, l'émoi de la foule qui assiste au miracle. La composition toute abstraite enferme, à l'aide d'orthogonales puissantes, les figures et les éléments du décor dans un rigoureux canevas géométrique égayé ici et là par des taches de couleurs sonores : bleu, rouge, jaune. La maîtrise de l'espace comme la rhétorique des passions sont des emprunts directs à l'art de Raphaël (*Tentures des Actes des apôtres*) et de Poussin. Mais ce ralliement exclusif à un classicisme exigeant n'exclut pas l'expression d'une sensibilité personnelle pour la couleur, pleine de raffinements poétiques, et surtout pour le paysage empreint ici de réminiscences vénitiennes et carrachesques.

M.H.

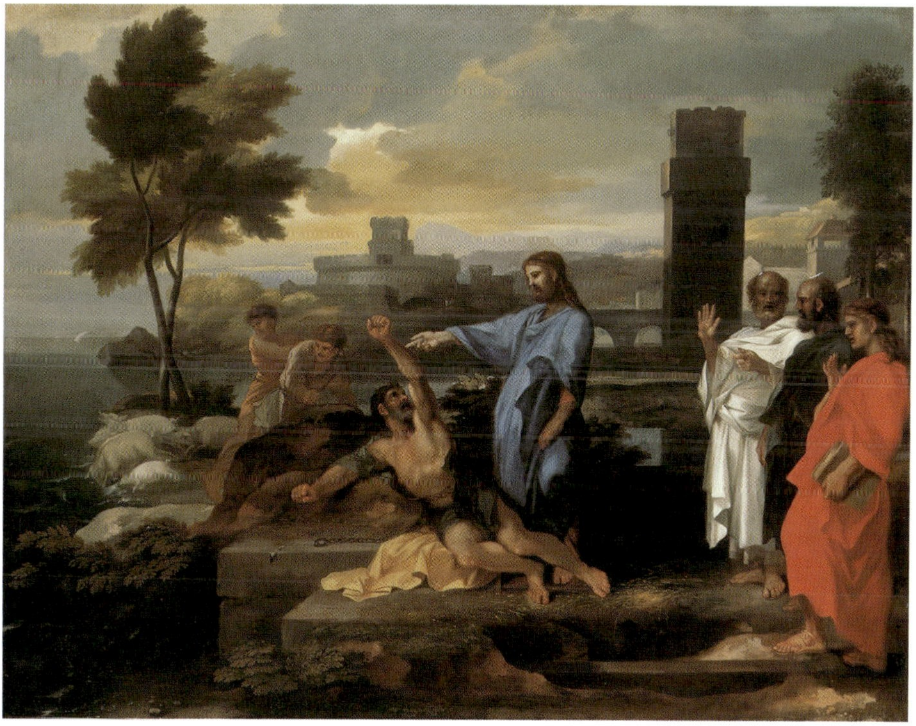

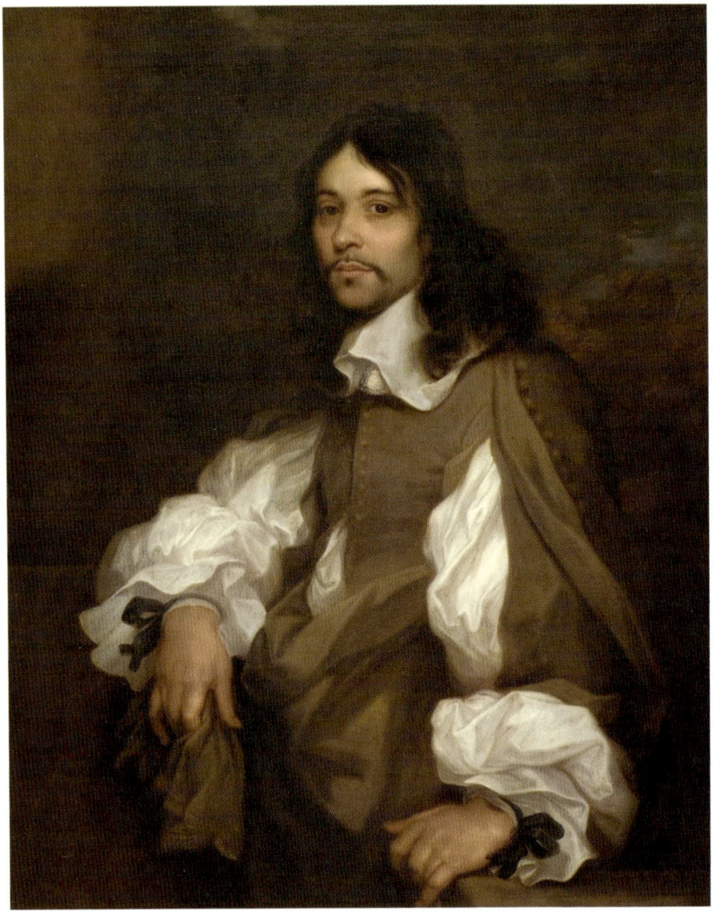

48
SÉBASTIEN BOURDON (Montpellier, 1616 – Paris, 1671)

L'Homme aux rubans noirs

Vers 1657-1658 • Huile sur toile • 108,5 × 89,5 cm • Achat de la Ville, 1836, inv. 836.2.1

Chef-d'œuvre du portrait français du XVIIe siècle, le tableau s'est imposé au fil du temps comme l'un des emblèmes forts du musée. Auréolé du prestige de peintre de cour, académicien, Bourdon se rend à Montpellier en 1657 avec l'idée d'y fonder une académie. Il travaille pour le chapitre de la cathédrale (*Chute de Simon le Magicien*, toujours en place) et pour les consuls de la ville (portraits collectifs et individuels), attisant les jalousies locales. Le tableau trouvé dans le Midi par Fabre et brillamment acquis en 1836, un an avant de mourir, se rattache indubitablement à la production de cette période (1657-1658) sans que l'on puisse identifier avec assurance le modèle. Au XIXe siècle, on le désignait comme le portrait d'un Espagnol et même de Molière lui-même, présent en Languedoc dans ces mêmes années. Bourdon s'en tient ici à la formule du portrait élitiste hérité du Flamand Van Dyck et campe son personnage avec aisance et sobriété : situé vaguement dans un décor d'extérieur, les bras et les mains calés par une discrète architecture classique, il pose un regard fixe, un rien désabusé sur le spectateur. Le teint olivâtre du visage, « les larges yeux noirs, plein d'une lumineuse douceur », la bouche sensuelle, les mèches folâtres de la chevelure, les mains nerveuses, la mise soignée bien caractéristique du temps avec le bouillonnement d'étoffes s'échappant des crevés composent un personnage romantique au charme obsédant, à mi-chemin de l'homme d'action et du savant. Rarement le pinceau de Bourdon n'a été aussi assuré et varié, passant d'une pâte fluide et légère à un modelé plus ferme et onctueux, tout en se cantonnant à une palette restreinte de bruns, de blancs lumineux et de noirs profonds. Ce portrait admirablement préservé nous permet d'évoquer l'art de portraitiste de Bourdon, renommé en son temps tout comme ses contemporains Champaigne, Le Sueur ou Le Brun. M.H.

49
SÉBASTIEN BOURDON (Montpellier, 1616 – Paris, 1671)

Déploration sur le Christ mort

Vers 1665-1670 • Huile sur toile • 55,5 × 46 cm • Achat de la Ville avec l'aide du FRAM Languedoc-Roussillon, 2000, inv. 2000.1.1

Cette œuvre de petit format, révélée au public lors de la rétrospective consacrée à l'artiste par le musée Fabre en 2000, témoigne de la profondeur du sentiment religieux de Bourdon, ainsi que du réel renouvellement de son art vers la fin de sa vie. Comme beaucoup d'artistes à la même période, Bourdon s'est intéressé au thème de la Mise au tombeau et de la Déploration : d'abord dans une œuvre de jeunesse, encore marquée par un fort sentiment naturaliste (musée Fabre), ensuite dans la grande composition, puissante et pathétique du musée du Louvre provenant de l'église Saint-Benoît, que l'on peut situer vers 1646. Bourdon reprend ici certaines des suggestions de la toile du Louvre, avec l'idée du beau corps athlétique et livide livré au regard du spectateur sur la dalle du tombeau, et dominé par le manteau bleu de la Vierge de douleur. Mais la calme grandeur du tableau de jeunesse a laissé place ici à une composition plus confuse et encombrée qui traduit bien l'envahissement de la douleur et la détresse inconsolable : le bouillonnement des plis cassés, la raideur de certaines attitudes, la rudesse de certains détails comme l'irruption de l'homme de profil à gauche (sans doute Nicodème) ou les deux silhouettes des femmes se lamentant au fond sans oublier enfin l'audace de la gamme colorée qui joue sur des oppositions fortes de tons froids et de tons plus chauds et sensuels comme la grande tache orangée virant au carmin de la robe de la Madeleine à droite. Le tableau, par ses formes massives, son coloris recherché et son rejet plus ou moins avoué des canons académiques, se rattache à la dernière période d'activité de Bourdon et offre de nombreuses parentés par son style et son sentiment général avec les tableaux exécutés pour l'église des Minimes de Chaillot (aujourd'hui à Saint-Nicolas de Nantes) : *Sainte Geneviève priant pour Paris* et *Saint Jean baptisant le Christ*. M.H.

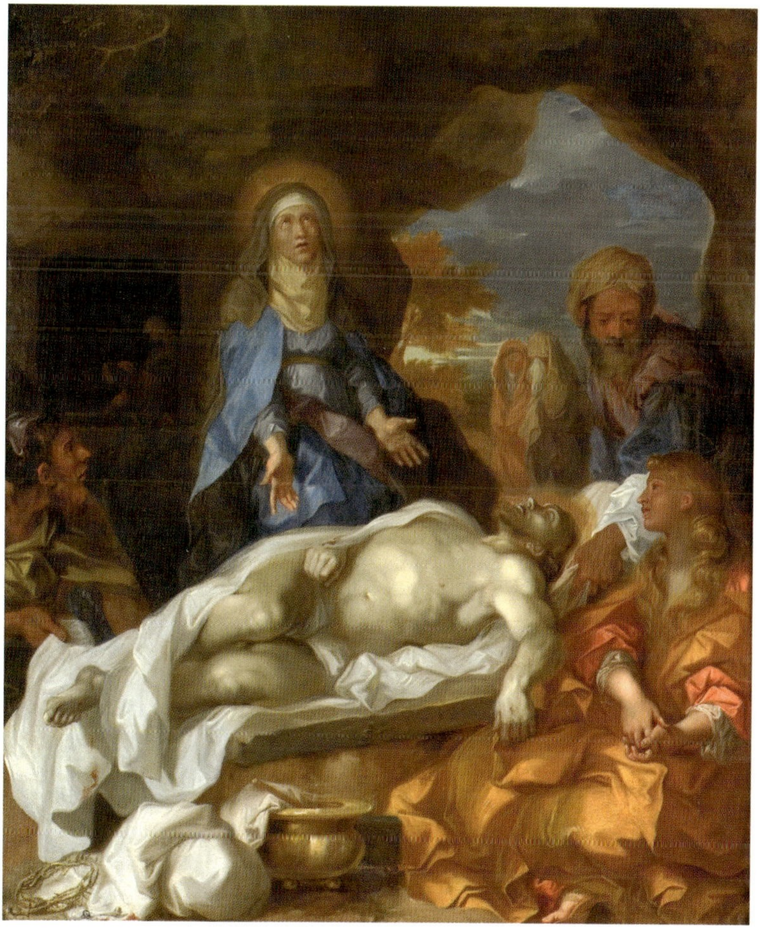

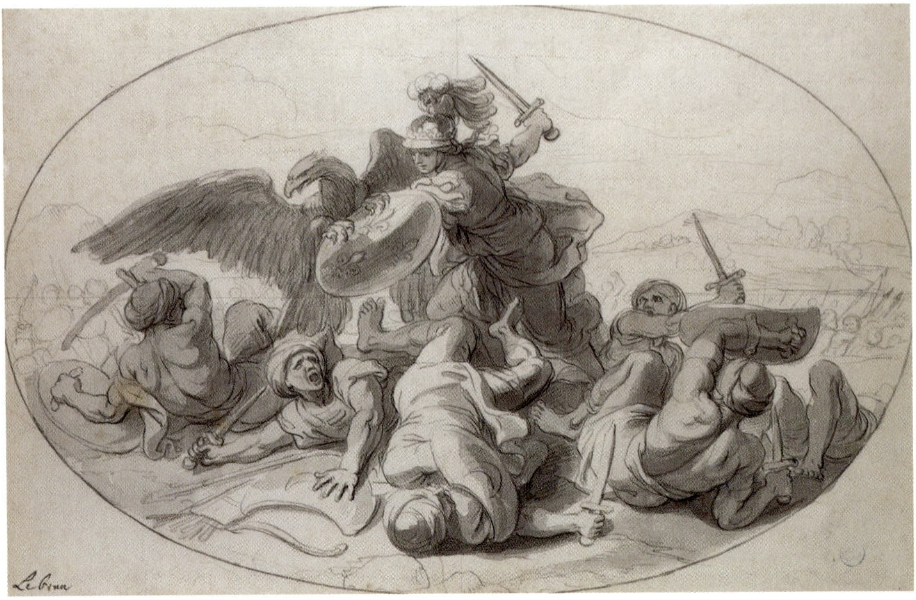

50
CHARLES LE BRUN (Paris, 1619 – Paris, 1690)

La France et l'Empire écrasant les Ottomans

Mine de plomb et encre de Chine • 26 × 40 cm • Legs François-Xavier Fabre, 1837, inv. 837.1.214

Ce superbe dessin est à mettre en relation avec un des compartiments de la voûte de la galerie des Glaces de Versailles, près du salon de la Guerre. Le sujet fait directement allusion à l'aide apportée par les troupes françaises à l'empereur d'Autriche dans sa lutte contre les Turcs. L'envoi par Louis XIV, en 1664, de plusieurs milliers d'hommes obligea le grand vizir à se retirer et à demander la paix. Le sens de l'allégorie est simple : une figure de femme, la France, fait irruption au milieu de la mêlée et renverse des guerriers effrayés, roulant dans la poussière. Elle porte un casque et une couronne et tient un bouclier fleurdelisé sur lequel s'accroche un aigle, symbole de l'Empire. Les traits hâtifs de pierre noire à l'arrière-plan évoquent la rage des combats et esquissent sommairement le site montagneux. Les contrastes lumineux du lavis gris, posé avec une main très sûre, traduisent l'énergie indomptable de la figure casquée devant laquelle nul ne peut résister. La composition peinte finale, en hauteur, resserre le combat autour de la figure centrale en éliminant les deux figures qui apparaissent au deuxième plan à droite dans notre dessin. Le dessin a peut-être été envoyé par Le Brun à Florence en 1686 à l'abbé Charles-Antoine de Gondi, secrétaire d'État du grand-duché de Toscane, comme le suggère un passage de sa correspondance. C'est probablement à Florence que Fabre en fit l'acquisition durant le long séjour qu'il fit dans cette ville. M.H.

51

JEAN-BAPTISTE MONNOYER (Lille, 1636 – Londres, 1699)

Fleurs, fruits et objets d'art

1665 • Huile sur toile • 142 × 184 cm • Dépôt de l'État, 1803, inv. D803.1.13

Ce tableau célèbre constitue le morceau de réception de l'artiste à l'Académie royale de peinture et de sculpture le 3 octobre 1665. Il peut être considéré comme un des plus beaux exemples de l'art de Monnoyer et aussi de toute la nature morte française du Grand Siècle. Avec Monnoyer, ce genre s'écarte des compositions austères et dépouillées des « peintres de la réalité » de la première moitié du siècle – Baugin, Moillon, Linart – pour retrouver, dans le sillage de Pierre van Boucle, l'abondance et l'opulence de l'art des Flandres. Malgré sa fidélité à la nature, attestée par les auteurs anciens, Monnoyer ne craint pas de juxtaposer, ici, fleurs de printemps et fruits d'été et d'automne auxquels il adjoint, faisant fi de toute vraisemblance, vases antiques, buire, cassolette, sphinx, horloge, mappemonde ainsi que la palette du peintre et ses pinceaux. Au-delà de la profusion décorative, il faut voir dans le tableau une sorte de portrait symbolique du mécène idéal faisant preuve d'une curiosité universelle (comme le suggère le globe) et capable d'apprécier avec un goût très sûr les plus belles productions de la nature et les créations les plus raffinées et ingénieuses de l'esprit humain. Le souverain qui n'est autre que le jeune Louis XIV transfiguré en nouvel Alexandre ou Auguste ramène une ère de paix et de sagesse politique qui est propice à la prospérité de la nation et à l'art. Avec en sens inné de l'orchestration décorative apprise aux côtés de Le Brun, peut être déjà à Vaux-le-Vicomte, puis aux Gobelins et sur les plus grands chantiers du nouveau règne, Monnoyer unifie sa composition à l'aide de la lourde tenture retenue par des cordons de passementerie et de la cascade majestueuse de la pièce de brocart étincelante d'or. La lumière savamment distribuée exalte les colorations claires et translucides et s'insinue dans les empâtements plus densément nourris. Face au Temps destructeur qui bientôt ensevelira tant de richesse, seule, au pied de l'autel, se dresse la palette du peintre pour témoigner pour les générations futures des merveilles de ce nouvel âge d'or français. M.H.

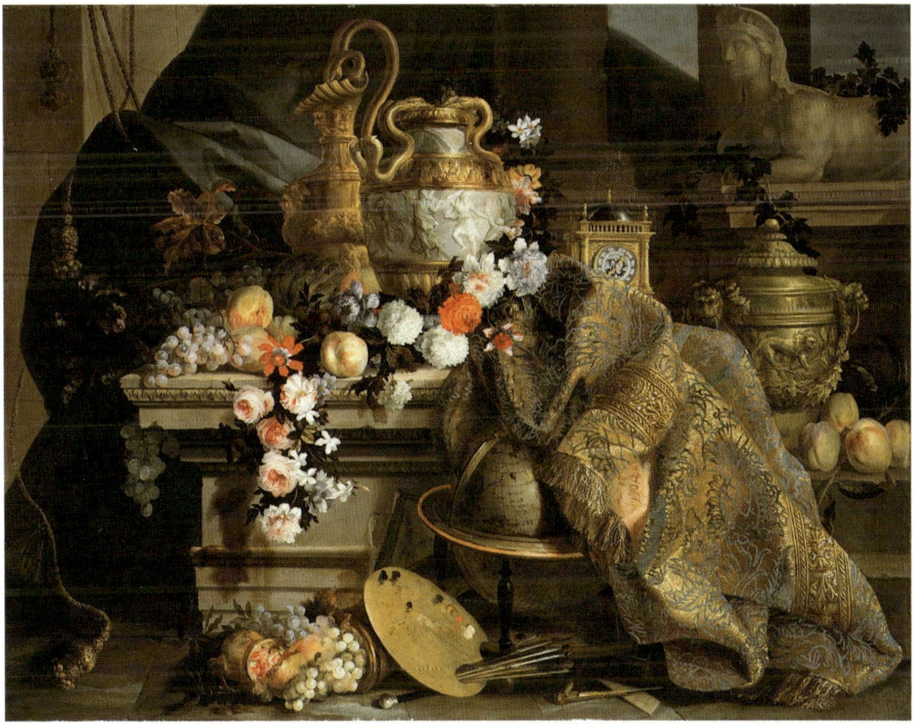

52

CORNEILLE VAN CLÈVE (Paris, 1644 – Paris, 1735)

Polyphème

Vers 1680-1681 • Terre cuite patinée • 46 × 31 × 29 cm • Legs Auguste Fages, 1877, inv. 877.1.3

Van Clève est reçu à l'Académie royale en 1681 après avoir présenté son *Polyphème* en marbre (79 cm de hauteur), conservé à présent au musée du Louvre. La sculpture du musée Fabre en est la maquette, probablement celle choisie par l'Académie en mars 1680, un an avant la réception, parmi d'autres modèles.

Après sa réussite au prix de Rome, l'artiste séjourne dix ans en Italie et se nourrit de l'art italien, celui de Bernin et de ses continuateurs mais aussi des peintres. Ainsi s'inspire-t-il ici de la posture du Polyphème peint par Annibale Carrache (1560-1609) dans la galerie du palais Farnèse à Rome dont il parvient à exprimer en trois dimensions la torsion caractéristique du corps. Ce mouvement en hélice des jambes, poursuivi par les épaules, autour du bâton de pasteur sur lequel s'appuie Polyphème aboutit à son visage tourné vers le sol et crispé de douleur contenue. Cet élan qui finit par un repli sur soi traduit bien le désespoir du puissant cyclope, amoureux humilié de la nymphe Galatée, qui se réfugie dans le chant de sa flûte de Pan, appelée Syrinx.

La terre cuite est patinée à l'imitation du bronze : la restauration récente laisse à penser qu'elle serait originale. Van Clève qui aimait fondre le bronze, possédait un atelier de fonte et réalisait de petites sculptures qu'il vendait aux amateurs. Van Clève l'aurait patinée pour lui donner l'apparence de ces fameux petits bronzes, peut-être pour la vendre : en effet, dès 1784, elle appartiendra à Abraham Fontanel, membre important de la Société des beaux-arts de Montpellier, puis à son beau-fils, le docteur Farges, qui la lèguera au musée Fabre.

O.Z.

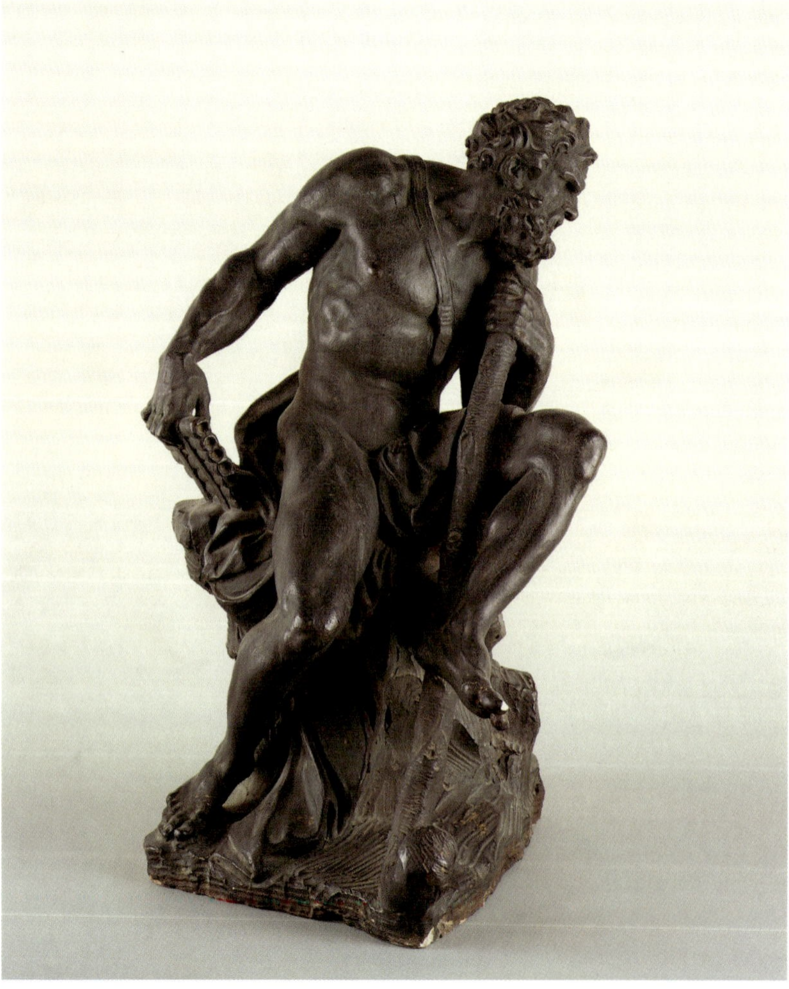

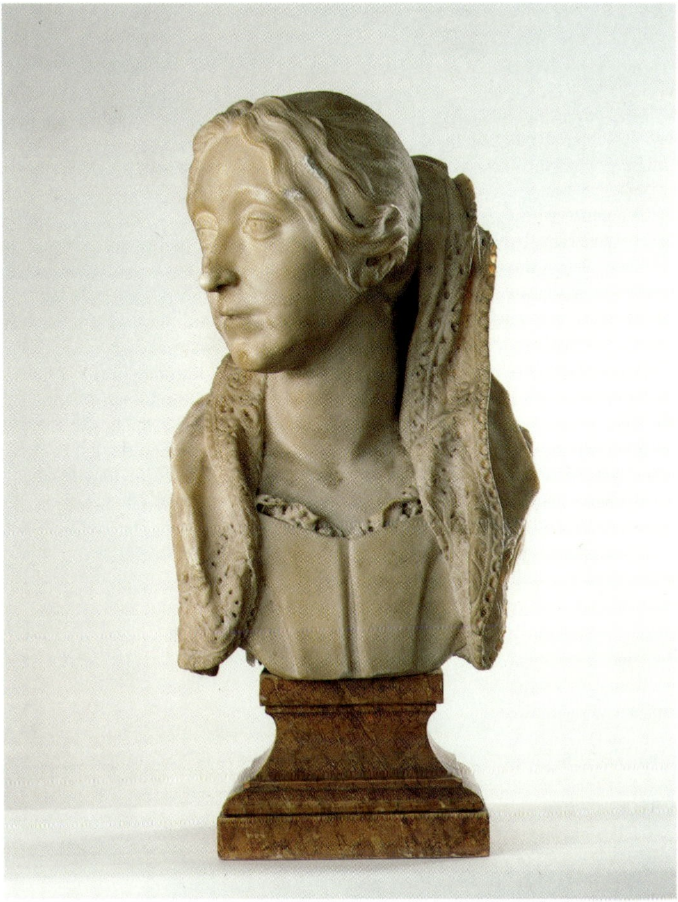

53
CHRISTOPHE VEYRIER (Trets, 1637 – Toulon, 1689)

Buste de Catherine d'Ortholan, épouse de Jean Deydé

1684 • Marbre • 64 × 33 × 250 cm • Daté au revers : *Catherina d'Ortolan / 1684* • Achat de la Ville avec la participation du FRAM Languedoc-Roussillon, 2000, inv. 2000.3.1

Ce buste de Catherine d'Ortholan, épouse du conseiller à la Cour des comptes, aides et finances de Montpellier, Jean Deydé (1617-1687), provient de la chapelle funéraire qui avait été attribuée à celui-ci en 1643 dans la cathédrale Saint-Pierre. En 1668, il confie à Pierre Puget (1620-1694) la direction de la nouvelle décoration en marbre de la chapelle dont la sculpture sera exécutée par le Génois Francesco Massetti (1619-1687).

En 1679, à la mort de sa seule fille, Constance, âgée de cinq ans, Deydé fait sculpter son buste par un artiste parisien de l'entourage d'Antoine Coysevox (1640-1720). Destiné à son hôtel particulier, il est à présent conservé au musée Fabre. Ce décès précoce l'amène probablement à commander vers 1684 au neveu de Puget, Christophe Veyrier, une urne funéraire (collection particulière) et deux bustes en marbre : le sien (non localisé et connu par des copies en plâtre) et celui de son épouse, pour les placer dans sa chapelle. Entourant l'épitaphe sur un mur latéral, le buste de Deydé devait être à la droite de celui de sa femme, comme c'était l'usage, tournés l'un vers l'autre.

Le buste de Catherine d'Ortholan possède cette variété dans le rendu des matières, cette souplesse de chairs et cette subtile modulation des plans qui rendent sensibles, par la mobilité des traits, la vie et l'âme du modèle. Le mouvement de rotation de la tête est comme accompagné par celui du riche tissu de son voile. L'effet général est celui d'un baroque apaisé.

Le musée conserve un moulage ancien en plâtre d'un buste en marbre de Jean Deydé sculpté par Veyrier, différent de celui prévu pour la chapelle, et conservé au Metropolitan Museum à New York. Avec le buste de sa fille et celui de son épouse, ils constituent un ensemble important pour l'histoire de Montpellier au XVIIe siècle. O.Z.

54

ADAM ELSHEIMER (Francfort, 1578 – Rome, 1610)

Saint Laurent

Vers 1605 • Huile sur cuivre • 9 × 7 cm • Don François-Xavier Fabre, 1825, inv. 825.1.57

L'Allemand Elsheimer, installé à Rome en 1600, aura une influence importante sur les artistes italiens et nordiques. Peintre d'histoire dont les petites figures sont d'une grande efficacité narrative, paysagiste d'une grande sensibilité aux effets lumineux et atmosphériques, il se cantonne aux formats réduits peints sur le cuivre : néanmoins, il sait les doter d'une grande force monumentale dont est exemplaire le tableau du musée Fabre, seule œuvre d'Elsheimer des musées français.

Il appartient à une série de dix petits cuivre de mêmes dimensions représentant une ou deux figures saintes dans un paysage : huit sont conservées dans la collection Egremont (Petworth House, National Trust : *Saint Jean-Baptiste*; *Saint Jean l'Évangéliste*; *Saint Pierre*; *Saint Paul*; *Saint Thomas d'Aquin*; *Tobie et l'Ange*; *Sainte Anne et la Vierge*; *Saint Joseph et le Christ*) ; un *Abraham et Isaac* n'est plus connu que par la copie qu'en a faite Cornelis van Poelenburgh entre 1617 et 1625 (Florence, palais Pitti). Elle ornait soit un retable de petite taille comme celui de *L'Exaltation de la Vraie Croix* (Francfort, Städelsches Kunstinstitut) ou un cabinet comme celui appartenant au vicomte de Lisle et Dudley (Penshurst).

Peint après *L'Exaltation de la Vraie Croix* (1603-1605) et achevé en 1605, cet ensemble constitue une étape importante dans l'évolution du paysage chez Elsheimer et plus particulièrement le *Saint Laurent*. En effet, au-delà de la figure isolée au premier plan, monumentale et effleurée par la lumière, un paysage d'une grande ampleur se déploie, très ouvert, sans les traditionnelles coulisses latérales. Le ciel se fond dans l'horizon sans que l'impression d'immensité en soit altérée. La touche miniaturiste suggère aussi bien les reliefs, l'atmosphère, la lumière changeante sur les arbres, les silhouettes d'un voyageur et de son âne que la richesse de la dalmatique du saint sur laquelle Elsheimer a représenté le Christ portant la Croix. O.Z.

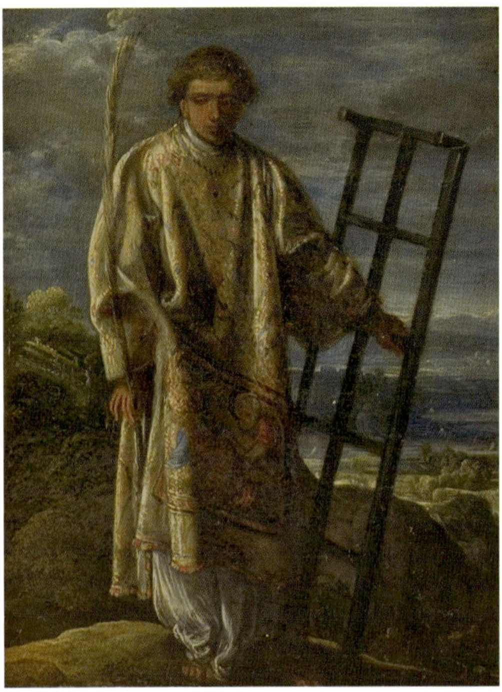

55
LODOVICO CARDI, dit CIGOLI (Castelvecchio, 1559 – Rome, 1613)

La Fuite en Égypte

Vers 1608 • Huile sur cuivre • 50 × 36 cm • Legs François-Xavier Fabre, 1837, inv. 837.1.25

Ce cuivre du Florentin Cigoli appartint à une série bien documentée de huit tableaux illustrant la *Vie de la Vierge*, commandée en 1607 avec l'entremise du grand-duc de Toscane, Ferdinand de Médicis, par la reine d'Espagne, Marguerite de Habsbourg, auprès d'artistes florentins importants : Jacopo da Empoli (1554-1640), Alessandro Allori (1535-1607), Cristofano Allori (1577-1627)… Il existe plusieurs versions de cette *Fuite en Égypte* (Florence, musée des Offices, notamment) qui témoignent du succès précoce de cette composition. Son piétisme intimiste et émouvant, l'humanité des personnages sacrés peints avec tendresse la situent bien dans l'esprit de la Contre-Réforme, autour de 1600. La Vierge assise de face sur l'âne avec l'Enfant dans les bras correspond au schéma iconographique médiéval.

Cigoli, surnommé le « Titien et le Corrège de Florence », propose des accords chromatiques riches et profonds (les orangés, rouges, violets et jaunes exaltés par le vert et le bleu) et des passages entre ombre et lumière subtils et continus. Il intègre ainsi ses figures dans le paysage, recherche probablement motivée par l'exemple de l'Allemand actif à Rome, Adam Elsheimer (voir n° 54) : l'ange est d'ailleurs inspiré de celui de son *Tobie et l'ange* conservé au Städelsches Kunstinstitut de Francfort. Au demeurant, des motifs dérivent de l'influent Flamand installé à Rome, Paul Bril (1554-1626) : feuilles stylisées par groupes, en panaches très découpés et souples, bosquets denses, troncs noueux et lointains bleus, détails « vrais » comme la petite cascade au premier plan. O.Z.

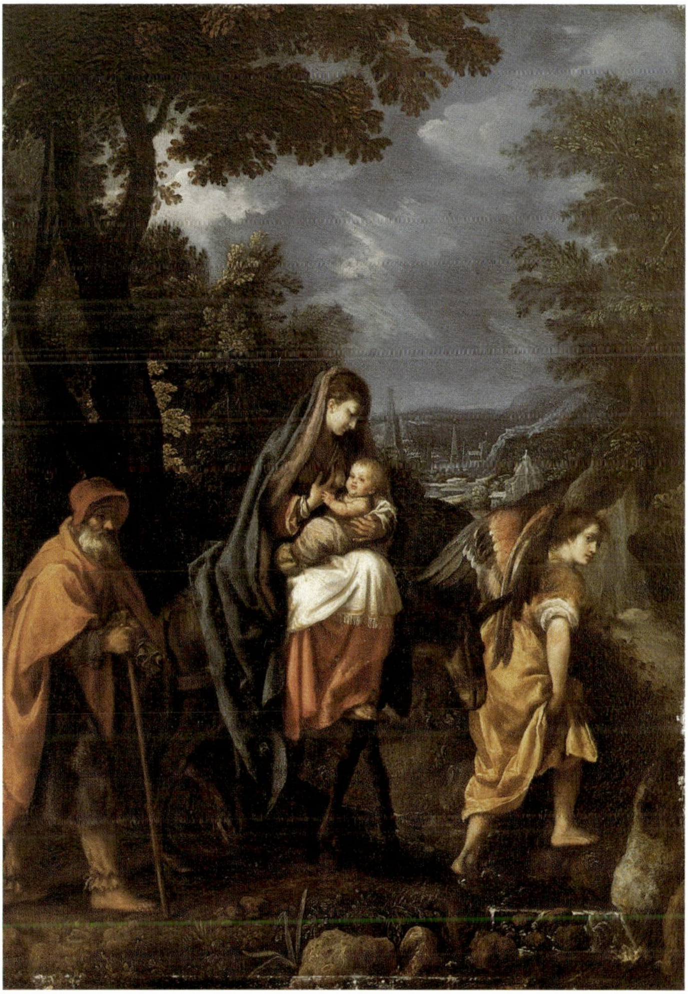

56

DOMENICO ZAMPIERI, dit DOMENICHINO (DOMINIQUIN) (Bologne, 1581 – Naples, 1641)

Portrait du cardinal de Bonsy

Vers 1616 • Huile sur toile • 153,5 × 103 cm • Achat de la Ville, 1900, inv 00.7.2

Ce spectaculaire portrait, l'un des plus beaux témoignages de l'art du portrait au XVIIe siècle européen, représente le prélat Giovanni Bonsi, né à Florence en 1560, qui francisa son nom en Jean de Bonsy quand il devint évêque de Béziers en 1598 (plusieurs membres de sa famille occupèrent cette fonction au XVIe et au XVIIe siècle). Après avoir étudié le droit à Padoue, exercé la profession d'avocat à Rome, il fut nommé sénateur par Francesco de Médicis en 1600. Il prit une part active dans la conclusion du mariage du roi de France Henri IV avec Marie de Médicis qu'il accompagna en France et dont il devint le premier aumônier. Le pape Paul V le nomma cardinal en 1611 et Louis XIII présida à son investiture à Fontainebleau. En tant que député du clergé du Languedoc, il assista aux États généraux en 1614. Au printemps 1615, Bonsy se fixa à Rome où il continua d'œuvrer pour les relations entre la France et la papauté, soutenant aux côtés de ce pays l'élection du pape Grégoire XV Ludovisi en 1621, année de sa disparition à Rome. Il est probable que le portrait ait été exécuté à Rome vers 1616 quand le cardinal s'y établit définitivement.

Un des plus brillants héritiers de l'école des Carrache, décorateur et peintre d'histoire talentueux (*La Dernière Communion de saint Jérôme* de 1614, conservé à la pinacothèque du Vatican, fut un tableau durablement loué et admiré), Dominiquin s'intéresse peu à l'art du portrait. D'emblée, il réalise un coup d'éclat et s'inscrit dans la grande lignée des portraitistes officiels depuis Raphaël (*Portrait de Léon X*, Florence, Offices) jusqu'à Pulzone et son contemporain Rubens.

Les dessins conservés à Windsor Castle montrent dans une phase précoce une recherche de mouvement et d'animation. La composition sobre et équilibrée, au final, tend à subordonner tous les détails à l'expression du visage qui capte d'abord l'attention du spectateur : regard oblique et pénétrant, pétillant de malice, large front, légère tension des muscles faciaux, esquisse d'un sourire sur les lèvres. La splendeur chromatique, avec les rouges scintillants du bonnet, du camail, et de la garniture du fauteuil, le beau vert moiré du rideau, le blanc éclatant du col et du surplis, la ciselure des dentelles, des broderies et de la passementerie enlevée avec un soin virtuose, l'intimité de la pièce formant écrin, l'extraordinaire présence psychologique du modèle confèrent à l'ensemble une autorité toute classique et une qualité de chef-d'œuvre. M.H.

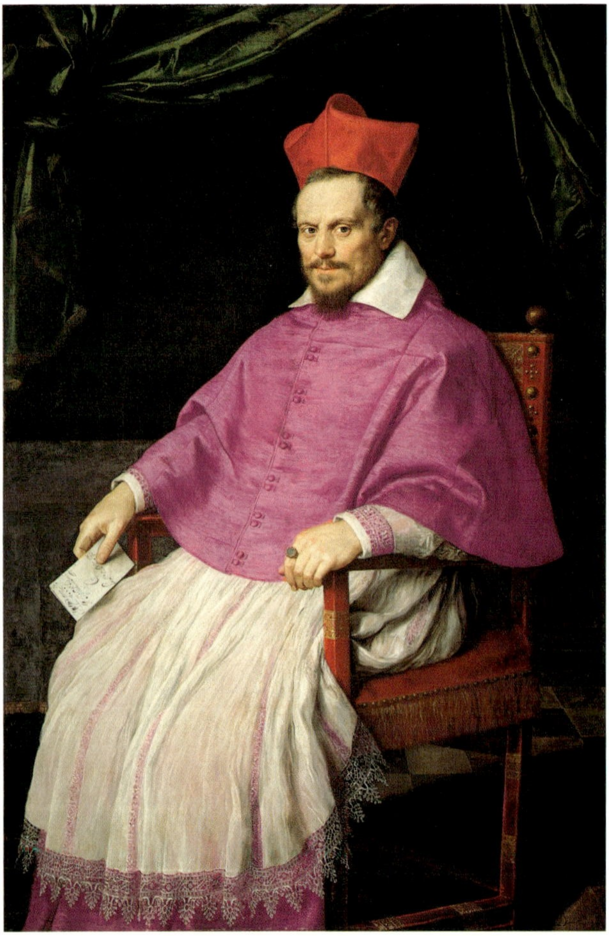

57
GIOVANNI FRANCESCO BARBIERI, dit GUERCHIN (Cento, 1591 – Bologne, 1666)

Saint François en méditation

Vers 1618-1620 • Huile sur toile • 63 × 52,5 cm • Don François-Xavier Fabre, 1825, inv. 825.1.129

Longtemps méconnu, le *Saint François en méditation* s'est peu à peu imposé comme un des plus beaux exemples de l'art de Guerchin, dans sa phase juvénile et baroque. Le saint se présente en pleine méditation, le visage appuyé contre la main droite et la main gauche tenant un crucifix dont on ne distingue que la partie inférieure. La matière picturale vigoureusement étalée, les rehauts de lumière scintillants sur les mains, le visage et les plis de l'épaisse robe de bure renforcent l'extraordinaire présence physique du saint qui semble faire irruption, comme par surprise, dans l'espace du tableau. Le clair-obscur très appuyé, d'essence caravagesque, la palette en camaïeu de brun, l'animation de la surface sont des traits typiques que l'on retrouve vers 1618-1619 dans plusieurs chefs-d'œuvre de l'artiste comme *Saint François en extase avec saint Benoît et un ange musicien* et *La Vision de saint Jérôme* du musée du Louvre. Ces petits tableaux de dévotion, très recherchés des amateurs peu fortunés, assuraient des débouchés commerciaux à l'artiste en même temps qu'ils confortaient sa réputation. Un des plus brillants artistes de sa génération, issu de l'école des Carrache, Guerchin jouissait alors d'une grande renommée qui lui permit d'être appelé à Rome en 1621 par le pape, Grégoire XV Ludovisi, nouvellement élu.

Le petit tableau du musée, heureusement acquis par Fabre en Italie, illustre avec bonheur cette première manière, robuste et sensuelle que l'artiste modèrera par la suite pour se rallier à un classicisme plus dépouillé et austère (*Saint François contemplant le crucifix*, 1645, Rome, San Giovanni in Monte). M.H.

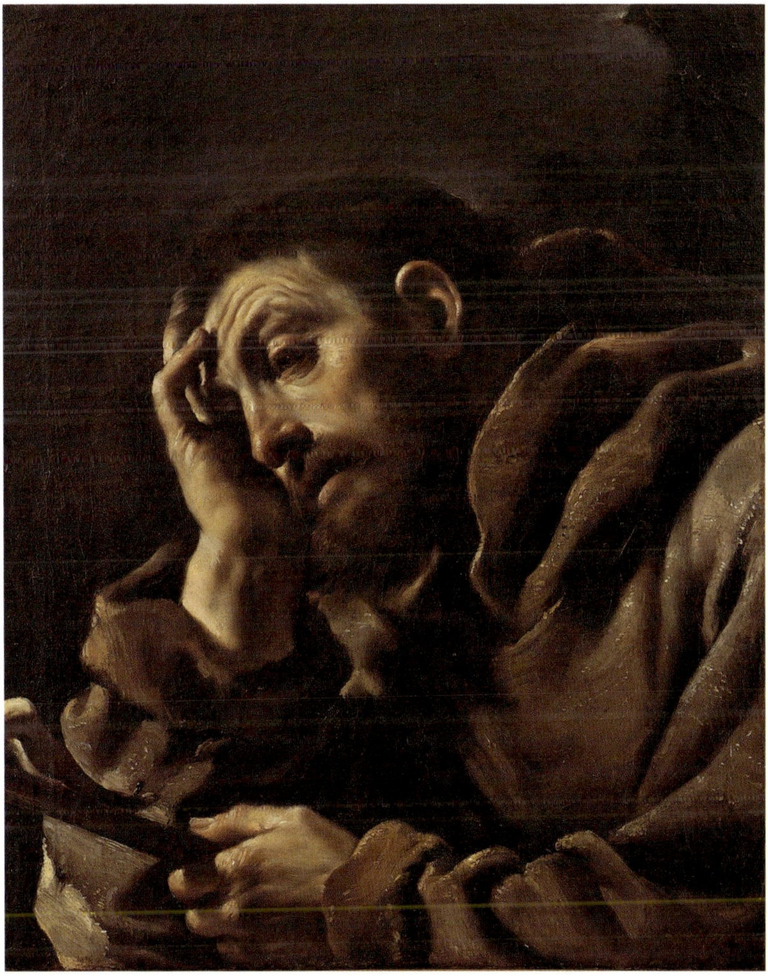

58

GIOVANNI FRANCESCO BARBIERI, dit GUERCHIN (Cento, 1591 – Bologne, 1666)

Saint Jean-Baptiste

1661 • Huile sur toile • 243 × 169 cm • Dépôt de l'État, 1896, inv. D896.1.1

Restauré et révélé à l'attention du public dans l'exposition *Le Guerchin en France* au Louvre en 1990, le tableau constitue une des dernières créations de l'artiste, âgé de soixante-dix ans. Il fut commandé par un ami du peintre, le comte Ettore Ghisiglieri, entré dans l'ordre des Oratoriens en 1652, pour une église de Fano, ville située sur la côte adriatique, en bordure des Marches. Depuis les années 1640, Guerchin cherchait, avec l'appui des légats pontificaux et des ordres religieux, des nouveaux débouchés commerciaux en Romagne et dans les Marches.

Comme Marie-Madeleine et saint Pierre essuyant ses larmes, la figure de Jean-Baptiste incarne par excellence le sacrement de pénitence particulièrement cher à la Contre-Réforme. Guerchin a plusieurs fois abordé ce thème (Cento, pinacothèque ; Rome, galerie Doria Pamphili) qui montre le précurseur du Christ au désert dans un cadre de nature sommaire. Un genou appuyé sur un rocher, le corps légèrement ployé, il tend une écuelle vers une source jaillissante qui évoque l'eau du baptême. La présence de l'agneau à ses côtés rappelle l'amitié avec le Christ et la prémonition de l'Agnus Dei livré aux hommes. La maigreur du torse fait allusion aux nombreuses privations endurées par Jean-Baptiste. La silhouette longiligne du saint, se détachant nettement sur un fond de nature dépouillée, l'ample drapé sinueux, d'un rouge sonore, accentue l'impression de monumentalité baroque du tableau tandis que l'expression douce et affable qui émane du visage, la poésie pastorale ramènent le spectateur dans la sphère humaine et intime. Ce sont ces qualités opposées de naturel et d'idéal, de dignité et de simplicité qui firent la réputation d'un des plus prolifique et séduisant artiste de tout le seicento italien. M.H.

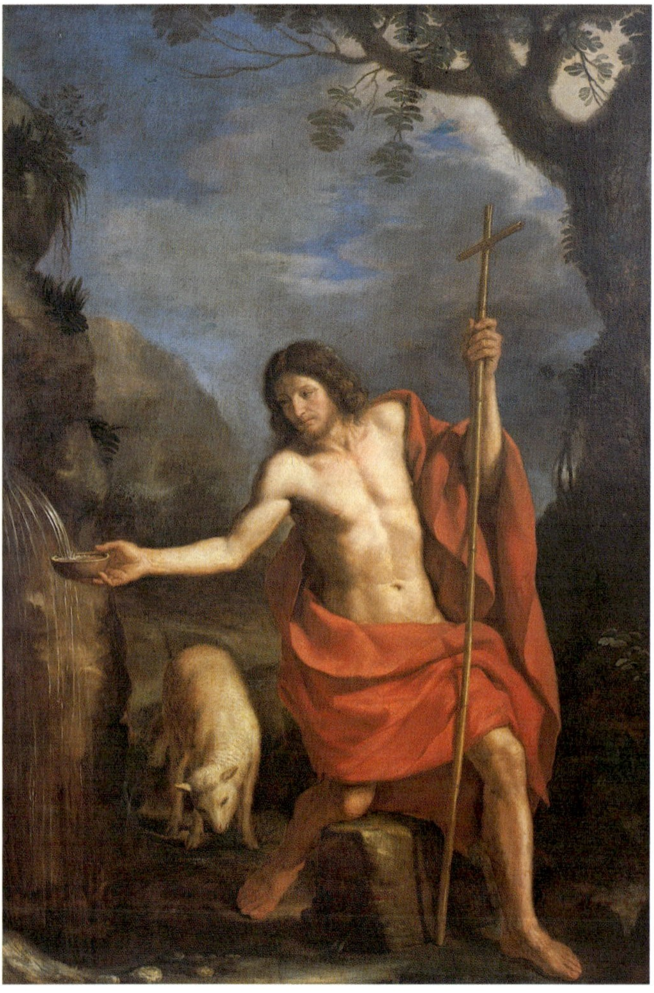

59
CARLO DOLCI (Florence, 1616 – Florence, 1686)

La Vierge au lys

1642 • Huile sur toile • 80 × 67 cm (ovale) • Signé daté en bas au centre : *Carolus Dolcius Fact/1642* • Don François-Xavier Fabre, 1825, inv. 825.1.45

La Vierge au lys compte incontestablement parmi les beaux témoignages de l'art de Carlo Dolci et l'un des joyaux de la première donation Fabre en 1825. Imperméable aux tendances baroques de son temps, Dolci se spécialise à Florence dans une peinture pleine de piété et de raffinement poétique qui puise son inspiration dans la Renaissance et Raphaël. La composition enferme les deux figures dans l'ovale parfait de la toile, renforçant par là le sentiment de douceur ineffable et d'intimité surnaturelle qui émane d'elles. La vierge, les yeux baissés tient délicatement un lys, symbole de pureté, tandis que son fils, debout près d'elle, tout nimbé de lumière, esquisse le geste de la bénédiction. De la main gauche il tient une rose rouge, symbole de sa Passion future. Comme souvent à la Contre-Réforme, le spectateur pouvait méditer par delà cette scène d'apparence familière sur l'un des mystères les plus essentiels de la religion chrétienne. La lumière glisse délicatement sur les visages et cisèle avec une extraordinaire précision les beaux détails naturalistes : les fleurs, la corbeille et la dentelle. Ce talent particulier pour le genre de la nature morte s'accompagne aussi chez l'artiste d'un profond engagement religieux qui considère l'acte de peindre comme un véritable rituel. Dolci exécuta plusieurs versions du tableau, entraîné par le succès de sa composition auprès des amateurs du temps. Notre exemplaire, peut-être celui exécuté pour le marquis Carlo Gerini (1616-1673), grand écuyer et administrateur du cardinal Carlo de Médicis, se distingue des autres versions existantes (Munich, Londres...) par l'exceptionnelle virtuosité de l'exécution et la perfection de la composition. Fabre se procura le tableau durant son séjour florentin séduit à l'évidence par son minutieux réalisme et sa piété toute aristocratique. M.H.

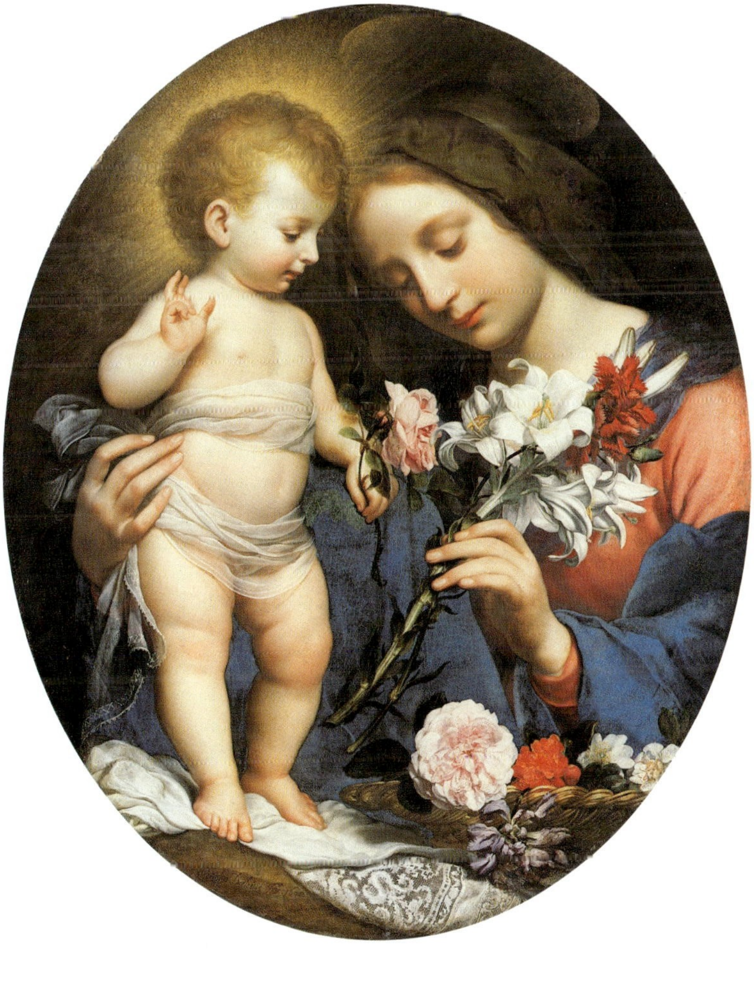

60
GUIDO CANLASSI CAGNACCI (Castel San-Arcangelo di Romagna, 1601 – Vienne, 1663)

Jeune Martyre morte (sainte Mustiole ?)
Vers 1640 • Huile sur toile • 97 × 130 cm • Achat de la Ville, 1852, inv. 852.2.1

Ce superbe tableau, de provenance illustre (collection d'Orléans au XVIIIe siècle) est celui d'un artiste originaire de la région de Rimini et formé à Bologne et à Rome avant de s'installer à Venise en 1650 puis à Vienne où il mourut en 1663. La belle et jeune martyre pourrait être identifiée avec sainte Mustiole de Chiusi, comme le suggère l'inventaire du sculpteur bolonais Giulio Cesare Converti en 1640 : Mustiole, patricienne romaine cousine de l'empereur Claude, gagnée à la religion chrétienne, s'efforce de protéger ses coreligionnaires persécutés, comme le diacre Irénée incarcéré à Chiusi. Le préfet Turcius tente de l'obliger à l'apostasie mais frappé par sa beauté tente en vain de la séduire. Turcius la condamne alors à être frappée à mort dans sa geôle. Le culte des martyrs est bien représentatif de la piété de la Contre-Réforme qui cherche à édifier ses fidèles par la représentation de saints accompagnés des instruments de leur supplice. Mélange audacieux de culture classique issue du cercle des Carrache et de réalisme caravagesque, le tableau propose avec conviction et pudeur une méditation sur les mystères de la foi. La jeune femme est présentée de biais, le corps légèrement hissé et appuyé contre un chevalet de torture ; les chairs laiteuses resplendissent dans la pénombre de la cellule ; un drapé galonné d'or, rappelant les nobles origines de la sainte, sépare le corps en deux ; la tête rejetée en arrière laisse découvrir dans l'œil droit un dernier éclair de vie. L'absence de traces de blessure (à part quelques gouttes de sang sur le sol) captive le regard qui glisse sur ce corps, languidement abandonné, pour s'arrêter sur les sinistres instruments de torture au premier plan à gauche. La lumière délicatement modelée adoucit les contours en atténuant la vérité de ce nu à l'évidence observé d'après un modèle vivant. L'extase sensuelle a succédé au martyre dans une sorte de temps suspendu. Ce chef-d'œuvre de l'art italien du XVIIe siècle fut vraisemblablement exécuté par Cagnacci vers 1640 lors du second séjour à Bologne et laisse transparaître la double influence de Guido Reni et de Gentileschi.

M.H.

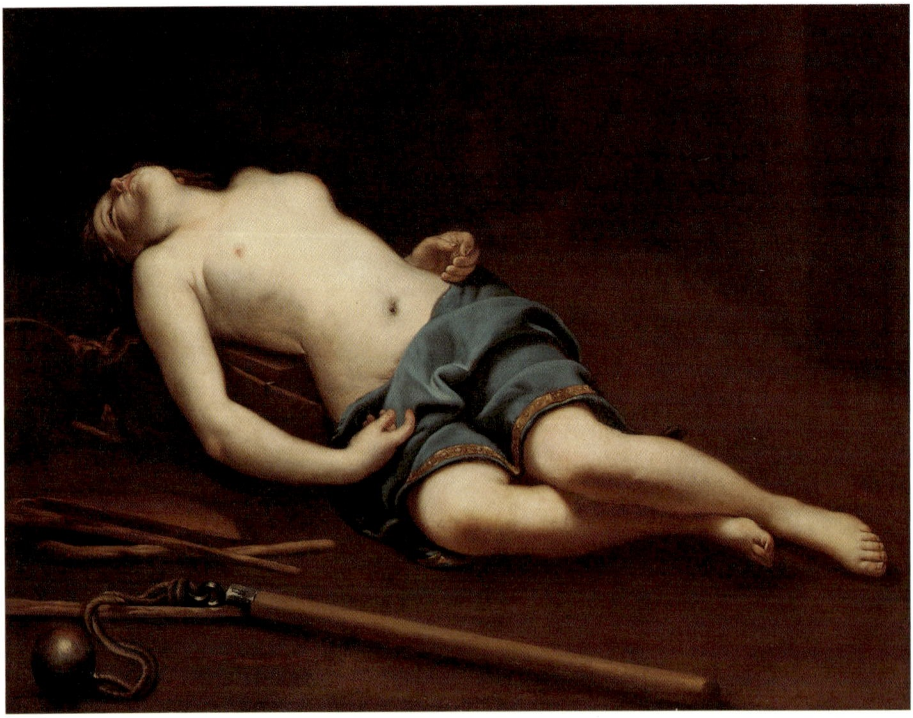

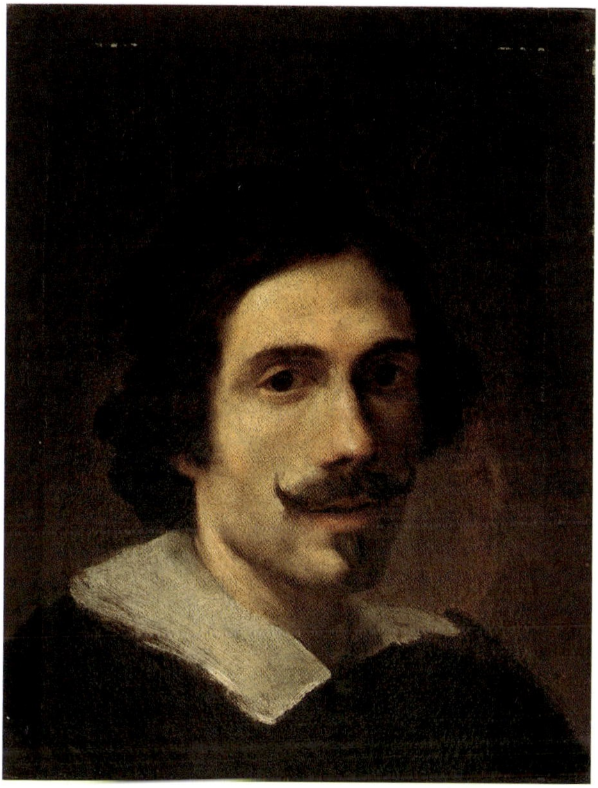

61
GIAN LORENZO BERNINI, dit BERNIN (Naples, 1598 – Rome, 1680)

Portrait d'homme (autoportrait ?)

Vers 1623-1635 • Huile sur toile • 44 × 35 cm • Don Alfred Chaber, 1879, inv. 879.3.1

Artiste emblématique du XVIIe siècle italien, Bernin, s'imposa pendant près de soixante-dix ans comme le maître de la sculpture et de l'architecture baroque. Grâce à la commande du cardinal Scipion Borghèse en 1622 de quatre groupes sculptés au nombre desquels il faut compter *Apollon et Daphné*, le jeune artiste devint le chef de file de l'art romain, recevant les commandes les plus prestigieuses des papes et des souverains de son temps.

Au début de sa carrière, le jeune Bernin fréquente le milieu francophile de Cassiano del Pozzo, ami de Poussin. C'est sans doute dans ce cercle qu'il se familiarise avec la peinture et avec l'art du portrait en particulier. Baldinucci mentionne d'ailleurs dans sa biographie (1682) qu'il réalisa près de cent cinquante peintures « pour son plaisir » dans le seul but de se distraire. Il ne reste aujourd'hui de cet ensemble qu'une douzaine de portraits, généralement datés entre 1623 et 1635.

Si l'attribution du tableau du musée Fabre est désormais attestée, l'identité du modèle est plus controversée. On y reconnaît certaines caractéristiques du visage de l'artiste, connu par d'autres autoportraits (Rome, galerie Borghèse) – un front dégagé, la forme des sourcils, la moustache, le menton volontaire –, mais son air rêveur et mélancolique diffère de l'expression plus affirmée et énergique des autres toiles.

Même sans que l'on dispose de certitude quant à la véritable identité du modèle, ce tableau demeure comme l'illustration parfaite des nouvelles tendances dans l'art du portrait autour de 1620. Privilégiant la vérité psychologique de la représentation, le sujet est placé dans un cadre serré, au plus près du spectateur ; une subtile harmonie de teintes posées avec une grande liberté de touche crée une impression de spontanéité où le modèle semble s'animer dans une attitude où pointe une douce mélancolie.

Portant à la fois l'héritage naturaliste du caravagisme et de la liberté picturale de Venise, cette virtuosité affirmée du jeune Bernin se traduira à un autre échelle dans ses nombreux portraits sculptés où il favorise le sentiment de naturel et d'évidente instantanéité de ses modèles (*Buste de Carlo Antonio del Pozzo*, 1620, Édimbourg, National Gallery ; *Buste de Scipion Borghèse*, 1632, Rome, galerie Borghèse). Mais il convient sans doute de saisir à cette effigie intime la part la plus personnelle de cet artiste qui incarne à lui seul l'âge baroque en Italie.

J.F.

62

FRANCISCO DE ZURBARÁN (Fuente de Cantos, 1598 – Madrid, 1664)

L'Ange Gabriel

Vers 1631-1632 • Huile sur toile • 145 × 60 cm • Achat de la Ville, 1852, inv. 852.1.2

Le *Saint Gabriel* provient, comme son pendant *Saint André* (Budapest, Szépmûvészeti Múzeum), du collège dominicain Santo Tomás de Séville. Généralement associé à la scène de l'Annonciation, saint Gabriel apparaît rarement de façon isolée et en pied. C'est d'ailleurs le seul exemple connu chez Zurbarán. L'archange est représenté ici dans l'attitude de la marche et offre un aspect juvénile, peut-être inspiré par les enfants de chœur lors des processions du Corpus Christi à Séville. Il tient de la main droite un long sceptre (insigne des hérauts) terminé par une croix dans un nimbe lumineux sur laquelle figurent le monogramme *M* de Marie et les premières lettres *AV*(*ave*) de la salutation au moment de l'Annonciation. Réalisme et maniérisme précieux se conjuguent ici pour créer une image d'un raffinement poétique inoubliable : sur l'enveloppe ténébreuse du fond se détache le visage poupin et extasié de l'ange à la chevelure dorée et ciselée, qui fait écho aux ornements et au feuillage à gauche. Il impose d'emblée sa présence surnaturelle. Le modelé ferme et vigoureux des membres crée un savoureux contraste avec les étoffes bouillonnantes, enlevées dans une pâte nourrie aux infinies nuances de blanc, de mauve et de rose. Cet enfant de lumière rempli d'une modeste assurance, sans doute réalisé vers 1635-1638, formait à l'origine une opposition saisissante avec le vieil apôtre à la rusticité interrogative qui lui faisait pendant.

M.H.

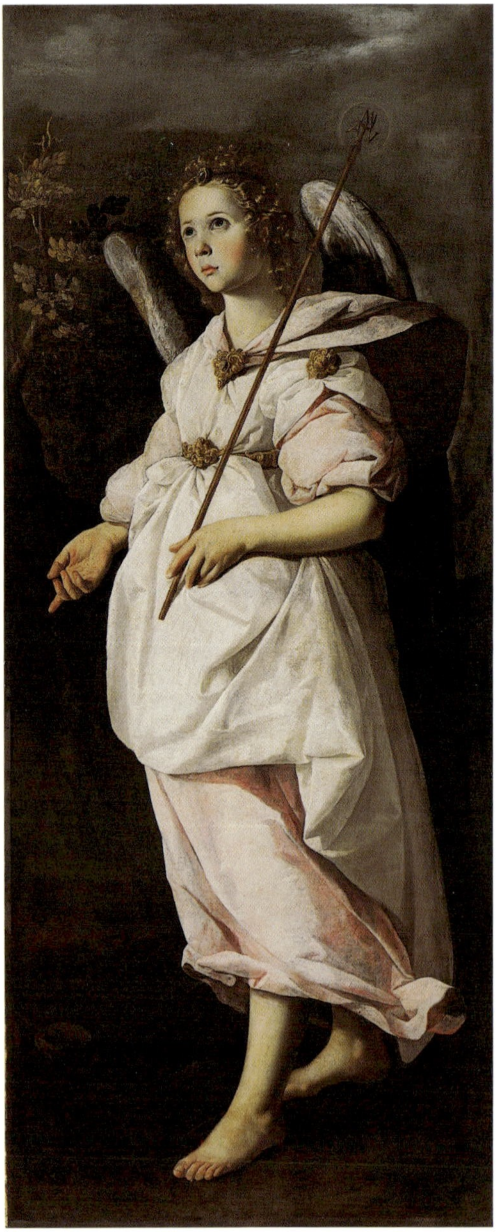

63

FRANCISCO DE ZURBARÁN (Fuente de Cantos, 1598 – Madrid, 1664)

Sainte Agathe

Vers 1635-1640 • Huile sur toile • 129 × 61 cm • Achat de la Ville, 1852, inv. 852.1.3

La célèbre *Sainte Agathe* du musée Fabre, un des joyaux de la collection, n'a cessé de fasciner les visiteurs depuis son achat par la Ville en 1852 à la vente Soult. Selon toute vraisemblance, le tableau provient du couvent de la Merced Calzada, démembré lors de l'occupation de Séville par les Français en 1810. Sainte Agathe, grande sainte de la Contre-Réforme, fut très tôt honorée en Espagne. Originaire de Catane, la belle et riche Agathe décide, dès sa plus tendre enfance, de consacrer sa vie au Christ. Elle résiste aux avances du préfet païen Quintianus et subit d'atroces supplices – mamelles broyées puis tranchées – tout en proclamant sa foi. Des nombreuses saintes représentées par Zurbarán, *Sainte Agathe* est incontestablement la plus fascinante et la plus mystérieuse. Elle est représentée debout, le corps légèrement ployé, le visage tourné vers le spectateur en train de présenter le sinistre trophée à la façon des Hérodiade ou des Salomé chères au monde caravagesque. Le geste est à la fois humble et délicat. L'expression pleine de grâce se teinte de mélancolie. La composition toute abstraite joue habilement sur le jeu des formes rondes et courbes. Le clair-obscur fait jaillir de la pénombre les belles matières tactiles enlevées dans une gamme de couleurs rares et audacieuses : bleu canard du justaucorps, mauve de la robe virant à l'amarante, rouge du manteau, jaune lumineux des manches – les fameuses « manches citrines » qui enchantaient Paul Valéry. C'est ce mélange de stylisation, de rêverie, joint au réalisme de la couleur et de certains détails comme les seins aux reflets laiteux posés sur le plateau de métal, qui font tout le charme obsédant de ce tableau réalisé vers 1634, véritable icône de la peinture religieuse du Siècle d'or espagnol. M.H.

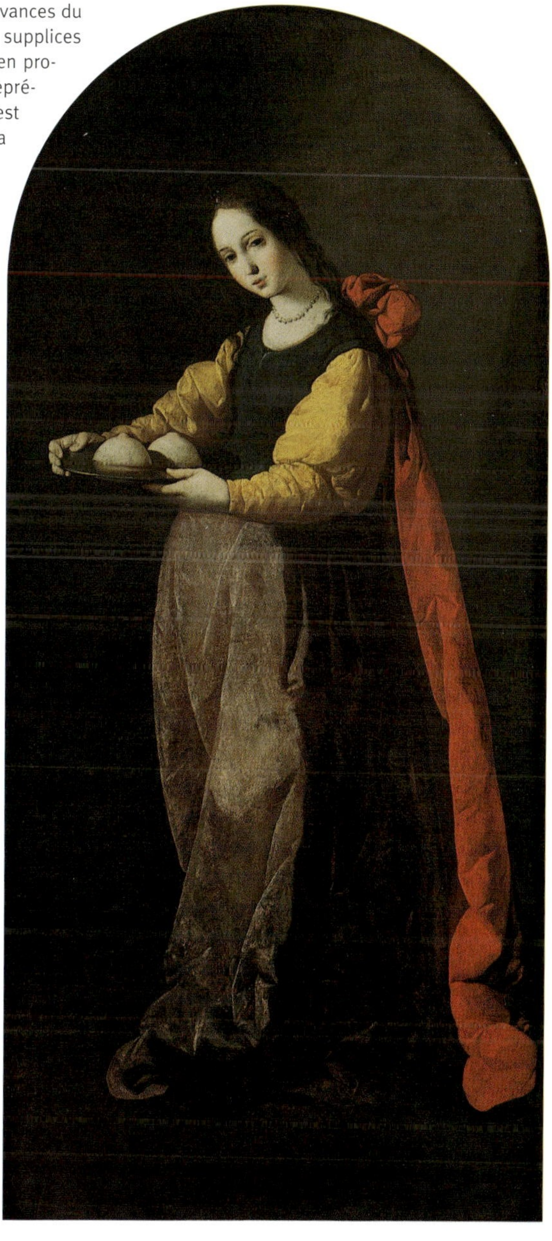

64

JUSEPE RIBERA (Jativa, 1588 – Naples, 1662)

Sainte Marie l'Égyptienne

1641 • Huile sur toile • 132 × 108 cm • Signé daté en bas à droite : *Jusepe de Ribera espanol f. 1641* • Legs François-Xavier Fabre, 1837, inv. 837.1.27

Le Valencien Jusepe de Ribera est documenté à Rome en 1615, puis s'installe à Naples où il acquiert rapidement une position éminente grâce à la protection des vice-rois espagnols. Les images de saints ermites ou pénitents, saisis à mi-corps, furent très répandues pendant la Contre-Réforme et Ribera a multiplié de telles images tout au long de sa carrière. Caravage avait ouvert la voie en dotant les types humains, les plus humbles d'une intense vie spirituelle.

Après dix-sept ans de débauche, Marie l'Égyptienne, courtisane d'Alexandrie (v. 345-421) se convertit au christianisme à l'occasion d'un voyage à Jérusalem. Elle décide de se retirer dans le désert de Jordanie, avec pour seule nourriture trois pains achetés grâce à une aumône, et survit ainsi durant soixante années.

Ribera choisit de présenter la sainte, face au spectateur, sous les traits d'une vieille femme prématurément vieillie par le jeûne et les privations : le pinceau s'insinue dans le moindre repli des chairs et sculpte un visage hâve et ardent. Le clair-obscur accentué qui vient du Caravage procure une présence surprenante à cette femme en prière qui a renoncé à tous les biens terrestres, comme en témoignent le crâne – reflet du caractère éphémère de la vie terrestre – et le pain – symbole eucharistique, miraculeusement multiplié pendant les longues années au désert – admirables morceaux de nature morte bien mis en évidence au premier plan de la toile. L'œuvre appartient à la phase de maturité de Ribera, quand l'artiste allie à un ténébrisme sans concession – palette brune, rugosité du décor – un goût pour une mise en page monumentale et classique d'un grand effet dramatique (rigoureuse frontalité, ampleur du manteau). Ce chef-d'œuvre du ténébrisme européen au XVIIe siècle fut acquis par Fabre au marquis Gerini de Florence peu avant son installation définitive à Montpellier. M.H.

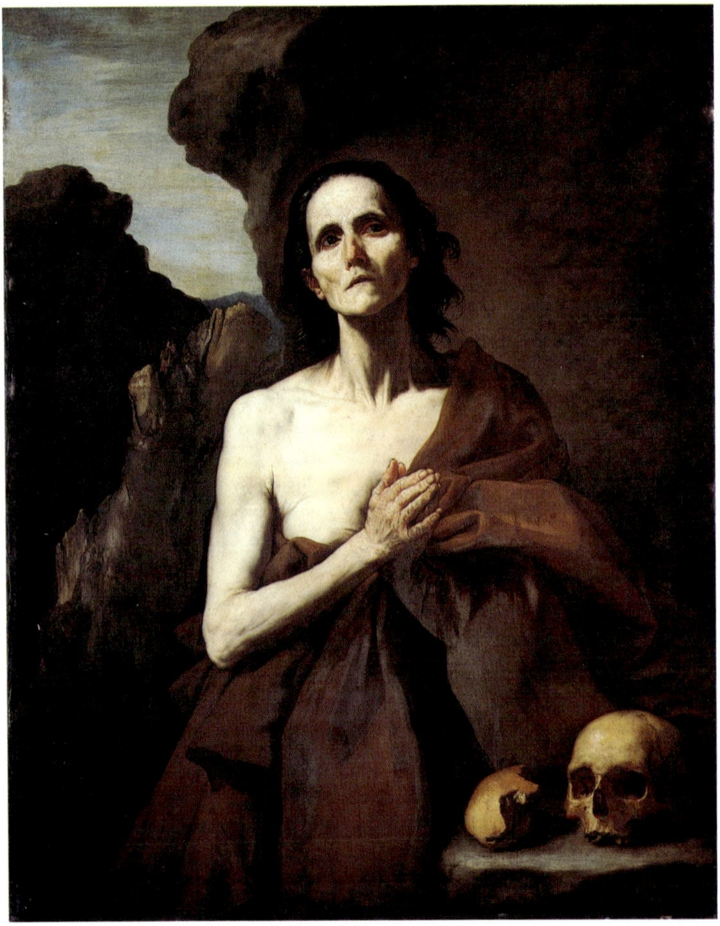

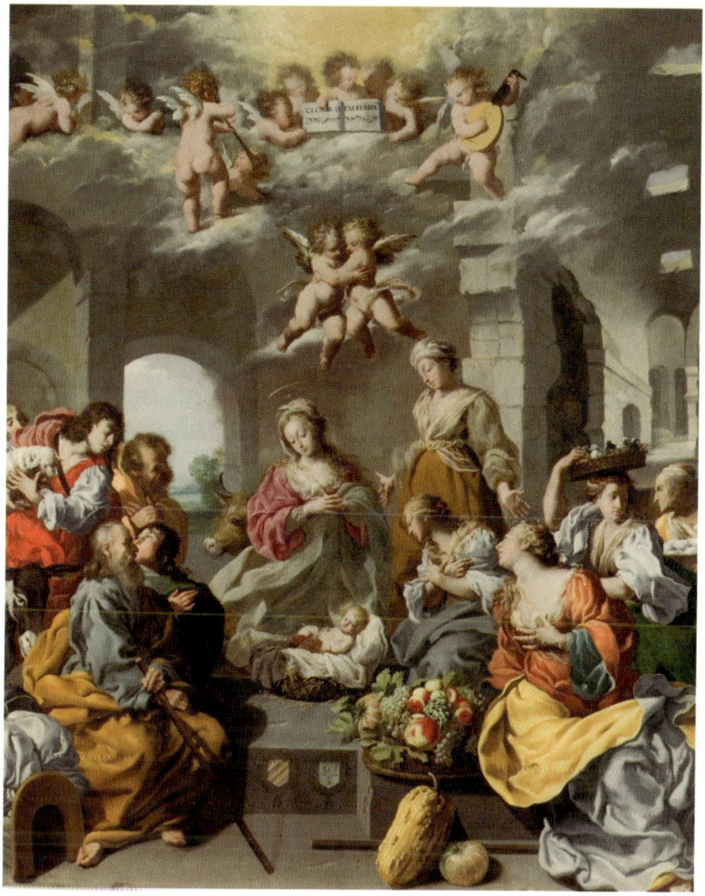

65
GIOVANNI ANDREA COPPOLA (attr. à) (Gallipoli, 1597 – Gallipoli, 1659)
L'Adoration des bergers
Huile sur toile • 365 × 287 cm • Don Collot, 1843, inv. 843.1.1

Ce tableau d'autel, pièce majeure de l'école napolitaine dans les musées français, a été acheté par Collot lors de l'une des ventes de la célèbre collection de l'Espagnol Alejandro Maria Aguado (1785-1842), allié des Français pendant la guerre d'Espagne et installé en France après la chute du roi Joseph en 1813.

Son attribution a évolué et reste incertaine. Elle oscille entre les noms de Coppola, peintre actif à Naples et dans les Pouilles, et Antonio Verrio (1639-1703), son élève, qui eut une carrière internationale puisqu'il travailla à Toulouse (*Le Mariage de la Vierge*, Toulouse, musée des Augustins), à Paris et en Angleterre. Roberto Longhi, Michele D'Elia et d'autres donnent ce tableau à Verrio par analogie avec les œuvres toulousaines. Dans un premier temps, Longhi avait évoqué le nom de Coppola par comparaison entre le tableau de Montpellier et le *Martyre de sainte Agathe* de la cathédrale de Gallipoli. Arnaud Brejon de Lavergnée et Nathalie Volle l'attribuent pour leur part à Coppola et signalent que son influence sur Verrio explique les ambiguïtés d'attribution. Il nous semble en effet que la facture souple aux effets veloutés de *L'Adoration des bergers*, le coloris clair, le dynamisme des formes d'un élan baroque sont bien plutôt ceux du tableau de Coppola à Gallipoli. L'exécution plus froide et sèche de Verrio dans les œuvres de Toulouse, leur composition moins déliées, leur connivence avec le style des Français comme Simon Vouet ne se retrouvent pas dans le tableau de Montpellier qui est en fait d'une plus grande qualité. Les armoiries restent encore non identifiées.

Les accords lyriques de bleu, orange, rose et rouge correspondent au caractère jubilatoire de la touche légère et ondulante. Cette *Adoration des bergers*, qui n'a rien de l'intimisme touchant d'autres interprétations de ce thème, est d'un triomphalisme très baroque. La belle nature morte du premier plan participe du milieu des peintres de natures mortes napolitains comme Giuseppe Ruoppolo. De même, certains visages de jeunes bergers témoignent de l'ambiance caravagesque qui marqua si profondément Naples. O.Z.

66

PIERRE II LEGROS (Paris, 1666 – Rome, 1719)

La Religion terrassant l'Hérésie

1695 • Terre cuite • 74,5 × 56 x 46 cm • Don Jules Bonnet dit Bonnet-Mel, 1864, inv. 864.2.38

Cette terre cuite est la maquette que Legros soumit en 1695 au jugement du père Andrea Pozzo (1642-1709) qui lui donna la commande prestigieuse d'un des deux grands groupes de marbre encadrant l'autel dans la chapelle dédiée à saint Ignace dans l'église du Gesù à Rome.

Le Français Legros est le fils de l'un des sculpteurs de Versailles, Pierre Ier Legros, arrivé en 1690 comme pensionnaire à l'Académie de France à Rome. C'est secrètement qu'il participe au concours du Gesù : le règlement interdit en effet que les élèves travaillent pour l'extérieur sans autorisation du directeur, à l'époque La Teulière. Sa réussite gêna celui-ci, à la fois flatté et mécontent de cet exemple d'indiscipline : finalement Legros quitta l'Académie pour pouvoir sculpter son marbre. Un autre Français, Jean-Baptiste Théodon obtint la commande de l'autre groupe, celui de gauche, représentant *La Religion terrassant l'Îdolâtrie*.

Le marbre de Legros représente la Religion tenant la Croix et les Évangiles, debout menaçant d'un foudre les allégories du Vice, un homme avec le serpent du mal qu'elle renverse de son pied, et de l'Hérésie, une vieille femme échevelée. Un ange déchire un livre d'Ulrich Zwingli, tandis qu'un ouvrage de Martin Luther et un autre de Jean Calvin sont visibles sous le corps du Vice : saint Ignace et les Jésuites avaient lutté contre le protestantisme, symbolisé par ces trois grandes personnalités de la Réforme. La maquette de Montpellier présente quelques différences : certaines résultent probablement de disparitions (le foudre, la Croix...), d'autres comme le serpent et les livres de Calvin et Luther n'avaient apparemment pas été encore prévus.

Influencé par Bernin (1598-1680), Legros conçoit une œuvre très mouvementée, organisée suivant une diagonale qui part d'en haut à gauche et du fond vers l'avant. De même, la terre cuite possède cette souplesse qui donne du moelleux aux drapés agités. Ce coup de maître de l'artiste encore jeune sera suivi par sa réussite, en 1697, au concours pour la statue en argent de saint Ignace destinée à l'autel de la chapelle.

Cette terre cuite, donnée par Bonnet-Mel, a probablement appartenu au grand collectionneur Pierre Crozat (1665-1740) et aurait été exposée en 1783 par la Société des beaux-arts de Montpellier. O.Z.

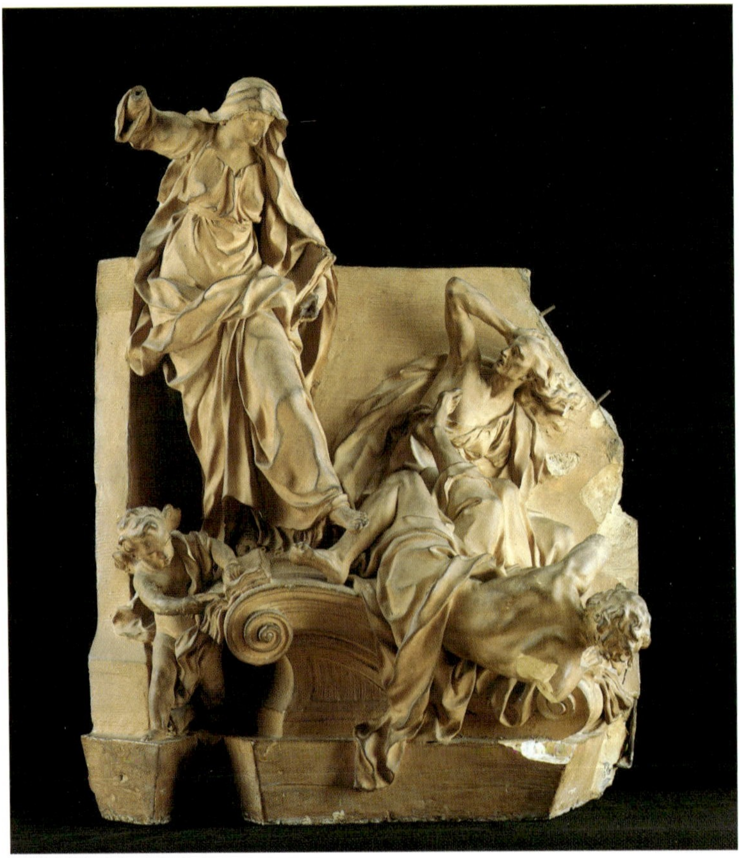

67
JEAN RANC (Montpellier, 1674 – Madrid, 1735)

Vertumne et Pomone

Vers 1710-1722 • Huile sur toile • 171,3 × 119,5 cm • Achat de la Ville, 1964, inv. 64.3.1

Jean Ranc fut l'élève de son père Antoine à Montpellier, puis celui de Hyacinthe Rigaud (1659-1743) à Paris. Protégé par le roi, il entame une carrière de portraitiste puis il s'installe en 1723 à Madrid comme peintre du roi d'Espagne, Philippe V. Il peint en France dans la deuxième décennie du siècle son chef-d'œuvre : *Vertumne et Pomone*. Ovide raconte dans ses *Métamorphoses* (XIV) comment la nymphe Pomone, qui fuyait les dieux champêtres et leur violence virile, fut séduite par Vertumne, amoureux d'elle : il prit l'apparence d'une vieille femme pour l'approcher et lui conta l'histoire édifiante d'une belle insensible qui causa la mort de son soupirant.

Son style, qui est à son meilleur, porte la marque de Rigaud : longs doigts fuselés, visages ovales stylisés, draperies en coup de vent. La mode du portrait déguisé se propageait en France par l'entremise de Rigaud, Nicolas de Largillière (1656-1746) et Jean Raoux (1677-1734). Mais l'idéalisation du visage de Pomone incline à penser que nous ne sommes pas devant un portrait.

L'influence nordique est sensible dans l'exécution fine, le clair-obscur froid, à la manière d'Adrian van der Werff (1659-1722), artiste alors très renommé. Ranc intègre le goût précieux hollandais à une composition de grand format, d'une emphase élégante plus française. Le coloris acidulé où scintillent le jaune citron et l'orangé, le clair-obscur efficace, la douceur attendrissante de la vieille femme, le visage altier mais d'une écoute attendrie de la nymphe sont d'un effet hautement séduisant. L'atmosphère crépusculaire et la qualité des regards entre Vertumne et Pomone rappellent que ce tableau est contemporain des Fêtes galantes de Watteau. O.Z.

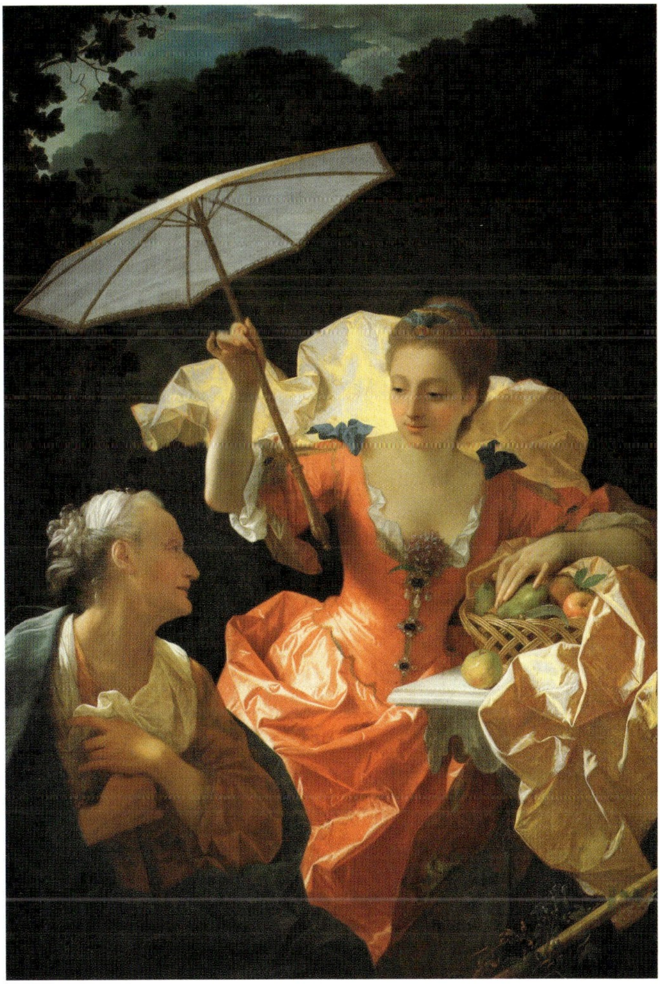

68, 69 et 70

ANTOINE COYPEL (Paris, 1661 – Paris, 1722)

Énée portant son père Anchise

Vers 1715-1717 • Huile sur toile • 391,5 × 196 cm • Dépôt de l'État, 1804, inv. D804.1.3

Énée et Achate apparaissant à Didon

Vers 1715-1717 • Huile sur toile • 390 × 570 cm • Dépôt de l'État, 2005, inv. D2005.3.1

La Mort de Didon

Vers 1715-1717 • Huile sur toile • 391 × 197 cm • Dépôt de l'État, 1804, inv. D804.1.2

En France, depuis la création de la galerie François Ier du Primatice au château de Fontainebleau, les galeries peintes constituent un moyen ostentatoire d'affirmation politique ou sociale pour le commanditaire. Les exemples abondent au XVIIe siècle dont beaucoup ont disparu : la galerie de la Vie de Marie de Médicis peinte par Rubens (1622-25), la galerie des Glaces de Charles Le Brun à Versailles (1679-84), les galeries d'hôtels particuliers comme celle de l'hôtel Lambert (vers 1650-1658), ainsi que, au début du XVIIIe siècle, la galerie du Mississippi de la Banque royale (1720) de l'Italien Gian Antonio Pellegrini (1675-1741) ou encore celle de Charles de La Fosse (1636-1716) pour le financier et collectionneur Pierre Crozat (1705-1707). Le goût passe de mode au fur et à mesure que l'on avance dans le siècle. Dans cette évolution, la galerie d'Énée du Palais-Royal à Paris, d'où proviennent les trois grandes toiles de Coypel, est importante par sa valeur artistique et par sa monumentalité.

Au décès, en 1701, du frère de Louis XIV, son fils Philippe, duc d'Orléans qui deviendra régent à la mort du roi en 1715, demande à son premier peintre, alors fort célèbre, Antoine Coypel, de décorer une grande galerie qu'il avait fait construire par Jules Hardouin-Mansart en 1698-1700 au Palais-Royal et qui donnait rue de Richelieu. Le thème choisi est l'histoire d'Énée, ce prince troyen qui a échappé au saccage de Troie par les Grecs et qui pérégrine en Méditerranée, en Sicile et à Carthage, avant d'aborder en Italie sous l'injonction de Jupiter. Il fonde Rome, réunissant les peuples locaux aux Troyens partis avec lui. Virgile raconte ces épisodes (29-19 avant J.-C.) sous la forme d'une épopée qui définit l'origine légendaire de Rome.

Coypel peint dans un premier temps la voûte, entre le printemps 1703 et la fin de 1705, avec sept peintures dont le morceau central est *Vénus suppliant Jupiter.* Puis, entre 1714 et 1717, le duc d'Orléans lui demande sept autres grandes toiles destinées à orner le mur : parmi ces dernières, les trois conservées au musée Fabre sont peintes au début de cette période, vers 1714-1715 et restent dans un bon état de conservation. Les quatre autres, exécutées plus tard, ont connu de manière précoce des altérations néfastes résultant de l'expérimentation malheureuse de couleurs instables que Coypel avait choisies pour leur intensité. En 1778, les tableaux sont déposés avant la destruction de la galerie (1781-1783), puis envoyés au château de Saint-Cloud. À la Révolution, ils sont

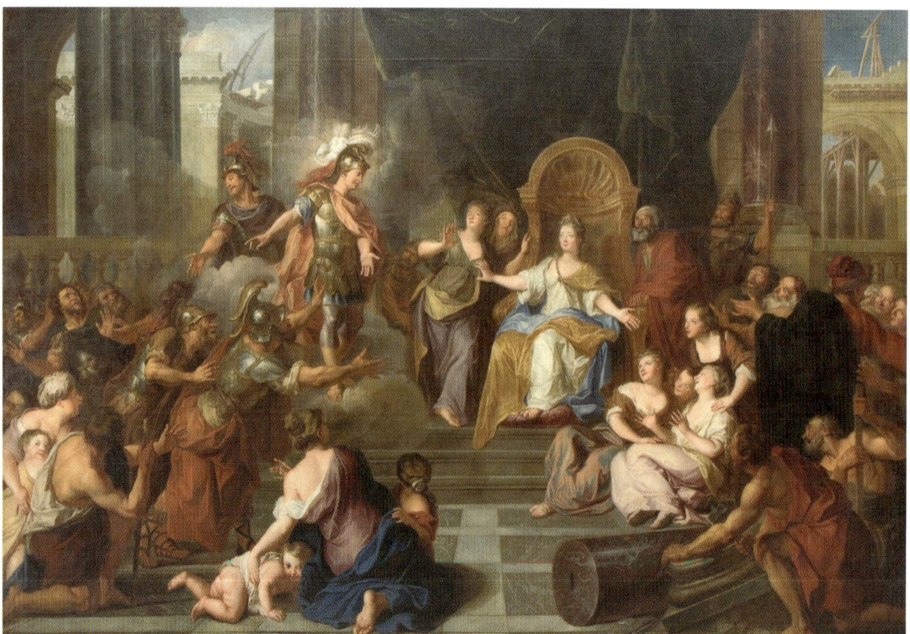

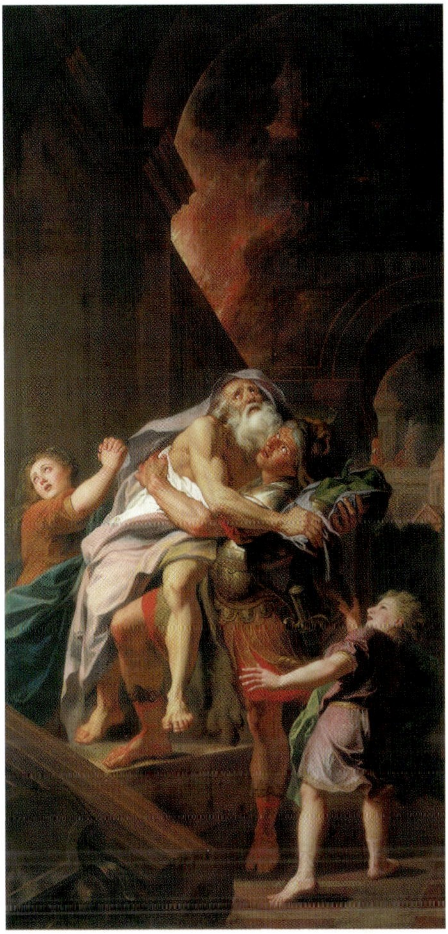

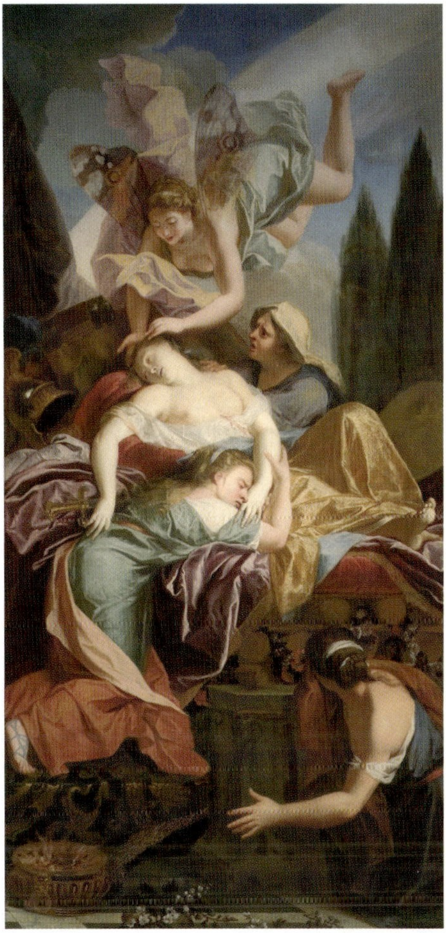

intégrés aux collections nationales. Trois sont déposés par le Louvre dans des musées de province : *Énée et Anchise* et *La Mort de Didon* à Montpellier en 1803, *Énée et Achate apparaissant à Didon* à Arras en 1938, puis à Montpellier en 2005. Les autres sont toujours dans les réserves du Louvre ou détruits, comme le plafond : l'esquisse conservée au musée des Beaux-arts d'Angers est ainsi le seul souvenir de la voûte. L'ensemble réuni au musée Fabre est donc une tentative de rendre compte d'une décoration majeure de la fin du règne de Louis XIV et du début de la Régence.

Coypel conçoit la voûte dans la tradition de Lebrun suivant un jeu entre percées feintes dans l'architecture et tableaux rapportés, c'est-à-dire intégrés comme des peintures de chevalet ; sur les murs alternent les toiles en hauteur et celles en longueur. Son style synthétise la grâce du Corrège en particulier dans ses figures féminines et la puissance du coloris et des compositions mouvementées de Rubens. Par ailleurs, il recherche des accords colorés très audacieux entre le vert, le violet, le rouge et le jaune, très lyriques et étranges.

Dans *Énée et Anchise* (*Énéide*, II), le prince troyen fuit le sac et l'incendie de Troie avec son fils Ascagne en emportant son vieux père Anchise qui tient les Pénates. Bien calé par les architectures, le groupe allie solidité et mouvement en hélice. Coypel réussit une synthèse du dynamisme baroque de Rubens et de la fermeté du dessin de Lebrun.

Énée et Achate apparaissant dans le temple à Didon montre le héros à Carthage après son naufrage. Un nuage cache son arrivée en compagnie de son fidèle Achate dans le temple de Junon où Didon reçoit déjà les autres Troyens implorant son aide : la nuée qui s'efface révèle Énée à Didon étonnée, déjà amoureuse. L'organisation générale, les attitudes très théâtrales rappellent *Athalie* du Louvre (1696) et *Suzanne accusée par les vieillards* du Prado (1695).

La Mort de Didon (*Énéide*, IV) est composée encore plus efficacement et dramatiquement, des lignes courbes se répondant en arabesques montantes. Abandonnée par Énée, Didon s'est transpercé le sein ; elle est assistée de ses servantes et de sa sœur Anne tandis qu'Iris, envoyée par les Dieux, coupe le cheveu qui la retient encore à la vie. O.Z.

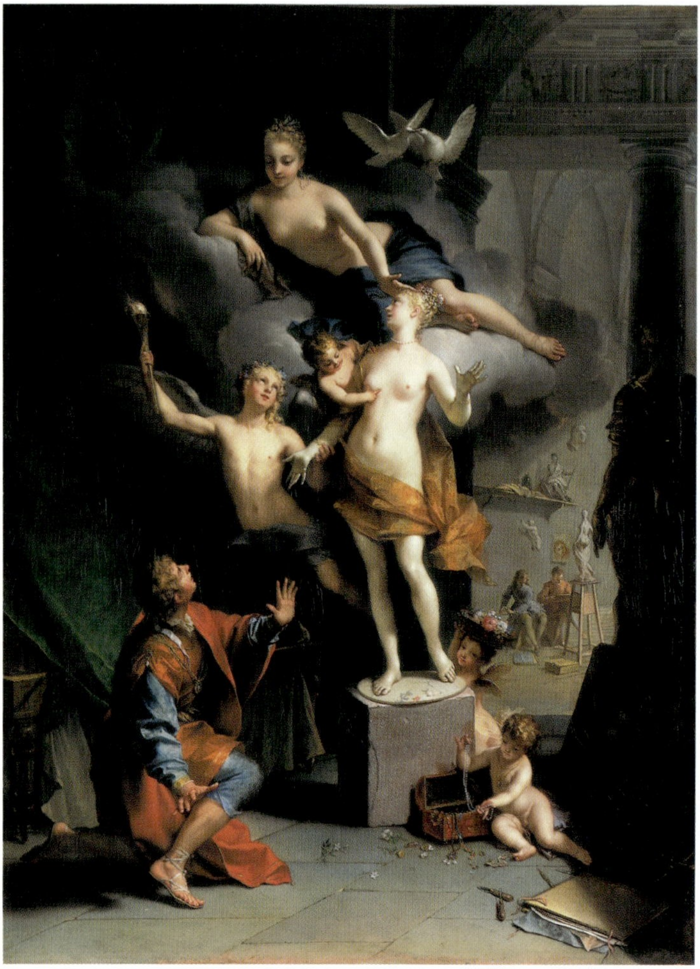

71
JEAN RAOUX (Montpellier, 1677 – Paris, 1734)

Pygmalion amoureux de sa statue

1717 • Huile sur toile • 129,1 × 97,5 cm • Dépôt de l'État, 1955, inv. D55.1.1

Formé par Antoine Ranc (voir n° 67) à Montpellier, puis à Paris chez Bon Boullogne, Raoux obtient le prix de Rome et passe dix ans en Italie, à Rome, Padoue et Venise. De retour en 1714, il peint ce tableau pour sa réception à l'Académie du 28 août 1717, le même jour qu'Antoine Watteau. Le sujet choisi illustre une des *Métamorphoses* d'Ovide (X). Un jeune prince de Chypre, Pygmalion, resté célibataire par mépris des femmes, avait sculpté une statue féminine en ivoire d'une grande beauté dont il devint amoureux. Implorant Vénus que son épouse ressemblât à cette sculpture, celle-ci s'anima sous ses caresses et devint Galatée qu'il épousa.

Raoux représente la métamorphose en train de s'opérer. Vénus lui présente Galatée tandis que l'Amour touche le sein souple révélant la transformation progressive de l'ivoire en chair vivante : le bas du corps est encore de couleur froide tandis que le haut rosit déjà. Pygmalion est stupéfait et charmé, tandis que l'Hymen portant une torche lui annonce ses futures noces.

D'une retenue toute française, Raoux est moins voluptueux qu'Ovide en ne montrant pas les caresses de Pygmalion. Il situe l'atelier du sculpteur dans le palais du prince avec, au fond, une salle d'étude de dessin d'après la sculpture où travaillent deux élèves.

Dans le contexte de la présentation d'un tableau à l'Académie, cérémonie qui poursuit en quelque sorte la tradition de la remise du chef-d'œuvre des compagnons, Raoux use de tout son art de peintre formé au réalisme hollandais et au chromatisme sensible vénitien, pour donner l'illusion du miracle conté par Ovide : il montre aussi que la peinture peut ainsi se mesurer à l'art du sculpteur qui exécute des œuvres en trois dimensions.

O.Z.

72

JEAN RAOUX (Montpellier, 1677 – Paris, 1734)

La Chasse de Didon et Énée

Vers 1730 • Huile sur toile • 125 × 183 cm • Achat de la Ville avec la participation du FRAM Languedoc-Roussillon, 1992, inv. 92.1.1

Raoux peint ce tableau alors que sa carrière connaît son apogée à Paris en tant que portraitiste des gens du spectacle et peintre de genre à la manière hollandaise. Protégé par Philippe de Vendôme, puis par le régent Philippe d'Orléans qui lui commande en 1722 le *Télémaque* conservé au Louvre, il s'essaie parfois à la peinture d'histoire, passage obligé d'un artiste souhaitant acquérir quelques lustres officiels (l'inventaire après décès de Raoux mentionne un *Didon et Énée dans la grotte* qui pourrait être celui-ci). Ce tableau, inspiré de l'*Énéide* de Virgile, illustre la chasse organisée par Didon devenue amoureuse d'Énée après son arrivée à Carthage et au cours de laquelle le couple s'unit dans une grotte à l'occasion d'un orage favorable.

La composition est très inspirée des modèles vénitiens, connus lors de son séjour sur la lagune : personnages en repoussoir, certains agenouillés, extravagance hors du temps des costumes et scintillement d'émail du coloris. Révélatrice de la liberté du temps dans la recherche des modèles stylistiques, l'influence des Nordiques – les rembranesques et Gottfried Schalken pour le clair-obscur et les contre-jours, Caspar Netscher et Ter Borch pour le raffinement des satins – se surimpose à la référence vénitienne et abonde dans la recherche de scintillement des couleurs et des lumières changeantes.

Il reste que la grâce de Didon, l'élégance théâtrale des attitudes sans l'emphase que pouvait y mettre Antoine Coypel, le charme ombreux de la campagne propice aux couples amoureux évoquent bien l'ambiance française de la Régence, hédoniste, jouisseuse et friande de merveilleux. O.Z.

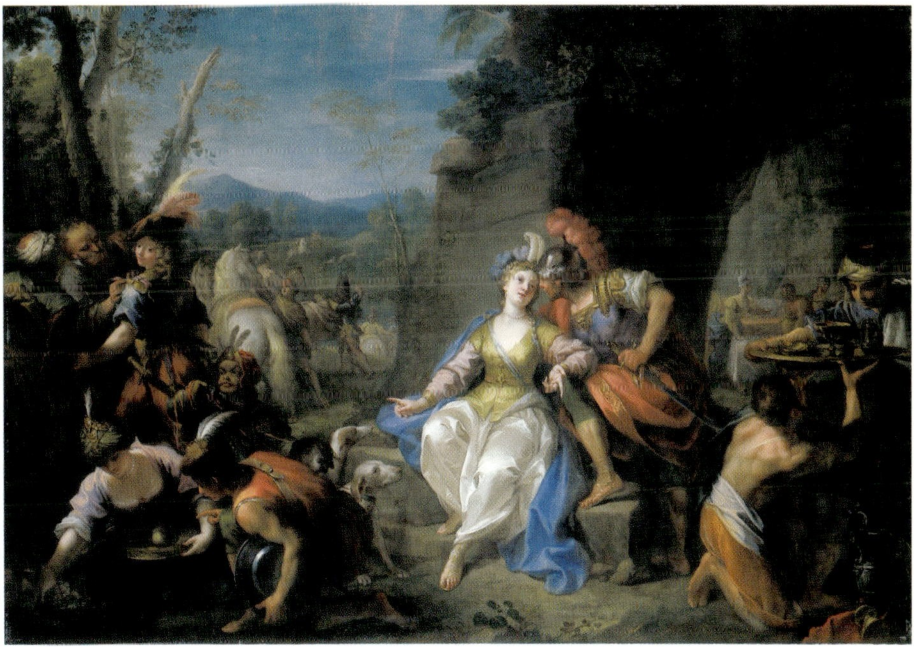

73

JEAN II RESTOUT (Rouen, 1692 – Paris, 1768)

Le Baptême du Christ

Vers 1738-1739 • Huile sur toile • 386 × 673 cm • Dépôt de l'État, 2005, inv. D2005.2.1

Ce tableau est un carton de tapisserie pour la *Tenture du Nouveau Testament,* commandé en 1733 par la direction des Bâtiments du roi et fini probablement en 1739. Cinq tentures seront tissées jusqu'à la veille de la Révolution. Restout avait travaillé à d'autres cartons de cette tenture : *La Cène* (détruite), commencée en 1711 par son maître Jean Jouvenet et qu'il achève après sa mort et *Le Christ guérissant les malades* (1725, Arras, musée des Beaux-Arts). Par rapport à ces cartons, le *Baptême du Christ*, plus tardif, doit moins à Jouvenet, dont les compositions et les figures ont une solidité classique, et montre au contraire l'inventivité et l'originalité de Restout.

Ses personnages ont une grâce dansante et une spiritualité un peu exaltée qui ont fait de lui le peintre religieux le plus original du XVIIIe siècle rococo français, période qui ne fut pas seulement celle des pastorales et des mythologies mais qui connut une belle production religieuse. Au service d'une foi sûre, l'exécution est très séduisante, voire sensuelle, avec ses effets de moelleux, de transparence des couleurs pastel très raffinées. La composition par petits groupes de figures, habilement disposés en profondeur, est animée d'un souffle violent, tandis que l'irruption de la lumière du Saint-Esprit crée des effets de fulgurance. Ce sentiment d'agitation fébrile un peu fantastique exprime bien la révélation de la présence divine. O.Z.

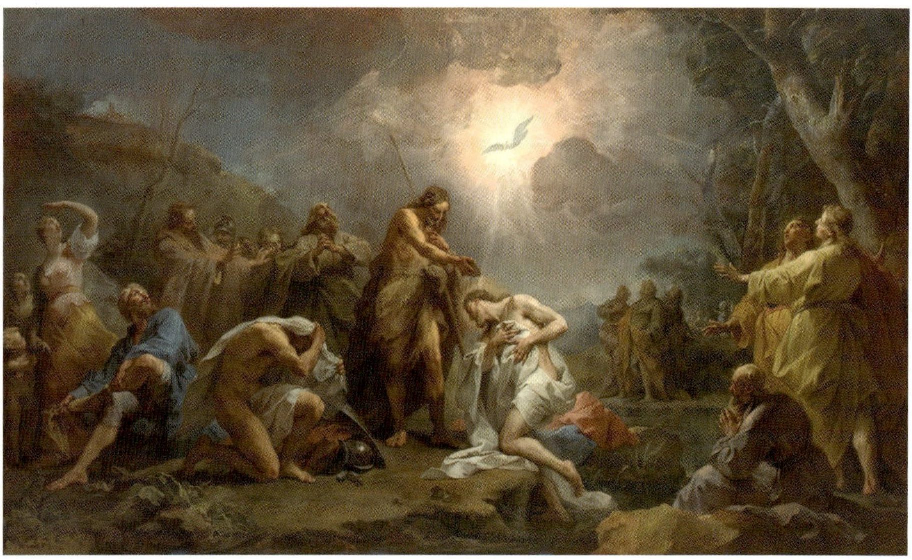

74

CHARLES-JOSEPH NATOIRE (Nîmes, 1700 – Castel Gandolfo, 1777)

Vénus demande à Vulcain des armes pour son fils

1734 • Huile sur toile • 194,5 × 140,5 cm • Dépôt de l'État, 1803, inv. D803.1.14

À son retour de l'Académie de France à Rome, Natoire est reçu à l'Académie royale en 1734 avec ce tableau au sujet tiré de l'*Énéide* de Virgile (VIII, 370-410). Arrivé en Italie, Énée doit combattre Turnus, le roi des Rutules : sa mère, Vénus, vient alors demander à son époux Vulcain de forger des armes pour lui et le charme dans leur chambre nuptiale. Le sujet est propice à peindre un tableau exemplaire de l'évolution contemporaine vers un art sensuel et voluptueux au détriment de thèmes plus sérieux. François Boucher (1703-1770), à ce moment le seul rival de Natoire dans ce style galant, avait d'ailleurs peint en 1732 un tableau de même sujet conservé au Louvre. La composition de Natoire organisée, sur une diagonale, est calquée sur celle de Boucher. Mais si les personnages peints par celui-ci expriment un désir amoureux bien venu, la Vénus de Natoire prend un ton impérieux, celui d'une reine s'adressant à son vassal. Au demeurant, Boucher, qui répondait à la commande d'un particulier – probablement François Dubais –, avait plus de liberté et de licence que Natoire peignant pour l'Académie.

L'élégante arabesque du dessin de Natoire, la grâce de ses femmes inspirée du Corrège, si typiques avec leur nez fin et leur lèvres menues, la tonalité chaude qui évoque la « chambre nuptiale toute d'or » décrite par Virgile, suppléent efficacement à la relative froideur d'expressions des dieux.

Les esquisses à l'huile de l'Ermitage à Saint-Pétersbourg et du Snite Museum of Art à Notre Dame (Indiana), les dessins conservés à la Bibliothèque nationale de France à Paris et à l'Albertina de Vienne témoignent de l'attention portée par Natoire à cette œuvre qui lui offrait l'occasion de se mesurer à Boucher.

O.Z.

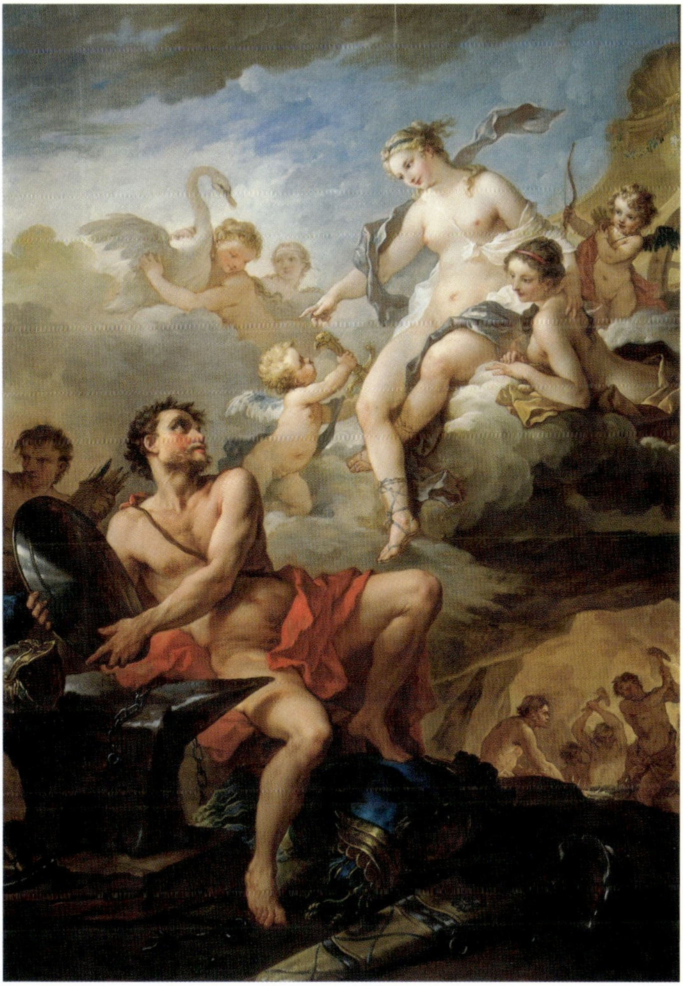

75

CHARLES-JOSEPH NATOIRE (Nîmes, 1700 – Castel Gandolfo, 1777)

Judith présentant la tête d'Holopherne

Plume, encre brune, aquarelle sur traits de pierre noire • 30,7 × 44cm • Provenance inconnue, inv. 39.97

Natoire fut l'un des grands dessinateurs rocaille du XVIIIe siècle. Artiste passionné par les arts graphiques, il abandonne en 1751 une brillante carrière parisienne au profit de son principal rival François Boucher pour prendre la tête de l'Académie de France à Rome. Il ne reviendra jamais vers sa terre natale mais son long magistère à la tête de cette école – il en quitte la direction en 1774 – eut une influence essentielle sur les artistes de la seconde moitié du XVIIIe siècle car il plaça le dessin au cœur de son enseignement. Il multiplie lui-même au cours de son séjour romain les études de paysages, la copie des grands maîtres et, à la fin de sa vie, de grandes compositions comme cette *Judith tenant la tête d'Holopherne*.

Conservée au musée Fabre avec son pendant, *Moïse sauvé des eaux*, daté 1771, cette feuille évoque les projets décoratifs que réalisa Natoire dans la première partie de sa carrière pour les grandes demeures parisiennes et les manufactures royales de tapisserie. Renouvelant ici la grande peinture d'histoire, il donne de cet épisode dramatique une interprétation élégante et pleine d'ampleur. La maîtrise raffinée de l'aquarelle et de ses effets chromatiques, le trait gracieux et précis, révèlent la virtuosité d'un artiste qui sut conserver à la fin de sa vie une manière d'une grande fraîcheur.

J.F.

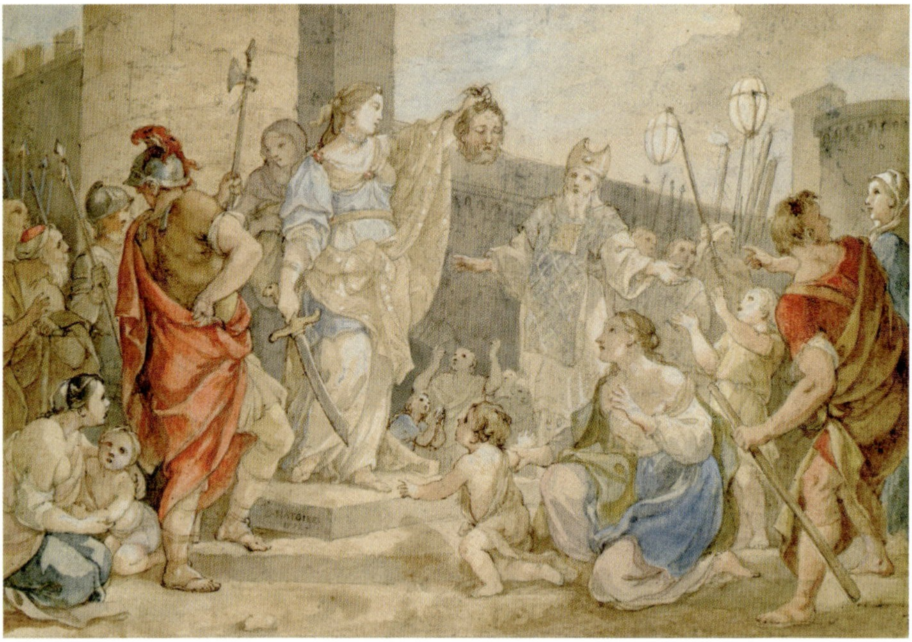

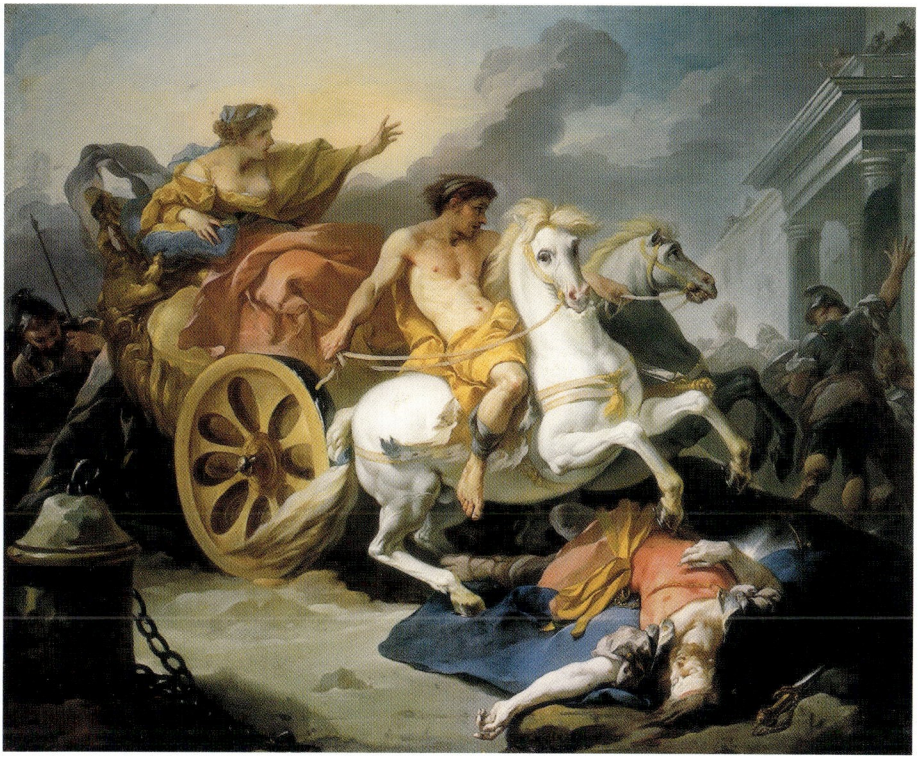

76

MICHEL FRANÇOIS DANDRÉ-BARDON (Aix-en-Provence, 1700 – Paris, 1783)

Tullie faisant passer son char sur le corps de son père

1735 • Huile sur toile • 129,5 × 162,2 cm • Dépôt de l'État, 1803, inv. D803.1.6

Ce tableau est le morceau de réception de Dandré-Bardon à l'Académie royale en 1735, lorsqu'il revint de l'Académie de France à Rome, en passant par Venise, où il resta six mois, et par sa ville natale, Aix-en-Provence. Tiré d'Ovide, Livius et Valère Maxime, le sujet raconte comment l'ambitieuse Tullie, la fille du roi des Romains Servius Tullius, qui s'était remariée avec son beau-frère Tarquin le Superbe, accepta que celui-ci exécute son père et comment elle fit passer son char sur son corps mort pour arriver plus vite au Sénat faire proclamer roi son époux. Cette abomination révolta les Romains qui exilèrent le couple.

Dandré-Bardon compose une toile animée d'un mouvement violent et péremptoire qui doit certainement beaucoup au baroque italien de Pierre de Cortone (1596-1669), de Carlo Maratta (1625-1713) et de Francesco Solimena (1657-1747), exactement dans l'esprit de l'outrance barbare de l'indigne Tullie. La facture à la fois souple et nourrie, aux empâtements savoureux, le coloris clair aux harmonies riches et complexes résultent de son admiration pour les Vénitiens contemporains tels que Giambattista Tiepolo (1696-1770) ou Sebastiano Ricci (1659-1734), ce que les commentateurs de l'époque, comme Jean-Pierre Mariette, n'avaient pas manqué de relever. L'esquisse conservée au musée Bertrand de Châteauroux est peut-être celle soumise préalablement au directeur de l'Académie, tandis que les deux dessins du Louvre et du Hessisches Landesmuseum de Darmstadt sont des études de détail.

O.Z.

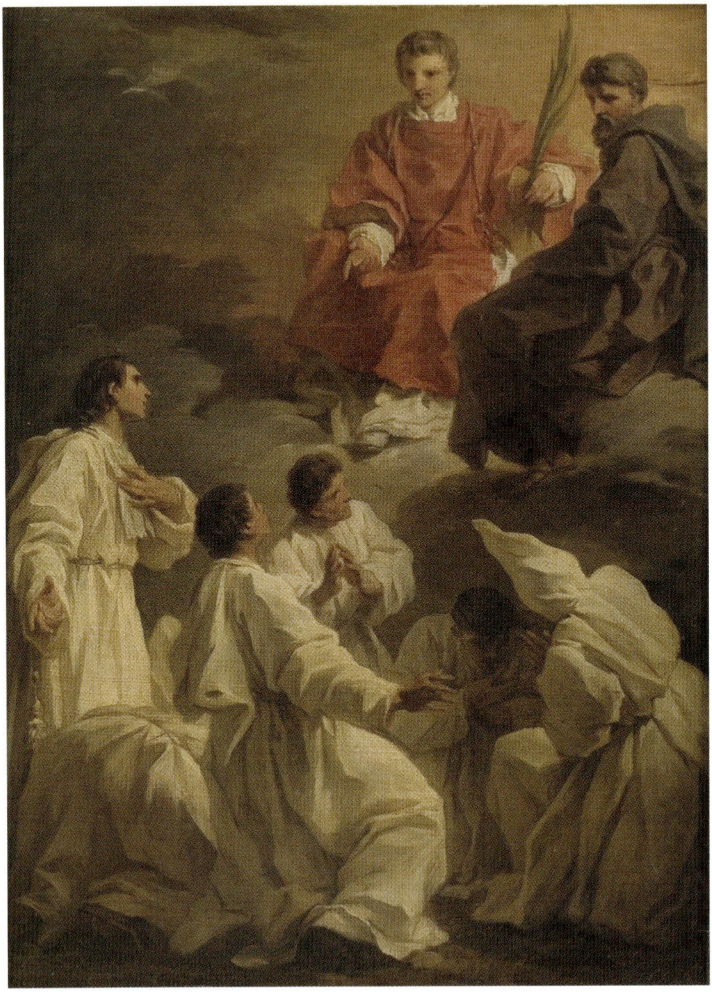

77
PIERRE SUBLEYRAS (Saint-Gilles-du-Gard, 1699 – Rome, 1749)
Deux saints apparaissant à des pénitents
Vers 1745 • Huile sur toile • 41,5 × 31 cm • Achat de la Ville, 1830, inv. 830.1.4

Le Languedocien Subleyras s'est formé à Toulouse auprès d'Antoine Rivalz (1667-1735). Après son installation à Paris, il gagne le prix de Rome en 1727 et part l'année suivante pour devenir pensionnaire de l'Académie de France à Rome. Il ne reviendra pas et vivra jusqu'à sa mort dans la ville sainte dont il sera un des peintres éminents. Auteur de quelques scènes de genre, de portraits dont certains prestigieux de saints en voie de canonisation commandés par la Curie (*Portrait de la Vénérable Battistine Vernazza*, 1739, musée Fabre), il fut surtout célèbre pour ses sujets religieux.

Ce petit tableau est un *modello* pour une œuvre inconnue destinée certainement à l'autel d'une chapelle de pénitents. Son style est comparable à celui d'un autre *modello*, celui du *Mariage mystique de sainte Catherine de' Ricci* (vers 1745, Northampton, Smith College Museum of Art), confirmant une datation assez tardive. La composition inspirée des modèles bolonais du XVIIe siècle, la clarté de la lumière et du coloris dominé par des gammes de blanc et de beige caractéristiques de Subleyras, la noblesse d'attitude des pénitents à la présence intense, le calme hiératique des saints caractérisent l'art classicisant et intériorisé de Subleyras, en réaction au baroque romain de Carlo Maratta (1625-1713) et de ses continuateurs. Les visages, petits, avec leur nez mince, stéréotypés, rappellent ceux de Donato Creti (1671-1749).

Un peu plus tard, en 1747, sa *Messe de Saint Basile* commandée par le pape pour orner Saint-Pierre le consacrera plus grand peintre de Rome. Gravement malade, il meurt deux ans après. O.Z.

GIOVANNI PAOLO PANNINI (Piacenza, 1691 – Rome, 1765)

Ruines antiques

1733 • Huile sur toile • 98 × 136,2 cm • Signé daté en bas à gauche : *I P P 1733* sur le piédestal de la statue d'Hercule • Legs Antoine Valedau, 1836, inv. 836.4.42

Ce tableau est, avec *Loth et ses filles* de l'Albane, le seul tableau italien donné par Antoine Valedau. Il appartient à la veine des caprices sur les ruines antiques qui rendirent célèbre Pannini. Très proche du milieu français à Rome, en particulier de l'ambassadeur de France, Melchior de Polignac, puis du directeur de l'Académie Charles-Joseph Natoire (1700-1777), Pannini influence de manière décisive Hubert Robert (1733-1808) arrivé en 1754.

Pannini réunit ici arbitrairement quelques-uns des monuments les plus renommés de la Rome antique : l'arc de Titus, la basilique de Maxence dans le fond, la pyramide de Sestus et la sculpture de l'Hercule Farnèse, le temple de la Sibylle de Tivoli, le vase Borghèse, le Panthéon et un obélisque, peut-être celui d'Héliopolis situé place du Peuple. Il a réutilisé à plusieurs reprises ces monuments dans d'autres agencements (exemples à Oberlin, Leipzig, Indianapolis, etc.). La composition du tableau de Montpellier est très aérée, offrant des échappées entre les ruines, avec une respiration, une ampleur, parfois absente de certains tableaux plus chargés et touffus, tel celui d'Indianapolis. Les personnages aux costumes antiques donnent la proportion réelle des monuments de l'Antiquité païenne qui les entourent et le groupe central semble composer une scène de prédication de saint Pierre.

Pannini se situe bien dans la continuité du paysage romain, orienté dès 1700-1710 par Jan Frans van Bloemen, dit Orizzonte (1662-1749), puis continué par Andrea Locatelli (1695-1741) : clarté générale, coloris vif, peu d'effet de contraste entre ombre et lumière. O.Z.

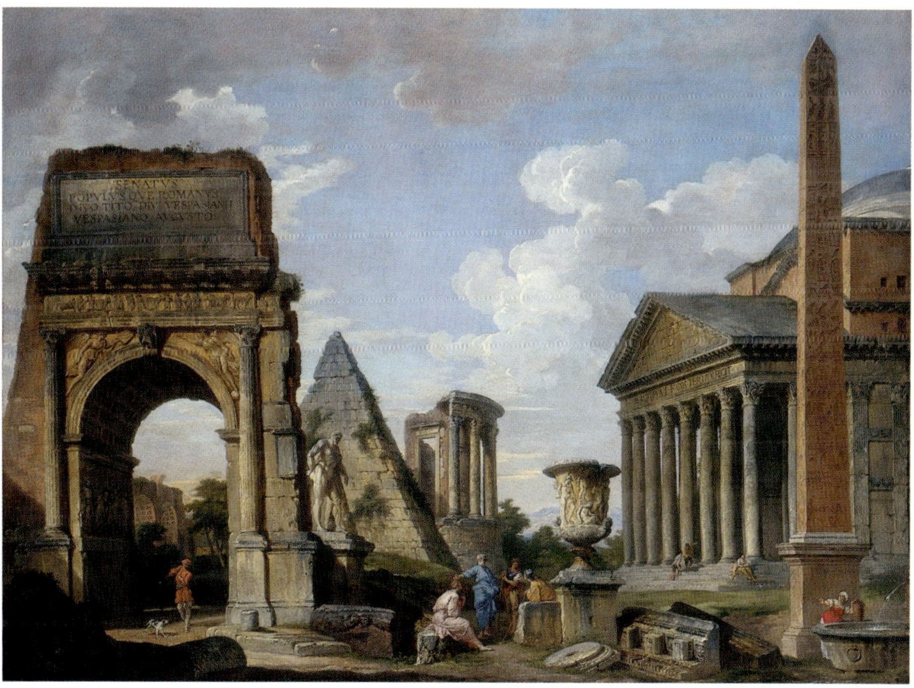

79

GIOVANNI BATTISTA TIEPOLO (Venise, 1696 – Madrid, 1770)

Quatre personnages et un soldat assis

Plume, encre brune, lavis brun • 24 × 18 cm • Legs Bonnet-Mel, 1864, inv. 864.2.265

Considéré comme l'interprète par excellence du style rococo vénitien, Tiepolo fut un artiste à la renommée internationale. Peintre de grands décors, il fit preuve tant pour les familles princières de sa ville natale que pour le roi d'Espagne (Madrid, Palacio Real, 1762) ou le prince évêque de Würzburg (palais archi-épiscopal, 1750-1753) d'une inventivité exceptionnelle dans les vastes mises en scène qu'il réalisa. Avec un talent pictural indéniable, il sut composer de grands ensembles virtuoses où d'audacieux trompe-l'œil viennent ouvrir les plafonds sur des cieux lumineux, habités de nombreux personnages qu'il agence en de subtiles harmonies chromatiques. La très abondante production graphique qu'il nous a laissée – plus de 3 000 feuilles – témoigne d'un artiste en perpétuelle réflexion et dévoile la complexité de son processus créatif. Dessinateur insatiable, il multiplie les études préparatoires autant que les figures créées pour elles-mêmes qu'il utilise par la suite dans ses tableaux.

À partir des années 1740, la gravure devient aussi pour Tiepolo un champ d'apprentissage avec la réalisation des séries d'eaux-fortes, les *Vari Capricci* (1740-1743) et les *Scherzi di Fantasia* (1745-1757). La première sera éditée à trois reprises, en 1743, 1749 et 1785, par l'imprimeur et grand collectionneur Anton Maria Zanetti (1680-1767), la seconde sera publiée après sa mort, en 1775, par son fils Giandomenico Tiepolo. Dans chacun des ensembles, on retrouve des compositions où sont associés des vestiges antiques et des personnages pittoresques tirés du répertoire habituel de l'artiste. Sans véritable référence de lieu, elles évoquent un monde imaginaire peuplé de vieillards chenus – magiciens ou philosophes – d'hommes en armes ou d'Orientaux en turban.

On connaît fort peu de dessins vraiment préparatoires à cette vaste entreprise de graveur : si le dessin du musée Fabre peut être rapproché de plusieurs des *Scherzi*, comme *Mendiant assis vu de dos* ou *Le Serpent brûlant* sur un autel, on ne peut à proprement parler d'esquisse préalable pour cette œuvre malgré les similitudes qu'elle présente avec les estampes. Elle témoigne plutôt de la capacité de Tiepolo à jouer des arts graphiques comme un formidable champ d'expérimentation auquel il puise selon ses besoins picturaux. Le terme de Scherzo emprunté au registre musical signifie « plaisanterie » ou « badinerie » : le ton léger qu'il évoque transcrit bien l'apparente facilité que développe Tiepolo dans cette feuille. Avec une manière rapide et très élégante, il pose l'encre directement sur la feuille, sans dessin sous-jacent à la pierre noire, avec des effets de lavis dorés qui viennent modeler les formes et créer un savant jeu d'ombres et de lumières. Héritier de la grande tradition vénitienne, Tiepolo compose avec ce geste fluide où palpitent des effets chromatiques intenses une œuvre graphique virtuose que l'on a pu parfois interpréter comme une autre façon de peindre. J.F.

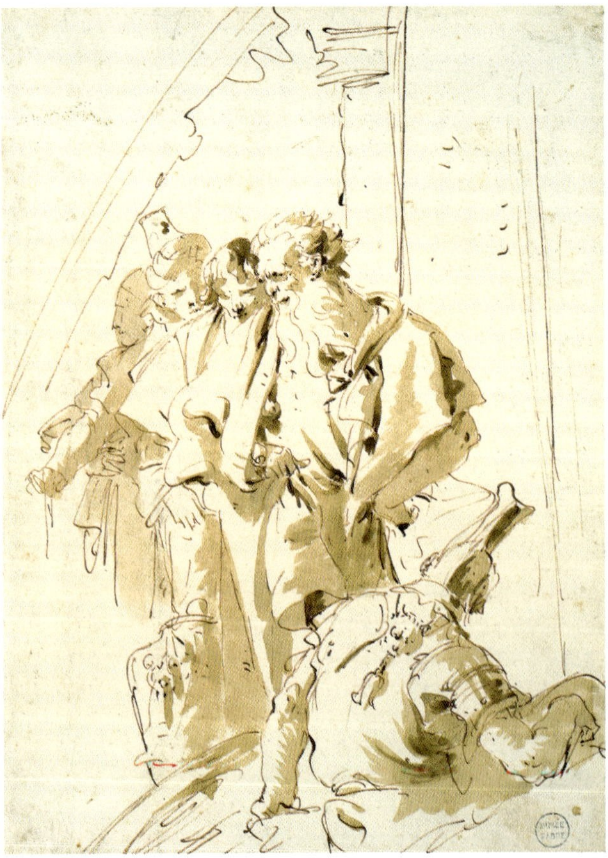

80

FRANCESCO GUARDI (Venise, 1712 – Venise, 1793)

Vue du Grand Canal et du pont du Rialto à Venise

Vers 1770-1780 • Huile sur toile • 39,5 × 53,5 cm • Legs François-Xavier Fabre, 1837, inv. 837.1.19

Après avoir pratiqué la peinture d'histoire au sein de l'atelier familial, Francesco Guardi se spécialise à partir de 1746-50 dans les vues (*vedute*) de Venise, mises à la mode par Antonio Canaletto (1697-1768). Montrant la ville suivant ses aspects les plus pittoresques, cette production vite pléthorique connut un grand succès commercial auprès des fortunés touristes, souvent anglais, de la lagune.

Guardi a peint plusieurs fois le pont du Rialto de Venise, changeant légèrement de point de vue et d'angle. La version de Montpellier est tardive, vers 1770-1780 : la préparation apparaît entre les nuages, des rehauts détaillent les édifices (autres tableaux à Toulouse, musée des Augustins ; Londres, collection Wallace ; Washington, National Gallery of Art). Sur la rive droite, les palais Manin et Bembo, près du pont au-dessus du rio San Salvatore, sont dominés par le campanile de l'église San Bartolomeo. Le Grand Canal est un sujet de prédilection de Guardi en raison de la concentration de bâtiments pittoresques et exceptionnels, des ondulations de son cours et de l'animation humaine presque grouillante sur l'eau et les rues. La touche libre qui laisse apparaître en réserve la préparation donnant à l'ensemble sa base chromatique, le flou des formes, l'intensité des empâtements blancs suggèrent la vibration de la lumière dans l'atmosphère humide de Venise. Ce luminisme, ces couleurs sombres et mélancoliques semblent un écho aux scènes tourmentées de Giambattista Piazzetta (1683-1754). En revanche, cela l'éloigne de Canaletto, beaucoup plus graphique, précis et recherchant le fini dans l'exécution. O.Z.

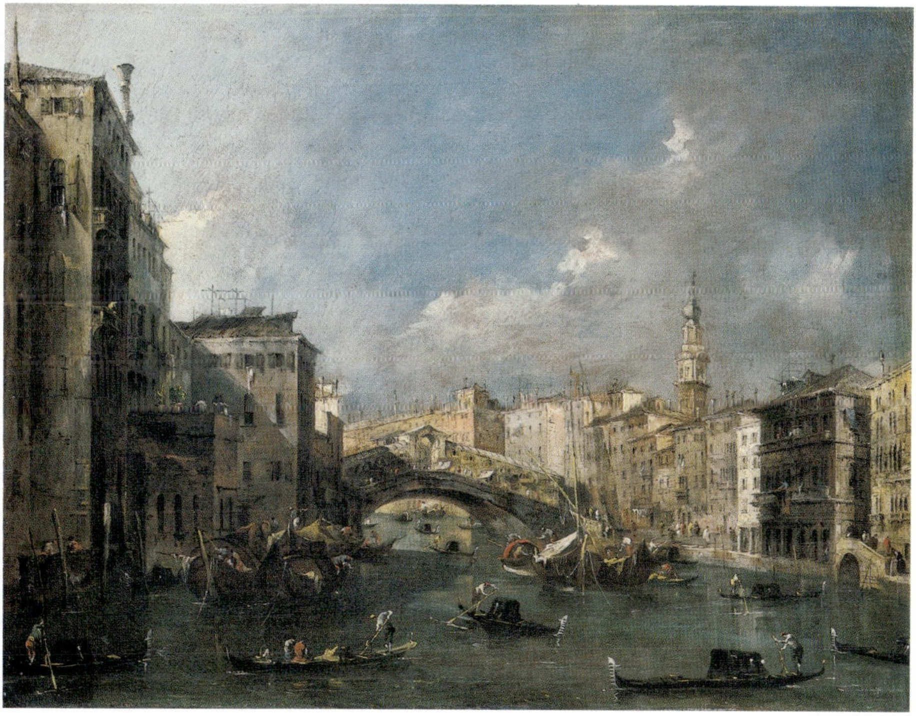

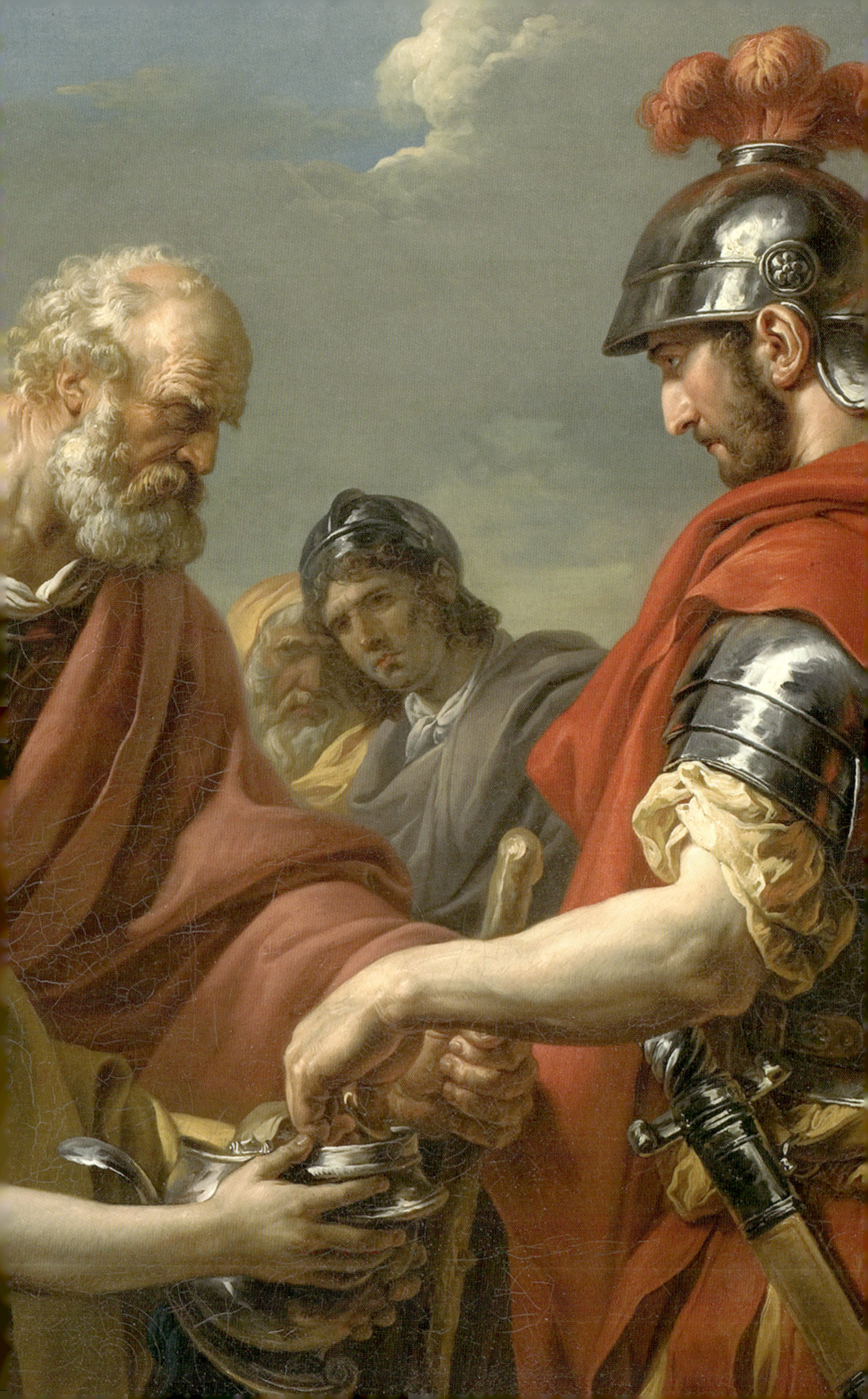

La peinture néoclassique

81
JACQUES-ANDRÉ-JOSEPH AVED (Douai, 1702 – Paris, 1766)

Portrait de Madame Crozat

1741 • Huile sur toile • 138,5 × 105 cm • Signé en bas à droite : *Aved 1741* • Achat de la Ville, 1839, inv. 839.2.1

Montré au Salon de 1741 à Paris, *Le Portrait de Madame Crozat* est un jalon majeur dans l'évolution du portrait français : prenant le contre-pied de Hyacinthe Rigaud (1659-1743), Jean-Marc Nattier (1685-1766), de leur décorum, de leur idéalisation et de leur apparat mythologique, Aved exécute le type même du portrait intime qui s'imposera dans la seconde moitié du siècle.

Mme Crozat est une femme riche et puissante : Marguerite Legendre d'Armeny, fille d'un fermier général, capitoul de Toulouse, elle épouse en 1690 Antoine Crozat (1655-1738), l'un des financiers les plus riches de France : trésorier des États du Languedoc, secrétaire du roi, il devient marquis de Châtel (son frère Pierre, lui aussi riche financier au service du roi, est l'un des plus grands collectionneurs du siècle). Elle meurt un an après la présentation de son portrait au Salon.

Aved la peint sans fard et sans idéaliser cette vieille dame dont il nous fait percevoir la force de caractère ainsi que l'humanité. Elle a enlevé ses bésicles, interrompant son ouvrage et sa lecture, et tourné son visage vers la lumière. La très raffinée et coûteuse robe dont un critique du Salon de 1741 s'émerveilla du rendu précis et fascinant, est une tenue d'apparat selon la spécialiste du peintre, Michelle Lespes. Si cette robe signale sa classe sociale, elle indique peut-être aussi que Mme Crozat reçoit : son attention a pu être détournée par un des ses visiteurs. Pourtant, Aved lui donne un regard perdu qui témoigne plus de son introspection que de sa participation à une conversation.

Aved, originaire du Nord de la France, formé à Amsterdam, collectionneur de peintres nordiques, acclimate le réalisme des portraits hollandais en France. Par ailleurs, la composition s'inspire des petites scènes de genre de Gerard ter Borch (1617-1681), Johannes Vermeer (1632-1675), etc. Le panier, au premier plan, avec ses brins de fils colorés rappelle d'ailleurs celui de *La Dentellière* de ce dernier conservée au Louvre. Aved agrandit le format de ces modèles du XVIIe siècle pour créer un nouveau mode de portrait réunissant intimisme, effet puissant, monumental et justesse psychologique et sociale. O.Z.

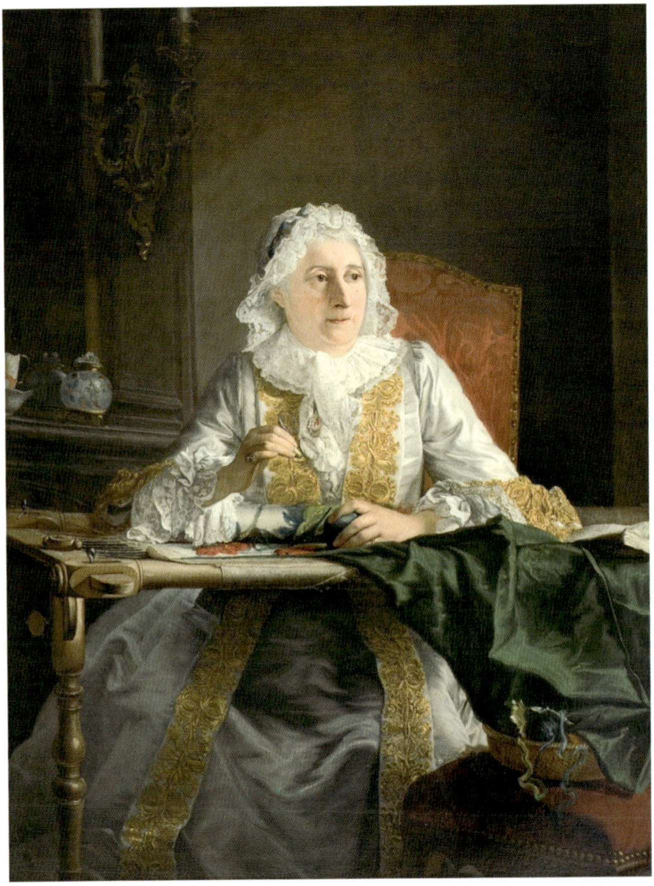

82 et 83

JEAN-BAPTISTE GREUZE (Tournus, 1725 – Paris, 1805)

Le Petit Paresseux

1755 • Huile sur toile • 65 × 54,5 cm • Legs François-Xavier Fabre, 1837, inv. 837.1.35

La Prière du matin

Vers 1780 • Huile sur bois • 66,5 × 52 cm • Legs Antoine Valedau, 1836, inv. 836.4.21

Le *Petit Paresseux* de Greuze est une œuvre peinte au retour d'Italie, et présentée aux académiciens pour son agrément en 1755, en même temps que *L'Aveugle trompé* (Moscou) et le *Père lisant la Bible* (coll. part.). Toutes trois ont appartenu au grand collectionneur de peintres français contemporains, Ange-Laurent La Live de Jully (1725-1779), membre honoraire de l'Académie.

Greuze traite cette scène de la vie quotidienne à la manière flamande ou hollandaise, très inspirée de Rembrandt dans ses tons bruns et sa matière triturée avec brio (la joue palpitante, le texte gravé dans le frais du livre). En même temps, il renouvelle cette tradition par une emphase sentimentale qui reste élégante, orientation toute française qui mélange sens de la psychologie et amour du réel, toute moderne et donc reconnue par Lalive de Jully qui aidera beaucoup l'artiste.

Le monde de l'enfance est l'objet d'une attention de plus en plus grande à l'époque de Rousseau. Dès les années 1760, Greuze en fait son sujet d'élection, représentant des enfants et des adolescents dans des scènes de fantaisie qui, dans un genre presque allégorique, riche de sous-entendus, s'attache à rendre la complexité et l'ambiguïté de ces âges (*La Cruche cassée*, Louvre). Dans *La Prière du matin*, on doute de la teneur des pensées de cette belle adolescente rousse en attitude de prière : ses yeux mouillés et perdus, l'émotion sensuelle que dégagent ses traits, la guitare, propice aux sérénades plutôt qu'à l'oraison et dont la courbe est un écho savoureux de la belle épaule nue, contribuent à cette suspicion.

À cette époque, Greuze peint plus lisse en ménageant toujours des effets de matière dans les tissus, le bois… et en mettant en valeur des carnations transparentes et vivantes. O.Z.

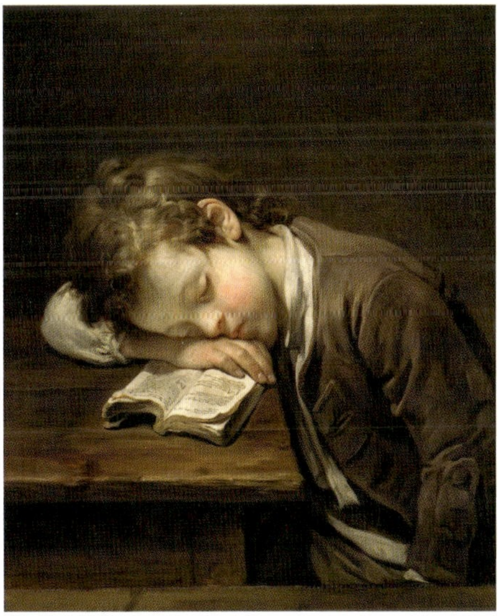

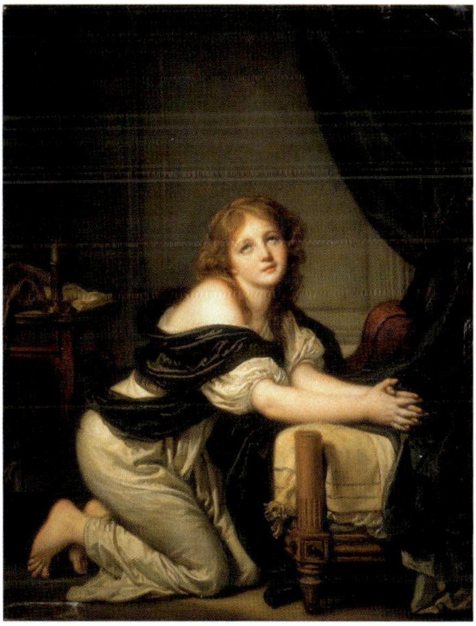

84

JEAN-BAPTISTE GREUZE (Tournus, 1725 – Paris, 1805)

Le Gâteau des rois

1774 • Huile sur toile • 71 × 92,5 cm • Signé daté : *J.B Greuze. 1774* • Legs Antoine Valedau, 1836, inv. 836.4.27

Après que son morceau de réception comme peintre d'histoire, *L'Empereur Sévère reproche à Caracalla son fils, d'avoir voulu l'assassiner* (1769, Louvre) fut refusé par l'Académie, Greuze, mortifié, choisit d'ignorer cette institution en recherchant le seul suffrage du public. En même temps, il ajoute à ses scènes de genre encore plus de grandeur et de noblesse dans la composition ainsi que dans l'expression des sentiments portés par la morale élevée des personnages. « Le premier parmi nous qui se soit avisé de donner des mœurs à l'art », disait Diderot de Greuze qu'il admirait.

Le Gâteau des rois de 1774 appartient à cette veine. La famille de paysans aisés qui célèbre l'Épiphanie en partageant le gâteau est une image qui se veut exemplaire de l'harmonie familiale et de sa dignité : une gravure contemporaine du tableau porte une inscription qui oppose ce comportement vertueux à la gabegie régnant dans une famille riche dévoyée. Greuze excelle dans la narration des relations entre les personnages et la description des expressions qu'il saisit dans leur ambiguïté sans les caricaturer. La jeune et jolie mère attendrie, toute la fratrie montre des expressions variées à plaisir. Penaude, la fillette à droite a dû commettre quelque bévue, renverser le panier de pommes qui est à gauche par exemple. L'autorité tutélaire du père s'impose néanmoins sans drame, telle une évidence. Il y a quelque gravité autour de lui comme si la cérémonie du partage avait une portée plus générale, marquant à la fois un désir d'équité et l'acceptation de l'intervention de la Providence qui réserve la fève à l'un des membres de la famille. L'exécution vivante des chairs, le raffinement des demi-teintes, les modulations du clair-obscur qui anime la composition en frise témoignent du métier brillant et sûr de Greuze. O.Z.

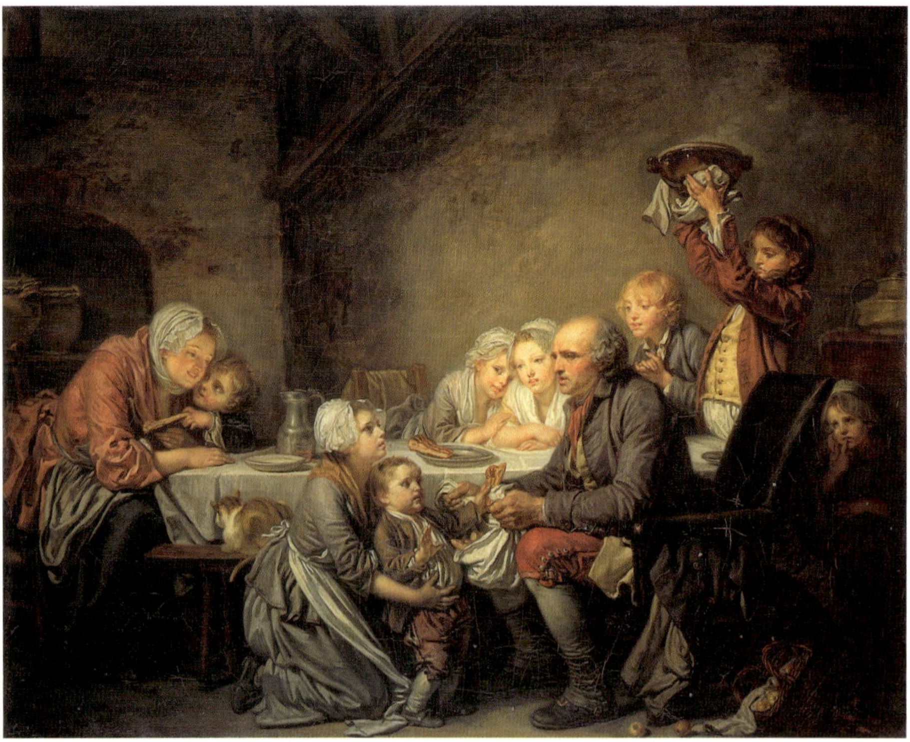

85

JEAN-BAPTISTE GREUZE (Tournus, 1725 – Paris, 1805)

Jeune Femme assise

1758 • Trois crayons, rehauts de lavis gris • 35 × 25 cm • Signé daté : *Greuze f an 1758* • Legs François-Xavier Fabre, 1837, inv. 837.1.306

Formé à l'Académie à partir de 1750 sous le directorat de Natoire, Greuze multiplia les études dessinées préliminaires à ses tableaux. Il s'agissait bien sûr de préparer le large et subtil répertoire de sentiments qu'il utilisa dans ses grandes compositions mais il faut y voir aussi un réel attachement à représenter la réalité humaine de ses modèles. Si on a parfois pu noter le caractère stéréotypé des types humains qu'il peint, en défenseur de la morale domestique et de la vertu du foyer, ces archétypes cèdent le pas dans ses dessins à une grande vérité et une réelle humanité des personnages.

Cette étude datée de 1758 se retrouve, avec une autre œuvre du musée Fabre, dans le tableau *La Paix du ménage*, connu par deux gravures de Moreau le Jeune et Aubry Lecomte. L'attitude de la jeune femme et son humble costume journalier dégagent une impression de réalisme. En quelques notes habiles de pierre noire et de sanguine relevées de craie et de lavis, il esquisse le bouillonnement de la jupe et la tension des mains sur une lettre et c'est avec une grande économie de traits que Greuze suggère l'expression implorante du visage. J.F.

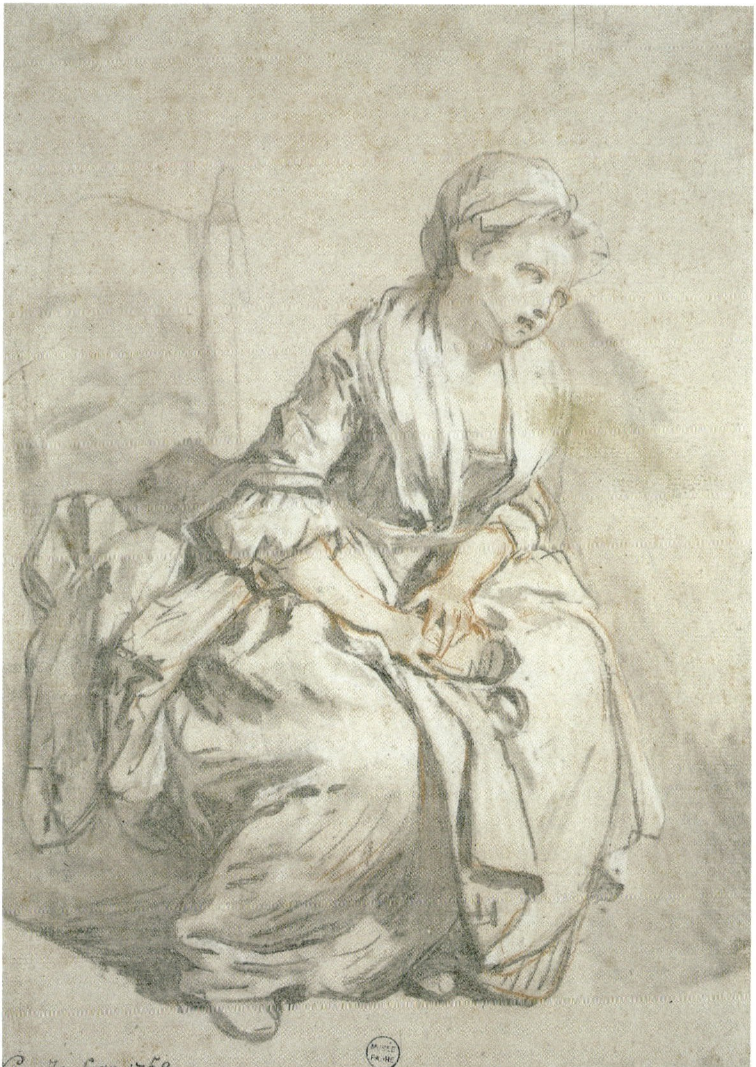

86

SIR JOSHUA REYNOLDS (Plympton, 1723 – Londres, 1792)

Le Petit Samuel en prière

1777 • Huile sur toile • 91 × 72,5 cm • Signé daté en bas à droite : *J. Reynolds/pinxit/1777* • Legs Antoine Valedau, 1836, inv. 836.4.50

Le Petit Samuel est l'un des premiers tableaux anglais importants entrés dans une collection française puisqu'il serait arrivé en France en 1778, un an après son exécution, probablement dans la collection de François-Michel Harenc de Presles chez lequel il est cité en 1787. À cette époque, Reynolds est à l'apogée de sa carrière de portraitiste de la haute société anglaise.

L'inscription sur la toile : « Samuel, chap. 3 » explicite le sujet, tiré de l'Ancien Testament : Dieu appelle le prophète Samuel encore enfant, alors qu'il dort dans le temple. Seule la lumière extra naturelle qui vient du coin supérieur gauche signale le caractère religieux d'une scène qui est très proche des portraits d'enfants ou des « fancy pictures » – des scènes de fantaisie – de Reynolds. Cet enfant touchant en oraison est d'ailleurs bien dans l'esprit de Jean-Baptiste Greuze (1725-1805) dont les tableaux étaient certainement connus de l'Anglais, par exemple la *Prière du matin* du musée Fabre, célèbre en son temps. *Le Petit Samuel* a d'ailleurs été légué par Valedau, en même temps que plusieurs remarquables œuvres du Français.

Tandis que dans son *Saint Jean-Baptiste* (Minneapolis, Institute of Arts), Reynolds pastiche Raphaël et Guido Reni, il s'inspire ici de Rembrandt dont il patine la vigueur d'une suavité à la Van Dyck, maître de référence, s'il en est, de l'école anglaise. Les tons bruns et dorés, la facture triturée très expressive, le mélange réussi entre l'humain et le surhumain appartiennent au monde rembranesque. Ces pastiches rejoignaient ceux des maîtres anciens sur les cimaises des collectionneurs anglais en s'y intégrant à merveille, en un jeu subtil savoureux pour un amateur, entre le modèle et l'imitation.

Une première version montrée en 1776 à la Royal Academy de Londres fut détruite dans l'incendie de Belvoir Castle en 1816 et la Tate Gallery en conserve une autre un peu différente où l'on distingue un pied de lit à l'arrière-plan. O.Z.

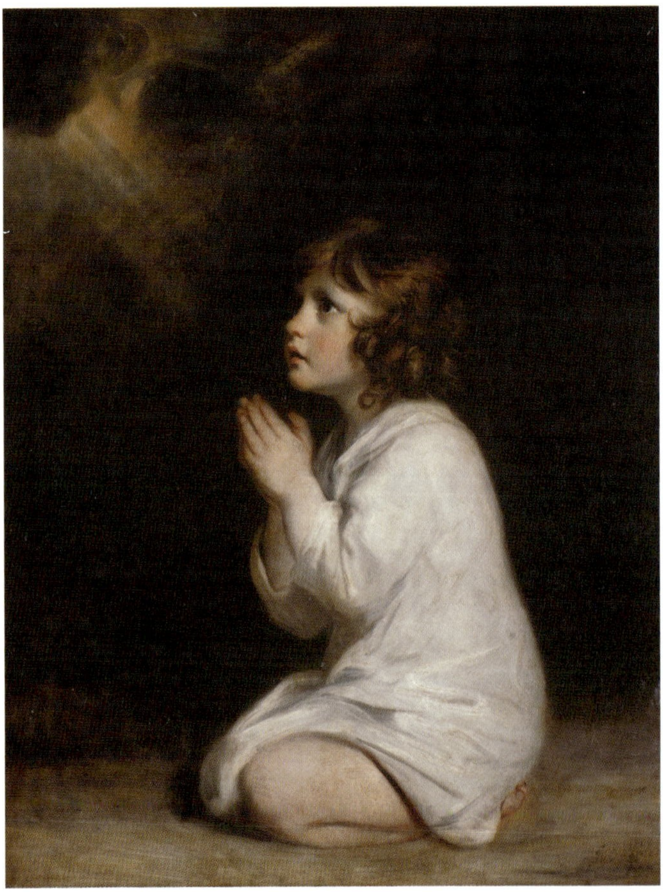

87

JEAN HONORÉ FRAGONARD (Grasse, 1732 – Paris, 1806)

La Gifle ou La Défense inutile

Pierre noire, lavis de bistre • 35 × 45 cm • Signé daté en bas à gauche sur le passe-partout : *Fragonard 1788* • Don Jules Bonnet-Mel, 1864, inv. 864.2.62

Si l'on a pu mettre la verve de Fragonard sur le compte de son origine méridionale, puisant auprès du soleil provençal la légèreté et la joie de vivre qu'il insuffle à son art, rarement aura-t-il exprimé ce tempérament avec la virtuosité qu'il déploie dans *La Gifle*.

Connu aussi sous le titre *La Défense inutile*, ce dessin apparaît dès 1786 à la vente Morel, probablement un an après sa réalisation si l'on accepte la mention portée sur le montage de l'œuvre « Fragonard, 1785 ». Bien qu'Alexandre Ananoff relève une certaine confusion dans la généalogie de cette œuvre dont on perd la trace après 1789, elle entre au musée Fabre grâce au legs fait en 1864 par le collectionneur Bonnet-Mel.

Une accorte jeune femme se défend de deux galants qui tentent de l'embrasser ; elle repousse à droite un jeune homme goguenard, tandis que son coude vient heurter à gauche le menton de son compère. Le cadre serré de la composition concentre toute l'attention sur la vivacité du geste, mettant en avant non pas la violence du coup mais la soudaineté de l'action. Le pinceau de Fragonard dessine à l'aide d'amples touches d'une grande souplesse la silhouette des trois acolytes. Il appuie son trait de nerveuses notations à la plume, de légers rehauts de lavis donnant consistance aux corps en mouvement. Le bistre se place naturellement, sans affectation, avec une tonalité dorée baignant la représentation dans une suave atmosphère. Aucune brutalité dans l'ampleur du geste de la jeune femme mais seulement l'expression d'un libertinage heureux et plein d'humour qui ne laisse aucun doute quant à l'issue de la scène.

Bien que Fragonard ne connaisse plus dans les années 1780 le succès qui lui avait valu les commandes des favorites de Louis XV, il nous offre avec ce dessin l'une de ses plus brillantes compositions où éclate la liberté de ce génie exemplaire du XVIIIe siècle. J.F.

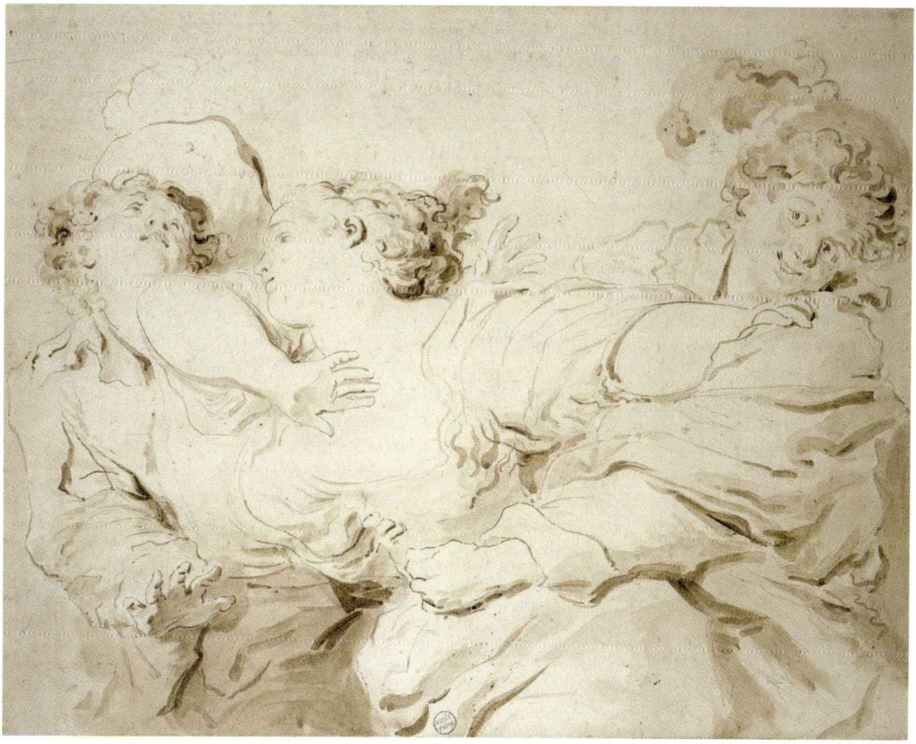

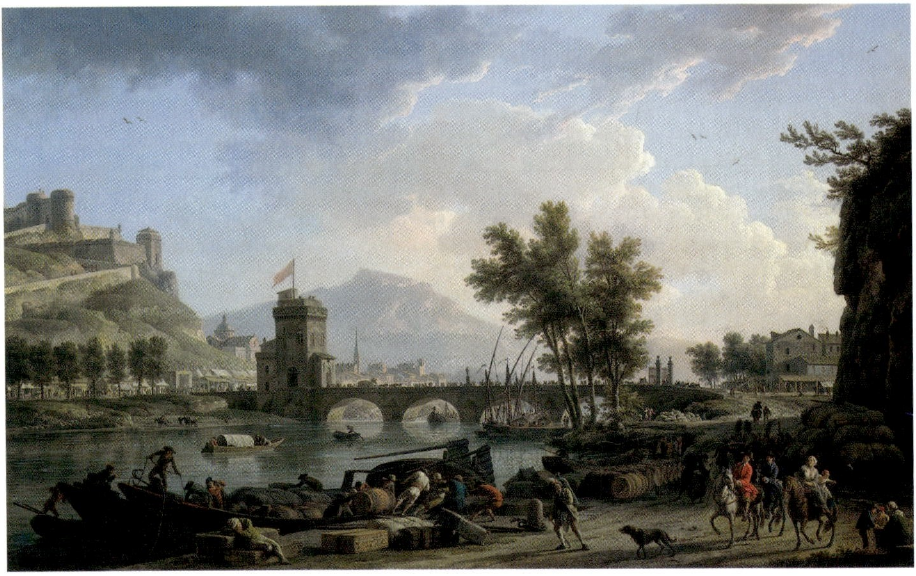

88
CLAUDE-JOSEPH VERNET (Avignon, 1714 – Paris, 1789)

Les Abords d'une foire

1774 • Huile sur toile • 98,3 × 163 cm • Signé daté en bas au centre : *J. Vernet /.f. /1774* • Legs François-Xavier Fabre, 1837, inv. 837.1.91

Avec *La Construction d'un grand chemin*, son pendant conservé au Louvre, ce tableau a été peint pour l'abbé Joseph-Marie Terray (1715-1778), contrôleur général des Finances et directeur des Bâtiments du roi de 1773 à 1774. Dans la continuité de l'œuvre de Charles Trudaine (1703-1769), ce dernier favorisa la construction d'équipements publics, comme les routes, les canaux, les ponts et le développement des foires commerciales pour dynamiser l'économie en facilitant la circulation des hommes et des biens sur tout le territoire. Il a aussi commandité des œuvres d'art célébrant ces progrès, notamment les deux pendants de Vernet, emblématiques de l'œuvre modernisatrice du siècle des Lumières.

Auparavant intitulé *La Foire à Beaucaire,* ce paysage est imaginaire et s'inspire de sites du sud de la France d'où est originaire Vernet. Dans cette ville méridionale au bord d'un large fleuve qui pourrait être le Rhône ou la Durance, s'est installée une foire dont on distingue les chapiteaux et les portants d'un théâtre. Le pont est large et moderne, référence aux ouvrages d'art novateurs du célèbre ingénieur des ponts et chaussées, Jean-Rodolphe Perronet (1708-1794). Les grandes barques de transport de marchandises, les ballots, tonneaux, colis, l'animation humaine fébrile font de cette peinture un condensé exemplaire de la politique volontariste de l'Ancien Régime en matière de commerce et d'équipement public.

Vernet compose une vue panoramique d'une grande ampleur de respiration, qui lui permet de réunir l'étendue des activités voulues par son sujet. Il peint les différents plans avec un grand souci des effets atmosphériques et la lumière est d'une intensité toute méridionale. Les figures et tous les détails (architecture, marchandises, costumes...) qui rendent probante la représentation sont parfaitement intégrés au paysage. O.Z.

89

JOSEPH-MARIE VIEN (Montpellier, 1716 – Paris, 1809)

Saint Denis prêchant la Foi en France (esquisse)

1767 • Huile sur toile • 118 × 65 cm • Signé en bas au centre sur un rouleau : *Vien /17..* • Achat de la Ville, 1956, inv. 56.7.1

Après une formation locale à Montpellier, Vien gagne Paris en 1740 où il rejoint Natoire, un autre Provençal, qui lui prodigue ses conseils. Ayant remporté le grand prix de peinture en 1743, il séjourne à Paris de 1744 à 1750. La carrière de Vien est très longue, comblée d'honneurs officiels ; en 1800 encore, il figure en tête de la liste des meilleurs artistes français communiquée à Bonaparte. Au Salon de 1767, le peintre expose avec succès un grand tableau qui marque un moment de basculement dans la peinture française qui prend ses distances irrémédiablement avec les grâces du rococo. Commandé par l'abbé Jean-Baptiste Marduel, curé de Saint-Roch pour le transept de l'église réaménagé par l'architecte Boullée, le tableau faisait face au *Miracle des Ardents* de Gabriel François Doyen (1726-1806). Vien met en scène un épisode de la vie de saint Denis (IIIe siècle) le montrant haranguant la foule pour la pousser à se convertir. Pour une composition aussi vaste et aussi ambitieuse, Vien réalise le présent *modello* afin de permette à ses clients d'apprécier ses intentions. Le cadre architectural et le nombre de figures sont déjà arrêtés.

La composition, aussi claire qu'efficace, se déploie sur deux registres : en haut des marches, à droite, le saint est recouvert d'un drapé lumineux, le bras droit levé en direction de la foule. Dans le ciel, la Religion tient la croix et le calice, tandis qu'un ange présente la palme du martyre, allusion aux supplices atroces endurés par le saint sur ordre du préfet romain Domitien. Les gestes sont amples et mesurés, l'architecture d'une sobriété toute classique. Les rouges sonores, les verts, les roses du premier plan s'estompent pour laisser place, dans la partie supérieure, à des tons plus lumineux et délicats. Ce grand style noble et classique renoue avec l'art de Raphaël, de Dominiquin et surtout de Le Sueur (*La Prédication de Saint Paul à Ephèse*, may de Notre-Dame de Paris). Diderot loue la sagesse et la correction du tableau de Vien qui tranche en effet par rapport à la grande machine tumultueuse et baroque de Doyen. Il regrette cependant une certaine froideur et un manque de poésie et d'imagination chez l'artiste. Avec le recul du temps, force est de constater combien, à cette date précoce, l'œuvre de Vien devait apparaître courageuse et nouvelle dans son souci de vérité et de simplicité qui prépare l'émergence du néoclassicisme. M.H.

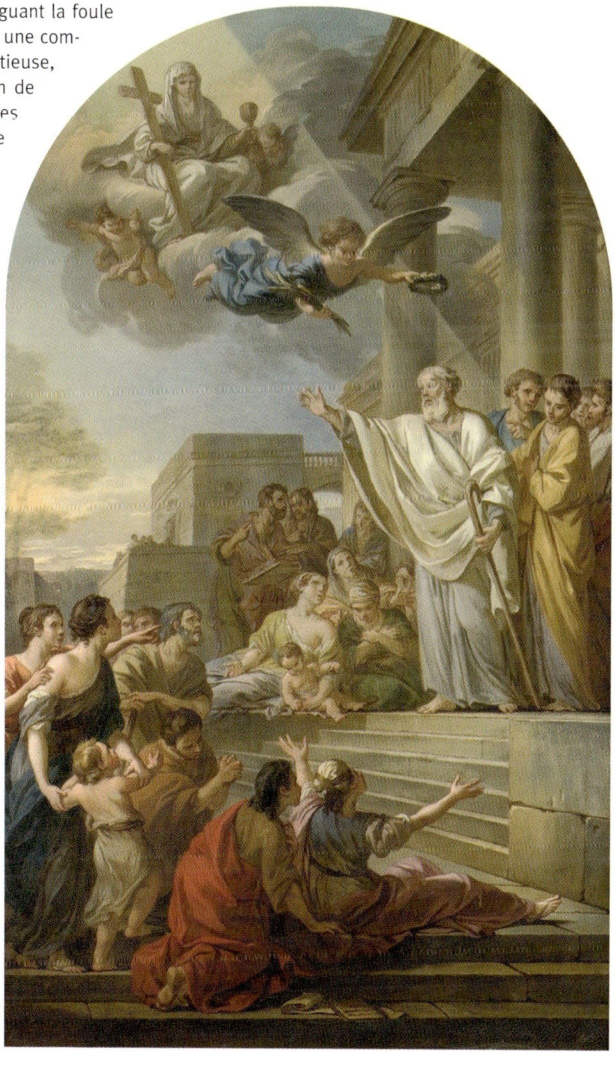

90

JACQUES-LOUIS DAVID (Paris, 1748 – Bruxelles, 1825)

Académie dite « Hector »

1778 • Huile sur toile • 123,5 × 172,0 cm • Achat de la Ville, 1851, inv. 851.1

David réalisa cette académie, envoi de Rome à l'Académie royale de peinture et de sculpture en 1778, alors que cette pratique avait été remise à l'honneur deux ans plus tôt par Natoire. Elle fut suivie l'année suivante par un *Patrocle* (Cherbourg, musée des Beaux-Arts) qui exploitait le même thème et les mêmes sources.

Alors que le titre du tableau évoque la guerre de Troie et la mort d'Hector vaincu par Achille, le véritable sujet de cette œuvre est la représentation d'un grand nu masculin. L'artiste gomme toute notation historique, négligeant la présence du char qui broya le héros pour se concentrer sur le corps étendu et sans vie. David s'attarde sur le rendu des chairs, le velouté des carnations qu'il oppose à la texture de l'étoffe, donnant dans ce brillant exercice de style toute l'étendu de son talent. Rien ne rappelle l'atrocité du supplice pour préserver toute la vigueur des effets, et seul concourt à l'intensité dramatique de la scène le clair-obscur caravagesque qui éclaire la scène.

David ne se sépara jamais de cette toile qu'il conserva dans son atelier, comme un modèle pour ses élèves. S'il ne s'adonna plus par la suite à de tels exercices académiques, on peut, quoi qu'il en soit, voir dans ce tableau un véritable repère pour ses œuvres futures. L'austérité de la composition, le cadre atemporel du sujet sans notation particulière annoncent déjà ses autres grands nus héroïques que seront le *Marat* (Bruxelles, musées royaux des Beaux-Arts) ou le *Bara* (Avignon, musée Calvet). Cependant il ne s'agissait plus de puiser son inspiration à la mythologie passée mais d'incarner l'histoire contemporaine et les martyrs de la Révolution.

J.F.

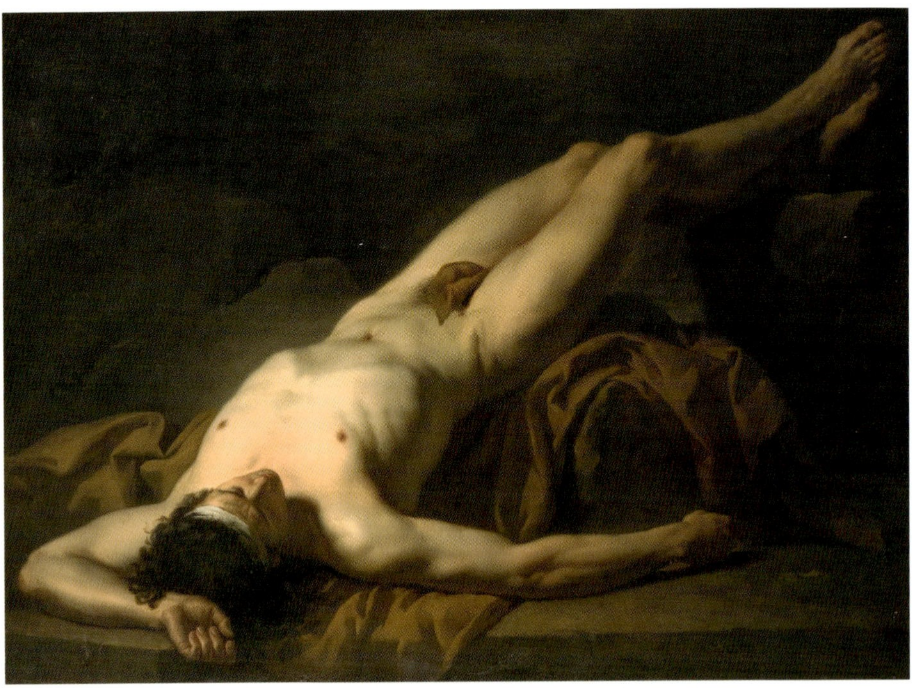

91

JACQUES-LOUIS DAVID (Paris, 1748 – Bruxelles, 1825)

Portrait d'Alphonse Leroy

Vers 1783 • Huile sur toile • 73 × 93 cm • Achat de la Ville, 1829, inv. 829.1.1

Présenté au Salon de 1783 avec *La Douleur d'Andromaque*, ce portrait est celui d'Alphonse Leroy, célèbre gynécologue qui fut sans doute l'obstétricien de l'épouse du peintre : médecin aux pratiques controversées, il incarnait le renouveau de la discipline. Représenté comme un savant à l'étude dans son cabinet de travail, sur un fond neutre caractéristique du peintre, il est vêtu d'une ample robe de chambre et d'un turban, dans le cadre intime de son intérieur. Dans un souci de vérité qui n'entache cependant pas la sobre dignité du savant, l'infirmité de Leroy – il était manchot – est dissimulée dans les plis de la manche au premier plan où n'apparaît aucune main.

Portrait tout à la fois social et réaliste, David l'accompagne des attributs de sa profession, accoudé sur un ouvrage d'Hippocrate traitant des maladies féminines, le *Morbi mulierum*, et éclairé par une lampe à mèche cylindrique, dite « lampe à quinquet » dont Leroy était l'inventeur. Ce symbole de modernité technique relie aussi cette image aux représentations traditionelles de l'érudition, le livre et la lampe étant les attributs de l'étude chez Cesare Ripa (*Iconologia*, 1593).

Le soin apporté à la qualité et à la texture des étoffes, l'expression du modèle, saisie alors qu'il s'apprête à écrire, concourent à cette représentation pleine de vie ; elle la rattache à la tradition du portrait français du XVIIIe siècle qu'illustrèrent Rigaud, Van Loo, Aved ou Quentin de la Tour et annonce déjà *Le Portrait du chimiste Lavoisier et de sa femme*, 1788 (New York, Metropolitan Museum of Art). J.F.

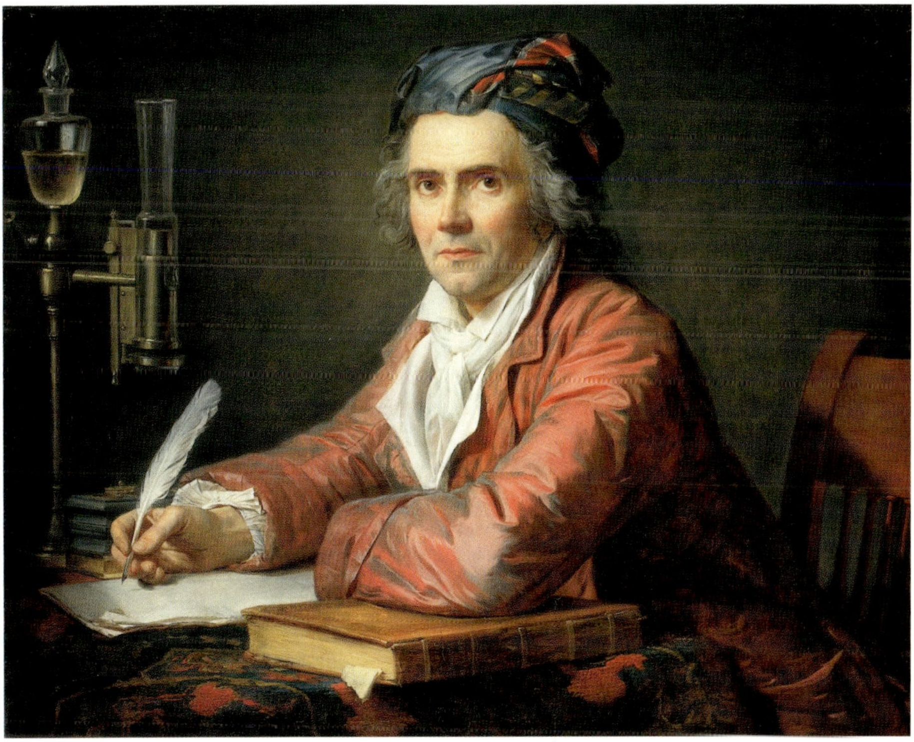

92

JACQUES-LOUIS DAVID (Paris, 1748 – Bruxelles, 1825)

Portrait de Philippe-Laurent de Joubert

Vers 1789-1792 • Huile sur toile • 127,5 × 96 cm • Don Collot, 1836, Inv 836.5.1

Issu d'une importante famille de financiers languedociens, Philippe Laurent de Joubert (1729-1792) baron de Sommières et de Montredon, était le descendant d'une lignée de grands argentiers, titulaires depuis le XVIe siècle de nombreuses charges. Successivement président de la Chambre des comptes (1756) et Trésorier général des états du Languedoc (1777), il fut aussi membre d'éminentes sociétés savantes et fonda la Société des beaux-arts de Montpellier en 1779. Collectionneur, mécène et naturaliste, Joubert illustrait l'esprit savant et éclairé du siècle des Lumières. Proche des milieux davidiens, il s'établit en protecteur avisé de Fabre et de Wicar, élèves du nouveau maître de l'école française.

La date de ce portrait reste incertaine et oscille entre 1786, année de l'élection du modèle à l'Académie de peinture et de sculpture de Paris et 1792, par analogie avec d'autres portraits contemporains de l'artiste (*Madame Trudaine* ou *Madame Pastoret*). Dans ce tableau inachevé, le financier est campé dans toute sa superbe, portant haut l'assurance que lui confère sa condition. Le fond neutre concentre l'attention sur la silhouette de Joubert avec son confortable embonpoint et l'expressive acuité de son visage. Usant d'une palette réduite de noir, de beige et de rouge, David nous livre l'une de ses plus belles réussites avec ce portrait d'une grande dimension sociale et humaine.

J.F.

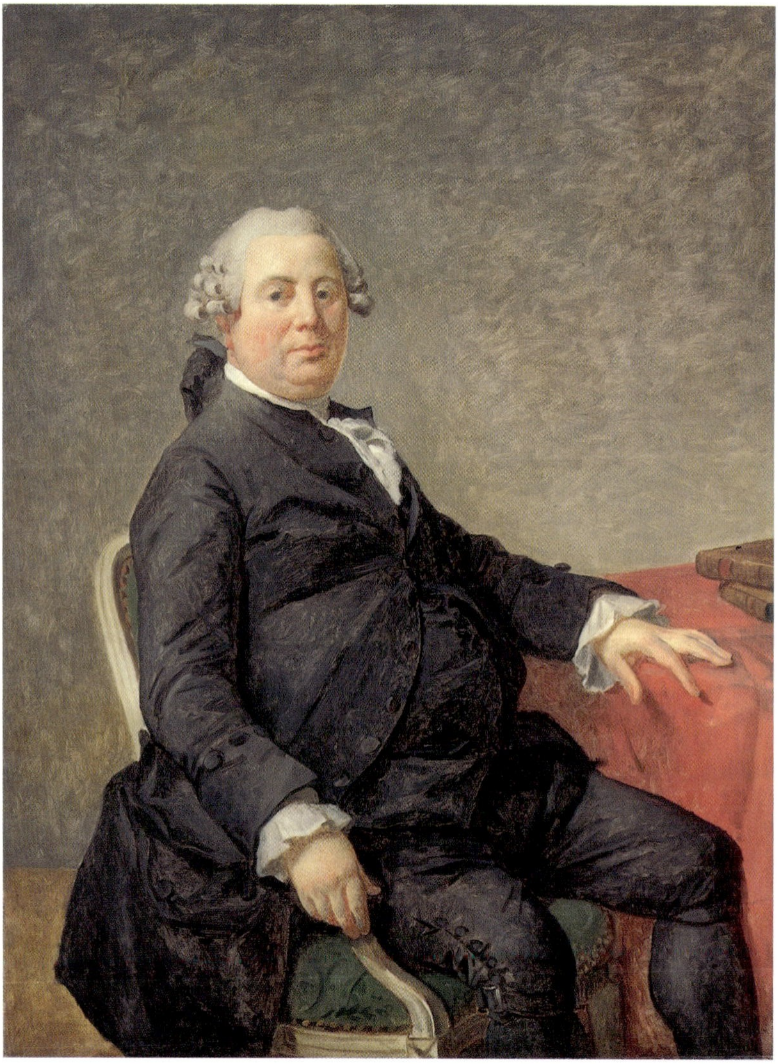

93 et 94

FRANÇOIS-ANDRÉ VINCENT (Paris, 1746 – Paris, 1816)

Bélisaire, réduit à la mendicité, secouru par un officier des troupes de l'empereur Justinien

1776 • Huile sur toile • 98 × 130 cm • Signé daté : *Vincent f. 1776* • Legs François-Xavier Fabre, 1837, inv. 837.1.94

Alcibiade recevant les leçons de Socrate

1776 • Huile sur toile • 98,6 × 131 cm • Signé daté : *Vincent f. 1777* • Legs François-Xavier Fabre, 1837, inv. 837.1.95

Alors qu'il rentrait de Rome, nouvellement agréé par l'Académie, Vincent montra à l'occasion de sa première participation au Salon de 1777 toute l'étendue de son talent. Parmi les quinze toiles aux sujets variés qu'il exposa, le jeune artiste traitait avec le *Bélisaire* et son pendant *Alcibiade et Socrate* deux épisodes de l'histoire antique vantant la morale et l'exemplarité des Anciens.

Bélisaire, rendu célèbre par le roman de Marmontel, publié en 1767, était le général en chef des armées de Justinien. Victorieux des Vandales et des Ostrogoths, il fut victime d'un complot et disgracié par l'empereur. Condamné à errer, aveugle, mendiant pour sa subsistance, il est reconnu par l'un de ses anciens soldats. Traité par Jollan en 1767, Durameau en 1775, Peyron en 1779 et surtout David en 1781, le sujet séduisit de multiples artistes car il évoquait tout à la fois les revers de la fortune et, malgré les épreuves, la permanence des vertus du héros. Bélisaire s'avance humble et sans honte, accompagné d'un enfant qui recueille les aumônes dans un casque, symbole de sa gloire passée, alors que son lieutenant le regarde, à la fois incrédule et honteux. Sur le visage des autres protagonistes se lisent l'indignation et le remords.

Alcibiade est quant à lui passé à la postérité comme l'un des principaux interlocuteurs de Socrate ; intervenant dans *Le Banquet* de Platon et dans deux dialogues qui portent son nom, cet homme d'État grec était autant connu pour sa beauté que pour sa vanité. Il est représenté ici recevant les leçons du philosophe, dans un contraste où la légèreté du beau jeune homme s'oppose à la laideur du penseur, puissant pédagogue et esprit éclairé.

Ces deux tableaux sont traités dans un cadre serré, les personnages sont saisis à mi-corps dans une composition rappelant Caravage ; les notations de décor sont absentes et seuls le contraste des costumes, l'échange des regards, le jeu des gestes donnent leur tension dramatique aux deux scènes.

S'écartant ainsi d'une vision grandiloquente de la peinture d'histoire, Vincent incarne le renouveau qui se joue alors dans l'art et devient l'un des chefs de file du néoclassicisme.

J.F.

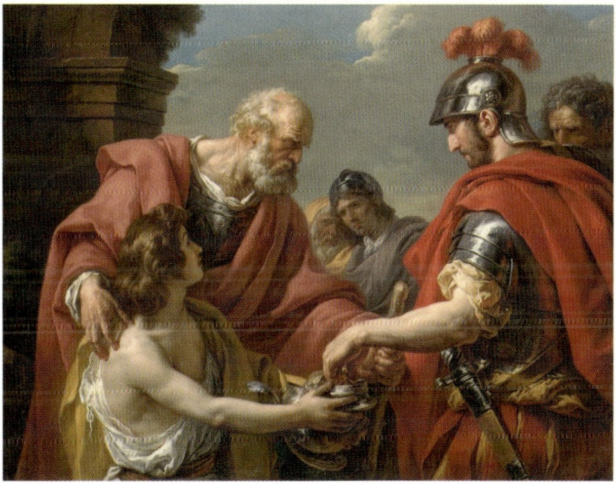

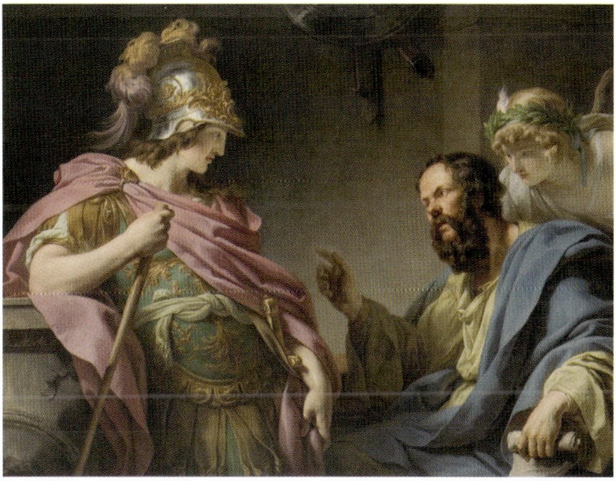

95 et 96

JEAN-ANTOINE HOUDON (Versailles, 1741 – Paris, 1828)

L'Hiver (« La Frileuse »)

1783 • Marbre • 145 × 57 × 64 cm • Signé daté sur le socle : *Houdon F., 1783* • Don Creuzé de Lesser, 1828, inv. 828.5.1

L'Eté

1785 • Marbre • 155 × 56 × 49 cm • Signé daté sur le socle : *Houdon F. , 1785* • Don Creuzé de Lesser, 1828, inv. 828.5.2

L'Hiver ou *La Frileuse* fut commandée à Houdon par Anne-Charles Modenx de Saint-Wast, conseiller secrétaire du Roi, receveur général du vingtième à Paris, directeur général des domaines à Poitiers. Son hôtel, aussi fastueux qu'élégant, situé rue Saint-Honoré, le long du jardin des Tuileries, abritait dans sa bibliothèque *La Frileuse*, conçue vraisemblablement dès 1781, comme en témoigne la petite esquisse en terre cuite (musée Fabre). La sculpture fut achevée en 1783 et exposée dans l'atelier du sculpteur à la bibliothèque du roi selon la mention du livret du Salon. Depuis l'Antiquité, par la suite au Moyen Âge et surtout à la Renaissance, on avait coutume de représenter les Saisons, en particulier l'hiver, sous l'aspect d'une vieille femme ridée ou plus tardivement par un vieillard barbu. Au XVIIIe siècle, Falconet représente *L'Hiver* (1763-1771) dans un marbre destiné à Catherine de Russie, sous les traits d'une jeune fille assise, tête baissée, revêtue d'un ample drapé à l'antique qui laisse apparent un sein. À ses pieds, comme dans l'esquisse de Houdon, un vase brisé par le gel. Houdon, qui a eu sans doute indirectement connaissance de la statue de Falconet, se montre beaucoup plus audacieux et novateur en prenant ses distances avec les codes allégoriques : il déshabille entièrement sa gracieuse enfant dont le châle, dans sa partie haute, sert à mettre en valeur les rondeurs délicates du corps. Ce glissement vers plus de naturel qui effaroucha les instances académiques assura aussi l'incroyable succès de l'œuvre auprès des amateurs. Si le regard moderne s'est habitué à cette fine silhouette, grave et sensuelle à la fois, tant de fois reproduite, nul doute qu'elle déconcerta en son temps comme le montre cette critique quelque peu ironique au Salon de 1791 où Houdon

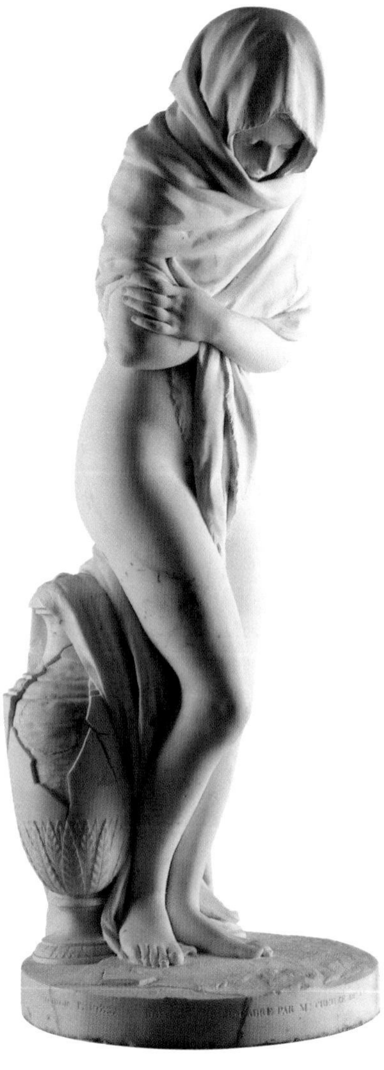

exposait le bronze de sa *Frileuse,* propriété du duc d'Orléans (New York, Metropolitan Museum of Art) : « La *Frileuse* de Monsieur Houdon semble manquer d'effet. Quand on a bien froid, on cherche à ramasser tous ses membres, et l'on se couvre plutôt le corps que la tête. » Au fil du temps, au même titre que tel tableau de Bourdon, de Courbet ou de Bazille, la petite pauvresse de Houdon qui claque des dents dans son marbre pur veiné de bleu, est devenue sans conteste un des emblèmes forts du musée du Montpellier.

Comme pour *La Frileuse*, le modèle de *L'Été* fut conçu en 1781 pour Anne-Charles Modenx de Saint-Wast. Pour des raisons que l'on ignore, Houdon modifia la taille de la statue, qui est datée de 1785, et se contenta de réaliser un buste d'après son modèle, daté 1782. Traditionnellement pour faire contraste à *L'Hiver*, les représentations de *L'Été* mettaient en valeur une jeune paysanne avec fleurs et fruits qui faisait bien sûr penser à Cérès, déesse du blé et des moissons. Houdon s'en tient pour une part à cette iconographie en accompagnant sa figure d'une faucille et d'une gerbe de blé. Mais il prend aussitôt ses distances avec l'évocation de la déesse antique, dont il connaissait le mythe tragique à travers la recherche éperdue de sa fille Proserpine, ravie aux enfers par Pluton. Houdon préfère nous offrir l'image d'une fière et réjouissante petite paysanne qui tient de la main gauche un arrosoir moderne (qui fait écho à l'urne brisée du pendant et symbolise l'eau vive qui s'écoule) et qui a négligemment retenu ses cheveux, agrémentés d'épis de blé, dans un foulard comme pour les travaux des champs à la belle saison. À ses pieds figurent des fleurs et des fruits divers (raisin, pomme, grenade), ainsi qu'un tambour de basque, symbole de fête. La courte tunique, qui rappelle vaguement l'antique et qui retombe sur l'épaule, met en valeur le corps juvénile, ferme et délicat à la fois. Le beau visage empreint d'une noble assurance rayonne dans tout l'éclat de la jeunesse. Les mèches sur le front, le regard bien marqué, l'extrémité du fichu retombant sur l'épaule, procurent à l'ensemble un naturel et une présence inoubliables. Autant *La Frileuse* était ramassée sur elle-même, les mains croisées sur la poitrine, les jambes fléchies, le visage dissimulé dans l'ombre du grand châle, autant la figure de *L'Été*, comme il sied à cette saison heureuse, se déploie dans l'espace, chargée avec aisance de ses attributs et regarde avec confiance vers l'extérieur. M.H.

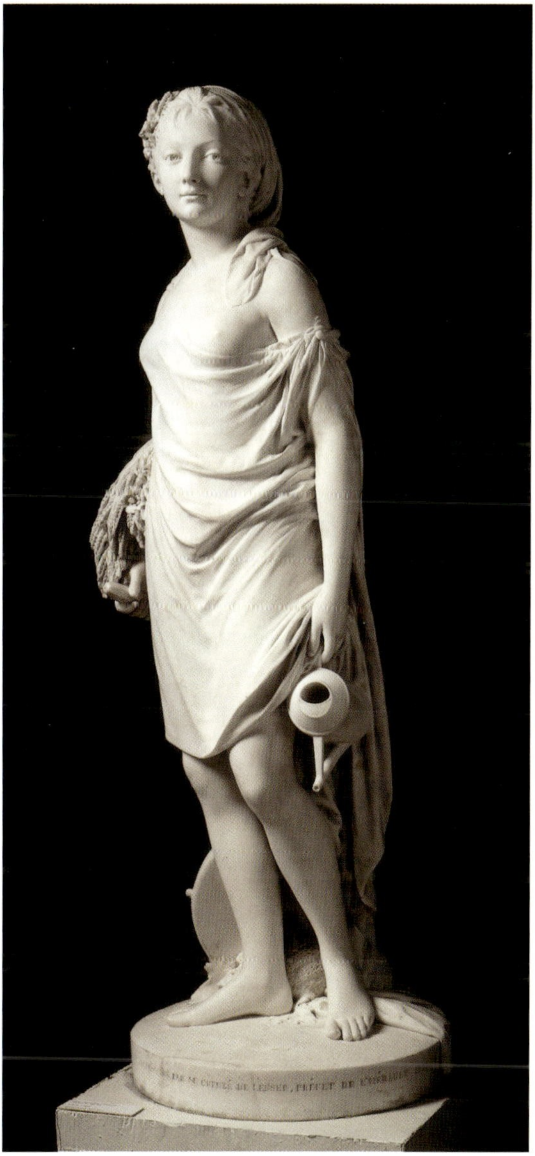

97

JEAN-ANTOINE HOUDON (Versailles, 1741 – Paris, 1828)

Voltaire assis

Vers 1780-1790 • Terre cuite, plâtre patiné et bois (plinthe) • 120 × 62 × 95 cm • Don César-Auguste Fages, 1874, inv. 874.1.1

Le *Voltaire assis* compte incontestablement parmi les plus belles réussites de Houdon portraitiste des hommes illustres de son temps. Le sculpteur profita du retour triomphal à Paris du « patriarche de Ferney », en février 1778, pour le faire poser et exécuter des moulages sur nature. Il diffusa largement l'effigie du philosophe à travers des bustes montrant le philosophe en costume à la française puis reçut commande de Mme Denis, nièce de Voltaire, d'une statue en marbre pour l'Académie Française. Au Salon de 1779, Houdon exposa sa composition sous la forme d'une statuette en bronze doré (Amsterdam, Rijksmuseum), qui fut envoyée à Catherine II de Russie. Houdon exécuta un grand modèle en plâtre achevé en février 1780 (vraisemblablement l'exemplaire de la Bibliothèque nationale de France portant l'inscription : *houdon f. 1781*) qui servit pour la réalisation d'un premier marbre, offert en septembre 1780 à la Comédie-Française et présenté au Salon de 1781, et d'un second, signé et daté 1781, pour Catherine de Russie (Saint-Pétersbourg, musée de l'Ermitage). Houdon se démarque de Pigalle et de son *Voltaire nu* (1776, Louvre) plutôt ironiquement accueilli, en présentant son modèle assis dans un fauteuil, drapé dans une ample robe de chambre qui recouvre le pied droit. La main droite est solennellement posée sur l'accoudoir du fauteuil. Mais c'est le visage qui capte avant tout l'attention : les cheveux sont désormais clairsemés et le bandeau de la glorification antique bien mis en évidence ; malgré la maigreur du visage aux lèvres minces que crispe un imperceptible sourire, le regard pétille de malice et d'intelligence. Houdon était parvenu à une synthèse réussie de naturel, de vérité (robe de chambre, instantané de l'expression du visage) et de grandeur solennelle (dépouillement, amples plis d'une toge romaine, robuste fauteuil à l'antique...). La version du musée Fabre a été réalisée par Houdon à une date indéterminée durant la décennie 1780. Il s'agit vraisemblablement de l'exemplaire de la vente de l'atelier du sculpteur le 8 octobre 1795, acheté par Abraham Fontanel, membre fondateur de la Société des beaux-arts de Montpellier en 1779, qui sut reconnaître très tôt le génie de Houdon. *Le Voltaire assis* est une épreuve en terre, creuse, réalisée par estampage dans un moule à bon creux et retouchée par l'artiste. Le fauteuil dont il manque la partie supérieure est en plâtre blanc, recouvert d'un enduit teinté. Il diffère notablement du modèle en plâtre et des marbres. Seule la figure de Voltaire plus menue que celle des marbres, est en terre, d'une couleur rose-brun bien mise en évidence par la restauration récente. En diffusant largement un grand nombre de répliques dans des matériaux les plus divers, l'atelier de Houdon répondait à la double exigence de la promotion de l'œuvre du maître et de sa commercialisation. En tout cas, la présence précoce à Montpellier de ce superbe groupe sculpté fit beaucoup pour la renommée du sculpteur, de son vivant même, hors des frontières de la capitale.

M.H.

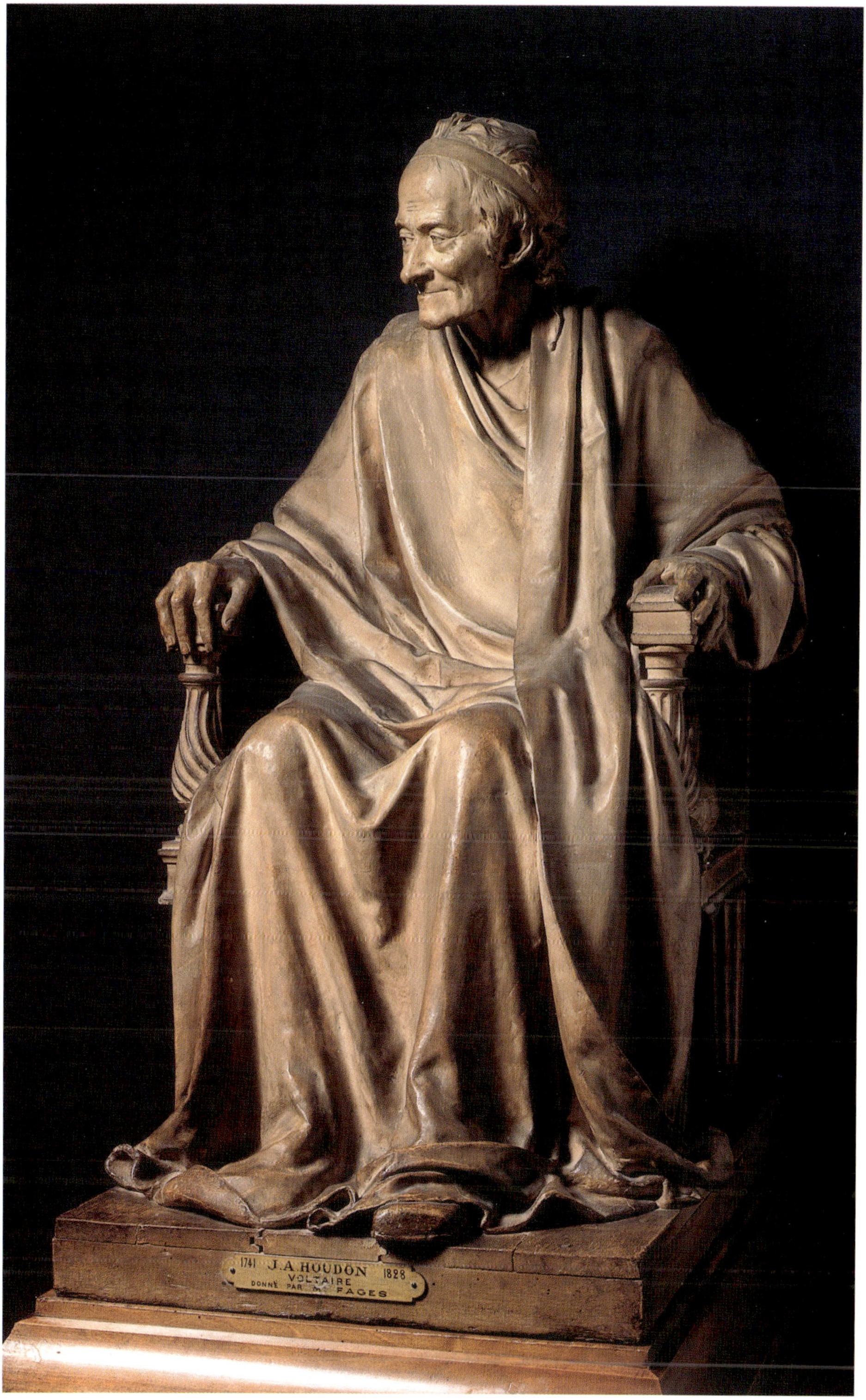
1741 J.A.HOUDON 1828
VOLTAIRE
DONNÉ PAR
FAGES

98 et 99

AUGUSTIN PAJOU (Paris, 1730 – Paris, 1809)

Buste de Paul-François, dit « Paulin » Des Hours-Farel

1794 • Terre cuite • 42 × 41 × 28 cm • Signé daté au dos : *Par le citoyen Pajou de Paris, 1794 / A Montpellier le 3 Préréal l'an / 2ème de la République / française* • Achat de la Ville, 1978, inv. 78.1.1

Buste de Mademoiselle Des Hours-Farel

1794 • Terre cuite • 47 × 43 × 28 cm • Signé daté sur la base : *Par le citoyen Pajou / de Paris, à Montpellier le / ? Messidor l'an 2 de la / république 1794* • Legs Mme Frédéric Sabatier d'Espeyran, 1967, inv. 68.2.57

Avec l'acquisition en 1978 du buste de Paulin des Hours Farel, le musée Fabre réunissait l'effigie de ce jeune garçon à celle de sa sœur, entrée dans les collections grâce au legs de Mme Frédéric Sabatier d'Espeyran (1968). Cet important ensemble d'arts décoratifs du XVIIIe siècle abritait en effet plusieurs œuvres importantes de Pajou qui témoignaient du passage du sculpteur à Montpellier comme le *Buste de madame Allut*, fille d'une famille de parfumeurs locaux et le *Portrait d'un inconnu* souvent assimilé à celui de Jean-Baptiste Sylvain (1736-1793).

Les premiers contacts de Pajou avec la capitale languedocienne eurent lieu en 1784 avec la commande pour la promenade du Peyrou, du groupe sculpté de *Colbert et Duquesne* symbolisant la marine. Fuyant la tourmente révolutionnaire et cherchant un climat propice à son épouse malade, Pajou se réfugie à Montpellier en 1792, accueilli par Maurice Riban (1721-1800) parfumeur et membre fondateur de la Société des beaux-arts. L'hospitalité bienveillante de ce mécène offrit un havre paisible au couple de l'artiste qui réalisa pendant cette période de nombreux portraits de la société des amis de ce notable.

Issu d'une famille de propriétaires terriens de l'Hérault, François Farel adopta son neveu Paulin des Hours dont il fit son héritier. Outre cette terre cuite, le jeune garçon est connu par un tableau contemporain réalisé par Antoine-Jean Gros (Rennes, musée des Beaux-Arts). Formant pendant avec le premier buste, on suppose que le portrait de petite fille réalisé à peine un mois après, puisse être celui de sa sœur.

Avec une réelle empathie pour ses modèles, c'est une vision de l'enfance sensible et pleine de tendresse que nous donne Pajou. Si l'expression des visages est un peu figée, l'arrondi poupin de la tête du garçonnet, transcrite avec justesse, contraste avec le traitement plus affiné du profil féminin. Une élégante arabesque ouvre le col de Paulin alors qu'un fin plissé dégage la gorge de sa sœur ; les fines boucles de leurs chevelures s'épanouissent sur leurs épaules en une savante cascade qui contribuent au sentiment de fraîcheur de ces portraits. Fidèle à l'esprit du XVIIIe siècle et aux théories rousseauistes, Pajou nous donne à voir la vision idéalisée d'une enfance insouciante et heureuse, que le monde des adultes n'a pas encore pervertie.

J.F.

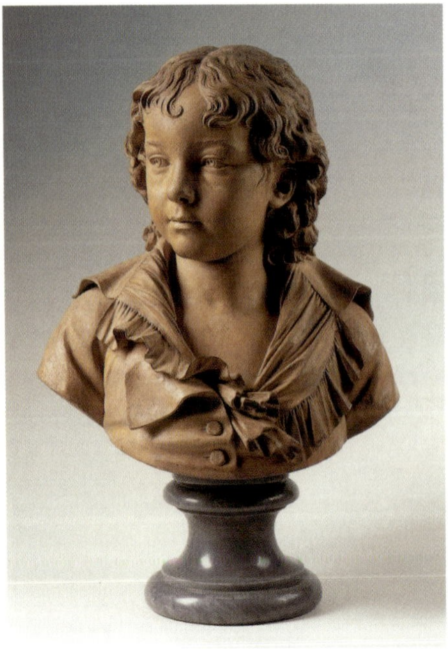

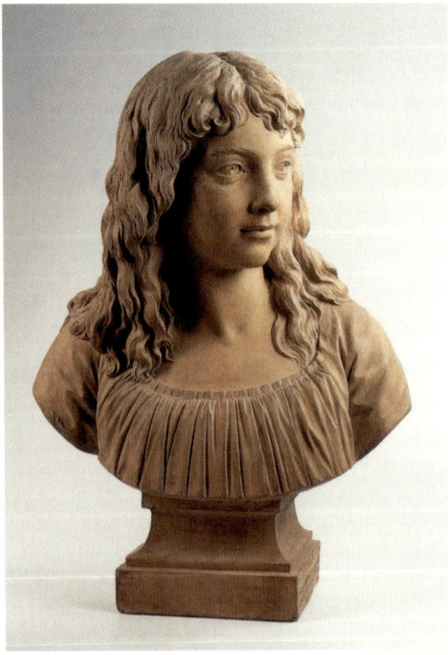

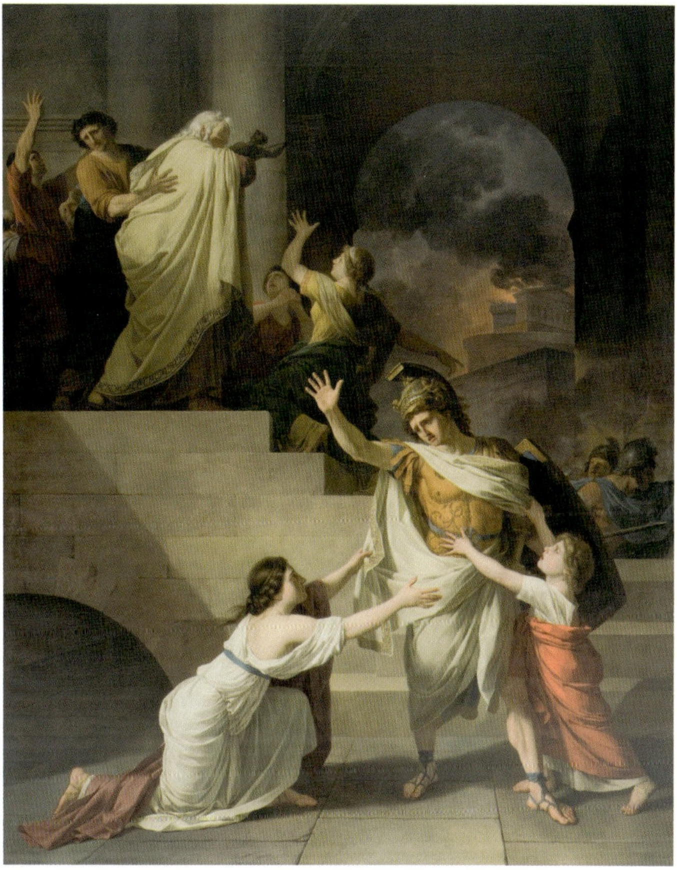

100
JOSEPH-BENOÎT SUVÉE (Bruges, 1743 – Rome, 1807)

Énée, dans l'embrasement de Troie, voulant retourner au combat, est arrêté par sa femme Créüse

Vers 1784-1785 • Huile sur toile • 323 × 259 cm • Dépôt de l'État, 2005, inv. D2005.1.1

Originaire de Bruges, dans les Pays-Bas autrichiens, Suvée arrive à Paris en 1763 et prend part au concours pour le Grand prix de l'Académie royale, qu'il obtient en 1771, devançant David et Taillasson. À son retour de Rome en 1778, il entame une brillante carrière officielle, qui sera couronnée en 1801 par le poste de directeur de l'Académie de France à Rome (on lui doit le transfert de l'institution du palais Mancini à la Villa Médicis). Le tableau, récemment déposé par le musée du Louvre, puis restauré, permet d'évoquer la grande peinture d'histoire de goût antiquisant à Montpellier, durant les années qui précédent la Révolution. Le sujet est emprunté à un passage du livre II de l'*Énéide* de Virgile : sommé de quitter la ville en flamme, Anchise, père d'Énée, « refuse de survivre à la ruine de Troie et de subir l'exil ». C'est alors que ce dernier, au comble du désespoir, s'apprête à reprendre les armes pour venger les siens. Sur le seuil du palais, Créüse, son épouse, se jette aux genoux d'Énée en lui présentant son fils Ascagne et en le suppliant de défendre d'abord leur demeure. La scène se concentre sur les trois héros au premier plan, formant une sorte de pyramide idéale bien mise en valeur devant la rigoureuse architecture de pierre. Dans le fond, au milieu des vapeurs de la ville en flammes, on distingue Anchise tenant dans ses bras la statue de Pallas Athéna, environné d'une foule gesticulante.

Suvée, qui avait subi à Rome l'influence de Vien et de Mengs, s'inscrit parfaitement dans le vaste courant de renouveau de la peinture voulu par le comte d'Angiviller, surintendant des Bâtiments du roi : sujet noble et vertueux, clarté de la composition, geste éloquent, souci de reconstitution archéologique. La fine ciselure des drapés, la pâte légère et délicate qui a conservé tout le velouté du vernis d'origine, le chromatisme raffiné mettant en valeur les teintes chaudes se détachent sur des blancs éclatants, le goût pour un certain sentimentalisme, typique de l'époque, viennent modérer la grandiloquence et l'austérité de la composition qui semble vouloir renouer avec l'idéal des grands maîtres du siècle précédent, comme Poussin ou Le Sueur.

M.H.

101, 102 et 103

FRANÇOIS-XAVIER FABRE (Montpellier, 1766 – Montpellier, 1837)

La Mort d'Abel

1790 • Huile sur toile • 146 × 198 cm • Signé daté en bas à gauche : *F.X FABRE / à Rome, 1790* • Don François-Xavier Fabre, 1825, inv. 825.1.60

Ulysse et Néoptolème enlevant à Philoctète les flèches d'Hercule

1800 • Huile sur toile • 39 × 35 cm • Achat de la Communauté d'agglomération, 2005, inv. 2005.1.1

Le Retour d'Ulysse

1799 • Huile sur toile • 105 × 148 cm • Signé daté en bas à droite : *F. X. Fabre Firenze 1799* • Achat de la Communauté d'agglomération avec l'aide des Amis du musée Fabre et du FRAM, 2006, inv. 2006.4.1

Loué par la critique lors de sa présentation à Paris au Salon de 1791, le tableau témoigne brillamment des ambitions du jeune Fabre, alors considéré comme l'un des plus prometteurs élèves de David. Pensionnaire du roi à Rome, Fabre exécute, selon les règlements de l'Académie, plusieurs académies masculines (musée Fabre) dont celle-ci, de loin la plus élaborée : s'inspirant d'un passage de la Genèse (4,8) Fabre représente le héros biblique, le corps nu renversé sur une dalle de pierre, après le combat avec son frère Caïn. Fabre répondait à la double exigence de peindre une académie dans un souci d'objectivité et de clarté mais aussi d'exprimer une émotion, préoccupation essentielle du peintre d'histoire qu'il rêvait alors de devenir.

La paroi rocheuse, coupante et déchiquetée, le rideau de verdure, les vapeurs du brasier exaltent le corps glorieux du héros, glabre et lisse comme un groupe sculpté antique. Le soin apporté au rendu des belles matières tactiles – chevelure soyeuse, ruban rose, fourrure barrant le corps –, l'expression boudeuse du visage, le regard à demi mort, le site solitaire et romantique ajoutent encore au charme fascinant et trouble de ce tableau mettant en scène, avec un raffinement extrême, cette mort mythique brutale et injuste. Le chef-d'œuvre de Fabre s'inscrit dans une longue tradition d'académie virile depuis David, Drouais ou Regnault et préfigure *Le Sommeil d'Endymion* (Louvre) de son rival Girodet, unanimement admiré au Salon de 1793.

Fabre, formé à Rome pour devenir un grand peintre d'histoire, renoue à Florence avec ses premières ambitions, après avoir cédé un peu par facilité et aussi par nécessité à une activité de portraitiste mondain. C'est lord Bristol qui lui commande fin 1799 un ambitieux tableau (Louvre) qui reste à ce jour la plus vaste entreprise du peintre dans le domaine de la grande peinture davidienne. Le sujet, très en vogue (Lethière au Salon de 1799), mettait surtout l'accent sur la destinée tragique du héros solitaire. Fabre préfère le moment de la confrontation des héros à la suite du drame de Sophocle, *Philoctète*. Blessé par une flèche pourtant léguée par Hercule, son ami, Philoctète est abandonné sur l'île de Lemnos par les guerriers troyens, à cause de la puanteur de sa plaie. Pour mettre fin à la guerre de Troie, l'oracle demande le concours des fameuses flèches qu'Ulysse et le fils d'Achille, Néoptolème sont chargés d'aller récupérer à Lemnos. Devant le refus de Philoctècte, ils s'emparent des flèches du pauvre blessé, désespéré, tandis que le jeune Néoptolème semble prêt à s'apitoyer et que l'énergique et intraitable Ulysse est pressé de regagner le navire tout près du rivage. Fabre, un peu mal à l'aise dans une vaste composition, choisit de présenter ses figures en frise, parallèlement au plan de la toile. Il apporte tous ses soins aux beaux détails naturalistes (armure, rapace mort) qui doivent permettre d'insuffler un souffle de vérité à cette action mythique qui a embrasé l'imagination littéraire du peintre. Cette esquisse d'ensemble, brillante et colorée, récemment entrée dans les collections, n'offre que peu de variantes avec l'œuvre finale et témoigne du soin accordé par l'artiste à cette commande. La beauté des draperies, le heaume resplendissant, le lourd carquois ciselé forment un contraste saisissant avec la figure solitaire et sauvage du héros abandonné dans son antre. Mêlant les sentiments opposés de l'énergie indomptable et la déréliction poignante, cette petite esquisse résume à elle seule les ambitions

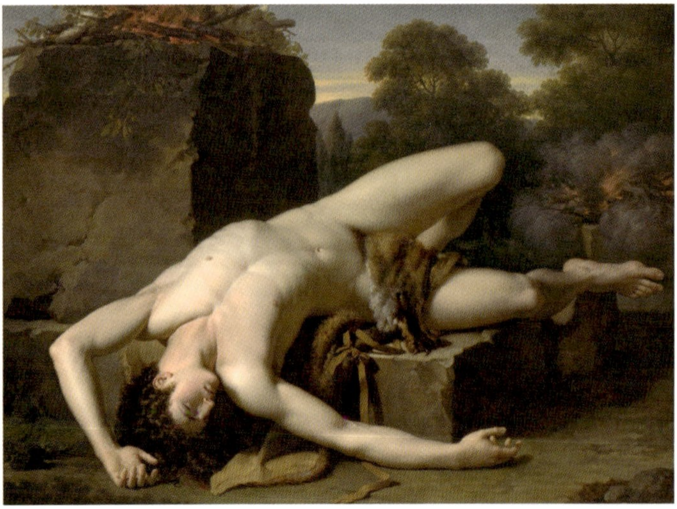

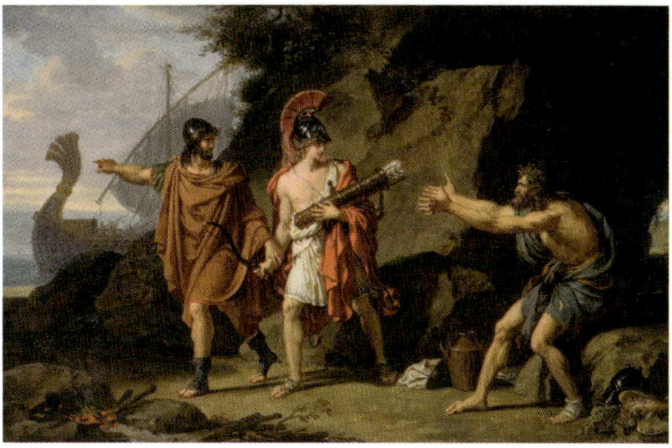

du peintre d'histoire (rhétorique des passions, clarté de la mise en page, noblesse du sujet) à un moment clé de la carrière florentine.

Le Retour d'Ulysse récemment apparu sur le marché de l'art anglais et aussitôt acquis par le musée apporte un éclairage nouveau sur l'activité de Fabre à Florence qui fut bien plus qu'un portraitiste mondain. Depuis 1796, Fabre avait renoué avec la peinture d'histoire pour des clients étrangers (lord Holland, Allen Smith) croisés dans l'entourage de madame d'Albany. En 1799, année du retour des troupes françaises en Toscane, Fabre s'empare de ce sujet tiré d'Homère relativement peu illustré auparavant (Belle, morceau de réception à l'Académie en 1761) : à son retour de Troie, Ulysse se présente dans son palais déguisé en mendiant. En signe d'hospitalité, la nourrice Euryclée lui lave les pieds et reconnaît sur le genou du mendiant la blessure qu'Ulysse s'était faite naguère à la chasse au sanglier. Pour l'empêcher de parler et de révéler son secret, le héros lui met violemment la main sur la bouche. Dans le fond à gauche, Pénélope songe mélancoliquement parfaitement étrangère au drame qui se joue près d'elle. S'inspirant d'un bas-relief antique – mais aussi de son maître David –, Fabre installe les protagonistes de la scène près du bord de la toile, dans un espace clos limité par une colonnade flanquée d'une lourde draperie qui rappelle le décor de *La Douleur d'Andromaque*, morceau de réception de David en 1783. Le clair-obscur audacieux met en valeur les gestes expressifs et le jeu des regards. Les rouges profonds, les ors, les ombres fugaces forment un contraste saisissant avec Pénélope qui a la beauté, distante et rêveuse, d'un groupe sculpté antique. La stylisation entière des formes, le souci archéologique en particulier dans le mobilier, le coloris raffiné sont caractéristiques du Fabre « florentin » à la recherche d'une sorte de synthèse entre son maître David (en particulier *Les Amours de Pâris et Hélène*, Paris, musée des Arts décoratifs), Vien et Flaxman.

Au néoclassicisme volontaire et vertueux de son maître, Fabre oppose cependant une veine plus sombre et fantastique qui annonce *Saül*, avec toujours un souci d'objectivité, un sentimentalisme et une note de préciosité aristocratique qui n'appartiennent qu'à lui. M.H.

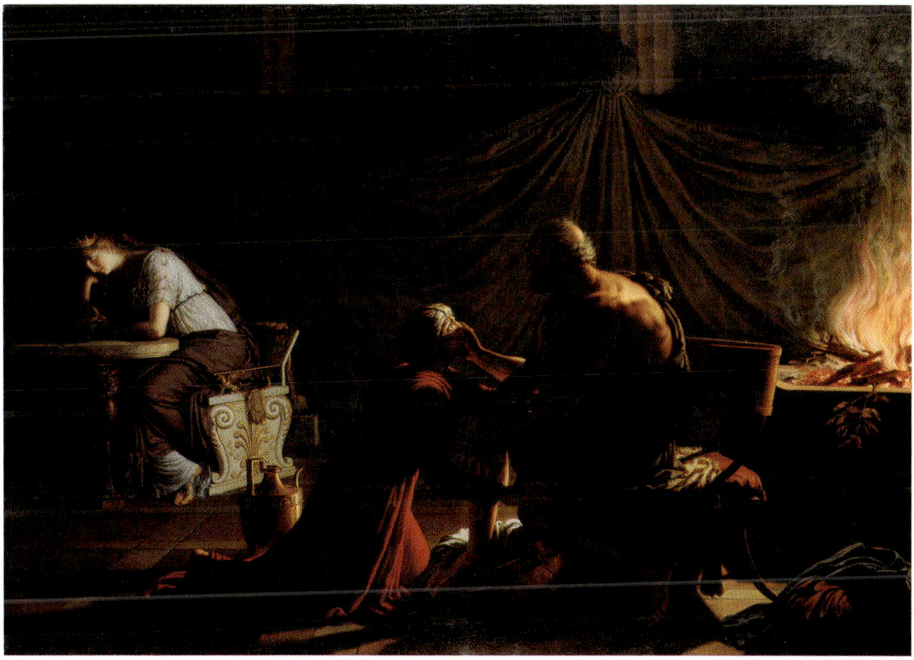

104

FRANÇOIS-XAVIER FABRE (Montpellier, 1766 – Montpellier, 1837)

Saul Agité par ses remords...

1803 • Huile sur toile • 153,2 × 216 cm • Signé daté à gauche : *F.X Fabre, F. Flor., 1803* • Don François-Xavier Fabre, 1825, inv. 825.1.58

Ce chef-d'œuvre de Fabre, peintre d'histoire, fut réalisé pour la comtesse d'Albany l'année même de la mort du poète Vittorio Alfieri (8 octobre 1803). Quatorzième tragédie d'Alfieri (1784), *Saül* avait été représenté à Florence en 1803 et, entre 1793 et 1795, le poète avait lui-même plusieurs fois interprété le rôle-titre. Fabre présente une illustration littérale du dernier acte de la tragédie, elle-même librement inspirée de l'Ancien Testament (Livre de Samuel) : le roi criminel est en proie à deux visions terribles : à gauche, le grand prêtre Samuel vient demander des comptes à celui qu'il a désigné comme roi d'Israël et qui s'est détourné de la voie du Seigneur ; à droite, Achimelech (qui a soutenu David) exhibe les corps de ses enfants assassinés. Tous deux prédisent au roi qu'il mourra bientôt de sa propre main, tandis que sa fille Micol, épouse de David, essaie de calmer ses terreurs. La composition en frise des personnages, le recours au paysage, les gestes dramatiques, les visages expressifs, les drapés éloquents témoignent d'une profonde influence de Poussin et de sa fameuse rhétorique des « passions ». La facture extrêmement soignée, voire ciselée jusque dans les moindres détails (vêtements, chevelure, feuillage), renvoie plutôt aux préceptes de l'école davidienne dont Fabre se veut l'héritier depuis son « exil » florentin. L'œuvre transmet un sentiment d'effroi et de mystère que vient souligner encore l'ambiance nocturne de la scène (beau ciel crépusculaire à gauche par-delà l'armée de Saül en déroute). Fabre se montre ici un coloriste raffiné, en installant au centre du tableau la grande tache rouge du manteau du protagoniste (qui rappelle celui de Néoptolème dans la grande composition exécutée pour lord Bristol en 1800, Louvre), encadrée par les notes plus claires des drapés d'Achimelech et de Samuël, sans oublier les accords recherchés et délicats de vert, de mauve et de rouge pour les cadavres des enfants au premier plan.

L'onirisme échevelé et déjà romantique montre la place singulière de Fabre au sein de l'école de David quelques années avant *Le Déluge* de Girodet présenté au Salon de 1806.

M.H.

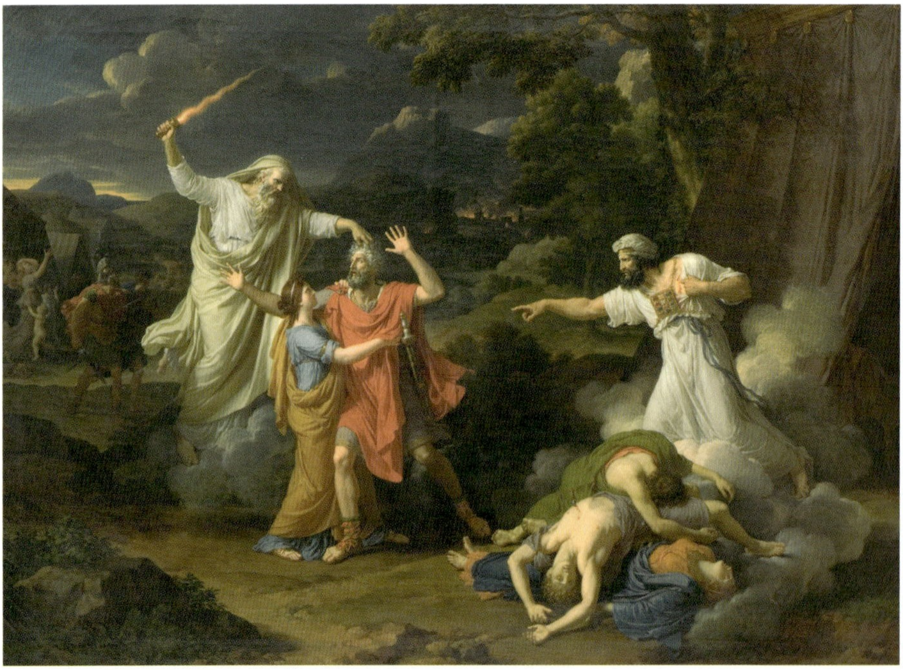

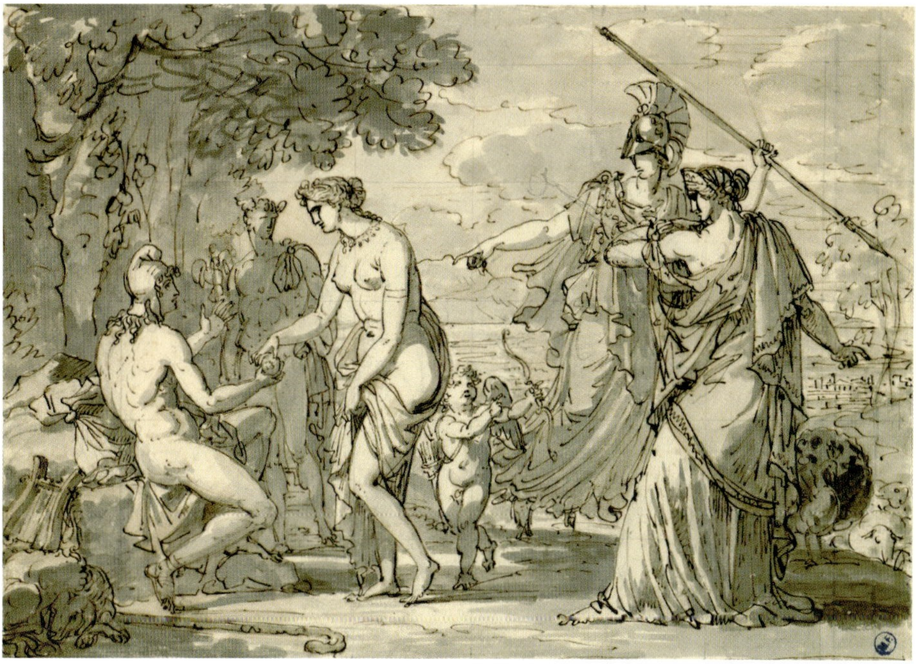

105
FRANÇOIS-XAVIER FABRE (Montpellier, 1766 – Montpellier, 1837)

Étude pour le Jugement de Pâris

Plume, encre brune et lavis gris. Mise au carreau • 24,5 × 34,4 cm • Don Fabre, 1837, inv. 837.1.379

Ce superbe dessin est à mettre en relation avec une commande exécutée par Fabre durant l'été 1808 pour son ami Louis-François Bertin, dit Bertin l'aîné, futur directeur du *Journal des débats*. D'opinion royaliste, Bertin connut Fabre à Florence vers 1803 sur le chemin de l'exil. Le tableau définitif (Richmond, Virginia Museum of Fine Arts), présenté avec succès au Salon à Paris en même temps que l'*Atala* de Girodet fut admiré par ce dernier et par David lui-même. Fabre s'empare d'un thème fréquemment abordé par les artistes depuis la Renaissance : le prince troyen mythique, Pâris, décerne le prix de beauté (figuré par une pomme) à la déesse Vénus qui lui a promis la femme la plus belle du monde (Hélène). Junon qui, elle, a promis le pouvoir et Minerve le triomphe des armes et la sagesse sont écartées tandis que Mercure qui a réuni les trois candidates observe depuis le ciel les débats. Fabre à préparé avec un soin extrême son tableau, comme le montrent les nombreux dessins autour de ce thème que conserve le musée. Il semble que ce soit la figure de Junon qui lui causa le plus de peine, cherchant à travers son geste de rancune à intensifier le caractère dramatique de la composition par ailleurs sereine et équilibrée. Dans le dessin, le groupe des deux déesses à droite, chargées d'un lourd drapé véhément s'oppose à la confrontation apaisée de Pâris et de Vénus sous l'œil bienveillant de Mercure au centre. L'Amour, triomphant et narquois, unifie les deux parties de la composition. Le tableau final apparaît plus statique et figé mais aussi plus grandiloquent. Dans le dessin, le trait nerveux de la plume, le lavis contrasté posé avec assurance procurent à la scène une tension et une animation bien réelles malgré la dette de l'artiste envers les grands modèles classiques qui vont de l'Antiquité à Raphaël et son école. Le paysage à peine esquissé dans le dessin prendra toute son importance dans la toile avec la recréation d'une ville acropole (sans doute Troie désignée par le doigt vengeur de Junon) qui se perd dans des lointains bleutés. Ce beau dessin empreint d'une solennité toute classique témoigne d'un moment important de la carrière florentine de l'artiste qui se tourne à nouveau vers Poussin qu'il connaît, notamment par la gravure, et qui lui inspire la même année 1808 son premier grand paysage historique, *Œdipe à Colone* (musée Fabre). M.H.

106

FRANÇOIS-XAVIER FABRE (Montpellier, 1766 – Montpellier, 1837)

Portrait du sculpteur Antonio Canova

1812 • Huile sur toile marouflée sur bois • 91 × 70 cm • Signé daté en bas à gauche : *F.X FABRE, Florientae, 1812* • Don François-Xavier Fabre, 1825, inv. 825.1.64

Ce portrait, indéniablement l'un des plus brillants de Fabre, conserve l'image du plus célèbre sculpteur néo-classique que le peintre côtoya en Italie. Après la mort d'Alfieri en 1803, la comtesse d'Albany et Fabre confièrent le soin à Canova d'exécuter le tombeau du poète à Santa Croce de Florence. En 1811, Fabre et la comtesse visitent l'atelier de Canova à Rome. Au printemps 1812, Canova est à Florence : il vient d'achever la *Venus Italica* pour la grande-duchesse de Toscane, Elisa Bacciochi, destinée à remplacer aux Offices la *Venus Medicis* « prélevée par les occupants français ». Fabre représente le sculpteur, environné des chefs-d'œuvre en cours : le *modello* pour la *Venus Italica* qui lui valut une immense renommée et le pied, colossal et nerveux, appartenant vraisemblablement à l'*Ajax* (Milan, palais Treves) qui date de 1812.

Fabre, qui a eu l'occasion d'étudier son modèle à l'occasion de séances de pose, combine un portrait plein de vivacité et de spiritualité avec une attitude plus étudiée et calculée. Le fond neutre tout en légers frottis, la masse sombre du buste immobile, les belles mains croisées, le livre et les feuillets marquent l'assurance, l'érudition et aussi le renom de l'artiste au sommet de son art. L'expression mobile du regard, la bouche entrouverte, les mèches folâtres (une perruque en réalité venant masquer une désavantageuse calvitie), la cravate bouillonnante, les outils et les débris de marbre au premier plan, cherchent au contraire à donner l'illusion d'un instantané quand l'artiste jette un regard plein de tendresse et de satisfaction devant l'œuvre accomplie depuis le registre gracieux de la *Venus* jusqu'à la monumentalité de l'*Ajax*. Un clair-obscur délicat, une exécution à la fois ferme et souple, une science de coloriste qui fait rutiler une cravate rose et orangée au milieu des linges blancs, une élégance et une aisance de bon ton contribuent au charme prenant et inoubliable de la toile. En 1813, Benvenuti emprunte le tableau pour l'aider à copier l'image de Canova dans son grand tableau, *la Grande-Duchesse Elisa et sa cour*, aujourd'hui conservé au musée national du château de Versailles.

M.H.

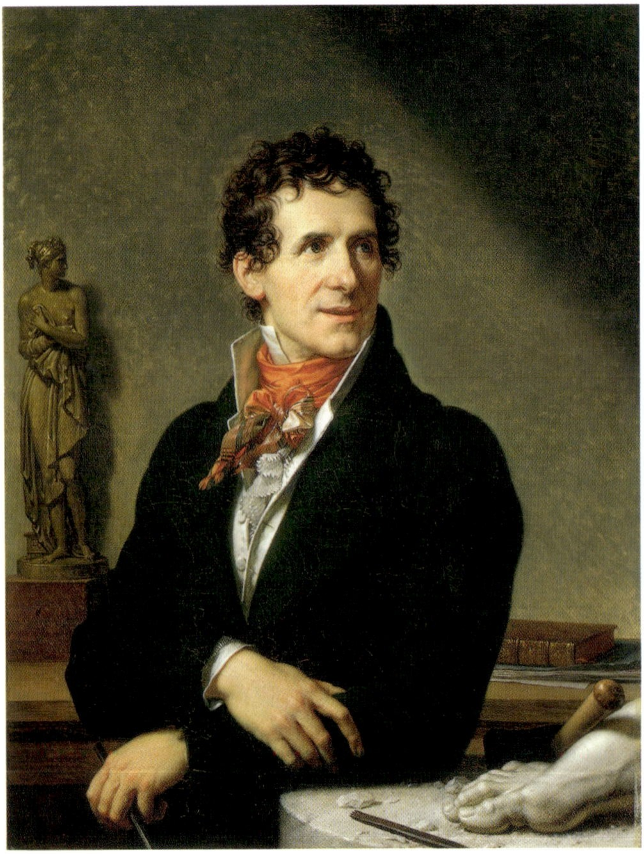

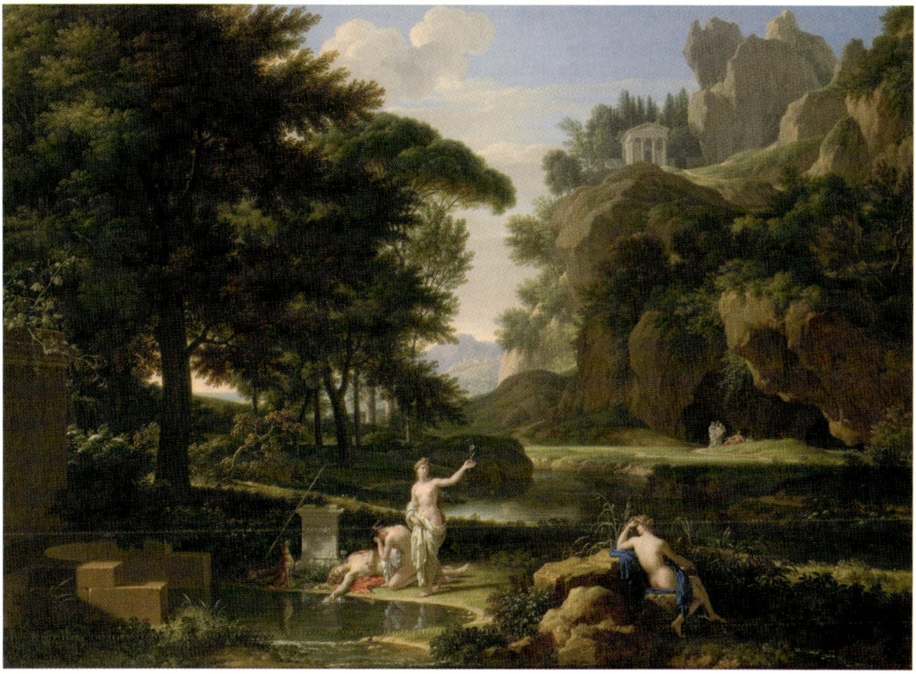

107
FRANÇOIS-XAVIER FABRE (Montpellier, 1766 – Montpellier, 1837)

La Mort de Narcisse

1814 • Huile sur toile • 119 × 168 cm • Signé : *F.X Fabre, Flor.* • Don François-Xavier Fabre, 1825, inv. 825.1.59

Le tableau véritable sommet de l'art de paysagiste de François-Xavier Fabre vient couronner une carrière riche en recherches variées dans le domaine de la nature. Dès ses premières années en Italie, Fabre, stimulé par son aîné Gauffier, se montre attiré par le paysage. Plus tard, encouragé par les grands maîtres du passé – Poussin, Dughet, Claude – et stimulé par les conseils théoriques de P.H. de Valenciennes, Fabre explore avec passion la nature dans ses infinies variétés et recompose à l'atelier des paysages héroïques ou élégiaques. Le sujet est emprunté ici aux *Métamorphoses* d'Ovide (III, vers 339-510) : Narcisse, jeune chasseur d'une incroyable beauté, est aimé en vain de la nymphe Écho, qui se transforme en rocher. Pour se venger, la déesse Némésis condamne le jeune homme à s'éprendre de sa propre image près d'une fontaine où il se désaltérait, donnant ainsi naissance à la fleur au cœur d'or et aux pétales blancs qui porte dorénavant son nom. Pour servir de cadre à cette histoire poétique et mythique, Fabre crée une scénographie naturelle clairement articulée grâce à une savante maîtrise de l'espace et de la distribution de la lumière et grâce aussi à une sélection rigoureuse des éléments naturels, souvent étudiés à part, dans les environs de Florence, notamment au parc des Cascine. La masse sculpturale des rochers comme le petit temple antiquisant sont des emprunts à Poussin tandis que les figures rappellent la gravure de l'école de Raphaël. La pureté des contours et l'élégance glacée font songer à la statuaire d'Antonio Canova que Fabre appréciait. Toujours à la recherche de beaux détails poétiques, Fabre environne le corps du jeune héros mort, le bras abandonné à la surface de l'eau, d'ombres délicates et de reflets scintillants. Ce tableau particulièrement accompli et médité, bien éloigné de la pensée héroïque de Poussin, retient cependant pour son harmonie limpide, sa sentimentalité rêveuse et déjà préromantique. Il s'inscrit aux côtés des œuvres de Valenciennes, de Bidault ou de Bertin parmi les plus belles réalisations du paysage sous l'Empire.

M.H.

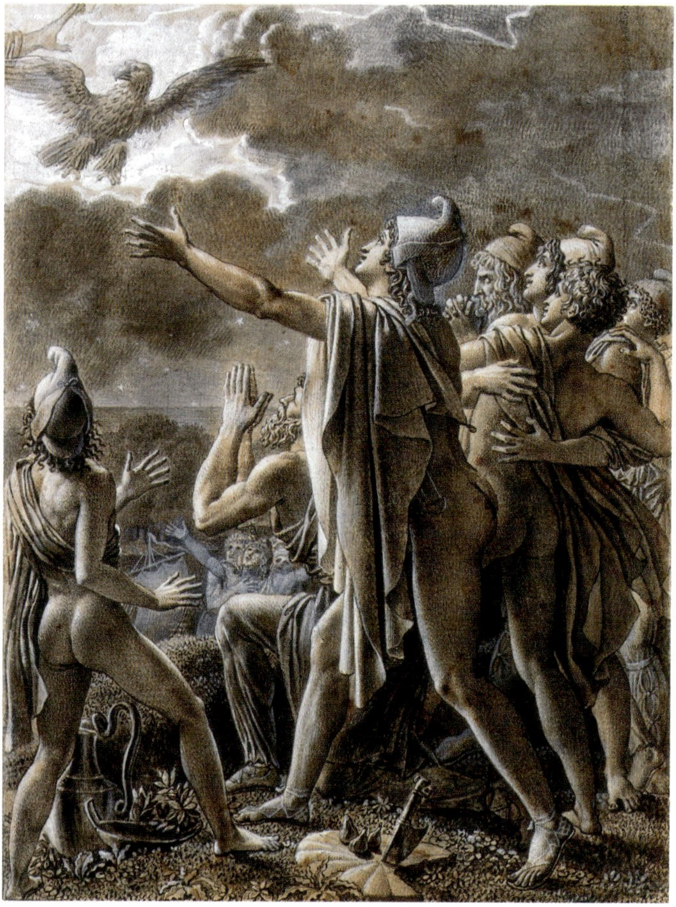

111
ANNE-LOUIS GIRODET DE ROUCY-TRIOSON (Montargis, 1767 – Paris, 1824)
Énée et ses compagnons abordant dans le Latium
Vers 1790-1793 • Lavis brun rehaussé de blanc sur traits de pierre noire • 21,5 × 16 cm • Legs Antoine Valedeau, 1836, inv. 836.4.255

Alors que Girodet rentre d'Italie après son Grand prix de Rome (1789) et son séjour à l'Académie de France, il reçoit en 1795 la commande d'une série de dessins destinée à l'éditeur Didot. Les origines de cette commande sont bien connues. En 1791, l'imprimeur demanda à David des illustrations pour les œuvres de Virgile, *L'Énéide*, *Les Bucoliques* et *Les Géorgiques*, tâche qu'il confia à ses élèves favoris, Gérard et Girodet. Le premier réalisa seize dessins et le second conçut le frontispice et six illustrations. Habité par une réelle ambition artistique, Didot apporta le plus grand soin à cette édition, travaillant particulièrement l'association du texte et des images avec le désir avoué de hausser son *Énéide* au rang des plus grandes créations de son temps. L'ouvrage parut en 1798 et connut un succès retentissant.

Suivant de très près l'exécution de ses élèves, David supervisa l'élaboration des dessins et, comme on le voit sur cette œuvre, l'influence du maître demeure très sensible. Girodet représente des nus héroïsés, mis en valeur par des drapés hérités de la statuaire antique ; la composition du groupe central, quant à elle, évoque avec ce mouvement plein d'élan, porté vers l'avant, *Le Serment des Horaces*. Choisissant le moment spectaculaire où Jupiter apparaît sous la forme d'un aigle, il joue du contraste entre la tonalité sombre du papier et l'éclat des rehauts de blanc dans un effet plein de relief qui donne à la scène une dimension monumentale.

Cette expérience d'illustrateur eut une influence durable sur Girodet qui entreprit avec Didot d'autres projets d'édition et prépara, dans les dernières années de sa vie, une nouvelle version inachevée des œuvres de Virgile. Trouvant à cet exercice un moyen d'expression en accord avec ses idéaux artistiques, il explore dans ces dessins préparatoires une ligne claire, un chromatisme raffiné tout en grisaille qui portent ces compositions au sommet de l'esthétique néoclassique.

J.F.

112

LOUIS GAUFFIER (Poitiers, 1762 – Florence, 1801)

Une ville imaginaire

Plume et encre brune, lavis brun sur traits à la mine de plomb • 33,5 × 47,5 cm • Legs François-Xavier Fabre, 1837, inv. 837.1.842

Dès ses années romaines, Gauffier s'intéresse au paysage, d'abord dans le cadre de ses travaux de pensionnaire à l'Académie, puis de façon plus personnelle et indépendante. On sait qu'en 1788, il effectue un voyage de trois semaines à Naples et obtient aussi une prolongation de son séjour à l'Académie. Gauffier ne manqua pas d'étudier, comme nombreux de ses contemporains, la nature italienne. Il fut en outre particulièrement frappé par la beauté solennelle de Rome où il séjournait. Cet admirable caprice architectural inspiré par les abords du forum de Trajan et du Capitole à Rome illustre parfaitement cette fascination. Gauffier parvient à force de simplification et sous l'implacable lumière italienne à une réelle grandeur métaphysique et abstraite. Un même souci de noblesse, de rythme et de pureté essentielle caractérise les recherches des français à l'Académie au moment du retour de David à Rome en 1784. Le dessin est dominé par la masse imposante de la tour du Capitole, construite par l'architecte Ferrarais Jacopo Meleghino entre 1534 et 1542 pour le pape Paul III, et surélevée sous le pontificat de Pie IV (1559-1565). Toujours visible à l'époque de Gauffier, elle fut détruite en 1886 pour laisser place au monument de Victor-Emmanuel. M.H.

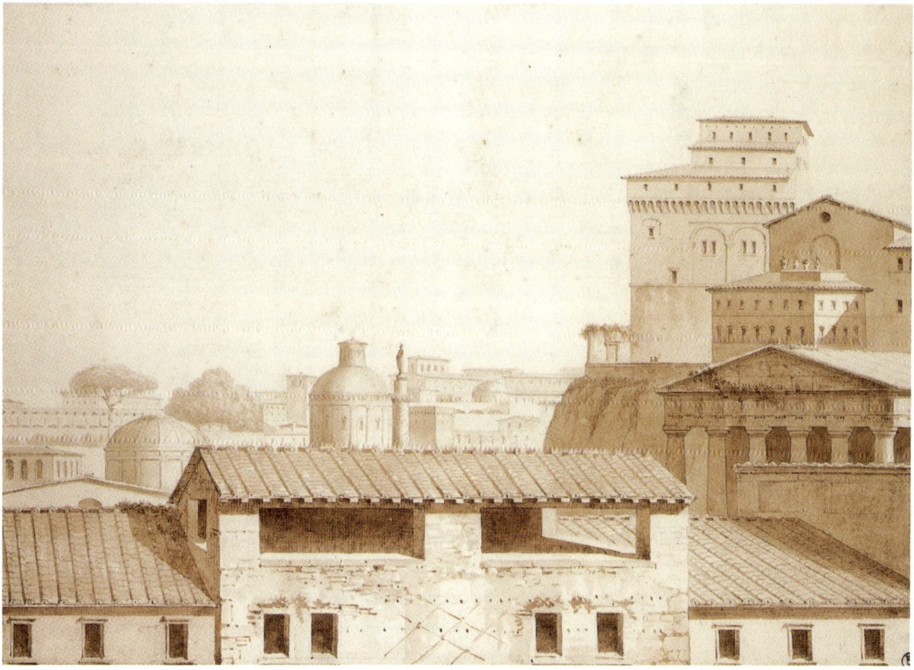

113

LOUIS GAUFFIER (Poitiers, 1762 – Florence, 1801)

Le Couvent de Vallombrosa et le val d'Arno vus du Paradisino

1796 • Huile sur toile • 39 × 50,5 cm • Signé en bas à gauche : *L. Gauffier* • Don François-Xavier Fabre, 1825, inv. 825.1.114

Gauffier étudie le panorama depuis l'ancien ermitage le Paradisino à mille mètres d'altitude « posé comme un nid d'aigle à la sommité d'un roc isolé ». Le site de l'abbaye de Vallombrosa est célèbre : visité et chanté par les peintres et les poètes depuis la Renaissance, il connut un regain de faveur à la fin du XVIIIe siècle à cause de l'émigration de nombreux artistes en Toscane et des étrangers effectuant le Grand Tour. Parmi ceux-ci, on peut citer Fabre et Castellan qui s'y rendirent en 1798 « dans l'espoir d'y trouver de nouveaux sujets d'étude » et surtout Gauffier, qui contribua à le rendre célèbre. Installé depuis 1793 en Toscane, Gauffier s'abandonnait volontiers à sa passion pour le paysage. Il séjourna et travailla – notamment durant l'été 1797 – sur ce site sauvage et solitaire. L'abbaye des Camaldules, fondée en 1030, retraite de Jean Gualbert, reconstruite en 1697 par D. Everard Nicolini, était située sur le flanc ouest des Apennins, près des sources de l'Arno.

Gauffier accumula à Vallombrosa un grand nombre d'études à l'huile et de dessins avec annotations, conservés au musée Fabre, qui lui servirent pour la réalisation de tableaux plus ambitieux, recomposés à l'atelier (Paris, musée Marmottan ; Philadelphie, Museum of Art). Depuis le petit ermitage du Paradisino, par-delà les bâtiments de l'abbaye et les forêts épaisses, se déroulait un panorama grandiose qui enthousiasma l'artiste. Le lent processus de décantation de l'image prise sur le vif aboutit à une géométrisation plus rigoureuse de l'espace avec cette terrasse-belvédère qui répond aux toitures, au bassin du grand vivier en contrebas et aux crêts des sapins et hêtres immenses. Quelques baguettes posées contre le parapet à gauche font écho aux deux troncs grêles à droite. La facture soignée, presque méticuleuse, qui rappelle celle des maîtres du Nord, restitue avec justesse l'émotion ressentie quand le jour commence à décliner, avec les ombres qui s'allongent et les vapeurs mauves qui montent des vallées. Débarrassé de l'histoire et du mythe comme des conventions du style pastoral, Gauffier nous mêle avec mélancolie à la conversation d'un élégant étranger avec deux moines qui semblent évoquer la vie pluriséculaire de ce lieu vénérable et sacré. M.H.

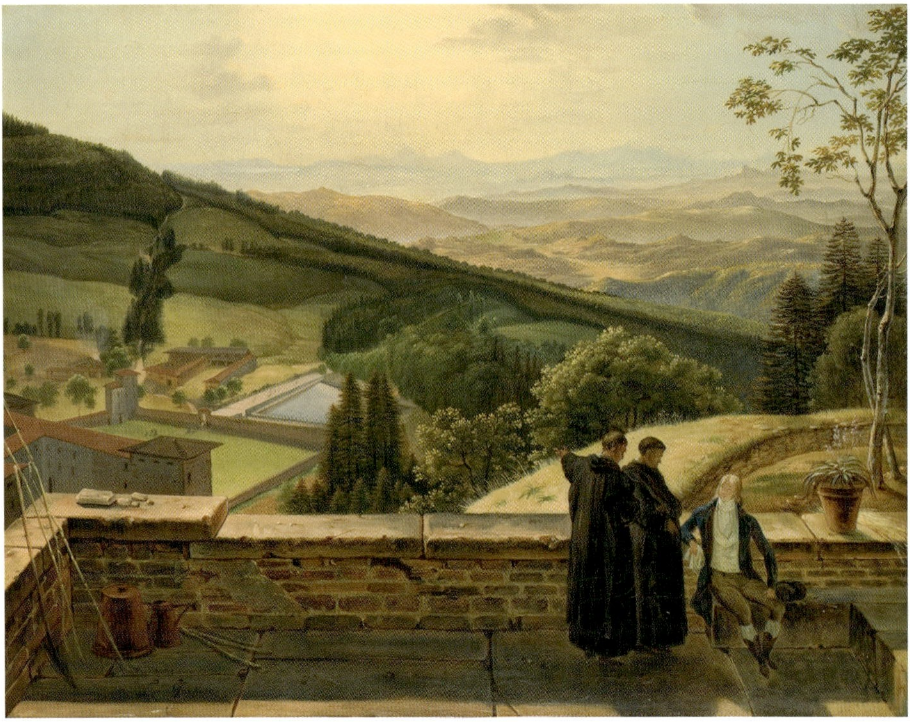

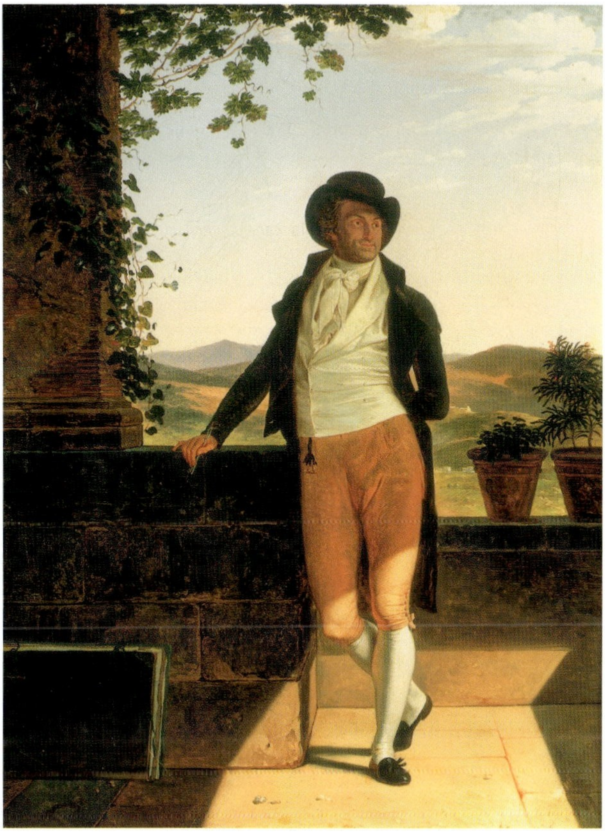

114
LOUIS GAUFFIER (Poitiers, 1762 – Florence, 1801)

Portrait du peintre Van Wyck Coklers

1797 • Huile sur toile • 68 × 52 cm • Signé daté sur le carton à dessin en bas à gauche : *L. Gauffier. For 1797* • Don François-Xavier Fabre, 1825, inv. 825.1.112

Grand prix de Rome en 1784 avec Jean-Germain Drouais, Gauffier entreprend à Rome une carrière de peintre d'histoire tout en s'intéressant au paysage et au portrait. Fuyant Rome à partir de 1793, il retrouve à Florence de nombreux compatriotes comme Boguet, Gagnereaux et Fabre qui devient son ami. Il se spécialise alors dans le portrait aristocratique d'une riche clientèle de Russes ou d'Anglais de passage en Toscane. Le portrait du musée Fabre est l'un des plus beaux exemples conservés de cette veine mondaine : Van Wyck Coklers, originaire de Liège, était réputé comme miniaturiste, après avoir été à Turin l'élève de Laurent Pécheux et avoir séjourné à Rome de 1758 à 1772. Directeur de l'Académie de peinture à Marseille de 1785 à 1793, il se retrouve par la suite à Florence dans le milieu des artistes réfugiés s'adonnant, comme Gauffier ou Fabre, à l'art du portrait et du paysage. Le modèle à l'allure élégante et spirituelle se détache en un « contre-jour hardi » sur un paysage toscan baigné dans une forte lumière. La mise est soignée : veste bleu-vert, gilet blanc, culotte de nankin et les attributs du peintre sont clairement mis en évidence (stylet dans la main droite, carton à dessins appuyé contre le parapet de la terrasse). Malgré la sobriété de la mise en page, la rigueur géométrique, la recherche de vérité héritée de l'école de David, le portrait se distingue aussi par ses innovations qui sont la marque essentielle de Gauffier. Il s'écarte des modèles héroïques et de l'échelle monumentale du maître pour s'en tenir à un canon plus menu des figures, à une recherche de naturel d'élégance, et d'un certain « art de vivre » aristocratique. Le parapet régulièrement appareillé et le pilastre rappellent l'antique mais sans esprit de lourdeur. Gauffier aime au contraire les formes fluides, dansantes presque, les beaux détails naturalistes qui apportent tout leur charme à la composition, comme ici la guirlande de vigne et de liseron à gauche ou encore les plantes dans les pots à droite. L'ombre rafraîchissante, la lumière qui glisse sur le doux vallonnement des terrains, le regard tourné vers l'extérieur, l'expression de bonheur composent un poème inoubliable à la gloire de la Toscane qui abrita durant les dernières années du XVIIIe siècle un foyer artistique qui annonce à bien des égards toute la modernité de l'époque suivante. M.H.

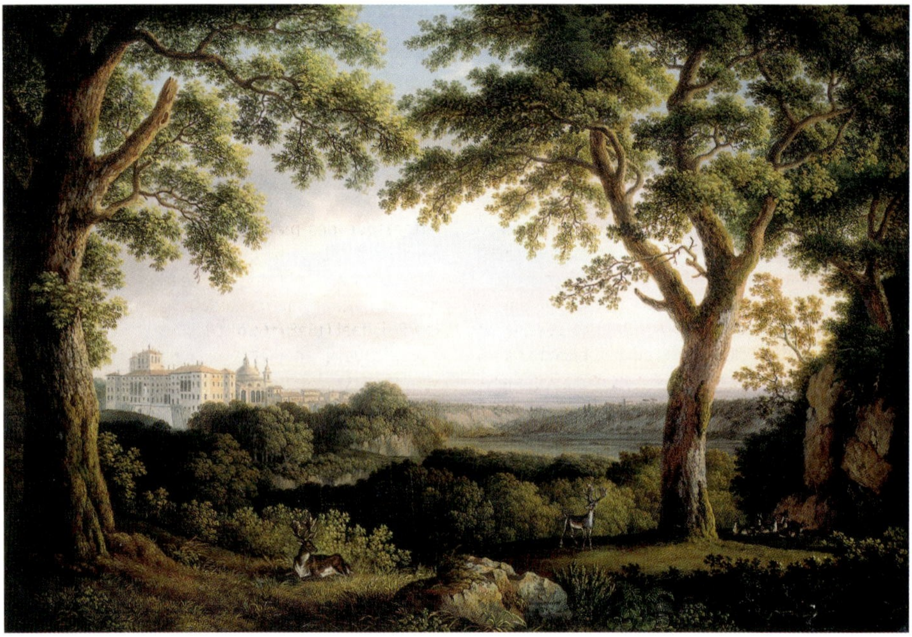

115
JAKOB PHILIPP HACKERT (Prenzlau, 1737 – San Piero di Careggio, 1807)

Le Parc de l'Ariccia, près d'Albano

1804 • Huile sur toile • 65,5 × 97 cm • Signé daté en bas à droite : *Philipp Hackert / 1804* • Don François-Xavier Fabre, 1825, inv. 825.1.135

Peu représenté dans les collections françaises, Hackert l'est à Montpellier grâce à Fabre qui le fréquenta en Italie et à la comtesse d'Albany, première détentrice du tableau.

Hackert, qui était arrivé à Rome en 1768, séjourna presque sans discontinuité dans la région jusqu'à son installation à Naples en 1786 au service du roi. En 1799, à l'arrivée des français dans la ville, il s'installe en Toscane, où il achèvera sa vie. Familier des lieux fameux de la campagne des environs de Rome, Hackert représente ici la petite localité d'Ariccia, au cœur des monts Albains, entre Albano et Genzano. Fief des Savelli, elle passa ensuite aux Chigi qui y firent ériger un puissant palais, avec tours et colonnades, par Bernin et Carlo Fontana. C'est cette imposante bâtisse, de même que l'église Santa Maria dell'Assunzione, édifiée en 1664, toujours par Bernin, que l'on découvre à travers les coulisses des arbres au fond à gauche. Comme toujours chez Hackert, on assiste à une synthèse entre les éléments réalistes finement observés et une exigence de transposition poétique et classique conforme aux principes de son modèle vénéré, Claude Lorrain.

Le caractère idyllique de ce coin de nature, quasiment vierge, où de gracieux daims ont trouvé refuge, prend d'ailleurs sa source dans la renommée de ce parc connu pour son aspect sauvage et romantique. Son propriétaire, le prince Sigismondo Chigi, ami des poètes Alfieri et Monti, le laissait volontairement dans un état de quasi-abandon. Goethe, de passage à Ariccia en février 1787, s'enthousiasma pour ce site véritablement pictural : « Cela ferait le tableau le plus grandiose si un vrai artiste voulait l'entreprendre. »

Le tableau s'inspire d'une eau-forte de Johann Christian Reinhart datant de 1793. Ce dernier, arrivé à Rome en 1789, consacra ses premières années à une intense activité de dessinateur et de graveur des sites fameux italiens, avant de devenir un maître incontesté de la colonie d'artistes allemands. La facture parfois un peu sèche et expéditive dans certaines œuvres du début de la carrière d'Hackert retrouve ici, au contraire, dans ces dernières années en Toscane une délicatesse et une finesse inégalées dans le rendu de la végétation et la poésie des lointains avec la plaine immense des marais Pontins jusqu'à la mer. M.H.

116

HENDRIK VOOGD (Amsterdam, 1767 – Rome,1839)

Le Passage du gué

1819 • Huile sur toile • 100 × 136 cm • Signé daté en bas à gauche : *H. Voogd 1819* • Don François-Xavier Fabre, 1825, inv. 825.1.219

Ce paysage monumental qui appartint à la comtesse d'Albany avant d'entrer en possession de Fabre est l'un des rares tableaux – une vingtaine de peintures, environ quarante dessins – de Voogd, important paysagiste hollandais de la colonie d'artistes cosmopolites installés à Rome à la fin du XVIIIe siècle : arrivé en Italie en 1788, il y reste jusqu'à sa mort. En compagnie de Johann Christian Reinhart (1761-1847), il dessine sur place les sites de la campagne romaine et compose en atelier des paysages qui, à l'époque où il exécute notre œuvre, constituent une synthèse réussie des traditions issues du Français Claude Lorrain (1600-1682) et des Hollandais italianisants Herman van Swanevelt (vers 1600-1655), Claes Berchem (1620-1683) et Jan Asselijn (1610/1615-1652/1660).

La lumière vespérale, le jeu équilibré et serein des lignes verticales et horizontales, constituent un hommage de Voogd, surnommé le « Claude hollandais », à son modèle. La lumière, plus enveloppante que chez ce dernier, nourrit l'ensemble des teintes du paysage, admirablement rendue même dans ses effets dissolvants des formes, telles celles de la tour de guet qui surmonte la colline au second plan. L'ampleur, le jeu pittoresque des plans montrent qu'il a aussi étudié Swanevelt. Au demeurant, il donne aux arbres une force et une présence qui témoignent de son intérêt pour le naturalisme hollandais à la manière de Jacob van Ruisdaël (1628/1629-1682).

Ce paysage majestueux, composé classiquement, sert de cadre à une traversée de gué par un troupeau inspirée de Berchem et d'Asselijn. Ses bergers du Latium sont vêtus du costume traditionnel, avec la coiffe plate pour les femmes, et possèdent une force et une carrure bien adéquates, différentes de la grâce un peu maniériste de ceux de Berchem. Remarquable animalier dans la tradition de Paulus Potter (1625-1654), il observe avec justesse les bœufs : les siens ont les cornes effilées de ceux qui vivent dans la campagne romaine.

O.Z.

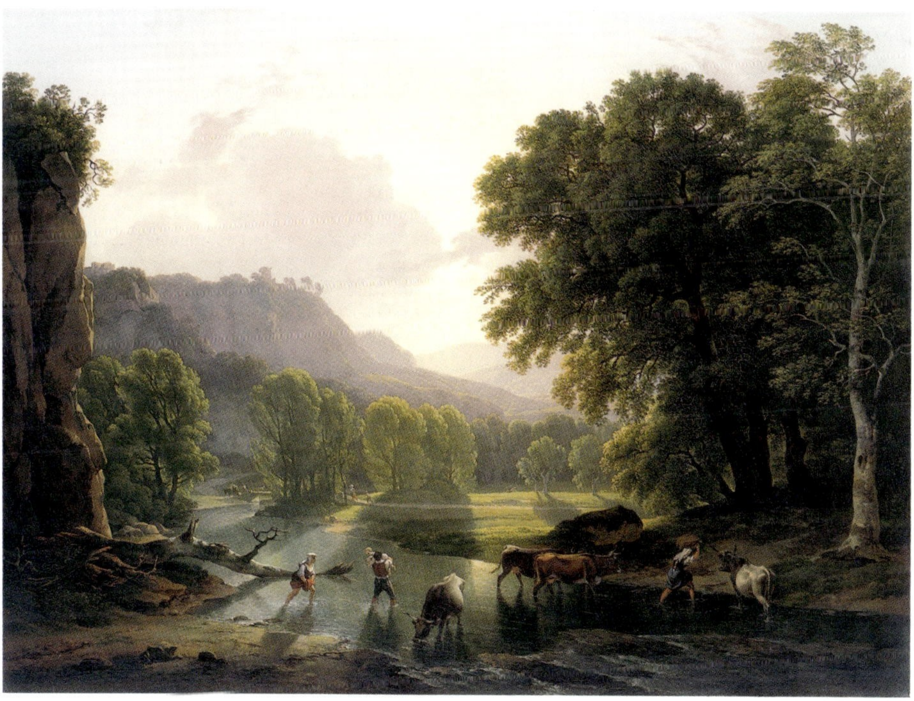

117
ACHILLE-ETNA MICHALLON (Paris, 1796 – Paris, 1822)

Philoctète dans l'île de Lemnos

1822 • Huile sur toile • 69 × 99,5 cm • Signé daté en bas à droite : *Michallon 1822* • Don François-Xavier Fabre, 1825, inv. 825.1.152

Véritable testament artistique de celui que l'on nomme le « Poussin français » (il devait mourir le 24 septembre 1822), le tableau compte aussi parmi les plus beaux témoignages du paysage historique du XIXe siècle. Le thème fut souvent abordé par les artistes néoclassiques (Drouais, Lethière, Fabre) : Philoctète, guerrier de Thessalie, dépositaire de l'arc et des flèches d'Hercule, prend part à la guerre de Troie. Lors d'une escale à Ténédos, il est piqué au pied par un serpent. L'odeur insupportable de la blessure contraignit Ulysse et ses compagnons à abandonner le malheureux dans l'île de Lemnos où il subsista dix ans en tuant des oiseaux à l'aide de l'arc miraculeux. L'artiste se montre fidèle à l'enseignement de son maître Valenciennes ainsi qu'à Poussin pour asseoir sa composition : sélection rigoureuse des éléments naturels, étagement des plans à l'aide des troncs entremêlés à gauche formant coulisse et de la masse compacte du rocher à mi-distance, enfin échappée vers un lointain lumineux. Il adapte aussi son coloris (selon les « modes » de Poussin) au sujet pathétique : les vapeurs qui s'élèvent dans le ciel étendent des ombres blêmes sur le rivage. Seul, au milieu de cette grandiose scénographie naturelle, comme abandonné à des forces obscures, le chasseur s'agenouille pour recueillir sa proie. Le romantisme sous-jacent à l'œuvre montre chez Michallon, au lendemain du séjour italien, une volonté de renouveler en profondeur le genre du paysage en joignant à la clarté de Poussin, le *pathos* fiévreux de Salvatore Rosa ou de Vernet sans oublier l'observation tenace de la réalité héritée des peintres nordiques admirés au Louvre.

Miraculeusement équilibré, dramatique et inquiétant mais sans grandiloquence, le tableau marque un moment d'apogée pour le paysage classique nouvellement promu grâce à la création du Grand prix de Rome en 1817. Fabre, passionné par le sujet, abordé par lui-même à plusieurs reprises, acheta le tableau au jeune Michallon lors d'un séjour parisien en 1822. M.H.

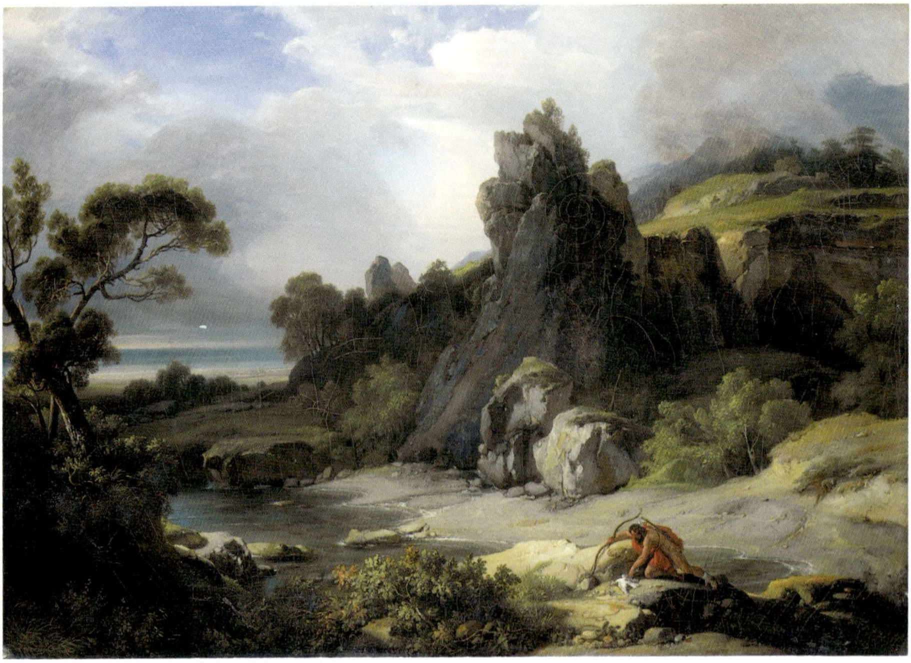

118

JEAN-LOUIS DEMARNE (Bruxelles, 1750 – Paris, 1829)

Bac et barques sur un canal

Après 1800 • Huile sur toile • 49 × 60 cm • Legs Antoine Valedau, 1836, inv. 836.4.8

Demarne, peintre prolifique, pasticheur savant des Hollandais du XVIIe siècle, fut avec Louis-Léopold Boilly (1761-1845), Nicolas-Antoine Taunay (1755-1830), Jacques-François Swebach (1769-1823), Georges Michel (1763-1843) et Lazare Bruandet (1755-1803) un des plus talentueux et appréciés peintres de scènes de genre et de paysage à la manière nordique, veine très à la mode à l'époque néoclassique.

À partir du Salon de 1799, Demarne peint des routes, celle du Louvre, datée de 1814, puis, peu après, des canaux. Le thème de l'animation autour d'un canal est éminemment nordique – en témoignent au XVIIe siècle les œuvres de Jan van der Heyden (1637-1712) ou Gerrit Berckheyde (1638-1698) –, de même que la facture lisse, le goût de la précision juste et informative. L'animation humaine qu'il saisit dans le détail, sans nuire à l'ensemble, avec un sens évident du pittoresque, fait le récapitulatif des activités s'organisant autour d'un canal : transporter les individus, les réunir, favoriser les échanges de produits agricoles. Sous le Premier Empire, le réseau de canaux est rénové ou augmenté pour stimuler l'économie. Les costumes nous permettent d'ailleurs de dater notre tableau du Consulat ou de l'Empire.

Au-delà de ce réalisme plein de verve qui le conduit à peindre précisément les bâtiments dans leurs caractéristiques médiévales et vernaculaires, Demarne saisit la poésie des grandes plaines du Nord de la France, leur lumière variée, leur ciel prédominant et changeant, suivant en cela l'exemple des peintres haarlémois du XVIIe siècle, comme Jacob van Ruisdaël (1628/1629-1682). O.Z.

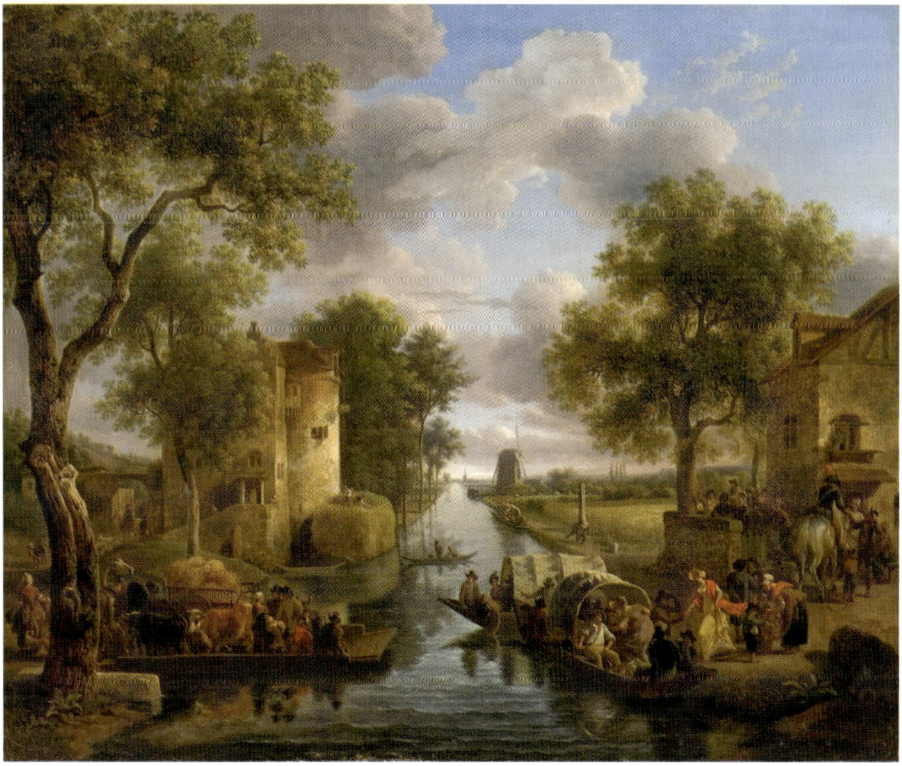

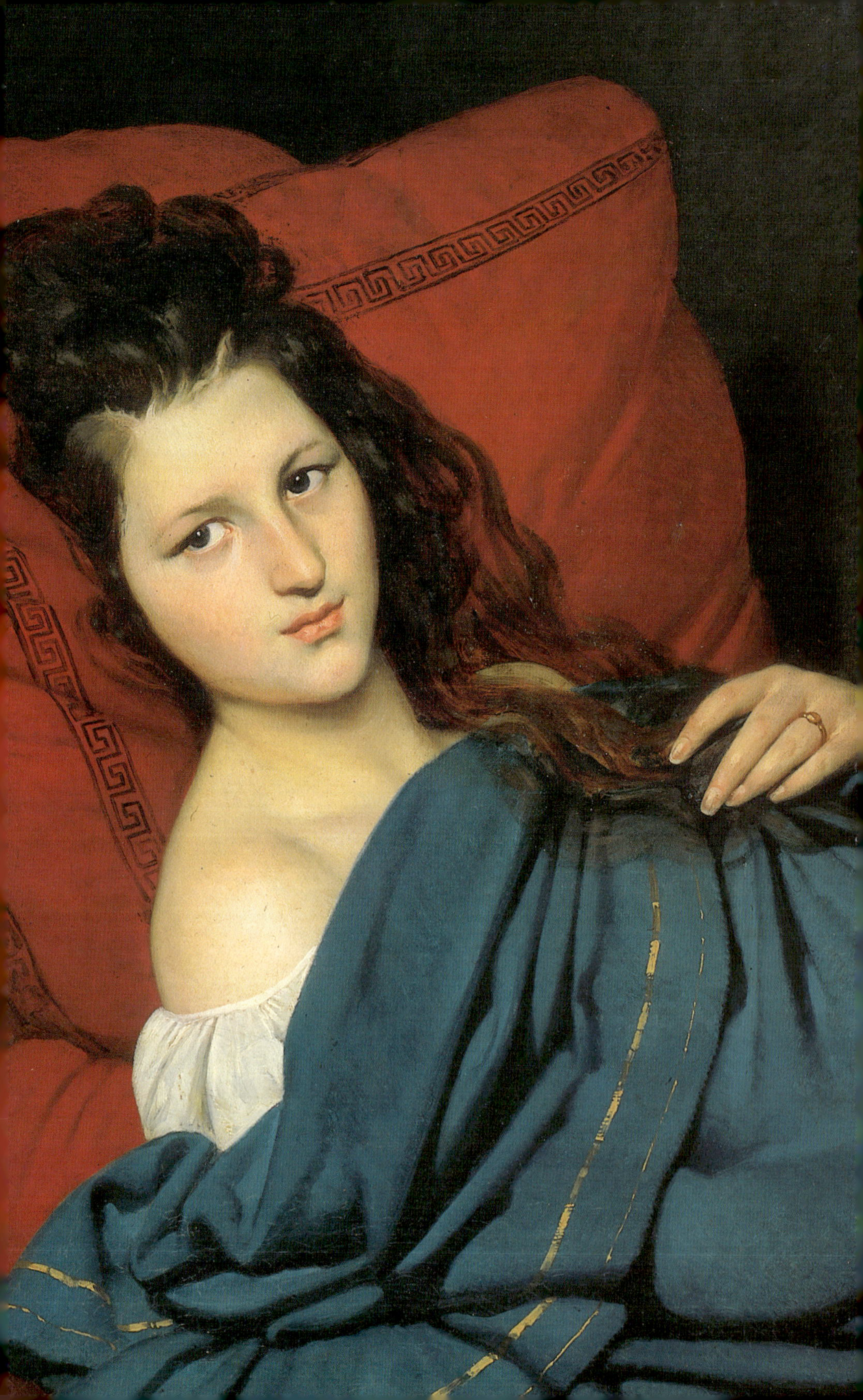

Romantisme
et classicisme

119
FRANÇOIS MARIUS GRANET (Aix-en-Provence, 1775 – Aix-en-Provence, 1849)

Intérieur de l'église souterraine de San Martino in Monte à Rome

Vers 1802 • Huile sur toile • 125,5 × 159 cm • Signé sur le piédestal en bas à gauche : *Granet / Roma* •
Don François-Xavier Fabre, 1825, inv. 825.1.126

C'est à la fin d'un séjour à Rome en 1812 que Fabre conseillera à la comtesse d'Albany l'acquisition de cette œuvre majeure de François Marius Granet. Le peintre aixois l'avait exécutée dans les premiers mois de son arrivée à Rome en 1802. À la recherche de motif nouveau, fasciné avant tout par les vues d'« intérieurs », Granet dirige ses regards vers l'église San Martino di Monti, peu connue, située sur l'Esquilin dont la fondation remontait au temps du pape Silvestre (IVe siècle). Une partie des voûtes puissantes étaient des vestiges des anciens bains de Titus. Un religieux, le père Pouillard, d'origine aixoise, lui sert d'intermédiaire, mais lui déconseille de demeurer trop longtemps dans la deuxième crypte dont « les parois sont recouvertes d'un duvet verdâtre que l'humidité engendre ». Dehors, la chaleur de l'été romain est suffocante, et Granet, obsédé par la pensée de son tableau, s'enferme « parmi les morts qui faisaient seuls leur résidence dans cet immense tombeau ».

Si la composition ample et majestueuse, d'un classicisme sévère, vient nous rappeler que Granet fut l'élève de David, en revanche, le clair-obscur dramatique, le climat morbide qui se dégagent de la scène (cadavre recouvert d'un linceul aux plis profonds, ossements, moisissures...), ce monde clos et ténébreux sont bien révélateurs de l'émergence d'une sensibilité nouvelle dans la peinture française durant les premières années du XIXe siècle.

Granet cherchait à l'évidence à intéresser le public du Salon au passé chrétien et immémorial de Rome après les débordements de la Révolution, au moment même où Chateaubriand publiait *Le Génie du christianisme*. Cette démarche le rapproche de ses amis lyonnais, Fleury-Richard et Révoil, – les peintres « troubadours » – dont il s'écarte cependant ici, par la vigueur de la touche, la monumentalité et la noblesse du style. M.H.

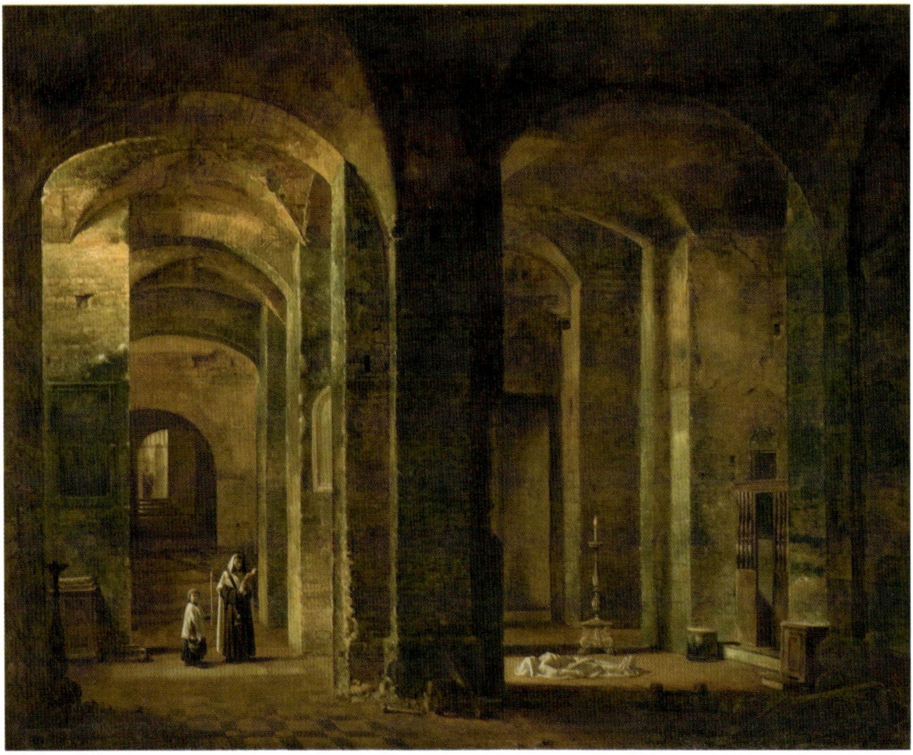

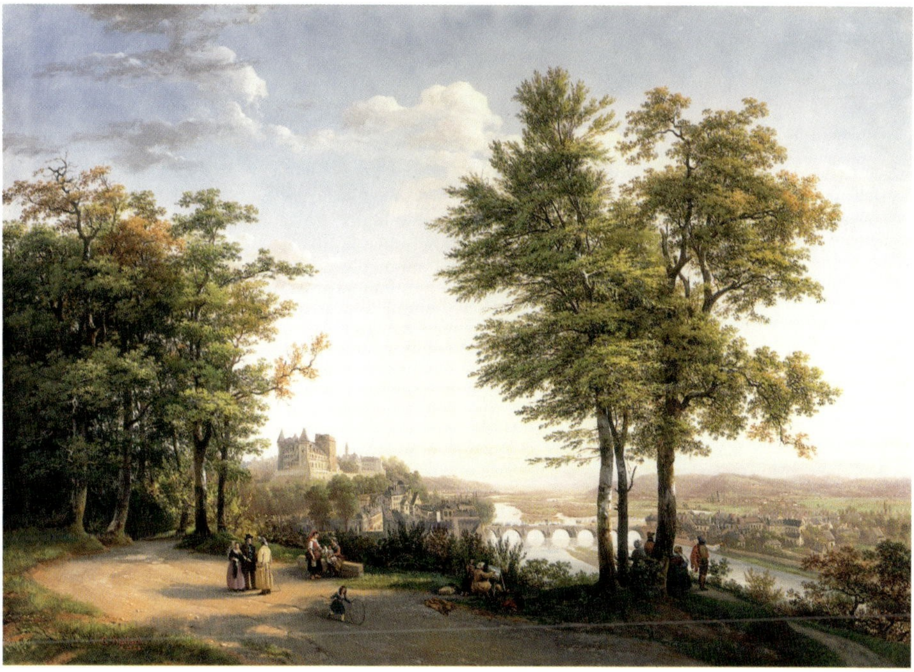

120

ALEXANDRE LOUIS MARIE THÉODORE RICHARD (Millau, 1782 – Toulouse, 1859)

Vue de la ville et du château de Pau

1844 • Huile sur toile • 105 × 1,54 cm • Signé daté en bas à gauche : *T. Richard 1844* • Don Lichteinstein et Vialars, 1846, inv. 846.2.1

Élève de Victor Bertin, mais aussi d'Ingres et d'Aubry, Théodore Richard ne peut d'emblée embrasser la carrière artistique et doit exercer le métier d'ingénieur géomètre du cadastre, profession qui, au XIXe siècle, nécessitait une bonne maîtrise du dessin. Après avoir exercé dans le Cantal et le Jura, il s'établit à Bordeaux où il découvre les dons prodigieux du jeune Jacques-Raymond Brascassat. L'émulation entre les deux artistes et leurs rapides progrès provoquent chez Théodore Richard la décision d'abandonner en 1823 l'administration pour se consacrer exclusivement à son art. Dès lors, il figure régulièrement au Salon, de 1827 à 1852, avec des vues du Sud-Ouest et du Rouergue.

L'un des grands moteurs des transformations de la peinture de paysage au XIXe siècle est l'exigence toujours grandissante de fidélité au réel, par opposition au paysage idéalisé de l'ère classique. De nombreux peintres régionaux ont leur importance dans ce processus, en ce sens qu'attachés à un terroir qu'ils connaissaient intimement, ils l'ont fait émerger en tant que sujet dans la peinture.

La *Vue de la ville et du château de Pau* fait partie de ces œuvres de transition : la composition en plans étagés, par laquelle se succèdent les terrains au premier plan, un bouquet d'arbres repoussoir, un paysage urbain, et des lointains fondus dans une perspective aérienne lumineuse, appartient à la tradition classique. Mais, renonçant à tout prétexte mythologique ou historique, Théodore Richard préfère se situer dans une veine pittoresque, décrivant avec verve les loisirs familiaux, les promenades, les jeux d'enfants. Avec une précision topographique, il restitue fidèlement le château où naquit Henri IV, la place de la Monnaie, le pont et les îles sur le Gave, la chaîne des Pyrénées.

Aucune activité industrieuse ne trouble ce paysage apaisé. Les personnages, et avec eux, le spectateur, semblent avoir pris de la hauteur face à l'activité bourdonnante de la ville, que suggère le trafic intense sur le pont. Le peintre est à l'œuvre au premier plan, entouré d'un petit groupe de curieux. Il ne s'agit pas d'un dessinateur voyageur, mais d'un artiste installé à son chevalet, occupé à peindre en plein air une étude à l'huile, témoignage d'une nouvelle approche du paysage. On note à cet égard le soin apporté à la description des végétaux, l'écorce réveillée d'un coup de lumière, l'arbre mort qui se distingue dans le taillis, témoignages d'un art appris au contact direct de la nature. S.A.

121

PIERRE CLAUDE FRANÇOIS DELORME (Paris, 1783 – Paris, 1859)

Ève tentée par le serpent

Salon de 1834 • Huile sur toile • 244,2 × 179,5 cm • Don Charles Delorme, 1860, inv. 860.2.2

Élève de Girodet, Delorme débute au Salon de 1810 avec une *Mort d'Abel* (Montpellier, musée Fabre) et y participe régulièrement jusqu'en 1859. Il construit sa réputation sur un style porcelainé, emprunté à son maître, au service de scènes suaves tirées de l'histoire ou de la mythologie antique. Ses couples tendrement unis (*Héro et Léandre*, Brest, musée ; *Sapho et Phaon*, Elbeuf, musée ; *Céphale et l'Aurore*, Sens, musée) rencontrent un grand succès et font souvent l'objet de réductions pour les amateurs. Il reçoit plusieurs commandes pour des édifices religieux, en particulier Notre-Dame-de-Lorette, à Paris, dont il décore la coupole et les pendentifs. La peinture d'histoire l'attire peu, mais on relève une *Fondation du Collège royal par François Ier*, vaste fresque destinée au musée de l'Histoire de France au château de Versailles. Il est l'exemple parfait du peintre héritier d'une tradition néoclassique dont il ne peut ni ne veut se défaire, et dont la qualité essentielle repose dans le charme poétique de rêveries mythologiques souvent anecdotiques.

Ève tentée par le serpent, toile ambitieuse présentée au Salon de 1831, n'est pas sans maladresse : la pose maniérée, les disproportions d'un corps où la nature est trop corrigée par la volonté de plaire, gâtent une impression d'étrangeté produite par l'irréalité voulue de la scène. L'artiste peint une nature primordiale, qui couvre la totalité de la toile, une jungle oppressante qui ne laisse percevoir aucun horizon. Dans la moiteur étouffante à laquelle se réduit un paradis terrestre confiné, le danger est partout : le corps du serpent se confond avec la végétation et habite chaque recoin du tableau. Il entoure le corps de la naïve jeune femme, qu'il pourrait tout aussi bien broyer dans ses puissants anneaux.

La tête du monstre, empanachée de plumes, rappelle la figure du Quetzalcoatl, divinité du culte précolombien fort répandu sur le territoire de l'actuel Mexique. Ce collage est cependant moins curieux qu'il n'y paraît : le « serpent à plumes » est une divinité intervenant dans une version de la Genèse, où figure, comme dans l'Ancien Testament, l'épisode du Déluge. Les descriptions du Quetzalcoatl, bien étudié depuis la découverte de la civilisation aztèque par les Européens, les recherches menées au XIXe siècle sur l'origine des cultes expliquent sans doute ce syncrétisme savoureux, à l'origine d'un tableau énigmatique, qui touche aux limites du possible pour la tradition néoclassique.

La présentation des œuvres de Delorme léguées au musée Fabre en 1859 (avec le superbe *Portrait de Madame Delorme en dessinatrice*), fut l'objet d'une controverse entre le maire, Jules Pagézy, et le conservateur, le marquis de Nattes, réticent à exposer les « nudités des tableaux de M. Delorme [qui] éloignent de nos galeries un grand nombre dedames ». On mesure à l'aune de cette anecdote l'émoi qu'a pu causer en 1853 l'acquisition des *Baigneuses* de Courbet par le collectionneur montpelliérain Alfred Bruyas. S.A.

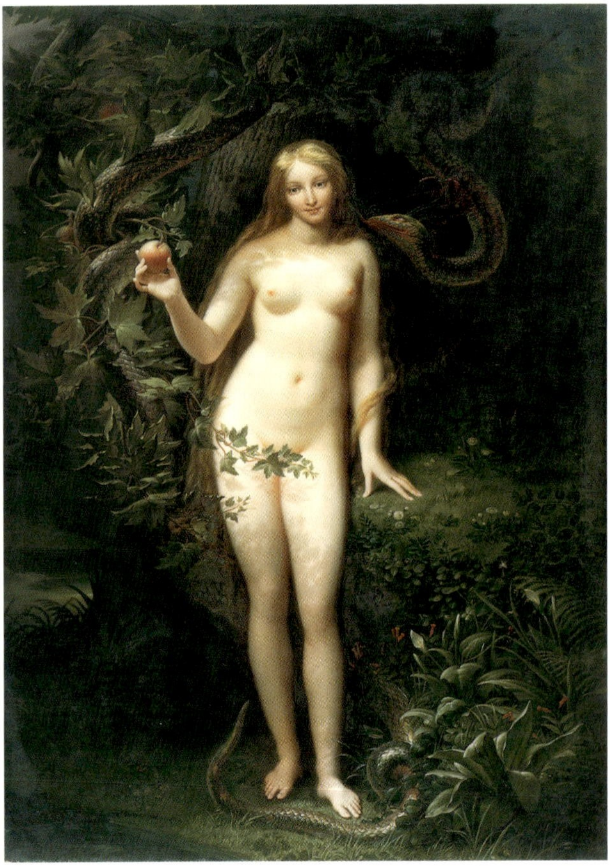

EUGÈNE ERNEST HILLEMACHER (Paris, 1818 – Paris, 1887)

Clotilde de Surville

1853 • Huile sur toile • 259 × 187 cm • Signé daté en bas à gauche : *Hillemacher 1853* • Achat de la Communauté d'agglomération avec la participation du FRAM Languedoc-Roussillon, 2005, inv. 2005.4.1

Après avoir étudié à l'École des beaux-arts de Paris dans l'atelier de Léon Cogniet, Hillemacher débute au Salon de 1848 avec une médaille de seconde classe pour *Un confessionnal de l'église Saint-Pierre de Rome, le dimanche de Pâques* (Paris, musée d'Orsay) et y expose jusqu'à sa mort, obtenant régulièrement des distinctions, médaille de 1re classe en 1863, rappel de médaille en 1865, Légion d'honneur en 1865.

À la suite de l'art troubadour, peinture à la fois sentimentale et romantique qui exalte le sentiment du « bon vieux temps », le Moyen Âge reste une des sources d'inspiration favorite des artistes au XIXe siècle. Dans ce répertoire de thèmes, se distinguent les anecdotes mettant en scène des personnages féminins exemplaires, comme *Anne de Boleyn condamnée à mort* de Bergeret (1814, Paris, Louvre) ou *L'cxécution de Jeanne Grey*, de Delaroche (1834, Londres, National Gallery). Ces héroïnes « modernes » renouvellent une figure clef de l'histoire de l'art, celui de la « femme forte » de l'Ancien testament (Judith, Salomé...).

Hillemacher s'intéresse particulièrement à ces sujets, et traite successivement la vie de *Clotilde de Surville*, poétesse du début du XVe siècle, puis *Marguerite d'Anjou attaquée par un homme* (Salon de 1866, Montpellier, musée Fabre).

Publiées pour la première fois en 1803, rééditées à plusieurs reprises, les *Poésies de Marguerite-Éléonore-Clotilde de Vallon-Chalys, depuis Mme de Surville, poète françois du XVe siècle* connurent un important succès au XIXe siècle. La mystification littéraire fut vite révélée et les textes attribués à Charles Vanderbourg, « découvreur » du manuscrit, ou Joseph-Étienne, marquis de Surville, auteur de biographies sur les femmes poètes.

Si Hillemacher choisit de représenter la poétesse partagée entre l'écriture et la maternité, c'est que, comme le rappelle A. Nepveu, préfacier de l'édition de 1824, « la réputation de Clotilde est inscrite en lettre de feu dans le cœur de toutes les jeunes mères qui ont lu, ou plutôt retrouvé ce qu'elles avaient ressenti, dans les *Verselets à mon premier né* ». Les célèbres vers de la prétendue poétesse furent effectivement cités dans le livret du Salon de 1853 :

« O cher enfantelet, vrai pourtraict de ton père,
Dors sur le seyn que ta bouche a pressé !
Dors petiot ! clos, amy, sur le seyn de ta mère
Tien doulx œillet par le somme oppressé. »

Hillemacher est à son meilleur dans cet ambitieux tableau où le souci du détail contribue à légitimer l'anecdote. La chevelure du nouveau-né, les étoffes et les accessoires sont l'occasion de démontrer sa virtuosité dans un style raffiné proche de celui de Delaroche (*Les Joies d'une mère*, galerie d'art de la Ville de Luxembourg, ou *L'Enfance de Pic de la Mirandole* (Nantes, musée des Beaux-Arts).

Ce tableau, qui débute le parcours du XIXe siècle, fait écho à un autre tableau exposé au même Salon de 1853, *Les Baigneuses* de Gustave Courbet, qui figure, lui, en tête du parcours moderne. S.A.

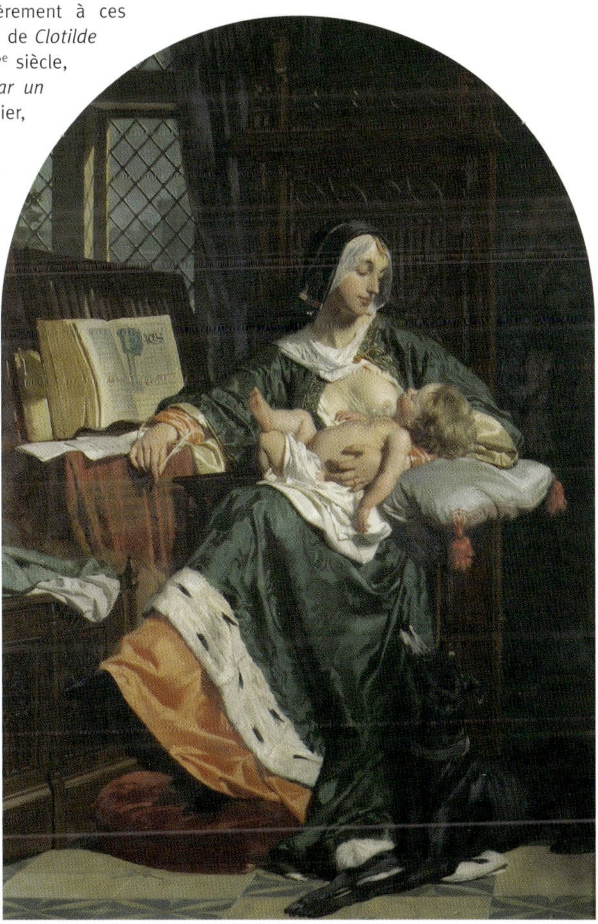

123

RAYMOND-AUGUSTE QUINSAC MONVOISIN (Bordeaux, 1794 – Boulogne-sur-Seine, 1870)

La Mort de Charles IX

1834 • Huile sur toile • 232 × 291 cm • Signé daté en bas à droite : *R.Q Monvoisin, 1834* • Dépôt de l'État, 1835, inv. D835.1.1

Élève du peintre Lacour à Bordeaux, sa ville natale, Raymond Quinsac Montvoisin entre dans l'atelier du peintre néoclassique Pierre Narcisse Guérin en 1816 et obtient un deuxième prix de Rome en 1820. Avant son départ pour la Villa Médicis, il a déjà réalisé d'importants tableaux pour les églises de Bordeaux (*Saint Louis adorant le Crucifix et la Sainte Couronne*, Notre-Dame-du-Chapelet) et connaît à son retour une ascension rapide. Ses œuvres entrent dans la collection du duc d'Orléans au Palais-Royal (*Eucharis et Télémaque*, Minneapolis Institute of Art) et il remporte une médaille de 1re classe au Salon en 1831. Il abandonne progressivement la facture porcelainée de son maître ainsi que les thèmes douceâtres des amours antiques (*Callirohe*, 1823, coll. part.) pour une peinture d'histoire ambitieuse, dont l'exemple le plus célèbre reste *La Séance du 9 thermidor* de 1837 (Vizille, musée de la Révolution française). En butte à l'hostilité du directeur général des musées sous le règne de Louis-Philippe, il se rend au Chili, à l'invitation du chargé d'affaires Francisco Javier Rosales. Ses tableaux apportés de France lui valent une réputation immédiate qui lui assure une importante clientèle pour ses portraits. Fondateur d'une académie de peinture, il contribue largement à la naissance d'une école de peinture sud-américaine et s'attache à décrire le pittoresque local observé lors de ses séjours au Pérou et en Argentine. Rentré en France en 1857, il traite avec bonheur des thèmes tirés de son expérience du Nouveau Monde tel *La Naufragée, Amérique méridionale* (gravé par Lassalle, Montpellier, musée Fabre).

La Mort de Charles IX, présenté au Salon de 1835, est un très bon témoignage de la vogue que connaissent au début du XIXe siècle les thèmes tirés de l'histoire de France. Fils de Catherine de Médicis qui gouverna jusqu'à sa majorité et exerça la réalité du pouvoir tout au long de son règne, Charles IX règne de 1561 à 1574 sur une France divisée par la question religieuse. Il reste tristement célèbre pour avoir cédé à sa mère et permis le massacre de la Saint-Barthélemy (24 août 1572), au cours duquel il sacrifie son ami, l'amiral protestant Gaspard de Coligny. De santé physique et mentale défaillante, il meurt ravagé par la tuberculose, hanté par le remords, le 30 mai 1574. Montvoisin campe la scène au palais du Louvre où, autour d'un Charles IX agonisant, s'opposent les figures de son épouse, la jeune Élisabeth d'Autriche qui lui prodigue les derniers soins, et celle de Catherine de Médicis, qui apparaît telle une ombre malveillante, portant ostensiblement la croix catholique. Les yeux révulsés du roi disent toute l'horreur que lui inspire sa mère, coupable d'avoir ensanglanté son règne. Il froisse dans sa main l'édit de régence, qu'il hésite à lui remettre, et désigne la fenêtre par laquelle l'on aperçoit la tour de Nesle, prison de sinistre réputation. S.A.

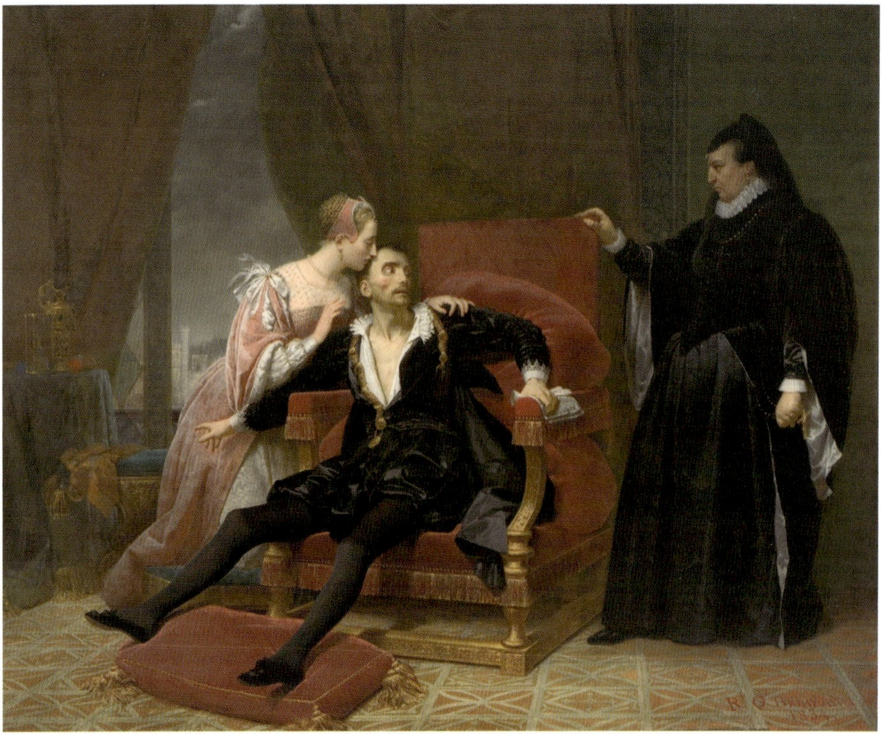

JEAN-CHARLES JOSEPH RÉMOND (Paris, 1795 – Paris, 1875)

La Mort d'Abel. Paysage historique

1838 • Huile sur toile • 265 × 400 cm • Signé daté en bas à gauche : *Rémond, 1838* • Dépôt de l'État, 1838, inv. D838.1.1

Issu d'une famille d'imprimeurs d'estampes, Rémond est lauréat du Grand prix de Rome pour le paysage en 1821 (après Michallon, Grand prix en 1817). De son séjour de cinq années en Italie, il rapporte un très riche matériel visuel de dessins et d'études à l'huile réalisés dans les environs de Rome et en Campanie qui vont nourrir l'œuvre à venir. Artiste à succès, présent au Salon (huit tableaux en 1827), décoré de la Légion d'honneur en 1834, Rémond tente de régénérer le genre de paysage héroïque à travers ses toiles immenses. Le paysage du musée Fabre en 1838 appartient à cette veine de même que le gigantesque *Élie sur le mont Carmel* du Salon de 1841 (musée de Reims, détruit), considéré « sans contredit comme le plus grand paysage français qui ait jamais été peint ». D'un côté, Rémond se montre fidèle à l'enseignement de l'école : choix d'un beau sujet inspiré par l'Ancien Testament (Génèse, 4,8), nature héroïsée patiemment réélaborée à l'atelier à l'aide d'un stock d'études, exécution à la fois fine et vigoureuse selon les différentes parties de tableau. De l'autre, Rémond s'écarte de la tradition du paysage héroïque hérité de Poussin et se montre plutôt attiré par une vision d'une nature dramatique et sauvage popularisée au XVIIe siècle par le Napolitain Salvatore Rosa et reprise un peu plus tôt par Michallon (*Thésée poursuivant les Centaures*, 1821, Louvre).

Déjà, en Italie, Rémond s'était montré attiré par le caractère « sublime » de certains sites italiens et ce goût fut largement comblé par un voyage en Suisse en 1835-1837 d'où l'artiste ramena quantité de motifs alpestres (glaciers de Grindelwald, de Thoun, de Meyringen, bords de la Birse et du Hasli) qui viennent à l'évidence nourrir son grand tableau.

Le gigantisme du format, l'inspiration terrible et farouche, la théâtralité, mais aussi le sujet violent peu relié à l'ensemble marquent une rupture définitive avec la conception humaniste et classique illustrée au XVIIe siècle par Annibal Carrache et Poussin. Rémond peut être considéré comme l'ultime représentant d'une tradition académique qui devait subir les attaques du camp des naturalistes au premier rang desquels on comptait Théodore Rousseau, ancien élève de l'atelier de Rémond. Par son romantisme sombre et échevelé, ses qualités quasi « cinématographiques » l'œuvre de Rémond a toutes les chances de captiver à nouveau le spectateur contemporain.

M.H.

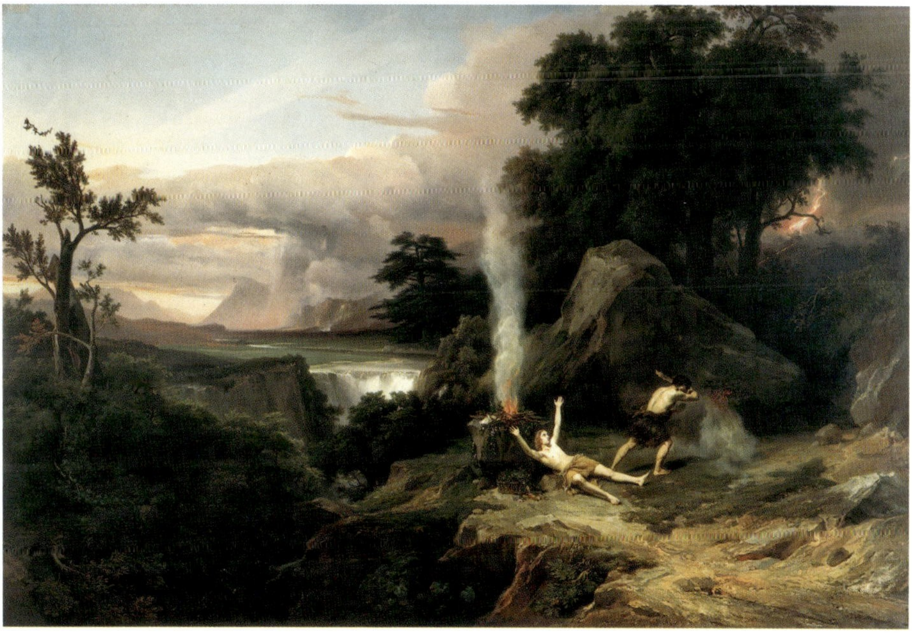

125

EMMANUEL FRÉMIET (Paris, 1824 – Paris, 1910)

Saint Michel terrassant le dragon

Bronze • 52,5 × 37 × 26 cm • Don du baron Alphonse de Rothschild, 1893, inv. 893.3.1

Neveu et élève de Rude, Frémiet règne sur la sculpture animalière de la seconde moitié du XIXe siècle, comme Barye avait régné pendant la première. Comme son prédécesseur, après un enseignement académique, il doit son génie particulier à l'observation de la nature : à ses débuts, Frémiet gagne sa vie en moulant des pièces anatomiques à l'École de médecine, où en travaillant aux études mycologiques et zoologiques du Jardin des Plantes. Devenu sculpteur de renom, il y occupe à partir de 1884 la chaire de « maître de dessin d'iconographie naturelle appliquée à l'avancement des arts », tenue avant lui par Barye. Il se montre attentif aux travaux de Darwin, qui donnent une résonance toute particulière à son *Gorille enlevant une femme*, scandale du Salon de 1859 et médaille d'honneur au Salon de 1887.

Frémiet aime mettre en scène les luttes entre l'homme et l'animal, et c'est sans doute ce qui le pousse à traiter le thème du combat entre l'ange et la bête ; saint Michel, qui est habituellement représenté ailé et pourvu d'une épée, se confond ici avec saint Georges, montant un cheval et armé d'une lance. Ce faisant, Frémiet renouvelle un genre, celui de la statue équestre, qu'il a déjà traité avec sa *Jeanne d'Arc à cheval*, bronze doré à la feuille érigé en 1880 à Paris, place des Pyramides. Frémiet retrouve ici l'idée d'un héros médiéval, et habille son saint Michel avec précision, restituant par la souplesse de la facture et l'art de la ciselure les matières et les éléments d'un costume inspiré par les recueils historiques parus à la fin du XIXe siècle. On devine ainsi la cotte de mailles s'échappant d'un pourpoint en drap épais, decoré de motifs lobés, les boucles de la ceinture retenant la dague, le haubert relevé laissant apparaître les traits d'un visage aux traits marqués que Frémiet, pour donner à la scène plus de réalisme, a dépouillé de son auréole. Le monstre est décrit plus sommairement, mais campe avec conviction un être hybride venu du fond des âges : Frémiet s'intéressait à la paléontologie et avait produit un *Plesiosaurus* en 1852. L'affrontement, qui appartient autant aux scènes de tournoi qu'aux chasses exotiques (on pense à *Cavalier arabe tuant un lion*, de Barye), est restitué avec une vigueur remarquable : sur une base étroite, le groupe pivote sur lui-même dans une composition en spirale. La volte du cheval dont seuls les antérieurs touchent le sol répond à la cambrure inverse du dragon, tandis que la diagonale de la lance renforce la raideur du cavalier, arc-bouté sur ses étriers. Frémiet se libère ici de la symétrie et du plan vertical dans lequel s'inscrit traditionnellement la statue équestre pour un groupe virevoltant d'une rare énergie. Présenté au Salon de 1891 dans sa taille réduite, l'œuvre est achetée par l'État, et la Ville de Paris acquiert pour sa part le bronze monumental réalisé pour l'Exposition universelle de 1900. Cette popularité permet au *Saint Michel* de Frémiet de connaître un grand succès d'édition, en particulier dans le catalogue du fondeur Barbedienne. S.A.

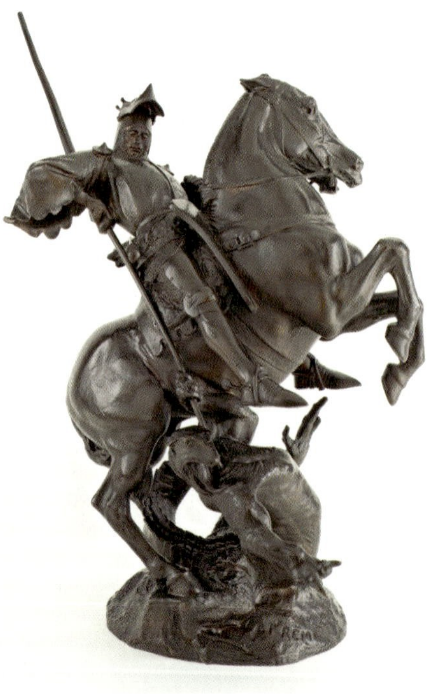

ANTOINE AUGUSTIN PRÉAULT (Paris, 1810 – Paris, 1879)

Jacques Cœur

1873 • Plâtre • 245× 128 × 96 cm • Is. sur la plinthe : *A. Préault* • Dépôt de l'État, 1879, Inv D879.1.4

Né à Bourges vers 1400, tour à tour homme d'affaires, aventurier, argentier du roi Charles VII, Jacques Cœur doit sa fortune au commerce avec les pays arabes. Armateur en 1445 à Montpellier, ses navires ramènent au port de Lattes ou d'Aigues-Mortes, épices, sucre, coton et soie venus d'Égypte et de Syrie. En disgrâce à partir de 1451, il trouve refuge auprès du pape et meurt à la tête d'une croisade en 1456 à Chio, Palestine.

Cette destinée romantique devait logiquement intéresser les sculpteurs d'un XIXe siècle épris d'histoire. L'initiative revient à la direction des Beaux-Arts qui, pour venir en aide au sculpteur Auguste Préault en grande difficulté matérielle après la Commune, lui passe commande d'une œuvre pour le musée de l'Histoire de France, créé par Louis-Philippe au château de Versailles. Laissé libre de choisir entre les personnages de La Bruyère et Jacques Cœur, Préault, natif de Bourges, et connu pour son caractère passionné, opte bien entendu pour son célèbre concitoyen.

En 1872, le sculpteur exécute une maquette en terre cuite (Bourges, musée du Berry) où l'essentiel est déjà en place : le drapé abondant, les pièces d'or s'échappant du sac, et l'ancre, motif chrétien (la foi, l'espérance) et marchand. Si l'inspecteur des Beaux-Arts trouve la maquette « hardie et vigoureuse », il relève l'étrangeté de la coiffure. Préault affectionne particulièrement ces figures drapées, que l'on retrouve dans son grand succès, *Le Silence* (Salon de 1849), médaillon représentant un visage très proche de celui de Jacques Cœur, le doigt sur la bouche.

Autorisé à poursuivre son travail, Préault réalise en 1873 la grande version en plâtre de Montpellier, qui porte les traces de crayon et les ergots de mise au point caractéristiques du travail de report sur marbre, version définitive présentée au Salon de 1875. La critique accueille très favorablement son œuvre, comme en témoigne l'appréciation de Castagnary : « Le *Jacques Cœur* de M. Auguste Préault a une grande allure. Debout, dans le costume pittoresque du XVe siècle, l'argentier de Charles VII apparaît de loin comme un bourgeois opulent, qui sait [ce] qu'il vaut et marche d'un pas décidé dans la vie. À sa droite, coule une rivière de pièces d'or, symbole de ses immenses richesses ; derrière lui, une ancre et des flots rappellent ses lointaines entreprises. Cette heureuse statue, où le maître romantique a fait preuve de sagesse autant que d'habileté, est destiné à la ville de Bourges. Il n'y aura pas sur nos places publiques beaucoup de statues plus originales. »

En effet, les édiles de Bourges, qui cherchaient depuis 1841 sans succès à édifier un monument à Jacques Cœur virent leurs souhaits enfin concrétisés en obtenant le dépôt du marbre, tandis que la Ville de Montpellier obtenait en 1902 le dépôt du plâtre, si bien que l'œuvre ne rejoignit jamais le château de Versailles auquel elle était destinée.

S.A.

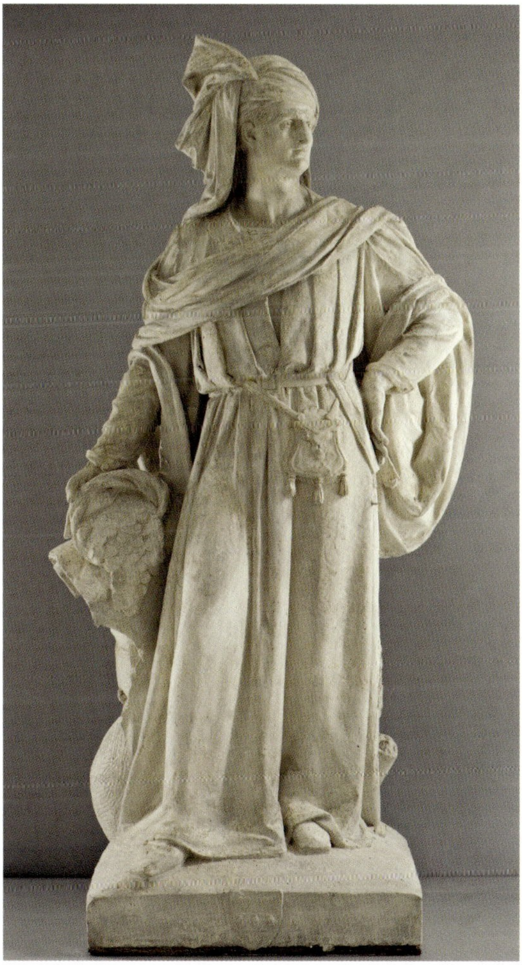

127

AUGUSTE BARTHÉLEMY GLAIZE (Montpellier, 1807 — Paris, 1893)

Portrait d'Alfred Bruyas dit *Le Burnous*

1849 • Huile sur toile • 144 × 114 cm • S.D.m.d. : *All'Sigr A. / Bruyas / Amico ed instigator delle belle arti. / Il suo pittore ed affezionat / A.Glaize 1849* • Don Frédéric Bazille, André Bazille et Laure Meynier de Salinelles, 1952, inv. 52.11.1

Peintre en grande partie autodidacte, formé dans l'atelier d'Achille et Eugène Devéria, Auguste Barthélemy Glaize a connu une honnête carrière de peintre officiel, recevant régulièrement des distinctions au Salon avec de vastes compositions historiques ou religieuses. L'État lui achète en 1846 *Le Sang de Vénus* pour le déposer au musée Fabre, où le tableau constitue alors l'un des rares témoignages de la peinture contemporaine. Actif à Montpellier où il reçoit des commandes pour les églises (chapelle de la Miséricorde) et des portraits, il est l'un des seuls peintres d'envergure nationale. Le jeune Alfred Bruyas, qui débute alors sa collection, se tourne tout naturellement vers les ressources que lui offre la vie artistique locale et engage avec Glaize une collaboration durable. L'artiste sera le seul à suivre Bruyas de ses débuts à sa fin, livrant plusieurs portraits de lui dont un dernier, quelques semaines avant sa mort. Avec Glaize, Bruyas trouve un peintre fidèle, qui ne rechigne pas à traduire en peinture ses mises en scène les plus baroques, comme le révèle le *Portrait d'Alfred Bruyas*, dit *Le Burnous*.

Après deux séjours en Italie en 1846 et 1848, Bruyas souhaite disposer d'un portrait d'apparat traduisant sa nouvelle ambition, qui ne se réduit pas à l'image du jeune amateur provincial dont Glaize livre le portrait en 1846, ni à celle du fils prodigue étonnant ses concitoyens, sous le regard bienveillant de son père, dépeint dans *L'Intérieur du cabinet Bruyas*. Instruit par l'exemple des grands princes de la Renaissance, Bruyas aime alors à se présenter comme un « nouveau Médicis », un protecteur des arts dont le territoire s'étend au vaste monde. Si la jeune femme couronnée de laurier à ses côtés personnifie l'Italie, la tulipe et le châle, cadeau rapporté par son ami peintre Jules Laurens d'un voyage en Perse, symbolisent un Orient dont la vogue va croissante, alors que le chapeau de Panama renvoie aux Amériques.

Au-delà de la Renaissance, Bruyas s'inscrit dans la continuité d'un Empire romain à son apogée, comme le traduisent la bague ostensiblement montrée composée d'une intaille romaine, ainsi que les ruines antiques qui complètent le décor : le bas-relief sur lequel il s'appuie montre un personnage féminin, le regard tourné vers lui, dans une attitude de remerciement, et le socle de la colonne de droite porte la mention, gravée en lettres romaines, comme sur une dalle antique : *ALL' SIGR. A / BRVYAS / AMICO ED INSTIGATORE / DELLE BELLE ARTI / IL SVO PITTORE ED / AFFEZIONAT / AGLAIZE.* On remarquera le possessif « son peintre affectionné », qui situe la relation entre les deux hommes dans la tradition du peintre courtisan et du mécène. Majestueux, Bruyas apparaît ici au sommet de sa puissance et de son ambition, loin de l'image torturée et souffrante qu'il donnera par la suite, dans le portrait en Christ couronné d'épines par Marcel Verdier. S.A.

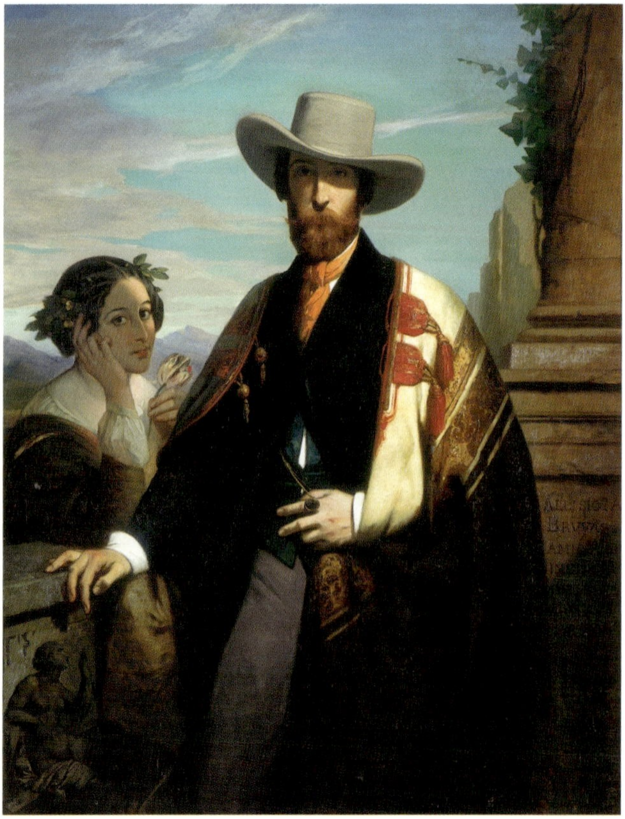

JEAN-FRANÇOIS MILLET (Gruchy, 1814 – Barbizon, 1875)

Offrande à Pan

Vers 1845 • Huile sur toile • 52,5 × 29 cm • Signé en bas à droite : *J. F Millet* • Don Bruyas, 1868, inv. 868.1.65

Fils aîné d'une fratrie de huit enfants, Jean-François Millet voit le jour dans une famille paysanne d'existence modeste mais qui, en parallèle aux travaux de la terre, se préoccupe de son instruction et soutient sa vocation. Entré en 1837 dans l'atelier du peintre académique Paul Delaroche grâce à une bourse de la municipalité de Cherbourg, il échoue au concours du prix de Rome deux ans plus tard. Sa carrière officielle compromise, il subsiste pendant une dizaine d'années grâce à la peinture de ces scènes galantes, ainsi que des nus et des portraits.

Le tableau du musée Fabre appartient à ce registre d'une peinture légère, propre au XVIIIe siècle de Boucher et Fragonard, et qui revint au goût du jour dans la première moitié du XIXe siècle après l'austère intermède néoclassique. De nombreux peintres cultivèrent cette veine qui leur assurait un succès commercial auprès des amateurs.

Figure truculente de la mythologie grecque, Pan est une divinité qui hante les forêts, les cavernes et les sommets, protégeant les troupeaux des bergers d'Arcadie. D'une apparence grotesque, il porte des cornes, un nez crochu, une queue, des pieds et des jambes de bouc, qui traduisent sa nature mi-bestiale, mi-humaine et évoquent une sexualité exubérante. À la fois redouté et respecté, il faisait l'objet d'un culte agreste et son effigie était placée dans les lieux qui lui étaient consacrés.

Il apparaît ici sous forme de « terme », borne de pierre dont la partie supérieure est sculptée en buste. Trois jeunes femmes viennent déposer des offrandes contenues dans de petits vases de type grec. La plus audacieuse orne la statue d'une guirlande de feuilles et de fleurs pendant que ses compagnes semblent se tenir à distance. La chevelure défaite, les épaules et la poitrine dénudées, elle semble rendre plus hommage à la sensualité débridée du dieu qu'à sa fonction pastorale.

Cette *Offrande à Pan* apparaît comme une célébration des plaisirs de la chair, encore plus explicite sous le titre *Offrande à Priape*, autre titre du tableau qui renvoie au dieu romain de la virilité.

Alliant délicatesse et rudesse d'exécution, l'œuvre témoigne de la maîtrise de Millet dans l'art du coloris et du clair-obscur, mis au service d'une tradition poétique élégiaque qui parcourt la civilisation européenne depuis la plus haute Antiquité.

Quelques années plus tard, la révolution de 1848 imprime une nouvelle orientation à sa peinture. L'absence de jury au Salon lui permet de présenter *Le Vanneur* (Paris, musée d'Orsay), qui marque symboliquement le retour à ses origines laborieuses. Il se consacre désormais à peindre la vie simple des paysans, avec une fidélité empreinte d'un humanisme qu'il emprunte à Virgile, La Fontaine ou la Bible. Millet se défendra toujours de tout propos social, mais cette confusion entretenue pendant toute sa carrière retarde la reconnaissance de son talent. S.A.

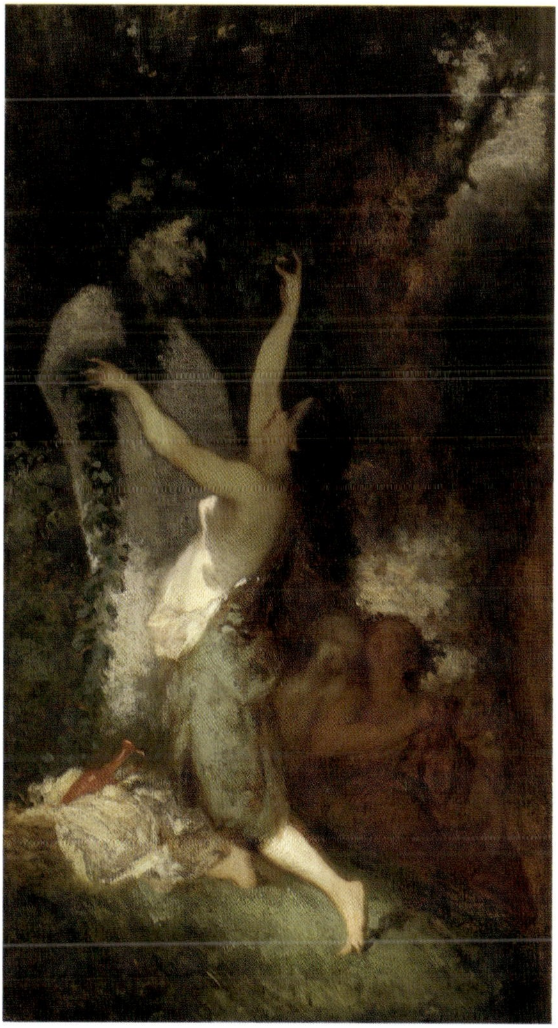

129

JEAN-FRANÇOIS MILLET (Gruchy, 1814 – Barbizon, 1875)

La Bouillie de l'enfant

Vers 1857 • Crayon Conté, rehauts de craie • 37 × 30,5 cm • Legs Alfred Bruyas, 1876, inv. 876.3.121

De même qu'il puisa son inspiration à la vie paysanne de la forêt de Fontainebleau, Millet trouva au sein de son propre foyer les modèles de son œuvre. Installé dès 1849 à Barbizon avec sa seconde épouse Catherine Lemaire et leurs neuf enfants, il s'inspira souvent de sa propre vie familiale pour dépeindre les activités les plus simples du quotidien.

Le thème de *La Bouillie* fut traité à plusieurs reprises par l'artiste : on connaît surtout la toile qu'il présenta au Salon de 1861 (Marseille, musée des Beaux-Arts) que plusieurs dessins viennent préparer dès 1857 (musée du Louvre). Quant à la feuille du musée Fabre, elle fut sans doute réalisée après l'œuvre peinte, avec un autre dessin très similaire (Cambrigde, Mass., Fogg art Museum). On retrouve par ailleurs la même composition d'une femme assise avec son enfant dans *La Leçon de tricot* (1860).

Dans un modeste intérieur campagnard, une mère goûte avec une cuillère la bouillie de l'enfant qu'elle tient sur les genoux ; un feu crépite dans la cheminée, un chat contemple les flammes. Si, en fidèle héritier de la tradition classique, il puise ses sources à l'art des frères Le Nain et de Chardin, cette représentation d'un moment d'intimité familiale est aussi la vision pleine d'humanité et de noblesse d'une France rurale dans laquelle Millet retrouve les vertus primitives d'une vie champêtre, à l'heure où la révolution industrielle métamorphose la société du XIXe siècle. Le décor très sobre, la stature massive de la figure contribuent à l'impression de grandeur et de monumentalité qui se dégage de la scène dans laquelle il faut voir une véritable Vierge à l'Enfant laïque.

Bruyas acquit ce dessin peu de temps avant sa mort sur les insistantes recommandations de Théophile Sylvestre ; il lui écrivait le 25 mai 1876 : « Ce type de la salubrité familiale rustique est un principe et une leçon à conserver contre la corruption présente et future de la vie et de l'art. C'est l'antidote contre lepoison des maniéristes et des faiseurs de jolies infections. » J.F.

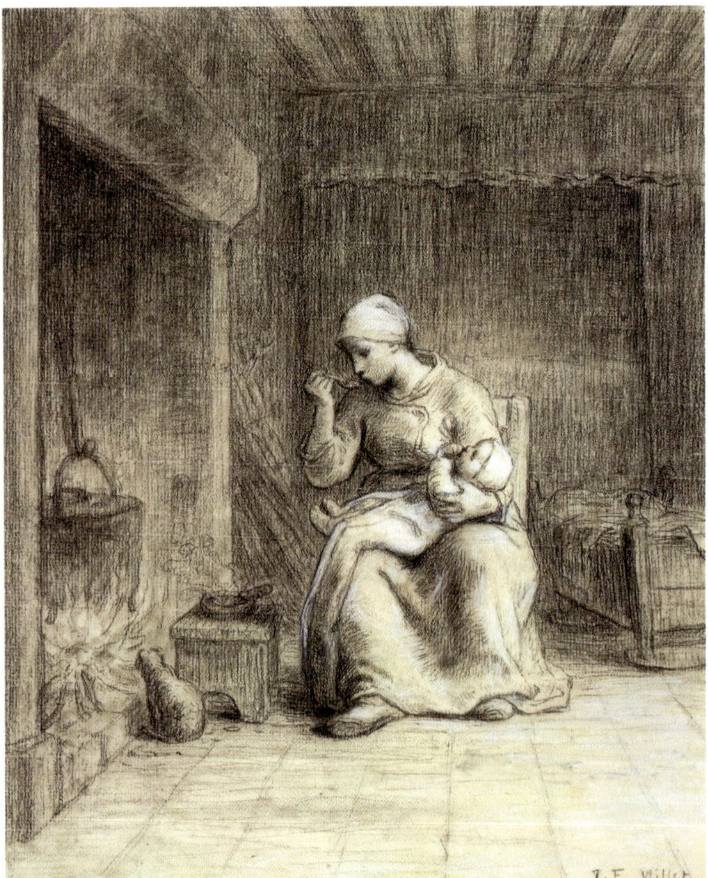

JEAN-BAPTISTE CAMILLE COROT (Paris, 1796 – Ville-d'Avray, 1875)

La Pêche à l'épervier

1847 • Huile sur toile • 33 × 24,5 cm • Signé en bas à gauche : *Corot* • Don Bruyas 1868, inv. 868.1.13

La vocation de Corot pour la peinture est tardive, elle est aussi définitive et totale. Après de médiocres études au collège de Rouen, il est vendeur de drap de 1817 à 1822, profession qui l'ennuie mais avec laquelle il acquiert un sens pratique et sûr de la couleur. Le décès de sa sœur cadette en 1822 et la décision de ses parents de lui reverser les intérêts de la dot qui lui était réservée le mettent à l'abri du besoin. Il décide de se consacrer à la peinture qu'il pratique en amateur depuis 1821, et il entre dans l'atelier d'Achille-Etna Michallon, puis de Jean-Victor Bertin. Il parachève sa formation par un long et décisif voyage en Italie (1825-1828), où il frotte son savoir acquis en atelier au paysage réel, dont il s'applique à restituer la nature exacte.

À son retour en France, on lui doit la redécouverte du paysage français : forêt de Fontainebleau dès 1829, Normandie, Bretagne, puis Champagne, Picardie, Morvan, Bourgogne, Auvergne... Si Corot peint le paysage français avec les leçons de l'Italie, la gamme colorée blanchit, le noir se fait plus profond, l'atmosphère tend vers les tonalités froides qui seront sa marque de fabrique. En 1834, un second séjour en Italie fait de l'artiste un peintre accompli, maîtrisant parfaitement sa technique, saisissant là où il se trouve le paysage dans toute sa vérité et son pittoresque, qu'il s'agisse du rivage le plus méridional ou du sous-bois le plus humide.

En 1847, Corot présente au Salon un paysage fort loué par Théophile Thoré : « M. Corot n'a jamais fait de meilleure peinture que son *Effet du soir* : une rivière, vers le milieu une barque qui se dessine en noir, bouquets de grands arbres à droite, fond de ciel plombé, presque tout du même ton crépusculaire, deux notes seulement qui se combinent ou qui se répondent, le bistre foncé et l'argent mat, une exécution simple et sobre, un sentiment très-mélancolique, le silence et la rêverie : voilà. » La *Pêche à l'épervier* a longtemps été confondue avec cette toile, pourtant différente, dont la description lui correspond en bien des points. Considéré comme l'une des plus belles réussites de Corot, le tableau du musée Fabre réunit sur une surface très modeste l'impression sereine du crépuscule, baigné d'une lumière toute italienne, la description d'une végétation vibrante de bruissements et de vie secrète, et l'atmosphère quiète du labeur quotidien de pêcheurs tirant leurs filets.

La Pêche à l'épervier est probablement le premier tableau de Corot qu'Alfred Bruyas acquiert lors de son séjour parisien en 1850, et reste son favori, choisi pour figurer parmi vingt-cinq sujets issus de sa galerie dans le portfolio gravé par Jules Laurens en 1874. S.A.

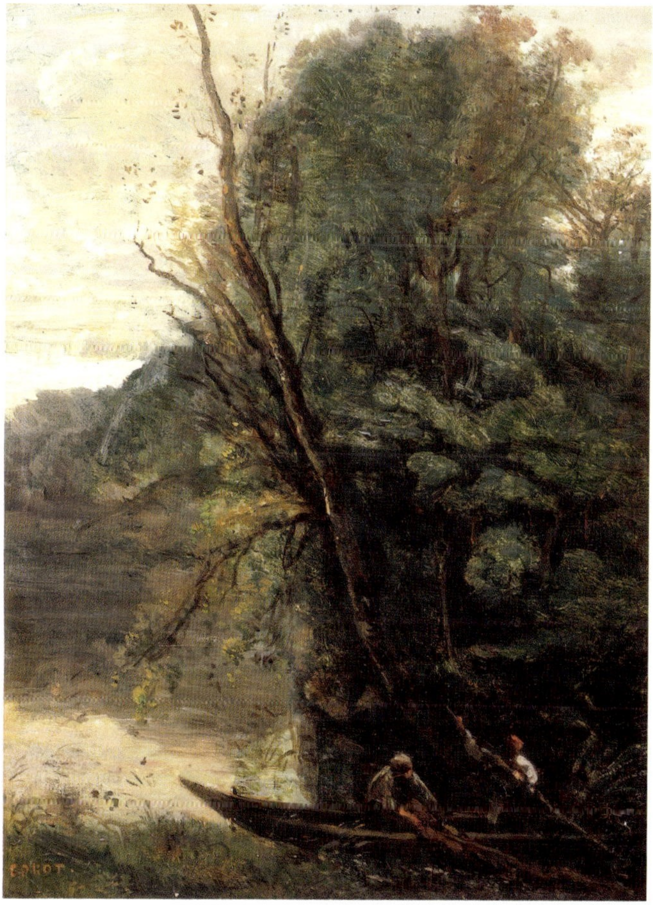

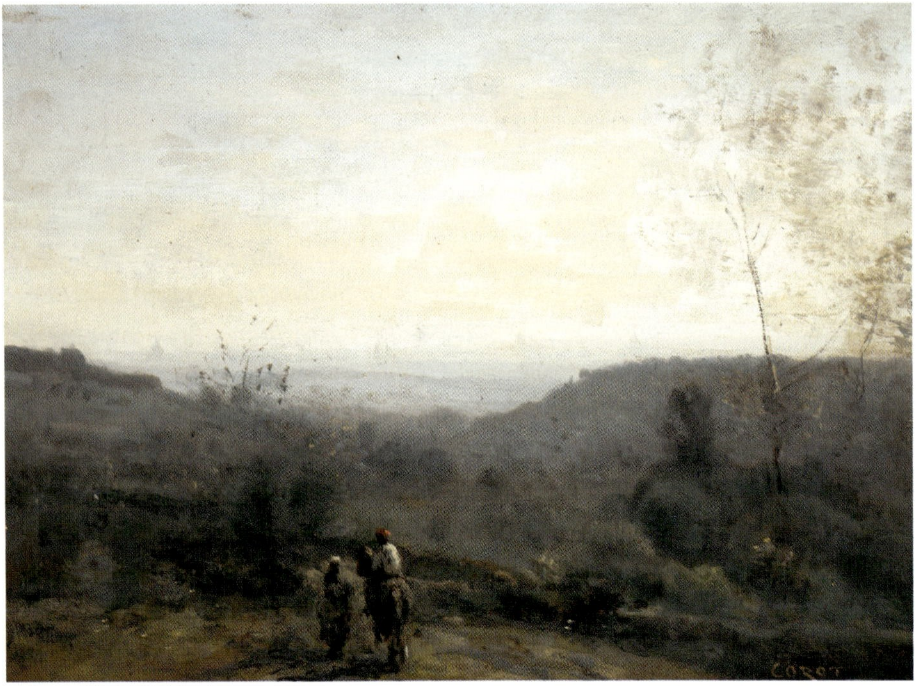

131
JEAN-BAPTISTE CAMILLE COROT (Paris, 1796 – Ville-d'Avray, 1875)

Matinée, effet de brouillard

1853 • Huile sur bois • 25,3 × 35,4 cm • Signé en bas à droite : *Corot* • Don Bruyas, 1868, inv. 868.1.14

Acheté en 1853 par Alfred Bruyas, ce tableau apparaît dans le catalogue de sa collection l'année suivante, sous le titre « Paris, brouillard, paysage par M. Corot, 1853 (document d'art précieux) », puis, en 1860, dans le catalogue de l'exposition de Montpellier comme « Effet de brouillard ». Le collectionneur aimait tout particulièrement changer les titres des œuvres, de façon à les faire coïncider avec ses théories sur l'art. Sans que cela ne puisse être établi avec certitude, le tableau a souvent été reconnu comme celui exposé au Salon de 1853, sous le titre *Matinée*, de sorte qu'il porte aujourd'hui ce titre hybride, fruit de ces diverses relectures.

La capacité des peintres à restituer la subtilité des variations atmosphériques était une qualité fortement prisée des amateurs au XIXe siècle, et l'époque se caractérise par une exploration presque systématique des différentes heures du jour et, parfois, de la nuit. Corot, qui excellait dans cet art, affectionnait la lumière de l'aube et du crépuscule. Le brouillard, avec sa blancheur lumineuse, s'inscrit parfaitement dans sa palette, souvent froide et claire.

Il permet ici de noyer les lointains dans une sorte de mirage, contrastant avec un premier plan où les rayons du soleil réchauffent les voyageurs et impriment déjà fortement leurs ombres sur le sol. L'arbre, silhouette fantomatique à peine esquissée sur la droite, semble s'évanouir dans le contre-jour, et achève de placer la scène toute entière dans une atmosphère de songe, aux premières heures du jour.

L'imprécision de la description a autorisé toutes les spéculations sur la localisation du site. Les dômes, qui apparaissent à peine sur l'horizon, sont traditionnellement assimilés à ceux des Invalides, du Panthéon, ou du Val-de-Grâce. Certaines analogies avec le panorama de Rome ont souvent été soulignés, même si Corot peignait d'une tout autre manière en Italie. Il semble que cette hypothèse relève d'une construction téléologique fondée sur l'idée, communément admise aujourd'hui, d'un Corot descripteur du paysage français à travers le prisme de l'Italie.

Le site est plus sûrement celui des environs de Ville d'Avray, lieu qui a joué un rôle capital dans la vie et l'œuvre de Corot, où ses parents acquièrent en 1817 une propriété. Camille, qui loge dans une petite chambre mansardée donnant sur deux étangs, y compose ses premiers paysages. Les vues de Ville d'Avray apparaissent publiquement au Salon de 1848 et s'imposent graduellement dans son œuvre, témoignant de l'attachement du peintre pour son pays. Le voyage vers Paris, situé à une quinzaine de kilomètres, la descente vers les méandres de la Seine, que l'on franchit au pont de Sèvres, se voient ici décrits à la fois avec sensibilité et précision, comme le permet seule une connaissance intime du sujet. S.A.

RICHARD PARKES BONINGTON (Arnold, 1802 – Londres, 1828)

Une bruyère

Vers 1825-1826 • Huile sur toile • 27 × 35,5 cm • Legs Bruyas, 1876, inv. 876.3.11

La période de la Restauration est marquée par l'apparition paradoxale d'un fort courant anglophile en France, comme si l'ennemi d'hier offrait soudain un ensemble de sources nouvelles et originales, qu'il s'agisse des ressorts de son histoire, de sa littérature ou de sa peinture. L'invitation faite en 1824 à Constable d'exposer au Salon, jusque-là exclusivement national, devait se traduire par des répercussions importantes sur l'art du paysage en France. Bien des artistes tel Delacroix convertissent le traditionnel voyage en Italie contre un voyage en Angleterre, signifiant bien que l'art moderne pointe désormais vers d'autres horizons. En sens inverse, les Bonington font partie de ces familles qui, à peine la période du blocus achevée, viennent s'installer en France, poussées à la fois par l'espoir d'une réussite économique et par une certaine francophilie.

Après des études animées par divers conflits avec son maître, le baron Antoine-Jean Gros, Bonington quitte les Beaux-Arts en 1822 et gagne sa vie en collaborant aux *Voyages pittoresques* de Taylor et Nodier pour qui il réalise une série de paysages aquarellés, dont l'habilité fascine Delacroix. L'adaptation de cette technique proprement anglaise à la traditionnelle peinture à l'huile est alors un enjeu essentiel pour les peintres de paysage français. Bonington lui-même s'y essaie et obtient pour sa seconde participation au Salon en 1825 une médaille d'or en section Peinture. La technique de Bonington révèle un usage très savant de la brosse, dont le maniement sans reprises génère les formes et les textures, contrastant avec des fonds lisses évoquant le lavis ; des empâtements de couleurs claires viennent apporter la rugosité d'une roche, les effets atmosphériques des nuages ; les noirs décrivent les bois, troncs, piquets, dont la direction verticale rompt avec l'orientation générale.

Bien que la critique moderne n'ait pas formellement statué sur l'appartenance d'*Une bruyère* à l'œuvre de Bonington, le tableau lui a traditionnellement été attribué depuis son acquisition par Bruyas en 1857. La toile est atypique dans l'œuvre de Bonington pour l'importance concédée aux effets atmosphériques, alors que l'artiste préfère généralement le ciel lavé d'après l'orage. Quelques œuvres sous l'influence de Paul Huet montrent cependant un usage aussi démonstratif de l'huile et de la touche, et les ciels de ses paysages italiens ou parisiens prouvent que Bonington pouvait, comme ici, utiliser les stries du pinceau dans la matière pour suggérer le mouvement de l'air. Autre élément à porter au crédit de cette œuvre, son appartenance à la collection de Paul Delaroche, qui fut à la fois un fervent anglophile et le condisciple de Bonington dans l'atelier de Gros. S.A.

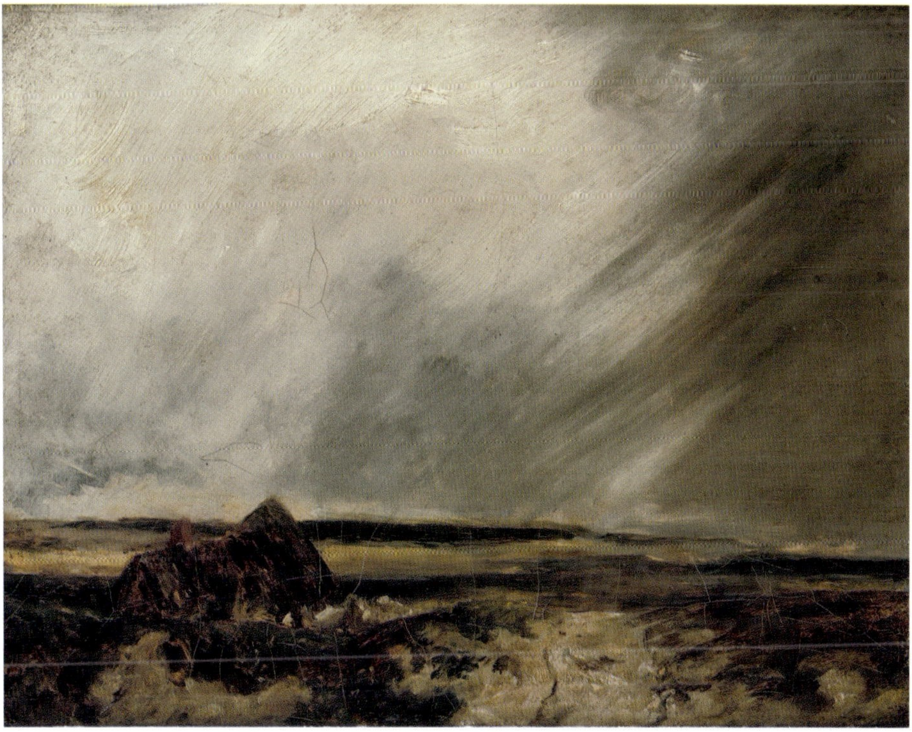

133

THÉODORE ROUSSEAU (Paris, 1812 – Barbizon, 1867)

La Mare

Avant 1850 • Huile sur toile • 53 × 64 cm • Signé bas gauche : *Th. Rousseau* • Don Alfred Bruyas, 1868, inv. 868.1.71

Si le jury du Salon se caractérise au XIXe siècle par un aveuglement persistant, un rejet aussi obstiné qu'infondé, c'est bien à l'endroit de Théodore Rousseau : après avoir accepté en 1831, 1833 et 1834 ses premiers envois qui ne prêtaient pas à conséquence, le jury va les refuser systématiquement entre 1836 et 1841, censurant des tableaux essentiels pour l'œuvre du peintre, *La Descente des vaches dans les montagnes du Haut-Jura* (1836, La Haye, musée Mesdag), *L'Allée des châtaigniers* (1839, Paris, Louvre). Si ces refus indignent la critique, ils n'en marquent pas moins un coup d'arrêt dans la carrière de l'artiste et le début d'une relation conflictuelle avec l'institution, qui reste définitivement marquée par la suspicion et la rancœur. L'artiste souffrira au plus haut point de ce manque de reconnaissance, il en mourra, suite au rejet de sa promotion à la distinction d'officier de la Légion d'honneur. Son existence fut par ailleurs marquée par des difficultés matérielles récurrentes, dûes au peu de commandes publiques qui lui furent confiées et que Rousseau dut résoudre par des ventes aux enchères de son fonds d'atelier aux résultats aléatoires.

La première de ces ventes, le 2 mars 1850, est particulièrement surveillée par les amateurs; plusieurs tableaux figurent aujourd'hui dans les musées nationaux, tel *Le Vieux Dormoir du Bas-Bréau* (Paris, musée d'Orsay). Le collectionneur montpelliérain Alfred Bruyas, qui s'est installé à Paris depuis quelques mois, s'intéresse à cette école moderne du paysage, dont il partage le goût du vrai. Sans agir directement dans la vente, il achète par un intermédiaire pour la somme de 400 F un de ses premiers chefs-d'œuvre, qu'il publie immédiatement dans le catalogue de sa collection en 1851 (sans numéro) sous le titre *Mare et clairière au printemps – Étude d'arbres dans la forêt de Fontainebleau.* Il s'agit probablement du n° 37 de la vente, *Clairière au printemps*, aujourd'hui connu sous le titre de *La Mare.*

La question du titre et de la localisation n'est pas aisée à trancher dans l'œuvre de Théodore Rousseau. Les mares comptent parmi ses sujets de prédilection, pour leur capacité à faire jouer les reflets de la lumière et de l'eau avec les atmosphères incertaines des marais où il aime peindre. Le tableau est généralement daté dans l'œuvre de Rousseau autour de 1840 ; on trouve aussi bien à cette époque des vues du Berry que de Bourgogne, des Landes ou de Fontainebleau, peuplées de mares et de troupeaux s'abreuvant. Le titre générique actuel permet de s'affranchir de ces questions somme toute accessoires, pour ne retenir que l'essentiel. Comme l'exprime l'artiste lui même dans une lettre à Théophile Gautier : « [...] qu'est-ce que l'art a à faire avec tout cela ? Viendra-t-il jamais d'ailleurs que d'un petit coin ignoré ou un homme scrute les mystères de la nature, bien convaincu que la solution qu'il en retire, et qui lui est bienfaisante, l'est aussi pour l'humanité ? » S.A.

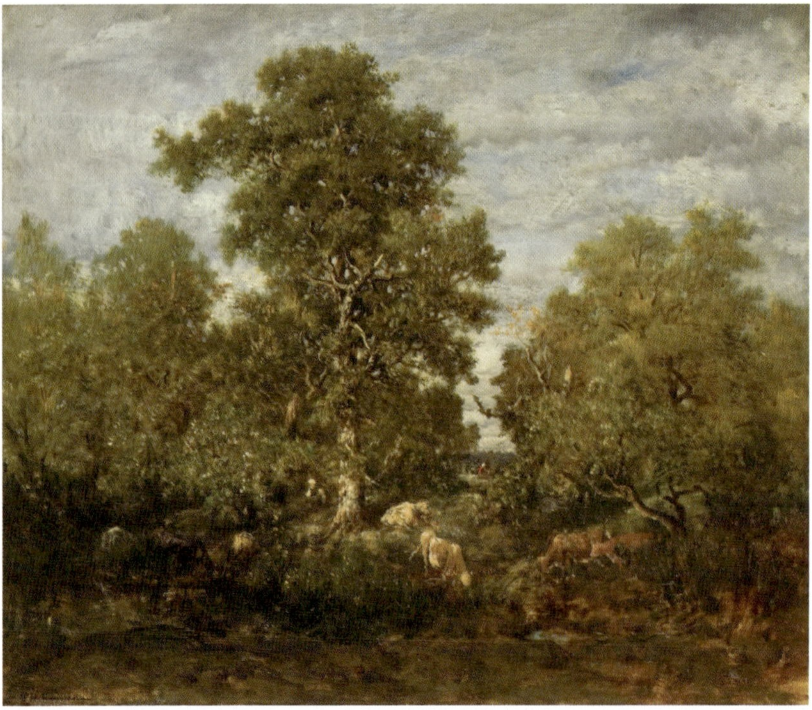

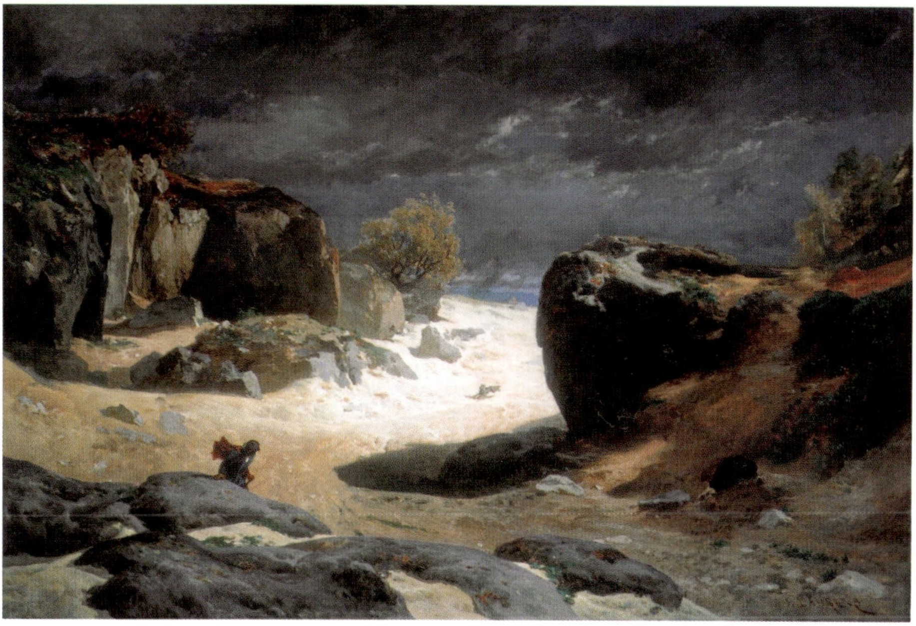

134
JULES-JOSEPH AUGUSTIN LAURENS (Carpentras, 1825 – Saint-Didier (Vaucluse), 1901)
Le Chemin des sables à Fontainebleau – effet d'orage
Salon de 1869 • Huile sur toile • 95 × 144 cm • Signé en bas droite : *J. Laurens* • Collection Alfred Bruyas ; legs Bruyas, 1876, inv. 876.3.54

Candidat malheureux pour le prix de Rome, Laurens voyage en Orient dans la suite de l'ingénieur François-Xavier Hommaire de Hell, chargé d'une mission scientifique pour le gouvernement (1846-1849). À son retour en 1849, il offre à son ami, le collectionneur Alfred Bruyas, un burnous comme en témoigne la célèbre effigie due au pinceau d'Auguste Glaize (musée Fabre). *Le Chemin des sables à Fontainebleau* montre la fidélité de Bruyas à l'art de Laurens, en compagnie duquel il avait peut être visité la forêt de Fontainebleau et Marlotte durant l'hiver 1849-1850. Par sa poésie inquiète et tourmentée, le tableau devait naturellement captiver le collectionneur. Le tableau montre le ciel soudainement obscurci par de gros nuages d'orage alors que les derniers rayons de lumière s'échappent de l'horizon et illuminent le sentier sablonneux entre de gros rochers. Le sentiment d'impuissance, comme l'imminence du drame, sont admirablement traduits par la silhouette de l'homme penché, à gauche, écharpe au vent, une main posée sur le rocher, et le chien bondissant au centre dans un rai de lumière. Le traitement par larges aplats colorés bruns roux et gris bleutés, les formes dénudées, les ombres menaçantes, la traînée de cobalt hachurée de gris à l'horizon participent aussi à cette impression de drame universel et d'enfermement. Ce parti pris radical comme l'utilisation du thème de l'orage distingue Laurens des autres peintres de Barbizon, chantres d'une forêt consolatrice et enveloppante, et le rapproche plutôt du naturalisme puissant et préromantique d'un Georges Michel. M.H.

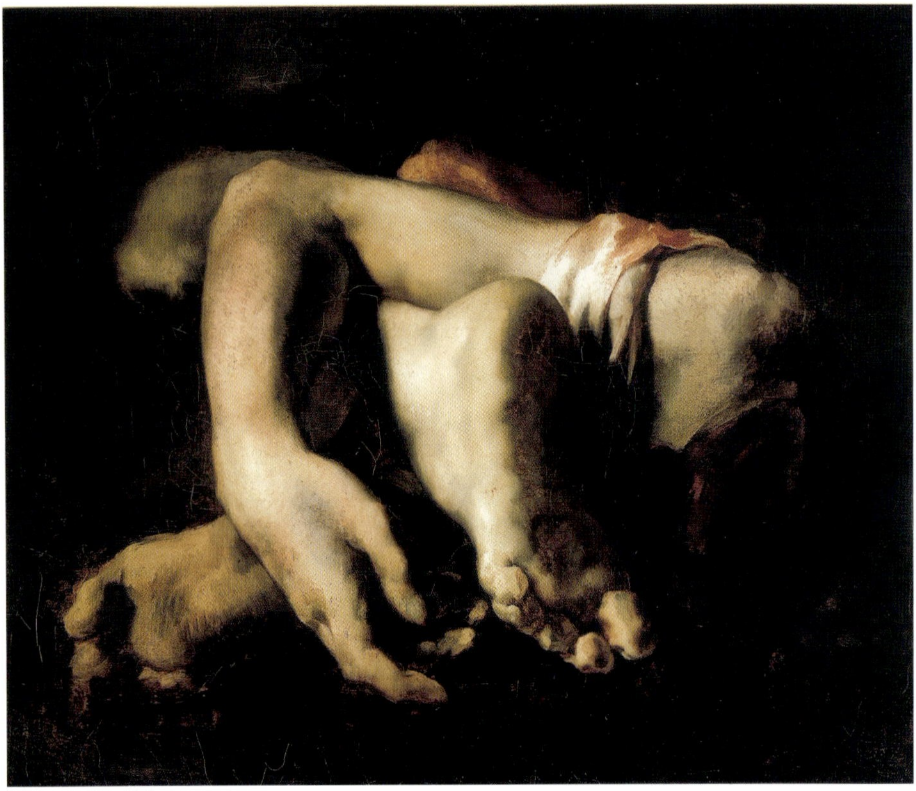

135
THÉODORE GÉRICAULT (Rouen, 1791 – Paris, 1824)

Étude de pieds et de main

Vers 1817-1819 • Huile sur toile • 52 × 64 cm • Legs Alfred Bruyas, 1876, inv. 876.3.3

Cette magistrale étude appartient à la série de fragments de cadavres que Géricault réalisa durant l'hiver 1818-1819 au cours de l'élaboration du *Radeau de la Méduse* (Salon de 1819, Louvre). Comme on sait, la *Méduse*, frégate de la marine royale, fit naufrage le 2 juillet 1816 au large du cap Blanc. Près de cent cinquante personnes, pour l'essentiel des militaires, s'entassèrent sur un radeau de vingt mètres sur sept et dérivèrent pendant treize jours. Le 17 juillet, le brick *Argus* apparut et sauva la quinzaine de rescapés. Afin de s'imprégner de l'horreur de ce drame qui obligea certains survivants à se livrer à des scènes de cannibalisme, Géricault fit venir à son atelier certains morceaux d'anatomie, vraisemblablement procurés par des carabins de l'hôpital Beaujon, proche de l'atelier : deux jambes vues par les pieds et un bras avec la clavicule, un linge maculé de sang recouvre partiellement l'épaule. Les puissants effets du clair-obscur, la facture large et nourrie, le cadrage rapproché, l'harmonieuse imbrication des formes procurent chez le spectateur une sorte de trouble attirance, mélange de volupté et de répulsion. Stimulé par l'exemple de Michel-Ange (admiré en Italie) et de son contemporain Gros, Géricault parvient avec une « verve peu commune » à régénérer la peinture française en ouvrant directement la voie à la modernité en peinture. C'est ce que proclame magistralement le tableau de Montpellier dont le réalisme funèbre malmène sans retour les canons du beau idéal.

M.H.

FERDINAND VICTOR EUGÈNE DELACROIX (Charenton-Saint-Maurice, 1798 – Paris, 1863)

Portrait d'Aspasie — Aline la mulâtresse

Vers 1824 • Huile sur toile • 81 × 65 cm • Don Bruyas, 1868, inv.868.1.36

Une grande confusion a longtemps persisté autour du titre de ce tableau que Théophile Silvestre, biographe du peintre et rédacteur du catalogue de la galerie Bruyas, avait baptisé *Aline la mulâtresse*. Lee Johnson en a désormais rétabli le titre original, *Aspasie*, du nom d'un modèle « célèbre dans les ateliers de Paris », et la date d'exécution autour de 1824. Cette datation précoce est confirmée par un examen radiographique récent révélant sous la couche picturale le profil d'Henri IV, tel que Delacroix l'a peint dans *Henri IV confiant la Régence à Marie de Médicis* (Los Angeles, County Museum of Art), provenant de la série de copies faites à partir des Rubens du Louvre.

Delacroix n'a à cette date jamais quitté la France. Plus tard, il préférera l'Angleterre (1825) au traditionnel voyage d'Italie, puis dès que l'occasion se présentera, l'Orient (Algérie, Maroc, 1832). Ce désir d'exotisme se manifeste déjà dans les grandes compositions tels *Les Massacres de Scio* (1824, Louvre) et *La Mort de Sardanapale* (1827, Louvre). Qu'il s'agisse d'un fait d'actualité (la lutte de la Grèce pour son indépendance) ou d'illustrer Hérodote, le thème lui fournit prétexte à dépeindre les costumes grecs, souliotes, turcs, un bric-à-brac d'accessoires orientaux, sans-compter les odalisques. Comme en témoigne la préface des *Orientales* de Victor Hugo en 1829, « l'Orient, soit comme image, soit comme pensée, est devenu, pour les intelligences autant que pour les imaginations, une sorte de préoccupation générale ». Le XIXe siècle, qui naît dans les campagnes de Bonaparte et Kléber en Égypte et Syrie (1798-1801), est en effet celui de tous les Orients fantasmés, et la peinture « orientaliste » devait étirer avec complaisance ces thèmes que Delacroix a toujours traités avec autant de dignité que la peinture d'histoire.

L'œuvre est superbe, de présence charnelle et d'intensité. Venue d'un jet, elle est laissée définitivement à l'état d'esquisse (la robe est brossée à grands traits), comme si toute finition supplémentaire pouvait en amoindrir la qualité. C'est avec la même force que sont traitées la peau et la lumière tout ensemble, par une série de touches vibrantes. Contrairement aux deux autres portraits du même modèle (Zurich, collection Feilchenfeldt), la pose n'est pas sage : la chevelure est dénouée, les épaules dénudées, l'expression a perdu son ingénuité, les bras suggèrent un mouvement arrêté, une relation physique entre le peintre et son modèle, que Delacroix confesse dans son journal en mai 1824. Si *Aspasie* ne fut pas la seule femme de couleur à poser pour lui (*Femme au turban bleu*, Philadelphia Museum of Art), elle reste à bien des égards exceptionnelle aux yeux de l'artiste, qui conserva ce tableau dans son atelier jusqu'à sa mort.

S.A.

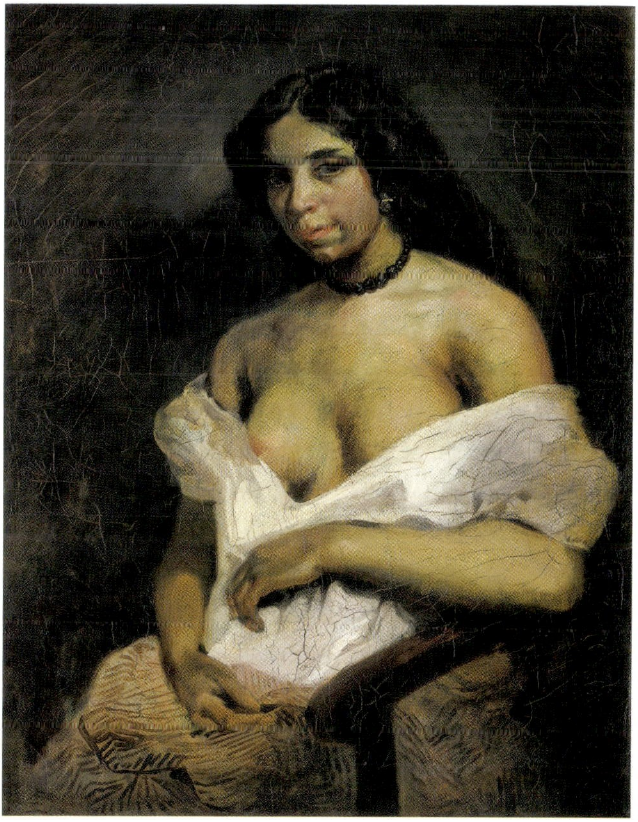

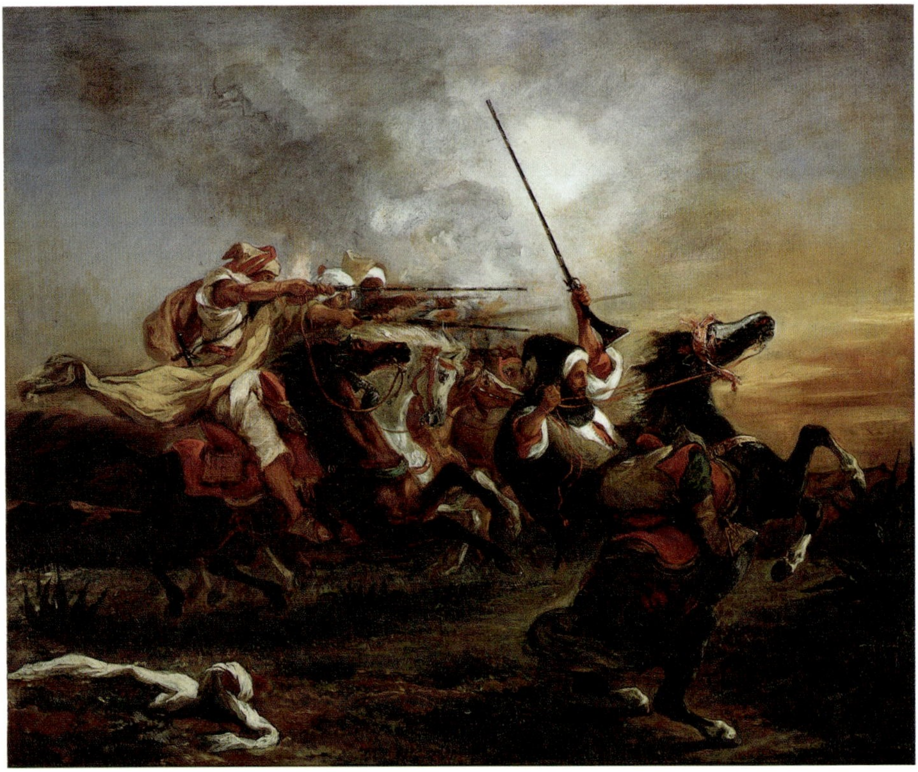

137
FERDINAND VICTOR EUGÈNE DELACROIX (Charenton-Saint-Maurice, 1798 – Paris, 1863)

Exercices militaires des Marocains

1832 • Huile sur toile • 60 × 73 cm • Signé daté au centre : *Eug. Delacroix / 1832* • Don Alfred Bruyas, 1868, inv. 868.1.37

Le tableau de la collection Bruyas constitue l'un des plus beaux témoignages de l'art de Delacroix directement sous l'emprise du voyage au Maroc en 1832. Au cours de ce séjour, Delacroix fut plusieurs fois le témoin, principalement sur le trajet de Tanger à Meknès, de ces cavalcades d'Arabes appelées courses de poudre ou fantasias : hissés sur leurs étriers, hurlants et fougueux ces cavaliers émérites tiraient en l'air à une vitesse vertigineuse. Le comte de Mornay signale dans sa correspondance (23 mars 1832) ces exercices réservés aux plus grandes solennités et ajoute : « Ces marques de considération ne sont pas sans danger pour les chrétiens qui les reçoivent, car les Maures se plaisent à leur tirer au visage pour voir s'ils se laissent effrayer. » Selon son habitude, l'artiste fit plusieurs dessins de ces spectacles fugitifs et frappants qui devaient servir à raviver sa mémoire, une fois rentré en France. De fait, une aquarelle terminée à Toulon et conservée au Louvre montre une composition similaire mais inversée et plus détaillée avec, en particulier, l'indication des remparts de Meknès. Un passage des notes prises par Delacroix peut directement être mis en relation avec notre tableau (6 mars 1832) : « La tribu nous suivant ; désordre, poussière, précédé de cavalerie. Courses de poudre, les chevaux dans la poussière, le soleil derrière. Les bras retroussés dans l'élan. » La composition sobre et efficace mêle dans un élan unitaire les cavaliers volants faisant irruption par la gauche en désignant une grande ligne horizontale que vient rompre la diagonale dynamique de la monture fougueuse au premier plan à droite. La touche nerveuse, tantôt fluide ou au contraire pleine d'empâtements savoureux, la splendeur de la palette qui égrène quelques touches de couleurs, jaune, rouge sans oublier le blanc crémeux sur la masse des noirs profonds, le ciel fuligineux participent encore de la sensualité et de l'énergie indomptable du maître incontesté de l'école romantique. M.H.

FERDINAND VICTOR EUGÈNE DELACROIX (Charenton-Saint-Maurice, 1798 – Paris, 1863)

Femmes d'Alger dans leur intérieur

1849 • Huile sur toile • 85 × 112 cm • Signé en bas à gauche : *Eug. Delacroix* • Don Alfred Bruyas, 1868, inv. 868.1.38

Avec l'achat, en 1850, de ce chef-d'œuvre présenté au Salon l'année précédente, Bruyas acquit une réputation et une stature nouvelle. On ne connaît pas exactement les circonstances qui poussèrent l'artiste à s'emparer à nouveau de ce thème qui avait fait sensation lors du Salon de 1834 avec la célèbre toile aujourd'hui conservée au Louvre. L'artiste, frustré dans son désir d'observation des femmes musulmanes put enfin, lors du voyage de retour du Maroc, en juin 1832, pénétrer à l'intérieur du harem de l'ancien raïs du dey d'Alger. Le peintre se montre fasciné par la beauté des femmes et la richesse du décor : « C'est beau, note-t-il dans son *Journal*, c'est comme au temps d'Homère ! La femme dans le gynécée s'occupant de ses enfants, filant la laine en brodant de merveilleux tissus. C'est la femme comme je la comprends ! » De cette visite, Delacroix rapporta un riche matériel de dessins et d'aquarelles dont il se servit pour l'exécution des deux versions. Le tableau de Bruyas, de format plus réduit, conserve le même nombre de figures mais en accentue l'effet théâtral grâce à la servante à droite, à contre-jour, qui soulève un lourd rideau laissant passer la lumière venant de la droite. Delacroix simplifie le décor et rééquilibre la scène qui apparaît plus statique et classique. Avec le recul du temps, Delacroix offre une évocation sublimée par le rêve de la scène vue une quinzaine d'années auparavant. Une lumière chaude et irréelle nimbe les êtres et les objets d'un délicat *sfumato* à la manière de Corrège comme le nota Bruyas. Les femmes, peu différenciées, semblent plonger dans une sorte de torpeur méditative et comme l'écrivit Baudelaire dans son *Salon de 1846* à propos de la première version : « Ce petit poème d'intérieur, plein de repos et de silence [...], nous guide assez vite vers les limbes insondés de la tristesse. »

M.H.

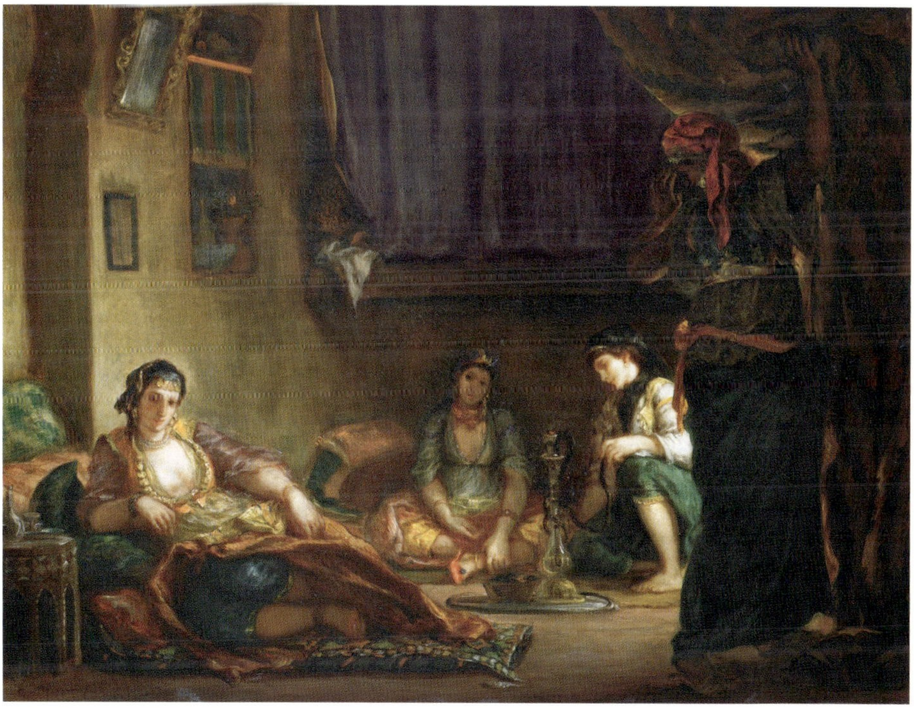

139

FERDINAND VICTOR EUGÈNE DELACROIX (Charenton-Saint-Maurice, 1798 – Paris, 1863)

Michel-Ange dans son atelier

1849-1850 • Huile sur toile • 41 × 33,5 cm • Signé en bas à gauche : *Eug. Delacroix* • Don Bruyas, 1868, inv. 868.1.40

Si l'époque néoclassique a mis à l'honneur les sujets tirés de l'histoire antique, le XIXe siècle, par réaction, s'intéresse aux époques médiévales et modernes. La vie des grands artistes devient une source d'inspiration pour les peintres et les sculpteurs, assurés de piquer la curiosité des spectateurs tout en se plaçant sous un patronage prestigieux. Les anecdotes tirées de la vie du Poussin, de Léonard, de Raphaël, de Titien deviennent des poncifs du Salon, au rythme des modes et des redécouvertes en histoire de l'art.

Le recours à la figure de Michel-Ange est caractéristique des contradictions de l'époque : classique par son admiration pour l'antique, romantique par son goût de la solitude et son génie tourmenté, Michel-Ange est alternativement revendiqué par l'une ou l'autre des écoles qui s'affrontent tout au long du siècle. Il est vers 1830 une icône romantique, par opposition à Raphaël, champion de l'école classique, puis revendiqué en 1850 par le très académique Gérôme, qui représente le vieux maître devenu aveugle palpant le *Torse* du Belvédère, tandis qu'en 1902, Rodin incarne avec son *Penseur* un Michel-Ange moderne.

Bien qu'il n'ait jamais accompli de voyage en Italie, Delacroix se montre très préoccupé de la figure de Michel-Ange à qui il consacre en 1830 un article dans *La revue de Paris* : « Je me le figure à une heure avancée de la nuit, pris de peur lui-même au spectacle de ses créations, jouissant le premier de la terreur secrète qu'il voulait inspirer dans les âmes. [...] J'aime encore à l'imaginer dans ces moments où, fatigué de n'avoir pu arriver par la peinture à la sublimité de ses idées, il essayait, dans l'inquiétude de son esprit, d'appeler à son secours la poésie. C'était alors l'expression d'une mélancolie profonde, ou bien son agitation, son effroi en pensant à la vie future : les regrets du bel âge, la crainte de l'obscur et affreux avenir. »

Parvenu à la cinquantaine, Delacroix réalise en 1847 le tableau du musée Fabre, qui nous montre Michel-Ange dans son atelier, travaillant au *Moïse*, dont on aperçoit le pied, et à la *Vierge* de la chapelle Médicis. Désabusé, ayant abandonné ses outils, le sculpteur est campé dans l'attitude propre à la Mélancolie, cette expression du génie tourmenté. L'incapacité de Michel Ange à achever ses œuvres, son aptitude au doute, l'exigence intellectuelle de ses projets, sont autant de traits communs à la personnalité de Delacroix, qui sans nul doute, s'identifie ici au grand maître florentin, qu'il affuble de son propre cache-nez.

Alfred Bruyas, qui achète le tableau en 1854, ne pouvait manquer de se reconnaître à travers l'expression de ces deux grandes personnalités. Lui que Delacroix avait représenté en 1853 dans une pose comparable à celle du Michel-Ange, connaissait pareillement des moments d'abattement face aux difficultés de son entreprise, la création d'une galerie de tableaux qui reflèterait les aspirations de son époque.

S.A.

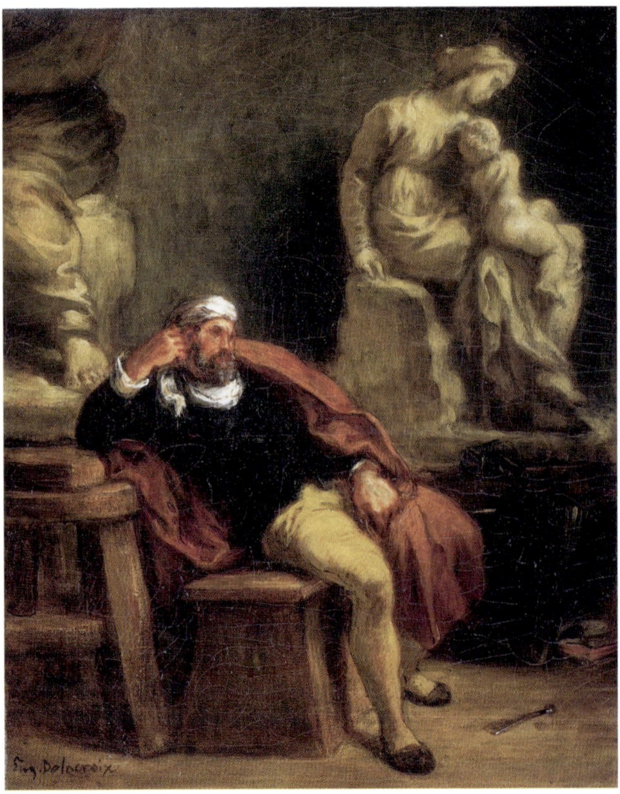

FERDINAND VICTOR EUGÈNE DELACROIX (Charenton-Saint-Maurice, 1798 – Paris, 1863)

Portrait d'Alfred Bruyas

1853 • Huile sur toile • 93 × 74 cm • Signé daté en bas à droite : *E. Delacroix, 1853* • Don Alfred Bruyas, 1868, inv. 868.1.41

Le portrait tient une place essentielle dans l'activité de Bruyas collectionneur et cette propension égotique lui valut de nombreuses railleries. Il prit la peine d'organiser sa défense sur ce point, par l'intermédiaire du critique Théophile Silvestre, pour qui « [Bruyas] ne s'est condamné à poser tant de fois devant eux [les peintres] qu'afin d'arriver à bien juger, par cette série d'observations personnelles, l'art et les artistes contemporains. Réalisée à force de constance et de sacrifice, [son idée] l'a fait d'abord l'unique sujet, puis le meilleur juge de ce piquant et rare concours par lui seul provoqué » (*Galerie Bruyas*, 1876).

De tous ces portraits, bien des indices désignent celui de Delacroix comme le favori du collectionneur : il fut choisi comme seule et unique représentation de Bruyas parmi les vingt-cinq sujets lithographiés par Laurens, et le peintre Edouard Marsal en exécuta une copie en réduction que Bruyas transmit à sa sœur (Montpellier, musée Fabre). On connaît également une série de photographies qui nous montrent Bruyas dans un costume et une pose analogue, « rejouant » *a posteriori* la scène du tableau.

L'obtention de ce portrait par Delacroix – le dernier qu'il réalisa –, fut en effet une très grande victoire ; en 1853, Bruyas était encore ce jeune provincial, établi depuis peu à Paris, que ses interventions dans le monde artistique commençaient à signaler. Delacroix était intrigué par cet amateur, qu'il avait déjà croisé lors d'une cure dans les Pyrénées en 1845, et qui lui évoquait Hamlet, personnage dont il était alors fort préoccupé.

Delacroix ne s'étend guère dans son *Journal* sur les séances de pose, mais Silvestre lui prête de façon plausible ces propos : « Quelle complication de nerfs, de bronchite et de fièvre ! J'ai moi-même de tout cela. Mais qu'il est atteint ! À sa petite toux sèche et violente, je crains de lui voir rendre l'âme dans son mouchoir. » Le peintre semble en effet plein d'empathie pour son modèle, dont il livre probablement l'image la plus fine : un homme souffrant, dont le manteau enveloppant et les bras retombants disent la lassitude ; une distinction naturelle, que la pose négligée n'amoindrit pas ; un fils prodigue dont les bagues, broches, chaînes, ostensiblement montrées, signalent la richesse ; un être mélancolique dont le regard intériorisé trahit l'inquiétude existentielle.

Ce portrait devait longtemps hanter Van Gogh qui, après l'avoir découvert au musée Fabre en 1888, écrivait à son frère Théo : « Brias (*sic*) était un bienfaiteur d'artistes et je ne te dirai que ceci. Dans ce portrait de Delacroix, c'est un monsieur à barbe, cheveux roux, qui a bigrement de la ressemblance avec toi ou moi et qui m'a fait penser à cette poésie de Musset... partout où j'ai touché terre, un malheureux vêtu de noir auprès de nous venait s'asseoir, qui nous regardait comme un frère. »

S.A.

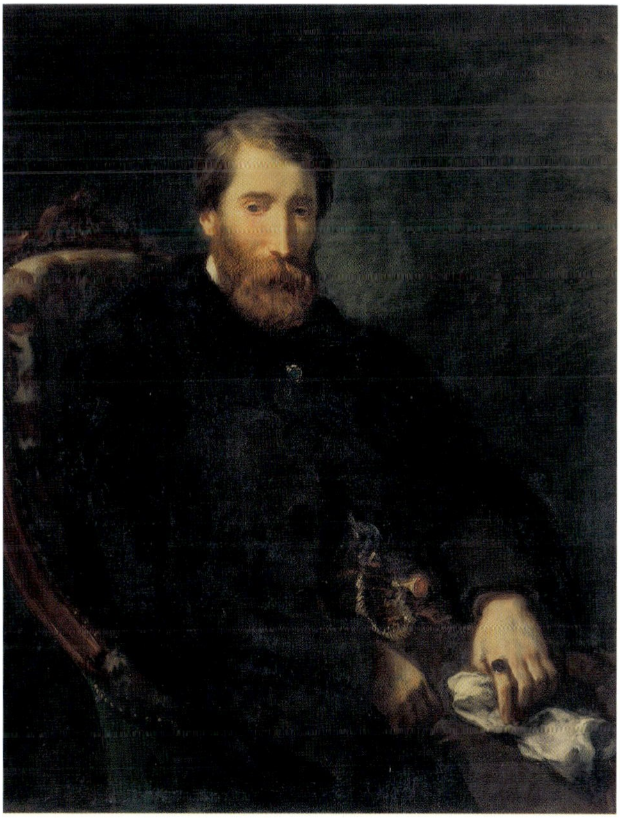

141

FERDINAND VICTOR EUGÈNE DELACROIX (Charenton-Saint-Maurice, 1798 – Paris, 1863)

Vue de la plage et des falaises d'Étretat

Aquarelle, un trait à la mine de plomb • 15 × 19 cm • Legs Alfred Bruyas, 1876, inv. 876.3.102

Delacroix découvrit les beautés de la côte normande grâce à ses nombreux passages chez son cousin Bataille à Valmont, près de Fécamp. « Séjour de paix et d'oubli du monde entier », cette retraite offrait à l'artiste un lieu idéal pour se reposer de Paris et élaborer ses grandes commandes officielles. Au cours de cette villégiature, il eut à maintes occasions l'opportunité d'admirer le paysage des falaises d'Étretat ; sans doute séduit par cette âpre et grandiose architecture de craie, il devait en donner plusieurs études et aquarelles.

Cette vue prise de la porte d'Amont, à marée basse, ne peut être datée avec certitude, mais un passage du *Journal* de l'artiste du 18 octobre 1849 relate une excursion en mer au large de Fécamp et situe, si ce n'est la chronologie de cette œuvre, du moins l'état d'esprit et les sentiments de l'artiste devant ce paysage : « Le sol sous cette arche étonnante, semblait sillonné par les roues des chars et semblait les ruines d'une ville antique. Ce sol est ce blanc calcaire dont les falaises sont entièrement faites. Il y a des parties sur les rocs qui sont d'un brun de terre d'ombre, des parties très vertes et quelques-unes ocreuses. » Explorant la décomposition chromatique du paysage, Delacroix donne ici une aquarelle où palpite la densité de l'air et de l'eau et, avec cette manière très libre d'un dessin pris sur le vif, il témoigne de sa sensibilité pour ces vues de la nature qui annoncent déjà la peinture impressionniste.

Ami de l'artiste, le critique Théophile Sylvestre conseilla en 1874 à Alfred Bruyas l'acquisition de cette œuvre qui lui inspira ces réflexions : « Dans le ciel solitaire, d'une pureté absolue et d'une légèreté sans fonds, on entendrait non seulement l'aile d'une mouette mais le bourdonnement d'un insecte [...]. L'effusion lumineuse n'a même pas de soubresauts tout le long de cette falaise abrupte, dont la croûte terrestre et le gazon rôti semblent à la fois un chaume de cabane et une peau de bête fauve. » J.F.

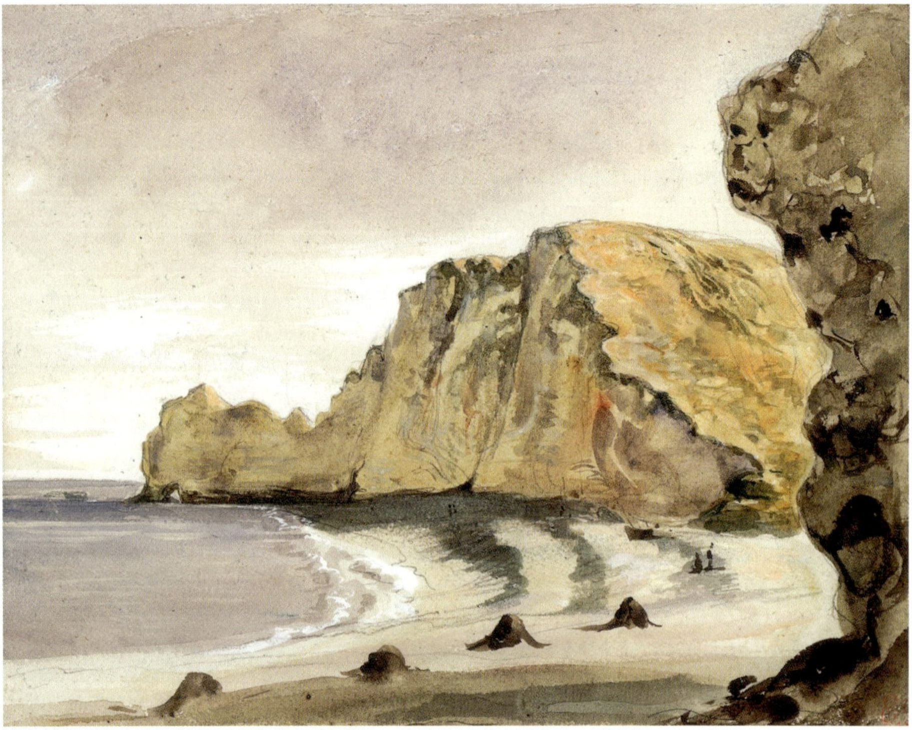

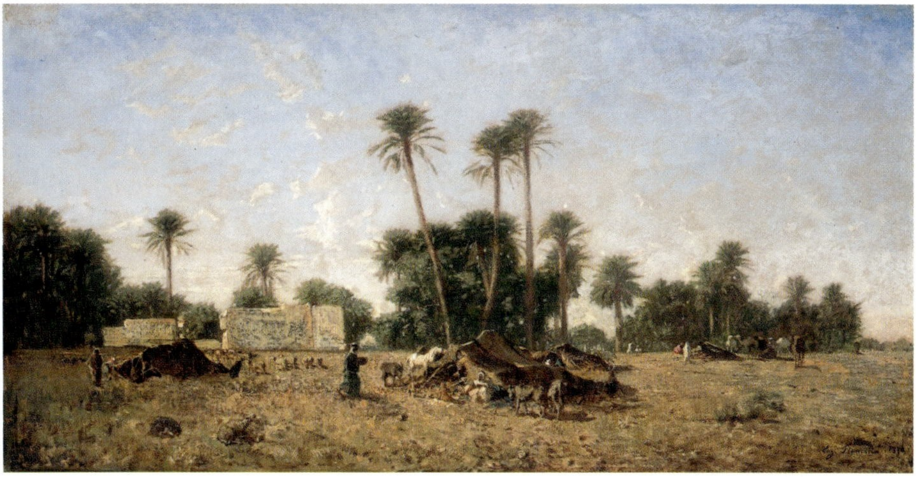

142
EUGÈNE FROMENTIN (La Rochelle, 1820 – La Rochelle, 1876)

Tentes de la smalah de Si-Hamed-Bel-Hadj, Sahara

1850 • Huile sur toile • 44,3 × 85,2 cm • Signé daté en bas à droite : *Eug. Fromentin, 1850* • Don Alfred Bruyas, 1868, inv. 868.1.47

Parti au printemps 1846 en Algérie pour assister au mariage d'un ami, Eugène Fromentin reçoit véritablement le choc de ce pays : au Salon de 1847, il montre deux toiles qui résument son émotion : *Vue des gorges de la Chiffa* et *Une mosquée près d'Alger*. Conscient des trésors immenses que recèle ce pays et persuadé de l'ignorance des Occidentaux à son égard, il y retourne en septembre 1847 avec deux amis et y demeure jusqu'à la fin du printemps 1848. Il visite l'oasis de Biskra et entreprend une expédition, sous la direction d'un autochtone Si-Hamed-Bel-Hadj, qui est l'occasion pour Fromentin de s'immerger véritablement dans la vie nomade qui le fascine. Certes, Fromentin, aventuré dans ce Sud profond, encore rebelle à l'occupation française, cherche à documenter de façon fidèle son expérience mais tout à l'enchantement de sa vision, il se laisse emporter par l'émotion. Pour cela il a recours à des procédés de composition simples : division de l'espace en deux bandeaux de couleur, la terre, le ciel, avec à leur point de jonction la frise des arbres et les constructions sommaires sur la gauche. L'ocre calciné de la terre semble se dissoudre dans les vapeurs blanchâtres et mauves du ciel immense saturé de chaleur. La touche mouchetée qui dissout volontairement les contours maintient littéralement en fusion toute la surface du tableau. Ce décor immuable, implacable et angoissant contraste avec l'activité des hommes et des animaux contraints à d'incessants déplacements pour assurer leur subsistance selon le mode de vie nomade. Fromentin, par peur ou par respect, les observe de loin, renonçant à toute tentation de pittoresque ou de séduction. La chose vue se transforme en vision.

M.H.

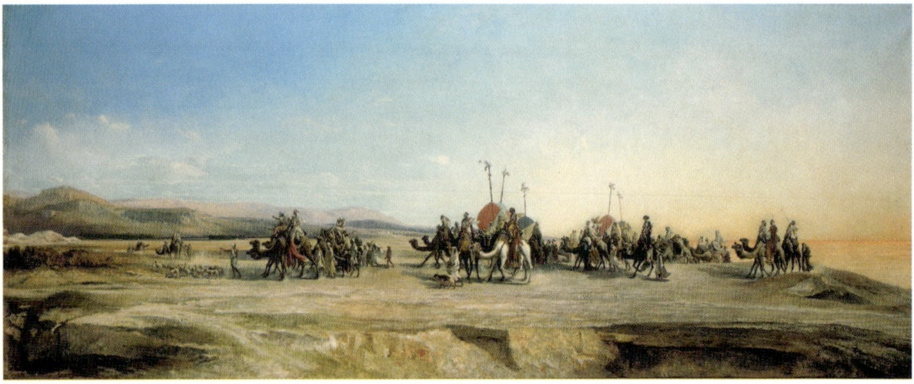

143
JEAN-JOSEPH BELLEL (Paris, 1816 – Paris, 1898)

Nezla d'Ouargla, à la recherche d'un campement (Sahara algérien)

Salon de 1859 • Huile sur toile • 121,5 × 296,5 cm • Signé daté en bas à droite : *J.J Bellel 1859* • Dépôt de l'État, 1859, inv. D 859.1.1

Élève du peintre paysagiste Justin Ouvrié de 1832 à 1835, Bellel débute au Salon de 1836 et y participe régulièrement jusqu'en 1891, avant de cesser de peindre à l'âge de 77 ans pour cause de cécité. Inscrit à l'École des beaux-arts en 1845 dans la classe de François-Édouard Bertin, il échoue au prix de Rome dans la catégorie du paysage historique. Cette formation, toute classique, le conduit logiquement vers l'Italie, qu'il visite en 1844 et dont il devient l'un des meilleurs descripteurs.

Pèlerinage obligé des peintres, tant pour son rôle fondateur dans la civilisation européenne que pour le « dépaysement » éprouvé par des générations de voyageurs, l'Italie se voit supplantée au XIXe siècle par la Grèce, l'Espagne, le Maghreb, l'Asie Mineure, nouvelles destinations qui conservent aux yeux des peintres une même noblesse antique, mais leur proposent aussi un folklore très nouveau. Le cas de Bellel est exemplaire de ce décentrement : ami du peintre orientaliste Marilhat, il se rend en Algérie en 1856, année où Eugène Fromentin publie *Un été dans le Sahara*.

Au Salon de 1859, le renversement est consommé et Théophile Gautier note ironiquement que « le Sahara voit maintenant se déployer autant de parasols de paysagistes qu'autrefois la forêt de Fontainebleau ». Devant *La Nezla d'Ouargla*, il regrette la métamorphose de Bellel en chantre du Sud algérien : « La valeur du peintre est la même; mais l'aveuglante clarté de l'Orient éblouit son regard si ferme. Il n'est pas resté assez longtemps en Afrique pour s'y acclimater. D'ailleurs, la véritable patrie de son talent est la nature du Poussin et du Guaspre [*i.e.* l'Italie]. »

Nezla est une petite localité du Sud Sahara, à proximité d'Ouargla, un carrefour important et historique pour les caravanes commerciales et les nomades reliant l'Afrique noire, les pays arabes à l'Afrique du Nord. C'est donc l'instant où la caravane cherche à s'établir que Bellel dépeint, avec beaucoup de verve et de pittoresque : « La caravane erre avec tout son bagage, ses tentes pliées, ses *atatiches* renfermant les femmes, ses ustensiles, et son butin chargé à dos de chameau, dans la plaine immense, dessinant sa silhouette bizarre entre le terrain pâle et le ciel clair, soulevant sous ses pas une poussière blanche » (*ibidem*). Faut-il regretter, avec Gautier, la conversion du peintre ? Sa méharée est-elle si peu digne de ses études classiques ? La qualité des détails, la noblesse des attitudes, les étoffes claquant au vent, la composition en frise, l'ordonnance solennelle de la troupe ne peuvent manquer de rappeler le mot de Fromentin qui, fasciné par une semblable scène, avait au contraire conclu : « C'était aussi beau qu'un bas-relief antique. »

S.A.

144

ANTOINE-LOUIS BARYE (Paris, 1796 – Paris, 1875)

Thésée combattant le Minotaure

1874 (1re édition 1857) • Bronze • Avec socle en bois : 46 × 33 × 18 cm • Signé sur la terrasse : *Barye* • Legs Bruyas, 1876, inv. 876.3.72

Thésée, l'un des plus grands héros grecs, prend part à un nombre considérable de légendes, au premier rang desquelles celle du Minotaure. Fruit monstrueux des amours contre nature de Pasiphaé, reine de Crète, et d'un taureau, présent de Poséidon, le Minotaure est tenu à l'abri des regards dans un labyrinthe conçu par le fameux architecte Dédale. Minos, roi de Crète, lui livre chaque année le tribut qu'il exige d'Athènes, composé de sept jeunes hommes et sept jeunes femmes. Fils d'Égée, le roi d'Athènes, Thésée demande à être choisi pour mettre fin à cette hécatombe. Avec la complicité d'Ariane, la fille de Minos qu'il a séduite, il tue le monstre et ressort sans peine du labyrinthe grâce à un écheveau de fil déroulé sur son chemin.

Le combat de Thésée et du Minotaure est un thème traité par les artistes depuis la plus haute Antiquité : on le trouve très fréquemment sur les coupes à figures, et le musée du Louvre conserve un fragment d'un torse de Minotaure du Ier-IIe siècle après J.-C., copie d'un original du sculpteur grec Myron. À l'époque moderne, Barye est précédé par Canova, qui compose vers 1781-1783 un imposant marbre sur ce sujet (Londres, Victoria and Albert Museum), tandis qu'Etienne-Jules Ramey livre en 1821 un *Thésée terrassant le Minotaure* (Paris, jardin des Tuileries). Tous deux campent le héros en vainqueur d'un Minotaure défait, gisant au sol. Au contraire, Barye choisit de représenter le moment du combat, qu'il restitue avec un puissant réalisme : le détail des griffes du monstre, labourant la chair de Thésée en est un brillant exemple.

Barye s'efforce cependant de suivre avec fidélité la tradition grecque, en particulier pour la figure du héros dont la coiffure est inspirée des céramiques antiques. De même, le détail de l'épée appartient aux plus anciennes représentations de la légende, sur les céramiques attiques du VIe siècle avant notre ère. Si Barye ignore la version d'Apollodore, selon laquelle Thésée, désarmé puisque captif, tue le monstre à coup de poings, il refuse également les interprétations postérieures, que suit Canova, dotant Thésée d'une massue herculéenne.

Ce recours aux sources les plus classiques n'est cependant pas suffisant pour le jury du Salon de 1843, qui refuse d'accepter le *Thésée*. Le contraste entre modelé du Minotaure, inspiré par les *Boxeurs* de Géricault, et celui de Thésée, dans la droite ligne du style grec archaïque, en est sûrement la cause. Lors de son retour au Salon, en 1850, Barye tient sa revanche en triomphant avec un autre sujet tiré de la vie de Thésée, *Le Centaure et le Lapithe* (Le Puy-en-Velay, musée Crozatier). S.A.

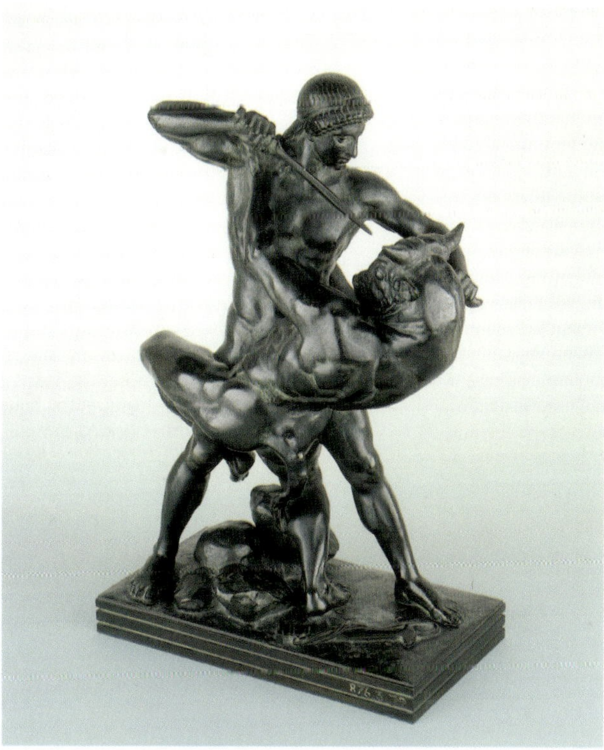

145
ANTOINE-LOUIS BARYE (Paris, 1796 – Paris,1875)

Lion au serpent

1872 (1re édition 1838) • Bronze • 35 × 37 × 20 cm • Signé sur la terrasse : *Barye* • Legs Alfred Bruyas, 1876, inv. 876.3.80

Fils d'orfèvre, Antoine-Louis Barye entre en apprentissage chez un graveur sur métaux dès l'âge de 13 ans, avant d'intégrer en 1816 l'atelier du sculpteur François-Joseph Bosio. Admis en 1818 à l'École des beaux-arts où il suit les cours de peinture du Jean-Antoine Gros, il essuie plusieurs échecs au concours du prix de Sculpture qui lui aurait ouvert les portes d'une carrière officielle. Il gagne sa vie chez l'orfèvre Fauconnier, où ilexécute de petites figurines d'animaux, et où il découvre l'art de la fonderie et de la ciselure, qui fera plus tard sa réputation.

Libre penseur, Barye complète sa formation en suivant les cours d'anatomie dispensés au Muséum d'histoire naturelle ; il devient un familier de la ménagerie du Jardin des Plantes, où il côtoie Delacroix, qui partage sa passion pour les fauves. De 1827 à 1833, les deux artistes travaillent en commun, assistent à des dissections d'animaux morts dont ils tirent une connaissance hors pair de l'anatomie des félins.

Le modèle en plâtre du *Lion au serpent* est exposé au Salon de 1833 où il connaît un franc succès. Louis-Philippe en commande le tirage en bronze, que toute la critique progressiste salue en 1836 : « M. Barye le premier à osé chez nous décoiffer les lions de cette perruque à la Louis XIV dont les statuaires les affublaient [...]; il leur a ôté de dessous les griffes cette grosse boule de marbre si ridicule ; il les a représenté grommelant, hérissés, incultes, secouant leur crinière échevelée et tenant en arrêt sous leur ongle d'airain un serpent gonflé de poison » (Théophile Gautier). Le groupe, placé devant le château des Tuileries, assure le succès de Barye qui en réalise une réduction en 1838, éditée et diffusée pendant toute sa carrière.

L'apport de Barye à la sculpture animalière n'est pas seulement celui d'un naturalisme bien documenté : comme ceux de La Fontaine, ces animaux affrontés et combattants ne manquent pas de nous renvoyer aux passions humaines, et font de Barye un des tous premiers artistes romantiques. C'est sans doute ce qui motive le collectionneur montpelliérain Alfred Bruyas qui, à la fin de sa vie, acquiert auprès de l'artiste pas moins de vingt-trois œuvres. Seul sculpteur présent dans sa collection, Barye apparaît ainsi en nombre et en importance au même rang que Delacroix ou Courbet.

Peu de temps avant sa mort, Bruyas charge le peintre Marsal de prendre un dernier portrait de lui dans son cabinet de travail ; la présence sur son bureau du *Lion au serpent*, du *Lion assis* et de *L'Encrier surmonté d'un hibou* n'est pas fortuite. Bruyas avait le goût de la mise en scène, et il souhaitait laisser de lui l'image de ce vieil homme entouré de fauves, qui apparaissent comme les métaphores des combats d'une vie, menés par un collectionneur passionné. S.A.

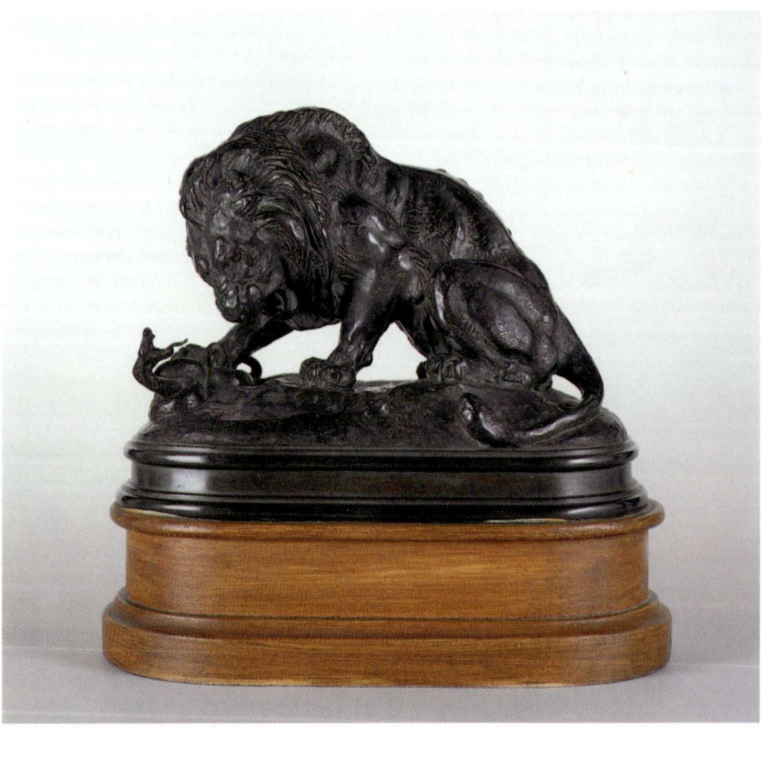

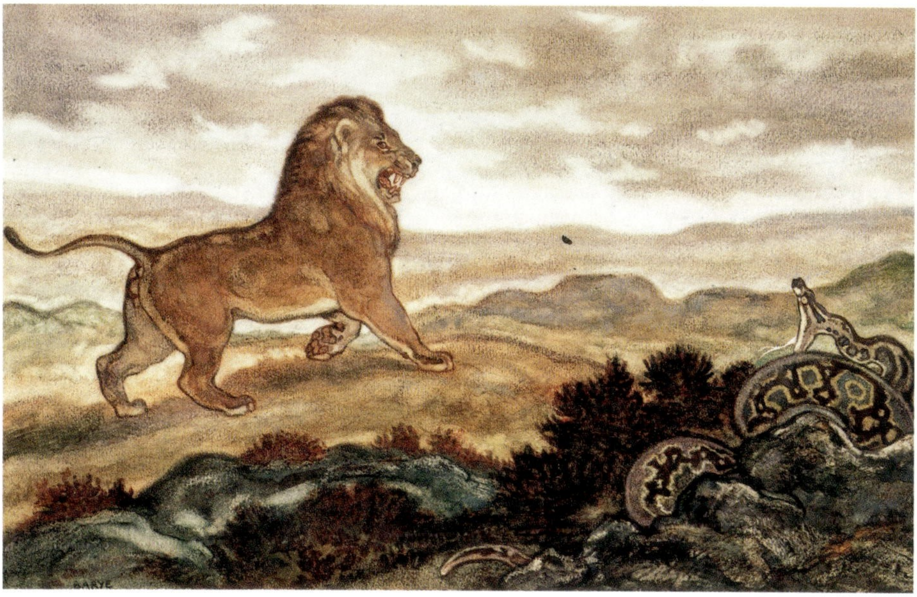

146

ANTOINE-LOUIS BARYE (Paris, 1796 – Paris,1875)

Lion en arrêt devant un python

Aquarelle • 30 × 48 cm • Legs Alfred Bruyas, 1876, inv. 876.3.95

Si le nom de Barye évoque surtout les grands bronzes romantiques de bêtes fauves, le sculpteur se montra un remarquable peintre et dessinateur. Moins connus que ses sujets sculptés, il exposa cependant tableaux et aquarelles dès ses débuts aux Salons de 1831 et 1833. Formé à la peinture autant qu'à la sculpture – il passera par l'atelier de Gros, l'un des plus importants du moment – c'est aussi en compagnie de Delacroix qu'il va dès 1820 à la ménagerie du Muséum dessiner les animaux et étudier sur le vif l'anatomie et l'attitude de ses futurs sujets. Cette étape essentielle à l'élaboration de ses rondes-bosses est aussi un passage obligé dans la réalisation de ses œuvres en deux dimensions qu'il compose en juxtaposant différents croquis et études.

La confrontation du lion et du serpent est un thème cher à l'artiste qui l'aborda dans plusieurs de ses sculptures, et c'est avec une force d'évocation rare qu'il la transpose sur le papier. Bruyas décrivait ainsi la scène : « Le lion, le mufle froncé, les crocs à nu, les muscles tendus et la patte levée, semble affreusement dégoûté ; mais il va bondir sur le monstre car il est un lion. Le boa, à la fois contenu par l'instinct et exaspéré par la peur, n'a dressé que le cou sur son amas d'anneaux, gonflé et palpitant. Fascinant, fasciné, il attend gueule béante, béante à se rompre. » J.F.

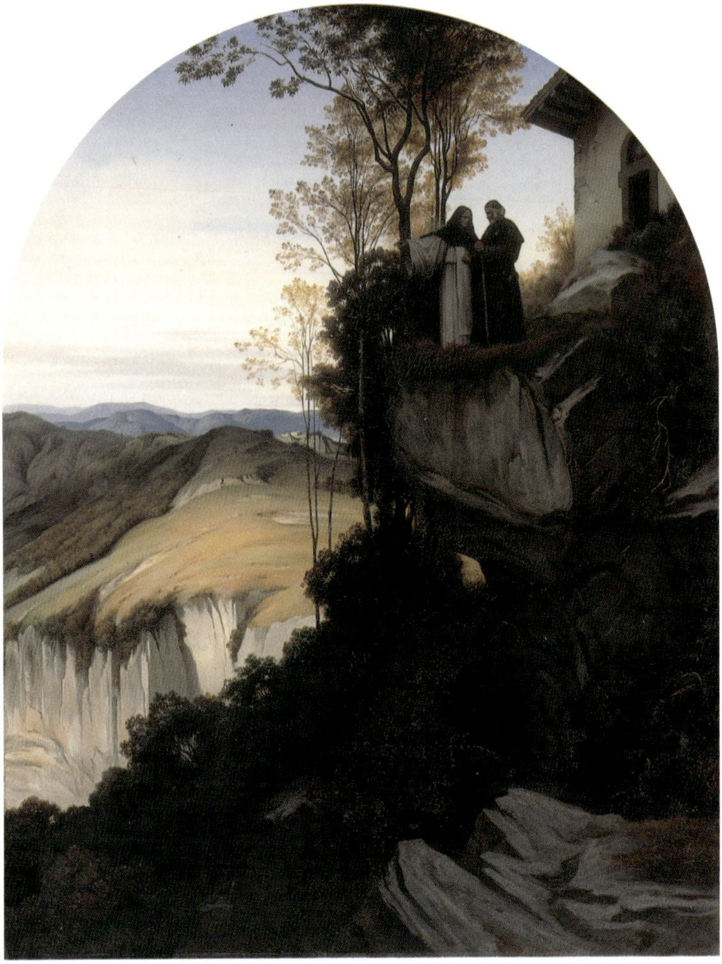

147
FRANÇOIS ÉDOUARD BERTIN (Paris, 1797 – Paris, 1871)

Vue prise dans les Apennins sur le sommet du mont Lavernia

1836 • Huile sur toile • 182 × 142 cm • Signé date en bas à gauche : *Édouard Bertin, 1836* • Dépôt de l'État, 1837, inv. D837.1.1

Fils de Louis-François Bertin, dit Bertin l'Aîné, directeur du *Journal des débats*, Bertin est candidat malheureux au prix de Rome pour le paysage historique de 1821 (remporté par Rémond). Il voyage à ses frais en Italie et se mêle au milieu de la Villa Médicis. Il débute au Salon de 1827 et poursuit sa formation dans l'atelier d'Ingres dont il devient un intime. L'œuvre présentée au Salon de 1836 compte parmi les plus belles réussites de ce paysagiste discret qui sut renouveler la vision de la nature en l'émancipant peu à peu des conventions académiques, en acceptant la tradition mais en cherchant avant tout à rendre la nature pour elle-même. La composition toute en hauteur, dans un format cintré, empruntée aux primitifs qu'il admirait, divise rigoureusement la scène en deux parties : à droite un précipice sombre dominé par un rocher à contre jour sur lequel se tiennent deux religieux en conversation près d'un petit ermitage ; l'un d'eux étend le bras en direction d'un vaste paysage dénudé. La croupe jaune de la terre, les falaises plongeant dans l'abîme, la fine lumière du soir filtrant à travers les feuillages légers et les troncs effilés, le site accidenté, le paisible recueillement des deux hommes procurent à l'ensemble un charme prenant, mélange de grandeur solennelle et de discrète mélancolie.

Toute sa vie, Bertin gardera un souvenir admiratif de ses séjours dans la péninsule et de sa découverte des paysages naturellement construits, austères et nimbés d'une chaude lumière. Face à la montée des tendances naturalistes et réalistes, Bertin est aux côtés de Caruelle d'Aligny, de Flandrin et de Corot l'un des meilleurs défenseurs du paysage idéaliste hérité de Poussin et de Claude Lorrain. M.H.

JOSEPH-DÉSIRÉ COURT [Rouen, 1797 – Rouen, 1865)

Femme à mi-corps, couchée sur un divan

1829 • Huile sur toile • 81 × 66 cm • Signé en bas à droite : *Court*. En bas à gauche : *1829* • Don Bruyas, 1868, inv. 868.1.16

Élève du baron Gros, Joseph-Désiré Court est l'exemple même du peintre de transition, partagé entre l'école de David et celle d'Ingres, entre les héros antiques et les portraits raffinés de ses contemporains. Il est d'abord le peintre des grands formats, tels *La Mort de César*, son coup d'éclat au Salon de 1827 (440 × 540 cm, Arras, musée des Beaux-Arts), ou encore *Boissy d'Anglois saluant la tête du député Féraud* (480 × 810 cm, Rouen, musée des Beaux-Arts). Après ces travaux herculéens, dont la réception est parfois mitigée, Court se limite à l'art du portrait. Il vit de commandes officielles, de la monarchie de Juillet à la cour de Russie (*Le Prince Oldenburg*, Saint-Pétersbourg, musée de l'Ermitage), puis de sa charge de conservateur du musée des Beaux-arts de Rouen à partir de 1853.

Cette *Femme à mi-corps, couchée sur un divan* est bien différente de la formule du portrait de commande ; elle appartient à un genre plus gracieux qui trahit l'intimité du peintre avec son modèle. On retrouve ce type féminin au visage ovale et aux lèvres légèrement ourlées dans *Rigolette cherchant à se distraire de l'absence de Germain* (1844, Rouen, musée des Beaux-Arts) ou encore dans le *Portrait présumé de la femme de l'artiste* (Dijon, musée Magnin). Comme on l'a souvent souligné, l'alliance ostensiblement représentée sur le tableau du musée Fabre, ainsi qu'une certaine ressemblance avec le tableau de Dijon semble confirmer cette dernière identification.

Lorsque survient en 1866 la vente après décès de Court, le collectionneur Alfred Bruyas charge son agent à Paris, l'artiste Jules Laurens, d'acquérir une œuvre « caractéristique de la peinture de son époque et de la manière de l'auteur », ce qui est obtenu dans des conditions avantageuses : « C'est incontestablement bien au dessous de leur valeur que j'ai pu vous avoir, pour 300 frs une peinture très complète de femme à mi-corps grandeur nature couchée sur un divan [...] La figure de femme, dont le modèle, répété à satiété par Court, était certainement sa plus grande affection, et de cœur et d'art, est empreinte du cachet le plus franc et vivant. [...] Ici, comme dans Gros, Géricault, Heim, Schnetz, est l'accent loyal du vrai type antique et éternellement jeune. »

Bruyas devait fort apprécier le tableau, qu'il résume ainsi dans la *Galerie*, paru en 1876 : «son meilleur portrait, c'est la *Femme à mi-corps, à draperie bleu, couchée sur un divan*, son type de prédilection. Il faut aimer quelqu'un pour faire quelque chose de beau. »

S.A.

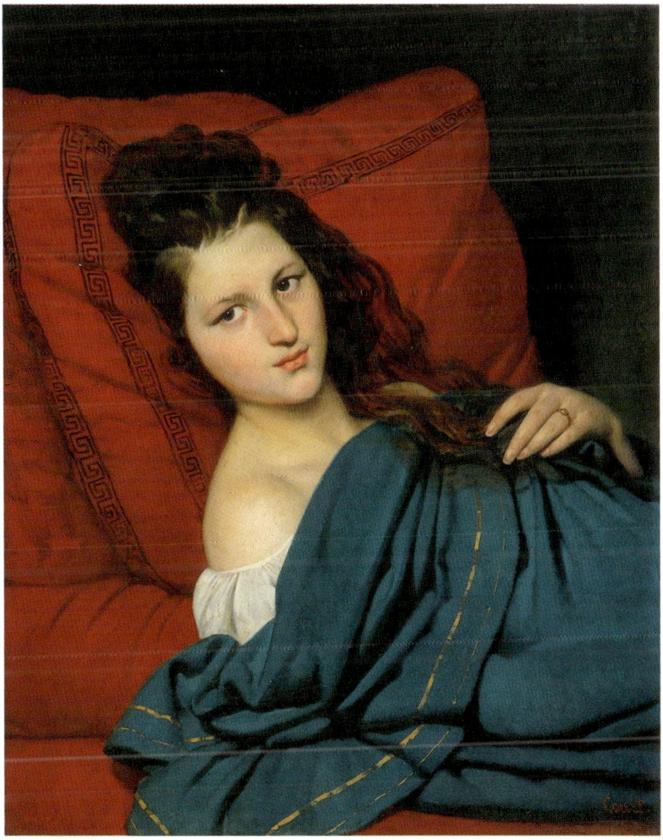

152

DOMINIQUE LOUIS PAPETY (Marseille, 1815 – Marseille, 1849)

Thétis pleurant Achille

Aquarelle • 39 × 60 cm • Don François Sabatier d'Espeyran, 1892, inv. 892.4.25

Si Marseille connut au XVIIIe et XIXe siècles une intense vie artistique, Dominique Papety fut pourtant le seul artiste marseillais de la première moitié du XIXe siècle à recevoir le Grand prix de Rome de peinture. Fils d'une famille aisée d'entrepreneurs en savonnerie, il est inscrit dès l'âge de 11 ans à l'école gratuite de dessin et devient l'élève d'Augustin Aubert. Son talent précoce lui vaut de nombreux prix, exposant même au Salon de 1834. Grâce à ses succès, ses parents se résignent à lui voir abandonner la fabrication de savon pour l'envoyer, sur la recommandation de son professeur, dans l'atelier parisien de Léon Cogniet (1835). En un an à peine, il décroche le prix de Rome et se lie au cours de son séjour italien à Bénouville, Cabat, Hippolyte et Paul Flandrin.

Acquis aux doctrines sociales du philosophe Fourier, il trouve en François Sabatier un mécène – ce dernier accueillit Courbet à Montpellier – qui partage la même idéologie politique. En outre, les deux hommes entreprirent un long périple en Syrie et en Grèce, aux sources d'une Antiquité idéalisée.

S'il ne fut jamais au sens propre un élève d'Ingres, Papety fut le défenseur d'un classicisme épuré ; son œuvre majeure, *Le Rêve de bonheur* daté de 1841 (Compiègne) tient tout autant de la rigueur formelle du maître de Montauban que de l'éthique utopiste de Fourier. En quête d'une grand simplicité esthétique, il illustre avec Lehmann et Amaury-Duval le courant néo-byzantin, comme en témoigne l'importante série de dessins donnée par François Sabatier au musée Fabre.

La grande étude *Thétis pleurant Achille* est sans doute une esquisse pour un envoi de Rome non réalisé. Le corps du héros achéen est allongé sur un édicule, ses compagnons d'armes l'entourant, éplorés, leurs armes à leurs pieds. Survolant la scène, la déesse Thétis, mère d'Achille, rend un dernier hommage à son fils. L'ambiance crépusculaire n'est éclairée que par les rehauts de gouache blanche alors que les figures fantomatiques des divinités féminines surplombant en un vol arrêté la masse inerte des guerriers ajoutent à l'atmosphère surnaturelle. Avec cette mise en page hiératique et grandiose, Papety se fait ici autant l'héritier de la ligne claire ingresque et de la religiosité paléochrétienne que des représentations terrifiantes et hallucinées du romantisme noir. J.F.

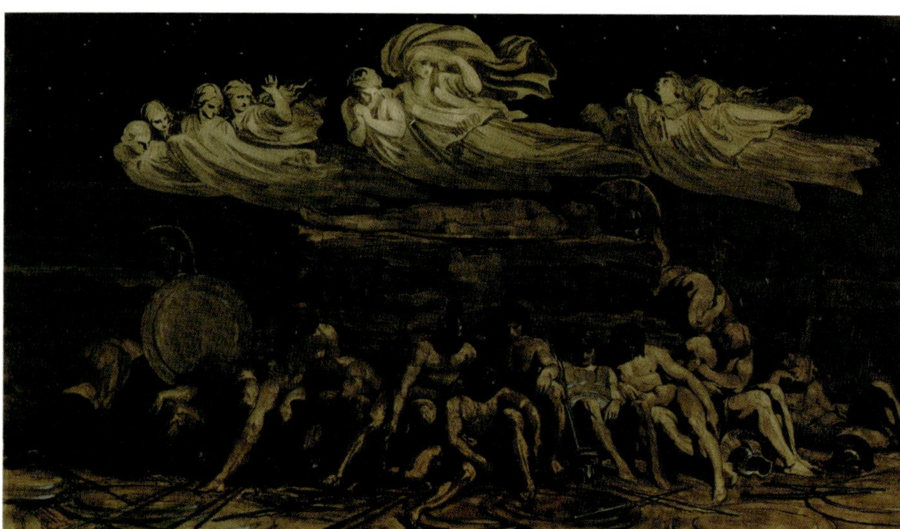

153

JEAN-JACQUES, DIT JAMES PRADIER (Genève, 1792 – Bougival, 1852)

Nyssia

1848 • Marbre grec pentélique, polychromie • 192 × 80 × 56 cm • Signé daté : *J. Pradier, 1848* • Dépôt de l'État, 1848, inv. D848.1.1

Après une première formation à l'École des beaux-arts de Genève, sa ville natale, James Pradier, remarqué par Vivant-Denon, reçoit une bourse impériale qui lui permet de suivre l'enseignement du sculpteur Lemot à l'École des beaux-arts de Paris. Le prix de Rome, remporté en 1813, lui ouvre les portes de la Villa Médicis, où il exécute une *Bacchante* (1819, Rouen, musée des Beaux-Arts) et un *Niobide blessé* (1822, Paris, Louvre) déjà caractéristiques d'une œuvre partagée entre le culte de l'antique et celui du corps féminin. Revenu à Paris en 1819, Pradier entame une carrière essentiellement française qui marque le patrimoine monumental national : *Renommées* de l'Arc de Triomphe, statues représentant les Villes de Lille et Strasbourg sur la place de la Concorde, *Victoires* pour le tombeau de Napoléon Ier aux Invalides, fontaine de l'esplanade à Nîmes. Cependant, la renommée de Pradier tient moins à ces commandes officielles qu'à ses figures féminines, qu'il sait doter d'une sensualité toute particulière. Pradier va explorer tous les thèmes possibles permettant d'exalter le corps féminin : aux côtés des Vénus, bacchantes, chasseresses et autres baigneuses se déploie une galerie d'héroïnes puisées dans la littérature et la mythologie : Cyparisse, Cassandre, Phryné, Chloris, Pandore, Psyché, Médée, Atalante, Sapho et Nyssia. Ces héroïnes d'anecdotes parfois rares ont en commun un habit fort léger, une grâce sensuelle, des poses souvent provocantes, à la limite de l'érotisme, qui lui valent quelques commentaires indignés et vertueux au Salon, en particulier en 1834 avec *Satyre et bacchante* (Paris, Louvre).

On doit à Théophile Gautier d'avoir remis à la mode l'histoire de Candaule, tyran de Sartes et de son épouse, Nyssia, fille du satrape Mégabaze. Enivré par la beauté de la jeune femme, le roi ne supporte plus de la conserver cachée dans le gynécée. Il permet à son favori, l'ambitieux Gygès, de s'introduire dans ses appartements et d'assister en secret à son coucher : « Elle jeta à son tour la tunique, et le blanc poème de son corps divin apparut tout à coup dans sa splendeur, tel que la statue d'une déesse qu'on débarrasse de ses toiles le jour de l'inauguration d'un temple. [...] d'ailleurs il est des choses qui ne peuvent s'écrire qu'en marbre. » Signe du soin avec lequel Pradier a travaillé, le matériau, un marbre pentélique (de Pentélé, montagne de l'Attique qui fournissait un marbre blanc réputé) fut récupéré à grands frais sur un sarcophage grec. Gautier devait s'enorgueillir d'avoir stimulé la créativité du sculpteur, et de la fidélité avec laquelle il suivit le texte. Avec malice, Pradier nous place dans la position de Candaule, qui ne se lassait pas du spectacle de la nudité de Nyssia, et laisse planer sur le spectateur la vengeance de la reine, qui n'hésita pas à faire assassiner son époux par Gygès, devenu éperdument jaloux, afin de venger sa pudeur outragée. S.A.

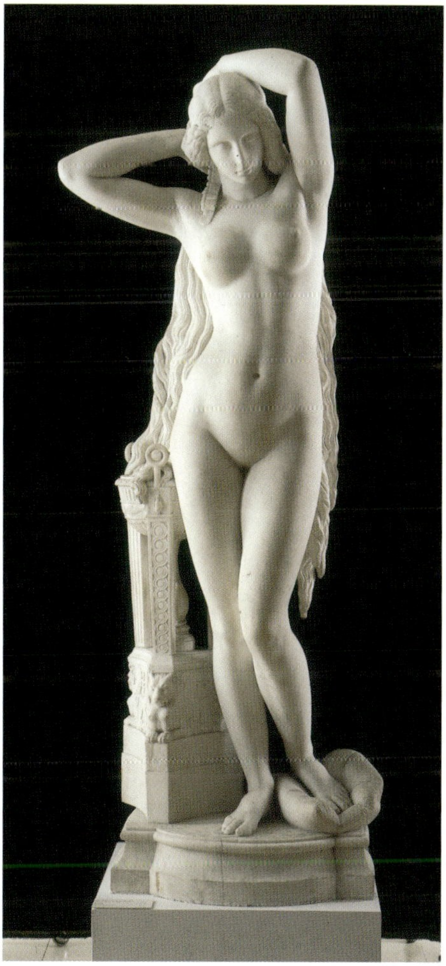

154, 155 et 156

ALEXANDRE CABANEL (Montpellier, 1823 – Paris, 1889)

La Chiaruccia

1848 • Huile sur toile • 99 × 81,5 cm • Signé date en bas à droite : *Alexandre Cabanel, Rome, 1848* • Don Alfred Bruyas, 1868, inv. 868.1.6

Un penseur, jeune moine romain

1848 • Huile sur toile • 91,5 × 72,5 cm • Signé daté en bas à gauche : *Alexandre Cabanel, Rome, 1848* • Don Alfred Bruyas, 1868, inv. 868.1.5

Albaydé

1848 • Huile sur toile • 98 × 80 cm • Signé date en bas à gauche : *Alexandre Cabanel, Rome, 1848* • Don Alfred Bruyas, 1868, inv. 868.1.7

Au cours de son premier voyage à Rome en 1846, le jeune collectionneur Alfred Bruyas passe commande à son compatriote Alexandre Cabanel, alors pensionnaire à la Villa Médicis, d'un certain nombre de tableaux témoignant de son séjour en Italie. Le premier d'entre eux, *Portrait d'Alfred Bruyas*, nous montre le jeune homme incarnant à merveille le modèle classique du voyageur cultivé. D'une tout autre ambition, le triptyque *La Chiarrucia, Un penseur, jeune moine romain* et *Albaydé*, mûrement réfléchi par les deux hommes, hisse une iconographie italienne devenue banale à la hauteur de la parabole, en y introduisant les aspirations d'une jeunesse marquée par le romantisme.

La Chiarruccia, « la petite Claire », était un modèle travaillant pour les pensionnaires de la Villa Médicis. Le sculpteur Pierre-Jules Cavelier réalisa un médaillon de profil visible sur le tableau de Glaize, *Intérieur du cabinet Bruyas* (1848). Elle pose ici en costume napolitain, portant un panier de fleurs fraîchement coupées, incarnant l'un de ces personnages pittoresques issus du petit peuple italien qui fascinaient les étrangers résidant en Italie.

Un penseur, jeune moine romain appartient au registre tout aussi codifié des ordres religieux, dont la présence abondante en terre italienne n'a pas manqué de retenir l'attention des peintres. Cependant, en isolant son moine de toute référence à la vie conventuelle, Cabanel se démarque de l'anecdote édifiante pour livrer une véritable étude de caractère. L'attitude pensive et la main énergique qui émerge de la robe du franciscain renvoient aux jeunes moines tourmentés par les passions que l'on trouve chez Lewis (*Le Moine*), Byron (*Le Giaour*), ou Hugo (Frollo dans *Notre-Dame de Paris*).

Albaydé est un personnage qui apparaît dans « Les tronçons du serpent », chant XXVI des *Orientales* de Victor Hugo : « Car elle avait quinze ans, un sourire ingénu / Et m'aimait sans mélange / Et quand elle croisait ses bras sur son sein nu / On croyait voir un ange. » Paru en 1829, le recueil marque l'essor irrésistible du courant orientaliste qui fournit aux peintres un réservoir inépuisable de sujets, peuplés d'odalisques largement fantasmées. Cabanel substitue à la gracieuse image de Victor Hugo, toute pudique, celle d'une innocence

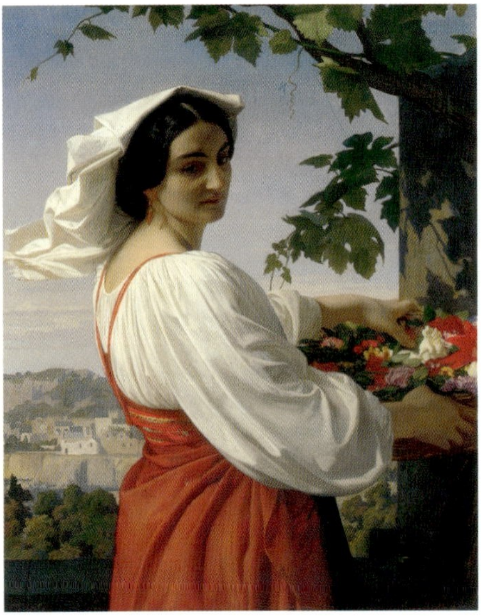

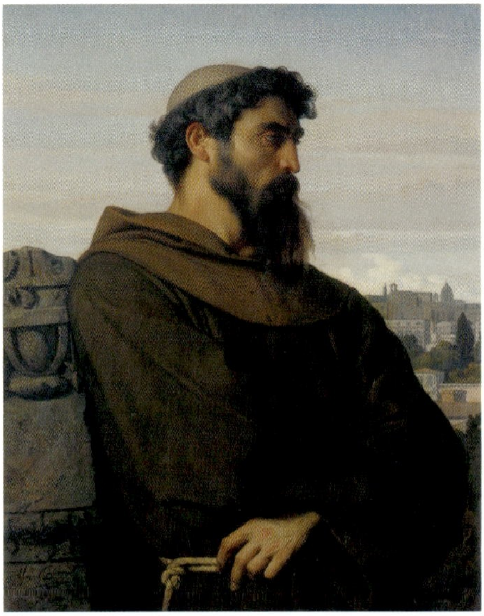

flétrie, d'une candeur déchue : l'expression absente du regard, l'indifférence molle, le négligé de l'habit, le calice du liseron ouvert à la hauteur du ventre, tout concourt à faire du personnage un objet sensuel.

De part et d'autre de la figure du *Penseur*, chez qui la dualité est tout intérieure, la *Chiaruccia* et l'*Albaydé* opposent deux destinées, deux usages d'une jeunesse qu'elles ont en partage. Aux rudes étoffes vivement colorées de la bouquetière font écho les soieries raffinées et les couleurs défraîchies de la courtisane ; à la vivacité de l'attitude, des drapés claquant au vent, s'opposent la passivité et l'abandon ; au plein air répond l'enfermement ; à une nature habitée, maîtrisée, le désordre d'une jungle impénétrable ; à la vigueur, la paresse ; à la saine santé, la maladive décadence.

Véritable méditation sur le sens à donner à l'existence et sur les choix qui incombent au bel âge, cet ensemble apparaît comme l'illustration d'une devise qu'Alfred Bruyas forge dans ses années de jeunesse, et qu'il inscrit au frontispice de ses catalogues comme sur les murs de sa galerie : « Travail, Religion, Amour ».

S.A.

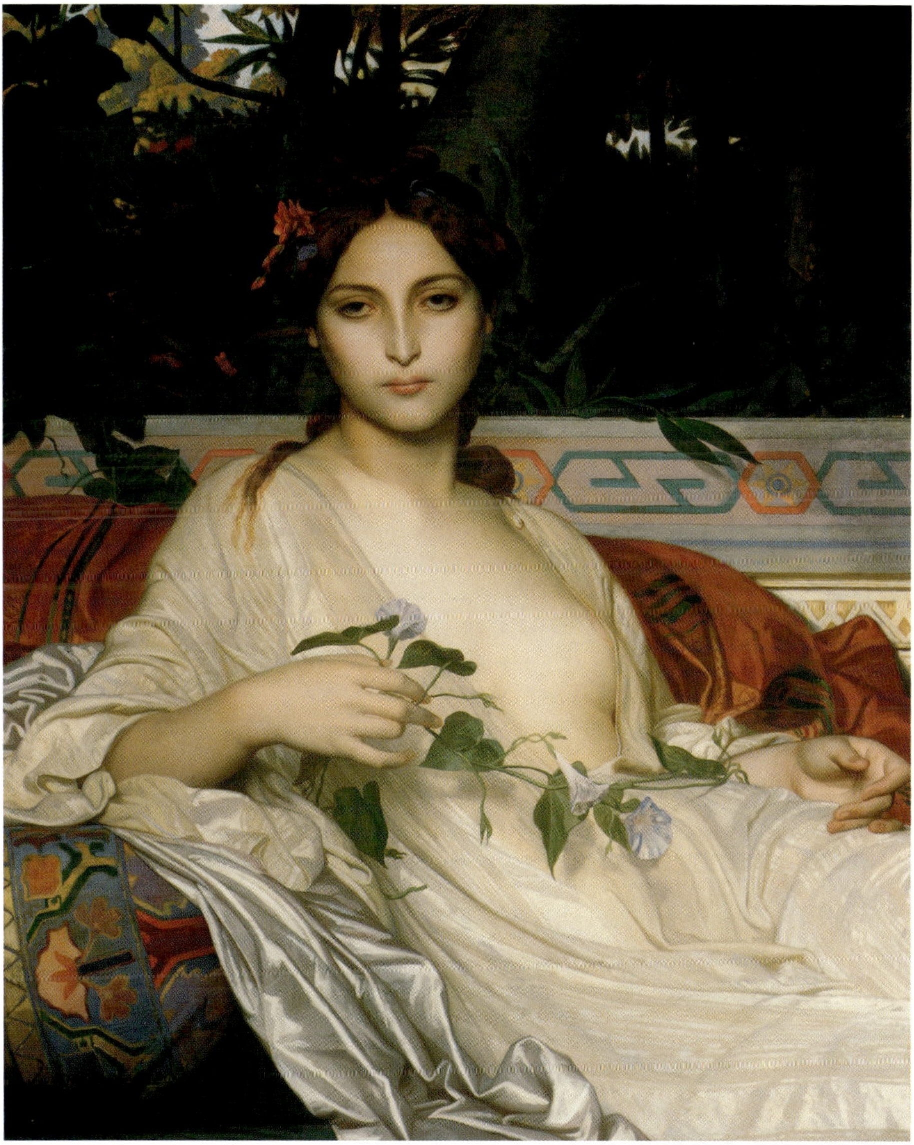

157

ALEXANDRE CABANEL (Montpellier, 1823 – Paris, 1889)

Phèdre

1880 • Huile sur toile • 194 × 286 cm • Don de l'auteur, 1880, inv. 880.2.1

Lorsqu'il présente *Phèdre* au Salon de 1880, Alexandre Cabanel est un peintre parvenu à l'apogée de sa carrière, membre de l'Institut, couvert de médailles, doté pour ses portraits d'une clientèle aussi inépuisable que fortunée. L'œuvre appartient aux grandes compositions théâtrales qui jalonnent sa production, telles la *Mort de Francesca da Rimini et Paolo Maltesta* (1870, Paris, musée d'Orsay) ou *Cléopâtre expérimentant du poison sur les condamnés à mort* (1887, Anvers, musées royaux des Beaux-Arts). Cabanel la destine au musée de sa ville natale en souvenir de la bourse qui lui fut octroyée dans sa jeunesse pour poursuivre sa formation à l'école des Beaux-Arts de Paris.

La scène, tirée de la culture classique, nous montre Phèdre mettant au désespoir ses suivantes, après avoir avoué son désir coupable pour Hippolyte, le fils de Thésée, son époux. Comme pour décourager toute interprétation abusive, Alexandre Cabanel a pris soin de placer un extrait d'Euripide : « [...] consumée sur un lit de douleurs, Phèdre se renferme dans son palais et un voile léger entoure sa tête blonde. Voici le troisième jour que son corps, n'a pris aucune nourriture : atteinte d'un mal caché, elle veut mettre fin à sa triste destinée. »

Le modèle est probablement l'épouse de l'un des frères Pereire, cette riche famille de banquiers parisiens dont Cabanel fit plusieurs portraits et dont il décora l'hôtel particulier. Le type frêle et fin évoque également Sarah Bernhardt, qui triomphe alors dans la pièce de Racine à la Comédie-Française. À sa demande, Émile Zola adapte pour elle son roman *La Curée* sous le titre de *Renée* (1881). Le personnage central y apparaît comme une Phèdre du Second Empire, évoluant sur fond de spéculation foncière et d'affairisme, affamée de jouissances, jetant son dévolu sur le fils de son époux, Maxime.

Zola goûtait fort peu l'art d'Alexandre Cabanel, l'une de ses cibles favorites dans ses comptes rendus du Salon : « Voyez cette misère. Voilà Monsieur Cabanel avec une Phèdre. La peinture en est creuse, comme toujours, d'une tonalité morne où les couleurs vives s'attristent elle même et tournent à la boue. Quand au sujet, que dire de cette Phèdre sans caractère, qui pourrait être aussi bien Cléopâtre que Didon ? C'est un dessus de pendule quelconque, une femme couchée et qui a l'air fort maussade. »

Cependant, on ne peut s'empêcher de penser que l'œuvre a joué un rôle dans la création de *Renée*, et que, sous le masque de la tragédie antique, Cabanel livre avec *Phèdre* une peinture critique de son époque, comme Thomas Couture l'avait fait en son temps avec *Les Romains de la décadence* (1847, Paris, musée d'Orsay). S.A.

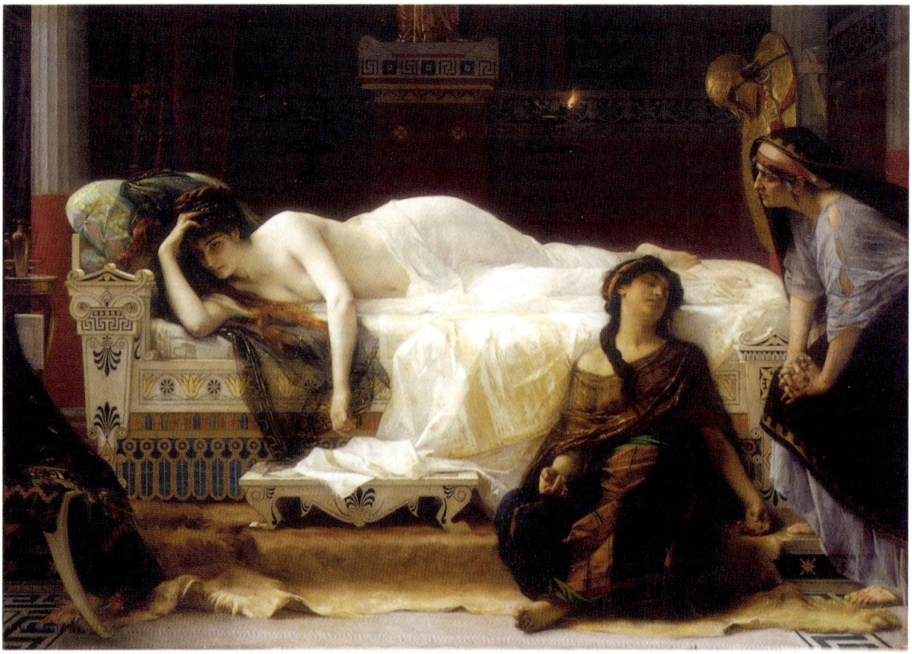

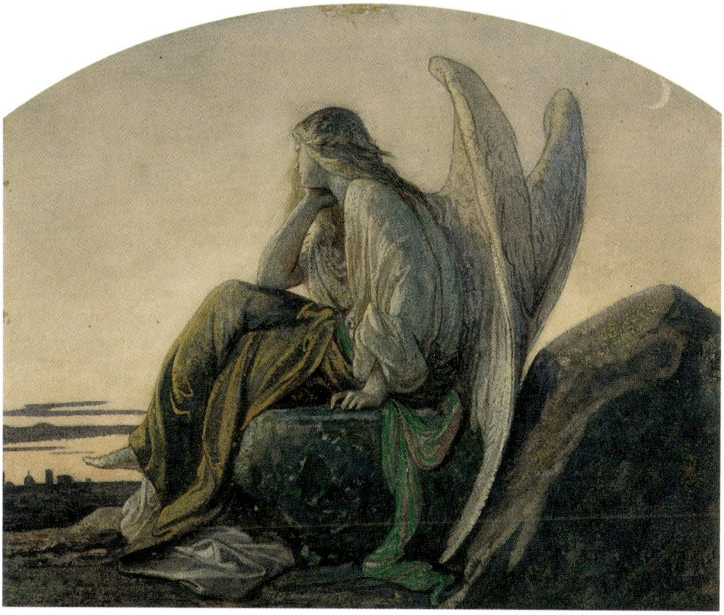

158
ALEXANDRE CABANEL (Montpellier, 1823 – Paris, 1889)

L'Ange du soir

Dessin aquarellé • 19 × 23 cm • Legs Alfred Bruyas, 1876, inv. 876.3.110

Cabanel a 25 ans lorsqu'il réalise cette grande aquarelle. Il est depuis trois ans à l'Académie de France à Rome (Villa Médicis) et, dans la douceur de l'automne romain, il écrit à son compatriote Bruyas : « Nous avons ici un automne magnifique, du moins à ce que je peux en juger par la disposition de ma fenêtre, [...] j'affectionne fort cette heure, dans cette saison-ci surtout. La vue de Saint-Pierre se silhouettant sur le ciel, après le coucher du soleil, a toujours vraiment quelque chose de splendide et d'irrésistiblement saisissant. On ne se rassasierait jamais d'admirer tant de beauté » (1848).

C'est ce sentiment poétique que capte l'artiste dans le dessin. Les derniers rayons du soleil nimbent la ville d'une lueur crépusculaire ; un ange sur un promontoire contemple l'horizon, regardant derrière lui se découper le dôme de la basilique vaticane et les toits de la Ville éternelle. Ce regard paisible et mélancolique porté sur la grandeur du passé est aussi la vision nostalgique du jeune Cabanel envers un certain âge d'or de l'art qu'illustrent les monuments qu'il découvre dans la capitale italienne.

Le titre de l'œuvre fut trouvé par Alfred Bruyas, lorsqu'il la reçut en don en 1848, seul dessin de l'artiste qu'il eut dans sa collection. J.F.

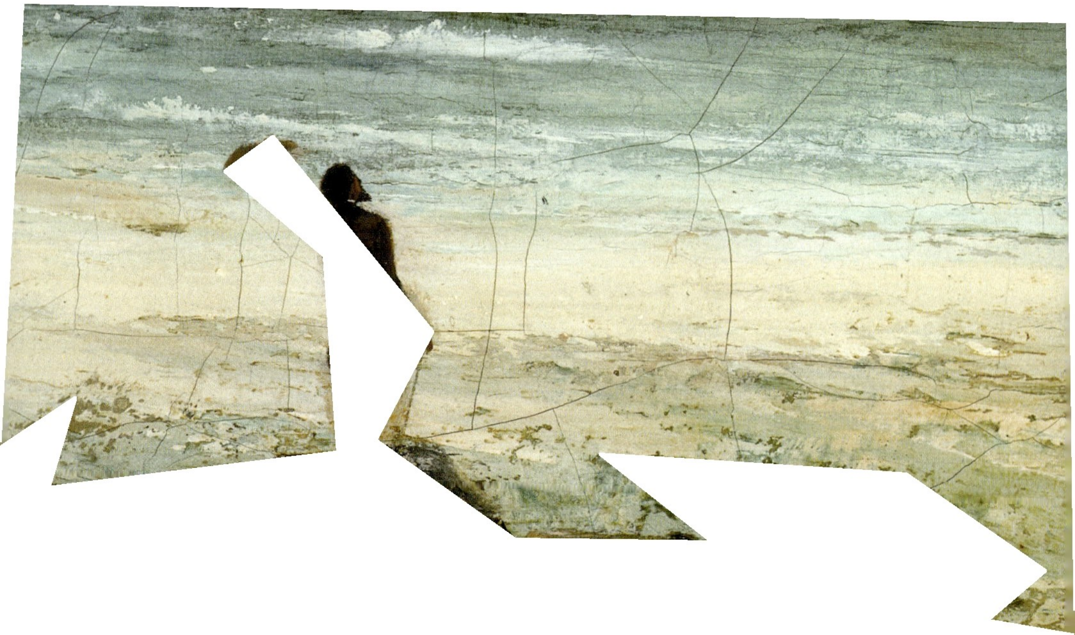

1850-1915
La modernité

159

FRANÇOIS-SAINT BONVIN (Paris, 1817 – Saint-Germain-en-Laye, 1887)

Au banc des pauvres, souvenir de Bretagne

1864 • Huile sur toile • 55 × 38 cm • Signé daté en bas à droite : *F. Bonvin, 1864* • Don Bruyas, 1868, inv. 868.1.2

Né dans une famille pauvre de Vaugirard, fils d'un garde-champêtre et tôt orphelin de mère, François Bonvin connaît une jeunesse chaotique, dont la préoccupation essentielle est la survie. Sa scolarité est discontinue, entrecoupée d'emplois peu gratifiants (garçon de bureau, allumeur de réverbères, balayeur) jusqu'en 1832, où il devient ouvrier en composition typographique, avant d'obtenir en 1841 une place de « commis titulaire de 3e classe » à la préfecture de police. Malgré cette situation précaire, le jeune homme développe une passion pour le dessin et reçoit quelques rudiments dans des écoles d'arts appliqués, puis à l'académie Suisse. Il montre un intérêt persistant pour les maîtres anciens, en particulier flamands et hollandais, et l'art de Chardin, qui l'influence profondément. Il expose au Salon pour la première fois en 1847, et rejoint le cercle des peintres réalistes, Courbet, Millet, Daumier, qu'il fréquente à la brasserie Andler. En 1849, il reçoit sa première commande de l'État et quitte son emploi administratif.

Il est indéniable que l'origine sociale modeste de François Bonvin, les difficiles conditions de son existence, la naissance laborieuse de sa vocation ont joué un rôle prépondérant dans son orientation artistique. La vie des humbles, l'activité silencieuse des domestiques, les intérieurs de cuisines, les arrière-cours et les communs deviennent ses sujets de prédilection. Pour l'État, qui lui commande régulièrement des tableaux jusqu'en 1870, il devient le peintre des couvents, des sœurs de charité, suivant en cela Granet qui lui octroie sa protection durant sa jeunesse. La critique, et surtout Champfleury, en fait l'un des principaux peintres du réalisme tandis que le marchand de tableaux Hector Brame facilite la diffusion de ses œuvres.

Présenté au Salon de 1865, *Au banc des pauvres* reçoit un accueil très favorable. Il a déjà été vendu avant l'exposition, grâce à l'entremise de Brame, au pianiste et pédagogue Antoine-François Marmontel (1816-1898), qui devient l'un de ses plus fidèles collectionneurs, avec l'industriel Mosselman. Il est significatif que dans ce tableau religieux, Bonvin choisisse de décrire précisément ce recoin d'église où se tient le banc réservé aux pauvres, à l'écart de la nef et des places louées aux bourgeois de la ville. Si cet intérieur d'église est inspiré par celle de Saint-Germain-des-Prés, le « souvenir » d'un voyage en Bretagne en 1853 permet au peintre de décrire avec conviction la piété paysanne, dans une veine proche de Millet. S.A.

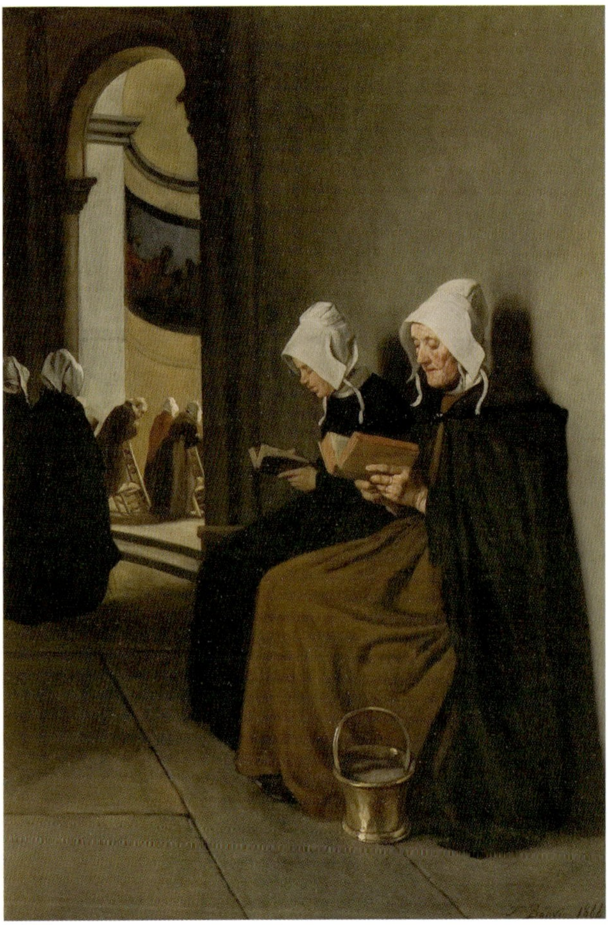

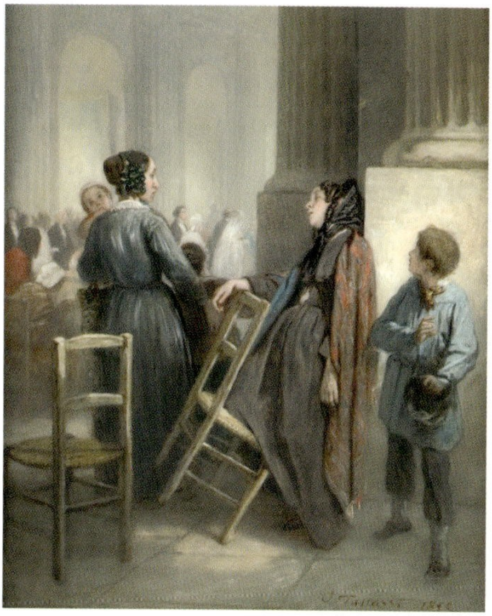

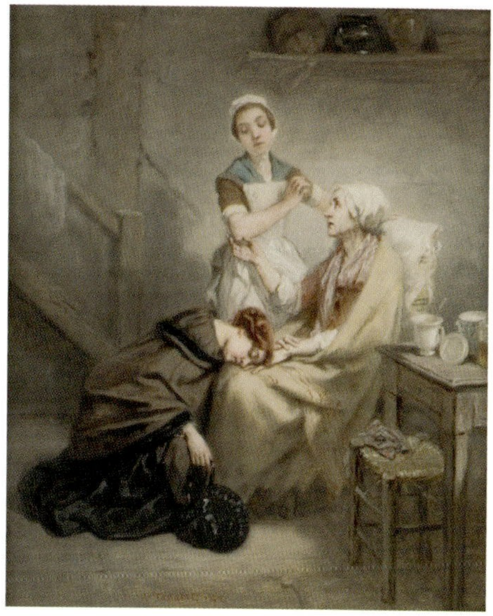

160 et 161

NICOLAS FRANÇOIS OCTAVE TASSAERT (Paris, 1800 – Paris, 1874)

L'Abandonnée

1852 • Huile sur toile • 46 × 38 cm • Signé daté en bas à droite : *O. Tassaert, 1852* • Don Bruyas 1868, inv. 868.1.90

Le Retour au village ou Le Retour de l'enfant prodigue

1852 • Huile sur toile • 45 × 37 cm • Signé daté en bas au centre : *O. Tassaert, 1852* • Don Bruyas 1868, inv. 868.1.82

L'art du XIXe siècle est traversé, plus qu'à toute autre époque, par la question sociale. Ce sont les philosophes et les écrivains qui précèdent les artistes sur ce terrain et distinguent, comme sujet intéressant les arts, tout un petit peuple dont la condition était mise à mal par les transformations économiques. Dans ce contexte, l'influence de Lamennais (1782-1854), promoteur d'un socialisme évangélique, semble plus décisive sur les premières générations d'artistes que celle exercée par les théories plus radicales de Fourier (1772-1837) ou de Proudhon (1809-1865). C'est dans ce mouvement qu'il faut situer le développement d'une peinture à caractère social, volontiers misérabiliste et moraliste, dans laquelle la référence à Dieu est implicite. Ainsi, *L'Abandonnée*, de Tassaert, nous donne à voir une jeune femme, dont l'habit trahit une grossesse avancée, qui s'évanouit et s'affaisse contre le pilier d'une église dans laquelle est célébrée une noce. On entrevoit dans la relation entre le mariage célébré et la jeune femme délaissée, dans le regard des témoins interdits, la matière d'un roman social, d'une étude de mœurs à la Balzac.

Dans *Le Retour au village*, Tassaert renverse le thème évangélique de l'enfant prodigue : le « héros » est traditionnellement un enfant mâle dilapidant sa part d'héritage et le rôle réservé à la femme est celui de la courtisane qui corrompt l'innocence. Au contraire, le tableau du musée Fabre une version toute féminine de l'histoire, à la fois plus scandaleuse au regard de la morale et plus moderne pour les mœurs.

Tassaert organise la narration du récit et l'émergence d'une morale édifiante par la minutie avec laquelle il dépeint la scène : les détails de la tasse et du pot à remèdes nous signalent la faiblesse de la mère ; la coiffure soignée et l'élégante tenue vestimentaire de la jeune fille contrastent avec un intérieur chichement meublé ; au geste de rejet de la sœur cadette simple et droite, à son regard réprobateur tourné vers le sol, répond le geste d'élévation de la mère, qui rend grâce au ciel d'avoir reconduit vers elle sa fille égarée.

À travers ces deux tableaux qui se répondent, c'est l'opposition entre la ville opulente et décadente d'une part, et la compagne sobre et vertueuse d'autre part qui est soulignée. Cet ancrage dans une réalité contemporaine, celle de l'exode rural, distingue Tassaert de son illustre prédécesseur, Jean-Baptiste Greuze. S.A.

162

GUSTAVE COURBET (Ornans, 1819 – La Tour-de-Peilz, 1877)

Portrait de Baudelaire

1848 • Huile sur toile • 54 × 65,5 cm • Signé en bas à gauche : *G. Courbet* • Legs Bruyas, 1876, inv. 876.3.21

Le visage saturnien de Charles Baudelaire, avec son grand front dégarni, ses yeux fixes, sa bouche fine, ses joues creuses, ses cheveux flottants, a été abondamment diffusé par la photographie. Peu de portraits peints sont cependant connus : Émile Deroy (*Portrait de Baudelaire*, 1844, Versailles, musée national du château) nous montre le jeune poète empli d'une nonchalante assurance. Fantin-Latour, dans son *Hommage à Delacroix* (1864, Paris, musée d'Orsay), décrit un personnage solitaire et préoccupé, en marge du groupe réuni pour rendre hommage au grand peintre ; il semble définitivement étranger, de passage.

Le *Portrait de Baudelaire* par Courbet montre un visage encore bien différent, comme pour mieux illustrer la phrase que l'on lui prête : « Je ne sais pas comment aboutir [...] tous les jours il change de figure. » Jeune et glabre, penché vers le livre dans lequel il s'est absorbé, le cou tendu, la main crispée, vêtu à la diable d'une robe de chambre, le poète apparaît en travailleur, sans nulle muse à ses côtés, mais l'injonction d'une plume, panache blanc planté comme une flèche dans l'encrier. L'intérieur sommaire, peut-être celui de l'atelier du peintre, hébergement provisoire d'un Baudelaire fuyant ses créanciers, baigne dans cette atmosphère romantique des débuts, quand les gloires se forgent dans le dénuement.

Les deux amis ont alors un intérêt commun pour le réel, Baudelaire le contempteur de la vie moderne, Courbet le peintre des corps pesants et d'un monde vrai. Le même enthousiasme les transporte en 1848, lorsque le poète fonde *Le Salut public*, un journal révolutionnaire dont Courbet dessine les vignettes. Ils redécouvrent avec leur ami Champfleury l'art populaire et les compositions de Pierre Dupont, le chansonnier ouvrier. Baudelaire fait l'éloge de Courbet, « un puissant ouvrier, une sauvage et patiente volonté ». On sait cependant que les vues esthétiques des deux hommes divergent bientôt : Baudelaire se détourne d'un réalisme qu'il juge trop naturaliste au profit d'une conception plus élevée de l'art, dont la figure de proue est Delacroix. Signe de cette conversion, ou bien du désordre de sa vie matérielle, il ne devait finalement jamais rentrer en possession de ce tableau.

Courbet semble lui garder cependant toute son estime : on retrouve son Baudelaire trait pour trait dans *L'Atelier du peintre* en 1855, isolé et singulier à l'extrême droite de la composition, parmi ceux qui soutiennent son action, placé comme à l'origine chronologique de toute chose. L'année où le peintre se défait du portrait, il dédie un autre tableau au poète (*Bouquet d'asters*, Bâle, Öffentliche Kunstsammlung), comme s'il ne voulait pas ternir une très ancienne amitié. S.A.

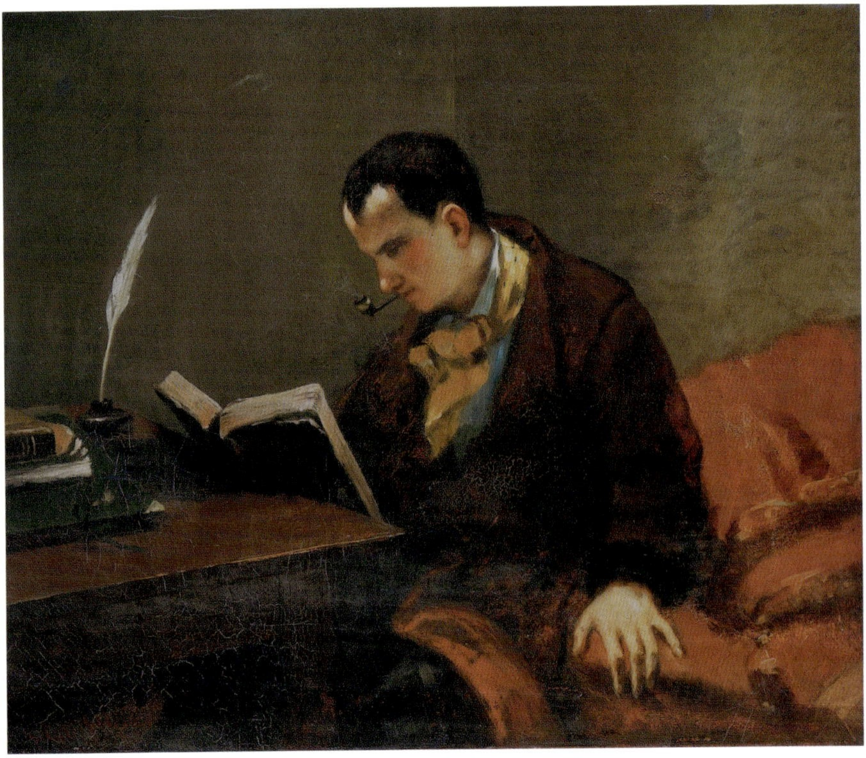

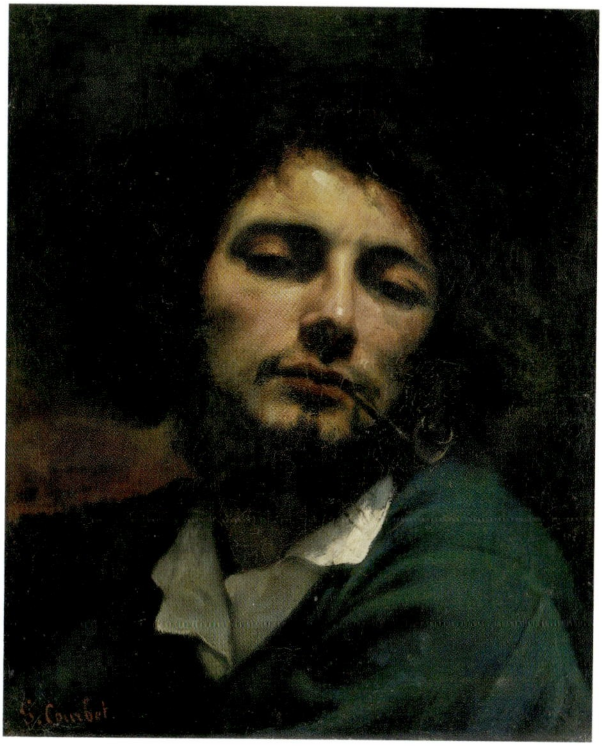

163

GUSTAVE COURBET (Ornans, 1819 – La Tour-de-Peilz, 1877)

L'Homme à la pipe

Vers 1846 • Huile sur toile • 46 × 38 cm • Signé en bas à gauche : *G. Courbet* • Don Alfred Bruyas, 1868, inv. 868.1.18

L'homme à la pipe de Courbet, un des joyaux de la galerie Bruyas s'inscrit dans la longue série des autoportraits de Courbet qui s'échelonnent de 1842 à 1855. Chaque image correspond à une étape de l'évolution artistique de l'artiste. Renonçant à tout artifice Courbet choisit d'offrir son visage, le plus près possible du rebord de la toile, dans un moment d'intimité : cheveux en broussaille (la radiographie a révélé la présence d'un bonnet à l'origine), barbe noire suivant les belles sinuosités du visage, larges paupières baissées, lèvres vermeilles et sensuelles qui retiennent en leur coin une petite pipe (attribut obligé de l'artiste en bohémien), accoutrement sans apprêt particulier, col ouvert, rude tunique de travailleur. La légère torsion du cou et du buste, bien peu naturelle, fait surgir avec une incroyable soudaineté cette tête trophée perdue dans une mystérieuse rêverie. Ce gros plan, particulièrement hardi, sur sa propre image, a pour but d'amener le spectateur au plus près de l'expérience picturale de l'artiste qui cherche à s'affranchir des conventions du temps pour s'en tenir à la restitution de la réalité la plus immédiate et la plus charnelle. De là, les ombres denses qui creusent le visage en lui donnant une impression d'apparition, la pâte crémeuse et luisante sur le front, le nez et le revers blanc du col. Cette proximité matérielle du corps ainsi restituée apparaît chez Courbet comme un véritable manifeste artistique, et l'on comprend mieux le sens des mots envoyés à son mécène Bruyas au moment de l'achat du tableau en 1854 : « C'est non seulement mon portrait, mais encore le vôtre. J'ai été frappé en le voyant : c'est un élément terrible pour notre solution. C'est le portrait d'un fanatique, d'un ascète, c'est le portrait d'un homme désillusionné des sottises qui ont servi à son éducation et qui cherche à s'asseoir dans ses principes. » Cette percée naturaliste qu'exprime magistralement le tableau est parfaitement consonante avec les professions de foi du cercle de la brasserie Andler, à deux pas de l'atelier de Courbet à Paris, dans lequel évoluent le poète Baudelaire, le penseur Trapadoux et le critique Champfleury. La connaissance de l'art des maîtres du Nord admirés lors du voyage en Hollande en 1847 et sans doute aussi des Espagnols (comme le pensait Bruyas) a conforté Courbet dans ses choix esthétiques. Le portrait, remarqué dès sa présentation au Salon de 1850-1851, échut à Bruyas, à la grande satisfaction de Courbet qui se félicite qu'il ait échappé « aux barbares » et au prince-président lui-même ! Présenté à l'Exposition universelle de 1855 puis à nouveau lors de l'exposition particulière des œuvres de Courbet en 1867, le tableau fut copié à plusieurs reprises par l'artiste lui-même, ce qui en dit long sur la célébrité et le prix du tableau Bruyas. M.H.

164

GUSTAVE COURBET (Ornans, 1819 – La Tour-de-Peilz, 1877)

Les Baigneuses

1853 • Huile sur toile • 227 × 193 cm • Signé daté en bas à droite : *G. Courbet /1853* • Don Alfred Bruyas, 1868, inv. 868.1.19

L'année 1853 est une date charnière dans la carrière de Courbet et le conduit à clarifier sa position vis-à-vis du système des Beaux-Arts. Depuis ses premières participations au Salon, il caresse l'espoir ambigu d'une carrière officielle, se flatte de la reconnaissance de l'État qui lui achète l'*Après-dînée à Ornans* en 1849, ou de celle du duc de Morny, frère adultérin de l'empereur, acquéreur des *Demoiselles de village* en 1852. Il ne cesse cependant de proclamer son indépendance et de pourfendre le système académique, en produisant des tableaux toujours plus provocants (*Un enterrement à Ornans*, 1850, Paris, musée d'Orsay). En envoyant au Salon de 1853 les *Lutteurs*, la *Fileuse endormie* et *Les Baigneuses*, Courbet choisit clairement son camp.

Les révolutions artistiques qui marquent le XIXe siècle sont traversées par une exigence nouvelle de vérité en peinture ; perçue comme fidélité au réel, elle s'oppose à un idéal classique qui prétend corriger la nature. Les premières tentatives de réforme portent sur un genre mineur, le paysage ; puis Courbet s'attaque aux scènes de la vie quotidienne. En 1853, il franchit un nouveau palier en abordant le nu, exercice académique par excellence.

Sur la toile des *Baigneuses*, Courbet a d'abord envisagé une sorte d'allégorie mettant en scène un personnage féminin. Puis, il a tenté de porter à une échelle monumentale une étude pour un suicide, *Le Désespéré* (Oslo, Nationalgalerie). Enfin, par-dessus ces deux compositions, il a entrepris *Les Baigneuses*. Peu de temps avant le Salon, il dit avoir ajouté « un linge sur les fesses » du personnage principal. Ce repeint de pudeur n'amoindrit en rien le scandale causé par le tableau. Peu de peintres ont ouvertement défié le Salon en contrevenant aux règles les plus élémentaires.

Si certains critiques accordent quelques mérites à la facture, les commentaires oscillent entre dégoût, incompréhension et raillerie. Le négligé des attitudes, le pied sale et le bas défait sont perçus comme des indices d'une saleté morale autant que physique. L'anatomie du modèle, en rupture avec les canons académiques, est perçue comme une provocation : Théophile Gautier reste le plus poli en parlant de « vénus hottentote ». La gestuelle des deux personnages, leur relation, reste une énigme, et achève de détourner les esprits les mieux disposés, comme Delacroix.

Contre toute attente, un jeune amateur provincial se porte acquéreur du tableau pour la somme conséquente de 3 000 francs or. Tout devrait détourner Alfred Bruyas d'une pareille folie : sa condition respectable d'amateur éclairé, la taille du tableau qui n'a rien d'une œuvre de chevalet, l'avis de ses amis, la réputation sulfureuse de l'œuvre qui est parvenue jusqu'à Montpellier. La radicalité de son choix n'a d'égale que celle de l'artiste : cet achat scelle entre les deux hommes un pacte d'amitié. Bruyas poursuit le rêve de faire triompher la vérité en peinture, et Courbet, son indépendance financière assurée, peut se libérer définitivement des obligations officielles. S.A.

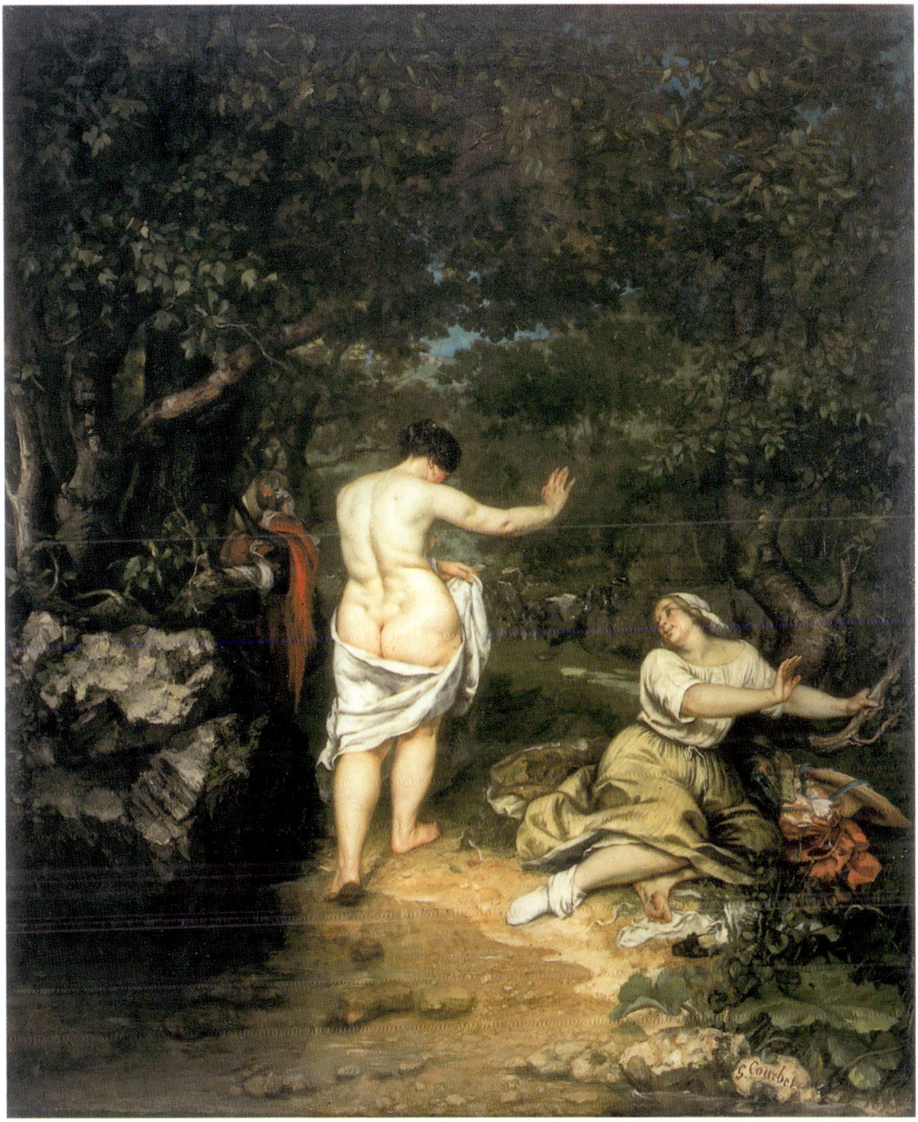
G. Courbet

165

GUSTAVE COURBET (Ornans, 1819 – La Tour-de-Peilz, 1877)

La Fileuse endormie

1853 • Huile sur toile • 91 × 116 cm • Signé daté en bas à gauche : *G. Courbet / 1853* • Don Alfred Bruyas, 1868, inv. 868.1.20

La fabrication du fil, activité fondamentale de l'économie domestique traditionnellement dévolue aux femmes, a donné lieu depuis l'Antiquité à de nombreux mythes et légendes et fait de la « fileuse » une figure allégorique particulièrement riche. Inquiétante, la Parque est attachée à produire, mesurer et couper le fil de la vie ; endormie, *La Belle au bois dormant* de Perrault est plus célèbre aujourd'hui que la Jeannie de Charles Nodier, amoureusement taquinée par *Tribly, le lutin d'Argail*, dont la gravure par Tony Johannot en 1846 a fourni une source visuelle à Courbet.

Le sommeil est un thème que l'artiste a traité abondamment, en le teintant d'un érotisme voyeur très explicite, comme dans *Les Demoiselles des bords de Seine* (1856-1857, Paris, Petit Palais), ou *Le Sommeil* (1866, *id.*). Cependant il y a loin entre *La Fileuse* de Courbet et une figure érotique ; seul Théophile Gauthier, que l'observation du pli du cou rend voluptueux, tente pareille allusion.

La Fileuse apparaît de prime abord comme un tableau convenable, une scène de la vie quotidienne au réalisme sage. Pourtant, si le scandale ne fut pas aussi grand que pour *Les Baigneuses* (Montpellier, musée Fabre), ses compagnes au Salon de 1853, *La Fileuse endormie* provoqua bien des remous. On pointa l'aisance apparente de la jeune femme, sa robe brodée de fleurs, ses boucles d'oreille, la chaise confortablement tapissée, opposée à l'outil fruste et déjà passéiste du rouet : cette paysanne aisée semblait tirer ses revenus moins de la filature que d'activités plus légères. Le sommeil est synonyme d'oisiveté, allusion à la figure allégorique de l'*acedia*, la paresse, personnifiée dès la fin du XVIe siècle par « une femme endormie près de sa quenouille ». Les caricatures contemporaines montrent *La Fileuse* sale, mal peignée : la femme oisive est par définition négligée. La critique morale se complique avec l'interprétation politique de Proudhon, qui attribue, lui, ce sommeil à la fatigue de la travailleuse (*Du principe de l'art et de sa destination sociale*, 1865).

Nous nous trouvons ainsi au cœur de la peinture de Gustave Courbet : la matérialité des étoffes, le réalisme des attitudes, la suavité de l'abandon en font avant tout un sujet charnel et terrien. Pourtant, la complexité des détails, des références iconographiques et de leur réinterprétation plus ou moins consciente dotent l'innocent tableau d'une charge sociale venant déranger l'ordre et la morale, et susciter les passions.

Paul Valéry devait enfin dégager en 1920 toute la puissance poétique du tableau en quelques *Vers anciens* :

« Assise, la fileuse au bleu de la croisée
Où le jardin mélodieux se dodeline ;
Le rouet ancien qui ronfle l'a grisée.

Lasse, ayant bu l'azur, de filer la câline
Chevelure, à ses doigts si faibles évasives,
Elle songe, et sa tête petite s'incline.

[...]

Le songe se dévide avec une paresse
Angélique, et sans cesse, au doux fuseau crédule,
La chevelure ondule au gré de la caresse... »

S.A.

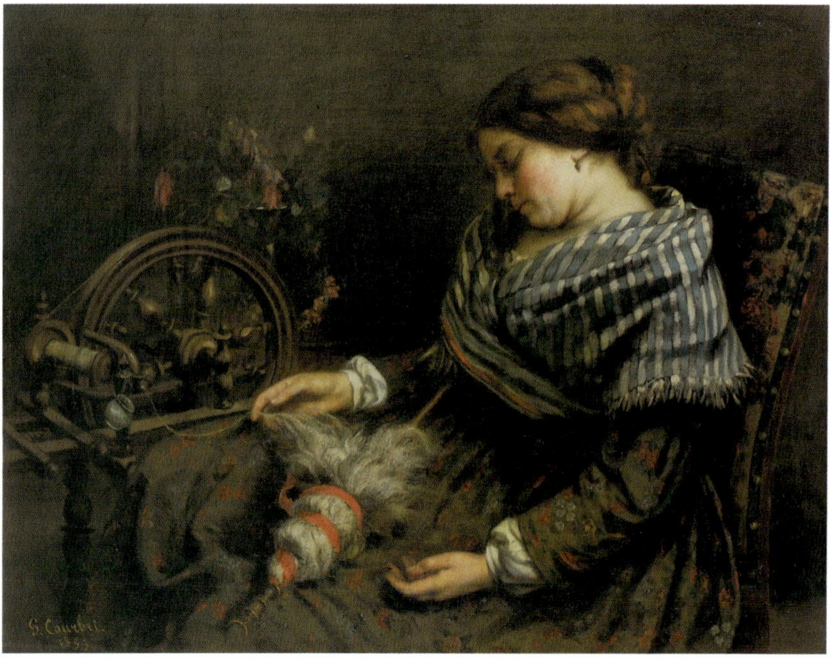

166

GUSTAVE COURBET (Ornans, 1819 – La Tour-de-Peilz, 1877)

Portrait d'Alfred Bruyas, dit *Tableau-solution*

1853 • Huile sur toile • 92 × 74 cm • Signé daté en bas à gauche : *G. Courbet / 1853* • Don Alfred Bruyas, 1868, inv. 868.1.21

C'est très peu de temps après l'achat par Bruyas des *Baigneuses* (Montpellier, musée Fabre) et de *La Fileuse endormie* (*idem*) au Salon de 1853 que Courbet réalise ce premier portrait de celui qui va devenir son principal mécène : le 13 mai, le peintre rapporte à ses parents qu'une offre de 2 000 francs a été faite pour *La Fileuse* ; le 18 juin, un message à Alfred Bruyas nous révèle que les séances de pose ont commencé. L'image que Courbet va produire du jeune collectionneur est bien différente de celles que ses prédécesseurs ont laissées. Le dandy, le flamboyant, l'introverti, le maladif a fait place à un homme dans la force de l'âge, fermement campé dans ses certitudes, décidé à mener son combat. L'acquisition des tableaux scandaleux de Courbet a changé le jeune homme ; dans ses écrits, le mot « sérieux » revient avec insistance. Le moment est venu où les principes se traduisent en acte.

Le poing gauche fermement appuyé nous désigne un gros volume à la couverture cartonnée portant le titre « Étude sur l'art moderne – Solution ». Fait rarissime pour un particulier, Bruyas publie chaque année depuis 1851 un catalogue de sa collection dont le volume et l'ambition ne cesse d'augmenter. Il ne s'agit plus désormais de dresser la liste des tableaux composant sa galerie, mais d'exprimer une vision – parfois confuse – sur les fins et les moyens de l'art, sur la condition politique et sociale en général.

Le mot « solution » n'est pas neuf ; emprunté au vocabulaire fouriériste, il désigne la réponse à apporter à la question sociale qui préoccupe tout réformateur en ces temps d'utopie. En 1852, Bruyas associe au terme « Solution » la peinture misérabiliste d'un Tassaert ; en 1853, la Solution suppose une sincérité de la vision, fondée sur l'étude du réel, comme chez Corot, Troyon, et Couture. En 1854, son champion a changé : le mot Solution est appliqué aux *Baigneuses* de Courbet et le nouveau portrait de Bruyas est titré « Tableau-Solution », dédié « au progrès ».

La « cordée » Bruyas-Courbet est désormais formée. Grâce à l'argent de Bruyas, le peintre, délivré du souci du quotidien, de son cortège de compromissions, peut avancer dans la voie d'un art libre ; grâce au talent de Courbet, le mécène, ayant trouvé un héraut à la mesure de ses ambitions, peut soutenir un art vrai et rétablir la concorde et la paix.

Faut-il imaginer qu'en quelques semaines à peine, les deux hommes aient acquis la complicité intellectuelle que suppose le *Tableau-solution* ? Bruyas manifestait un intérêt certain pour Courbet depuis 1852, année où une *Tête d'étude* (non identifiée) apparaît dans sa collection. Nous pouvons supposer que ces premiers contacts ont pu précéder l'exécution du tableau, qui apparaît comme un pacte, scellé en juin 1853 pour faire triompher une vision réconciliée de l'art et de la société.

S.A.

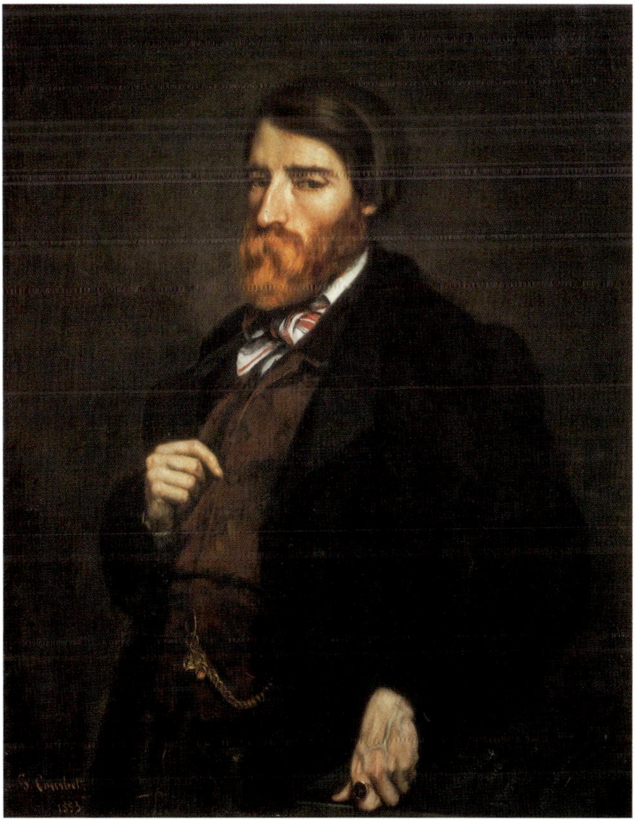

167

GUSTAVE COURBET (Ornans, 1819 – La Tour-de-Peilz, 1877)

La Rencontre, ou *Bonjour M. Courbet*

1854 • Huile sur toile • 132 × 150,5 cm • Signé daté en bas à gauche : *54 G. Courbet* • Don Alfred Bruyas, 1868, inv. 868.1.23

Universellement célèbre, véritable icône de l'art du XIXe siècle français, *La Rencontre* immortalise l'arrivée à Montpellier du peintre au mois de mai 1854. Courbet avait quitté la diligence un peu avant la ville et avait rencontré son hôte accompagné de son domestique Calas et du chien breton. La scène se situe non loin de la demeure d'Émile Mey (un ami de Bruyas), à quelques kilomètres de Montpellier, à l'intersection de la route de Sète et du chemin de Saint-Jean-de-Védas à Lattes, en direction de Mireval. En réalité, Courbet emprunta la récente ligne de chemin de fer, et sa tenue vestimentaire légère, son attirail de peintre suggèrent plutôt qu'il revient d'une journée d'excursion sur le motif. Les indications topographiques restent floues et peu identifiables. Comme l'ont noté la plupart des commentateurs, cette rencontre se situe à l'évidence « sur le terrain de l'art ». Le tableau s'inscrit dans la continuité des achats et commandes de l'année précédente, en particulier du *Tableau-solution* (musée Fabre) qui établissait un véritable pacte d'amitié et de collaboration entre l'artiste et le collectionneur.

La composition, claire et efficace, selon un schéma tripartite hérité du néoclassicisme met en scène le chétif collectionneur, âgé de 33 ans, vêtu d'un élégant caban vert sombre, confronté au robuste travailleur, artiste de deux ans son aîné. Courbet, bien que décalé sur la droite, de profil, s'est donné le beau rôle avec son habit clair qui accroche la lumière, la belle tête sombre, la barbe assyrienne découpées sur le ciel, et le bâton solidement ancré dans le sol qui lui donne des allures d'apôtre des temps nouveaux, impatient de « débuter dans la grande vie vagabonde et indépendante du bohémien ». Les deux hommes presque sur un pied d'égalité laissent deviner le lien d'interdépendance qui les unit : Bruyas a besoin du peintre dont il a reconnu les qualités supérieures pour réaliser les œuvres qu'il a en projet; Courbet conscient de sa valeur a besoin du soutien affectif et financier du montpelliérain, homme de goût fortuné.

En élevant au rang de la peinture d'histoire un fait divers, de caractère privé somme toute banal, Courbet poursuivait son œuvre de sape et de renversement des hiérarchies établies. Le thème de la Rencontre avait d'ailleurs une riche iconographie, en particulier religieuse, que Courbet ne pouvait pas ignorer (*Éliezer et Rébecca; Salomon et la reine de Saba ...*). Le schéma général de la composition lui a été suggéré par une estampe populaire montrant *Les Bourgeois de la ville parlant au juif errant*, gravée par Pierre Leloup du Mans en 1831. Son ami Champfleury la reprendra en frontispice de son ouvrage fondamental paru en 1869 : *Histoire de l'imagerie populaire*. À travers Champfleury, découvreur des frères Le Nain, Courbet a pu être mis en contact avec leur art dans lequel on trouve déjà des silhouettes hiératiques, comme à l'arrêt, monumentalisées devant la vaste plaine picarde. Le voyage en Hollande de 1846, si déterminant pour l'affirmation de son réalisme, a pu lui fournir maints exemples notamment à travers les paysages d'Albert Cuyp.

À ces sources probables, il convient d'ajouter l'extraordinaire pouvoir d'évocation de la pâte colorée : fluide, déliée avec de savoureux empâtements qui préservent la fraîcheur de l'esquisse sur le motif ou au contraire solide et ferme selon l'enseignement des maîtres hollandais ou espagnols que Courbet admirait. Le tableau entre dans la légende lors de sa présentation à l'Exposition universelle de 1855; il « fait un effet extraordinaire », selon les dires du peintres, et provoque la verve des caricaturistes et la hargne des critiques.

Bruyas, blessé, soustrait le tableau à la vue du public jusqu'à sa donation à la Ville en 1868. Enfin, Théodore de Banville, parodiant Victor Hugo, s'inspira du tableau de Courbet dans une des *Odes funambulesques*

« Et le sombre feuillage, évidé comme un cintre,
les gazons, le rameau qu'un fruit pansu courbait,
Chantaient : "Bonjour, M. Courbet, le maître peintre !
Monsieur Courbet, salut ! Bonjour, M. Courbet !" »

M.H.

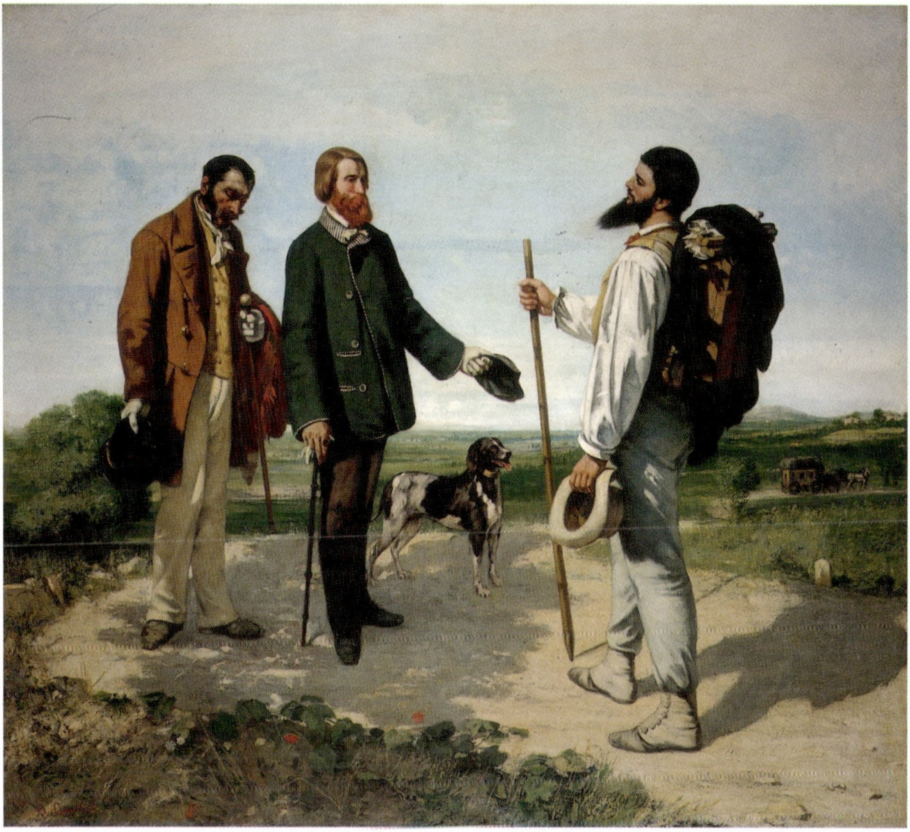

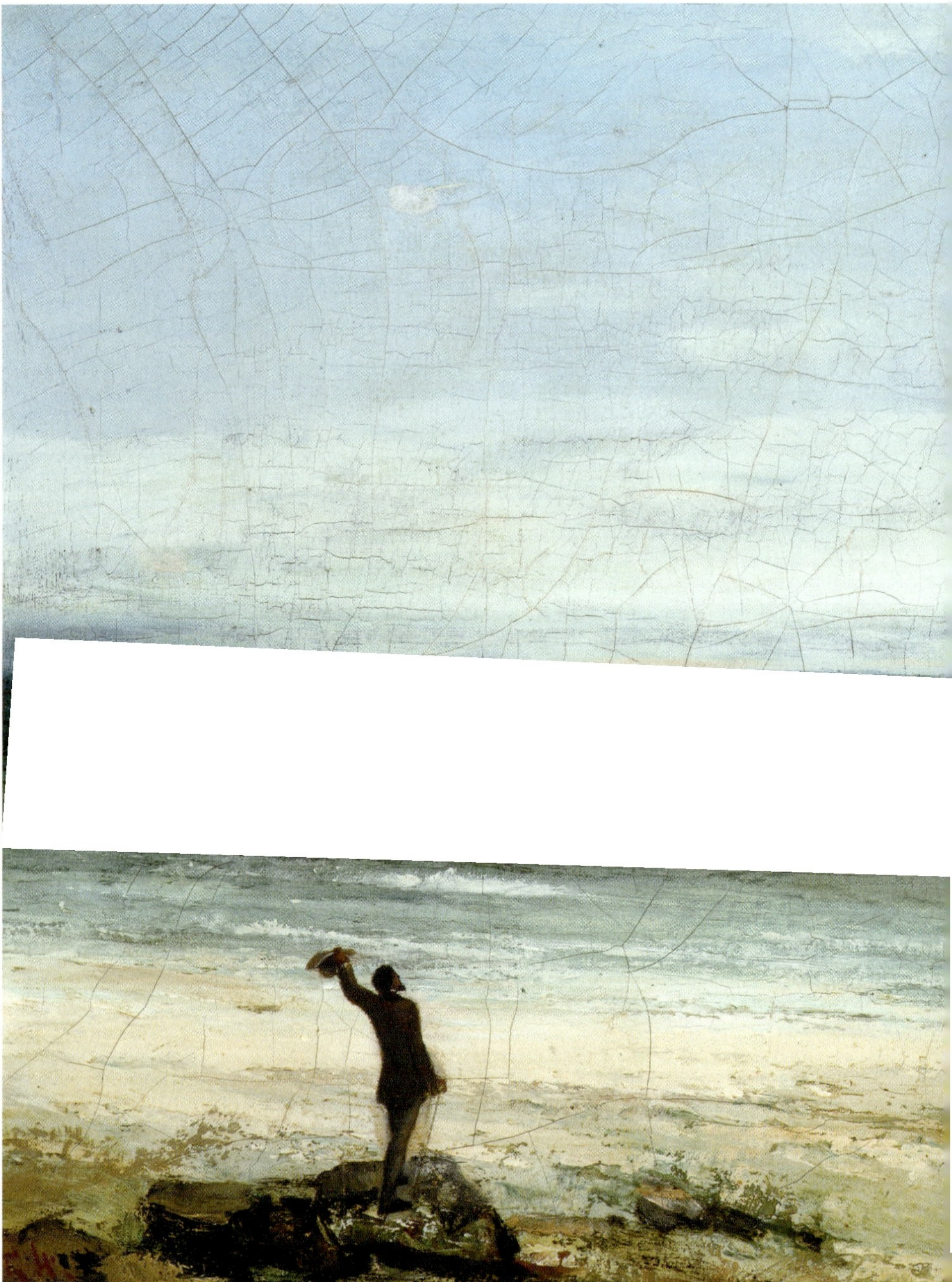

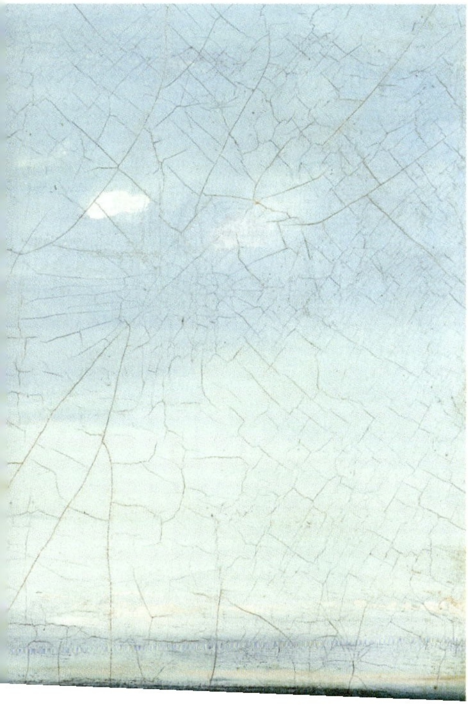

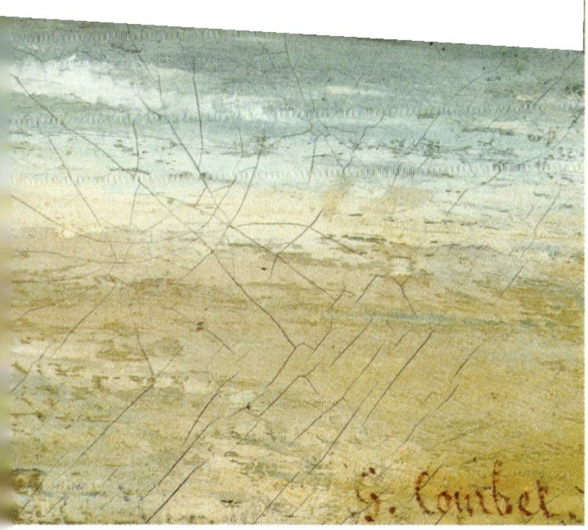

168

GUSTAVE COURBET (Ornans, 1819 – La Tour-de-Peilz, 1877)

Le Bord de mer à Palavas

1854 • Huile sur toile • 37 × 46 cm • Signé en bas à droite : *G. Courbet /54* • Don Alfred Bruyas, 1868, inv. 868.1.24

Ce petit chef-d'œuvre tant de fois reproduit fut exécuté lors du séjour de Courbet en Languedoc de mai à septembre 1854, à l'invitation d'Alfred Bruyas. Courbet avait déjà vu la mer lors d'un voyage en Normandie en 1841 en compagnie d'Urbain Guénot. En Languedoc, tournant le dos à la ville qui ne retient pas son attention, il part bien vite excursionner vers la côte et les étangs sur les conseils de Bruyas et de ses amis. Le littoral encore vierge de la Méditerranée sans cap, sans relief, sans habitations ou presque, plonge sans transition le spectateur dans l'immensité en lui procurant un sentiment d'ivresse et de joie irrépressible. Courbet, habitué aux ruisseaux remplis d'ombres de Franche-Comté se grise d'air, d'espace et de lumière. Au rebours de *La Rencontre* (voir n° 167) où l'échange entre les figures dominait le paysage, cette fois-ci, une frêle silhouette se laisse submerger par les forces de la nature. Elle salue, ébranlée et reconnaissante. Cette petite figure repoussoir au premier plan à gauche donne toute sa force au tableau de dimensions modestes qui semble contenir la mer tout entière réduite à trois bandeaux, quasi abstraits, de matière colorée abruptement étalée : ocre pour la plage, vert bleu ultramarin pour l'onde et bleu délavé pour le ciel. Cette rencontre euphorique avec la nature et les mystères du cosmos, Courbet nous la livre telle quelle, sans artifice, dans l'évidence même de la peinture et surtout sans le pathos romantique que l'on trouve chez Caspar David Friedrich que l'on a parfois rapproché de ce tableau avec son *Moine au bord de la mer* (1809-1810, Berlin, Nationalgalerie). Cette quête initiatique qui découle du pacte (ou Solution) conclu entre artiste et mécène renvoie au second plan la question, souvent discutée, de l'identification du personnage : Courbet ou Bruyas. Cette marine prélude à toute une série de paysages de mer exécutés par Courbet au cours des années 1860 sur la côte normande dans lesquels la figure humaine tend à disparaître. Whistler s'en inspire en 1865 quand il rencontre Courbet à Trouville (*Harmonie en bleu et argent,* Boston, Isabella Stewart Gardner Museum).

M.H.

169
GUSTAVE COURBET (Ornans, 1819 – La Tour-de-Peilz, 1877)

Portrait de M. François Sabatier

Fusain, rehauts de craie blanche • 28 × 25 cm • Legs François Sabatier, 1892, inv. 892.4.13

Si le souvenir de Courbet à Montpellier est indissociable de la personnalité d'Alfred Bruyas, le peintre franc-comtois lia plusieurs autres amitiés au cours de ses séjours dans la capitale languedocienne. Venu rejoindre de mai à septembre 1854 celui avec qui il comptait mettre en place un nouveau système des arts, il rencontre François Sabatier (1818-1891), brillante figure intellectuelle de la société locale. Défenseur de la modernité, il connaissait bien l'œuvre du peintre réaliste pour l'avoir défendu au Salon de 1851. Fils d'une riche famille de propriétaires terriens, il fut en outre homme de lettres, poète, critique, mélomane et fouriériste convaincu. Son mariage, en 1840, avec la célèbre cantatrice Caroline Ungher lui permit d'acquérir le palais florentin Pitti Tovaglia dont il souhaita remanier le décor en hommage à Fourier ; cette commande originale qu'il passa auprès des peintres Dominique Papety, Auguste Bouquet et du sculpteur Auguste Ottin est l'une des rares réalisations artistiques exprimant la pensée utopiste et communautaire du philosophe, créateur du phalanstère.

Courbet ne pouvait que se sentir proche des convictions politiques du notable montpelliérain car, acquis aux mouvements socialistes les plus radicaux, il fut un fervent partisan du penseur socialiste Proudhon qu'il représenta en 1865 dans son célèbre tableau (Paris, Petit Palais) et dont il soutint la famille pendant son exil. On a d'ailleurs longtemps considéré ce dessin comme un portrait du philosophe, représenté avec sa barbe foisonnante dans une attitude studieuse.

Courbet réalisa probablement cette œuvre en 1857, lors de son second séjour à Montpellier, alors qu'il séjournait chez François Sabatier à la Tour de Fages, où se réunissait une société cultivée aux amitiés fouriéristes et républicaines. De cette période, subsistent, outre cette feuille, *La Vue de la tour de Fages* et *Le Pont d'Ambrussum*. La grande rareté des dessins de l'artiste donne toute sa valeur à cette étude où il donne un portrait intime de son hôte, habité cependant par les convictions qui l'animent. Sabatier écrivait à ce propos à Alfred Bruyas : « Courbet fera encore très bien le portrait des gens qui sont de la même famille physique et intellectuelle dans des circonstances ordinaires mais je ne crois pas qu'il puisse faire abstraction de son propre sentiment. » J.F.

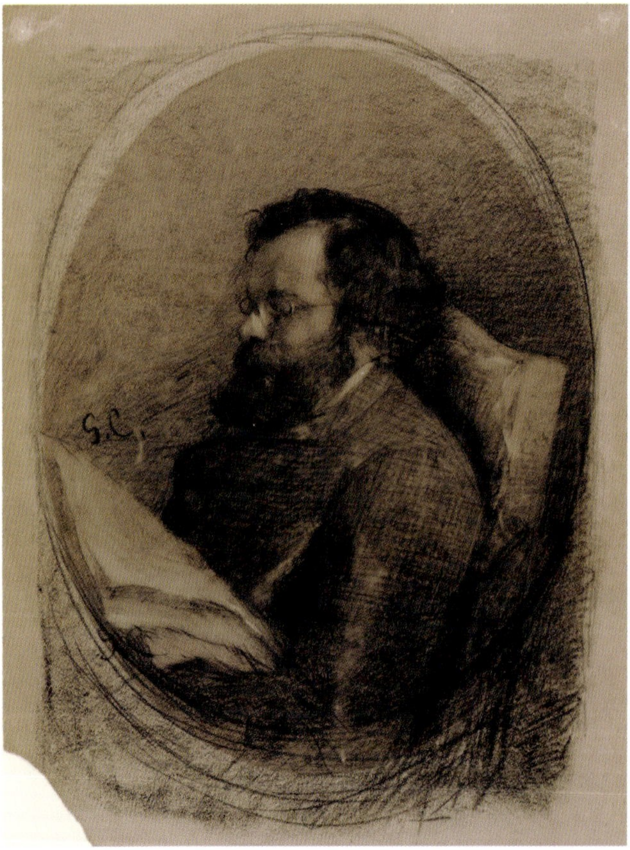

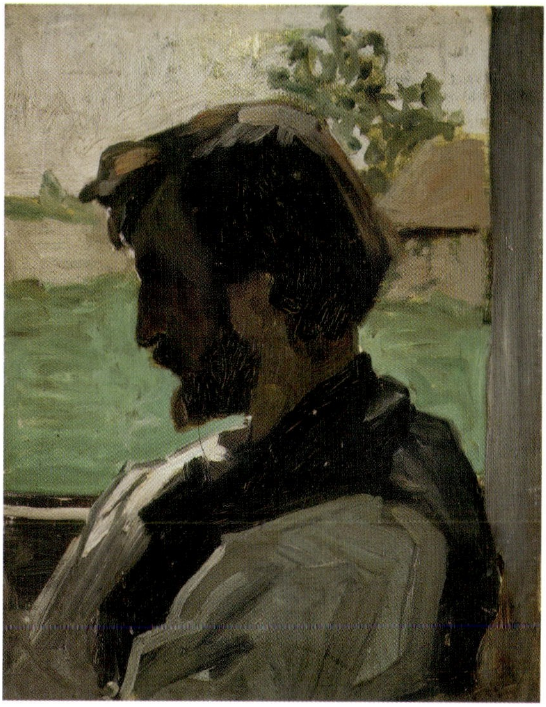

170
CLAUDE MONET (Paris, 1840 – Giverny, 1926)

Portrait de Bazille

1868 • Huile sur bois • 40,5 × 31,5 cm • Don famille Bazille, 1945, inv. 45.8.1

Claude Monet et Frédéric Bazille se rencontrent dans l'atelier de Charles Gleyre en 1862. La libéralité de ce peintre suisse, qui permet à ses élèves une licence ignorée dans les ateliers académiques, le faible montant des cotisations et la perspective de trouver des modèles par ailleurs fort coûteux attirent ces jeunes artistes provinciaux qui en ont laissé un témoignage savoureux dans les *Quarante-Trois Portraits de l'atelier Gleyre* (Paris, Petit Palais). Avec Renoir et Sisley, également élèves de Gleyre, Monet et Bazille forment bientôt un petit groupe, soudé autant par les refus essuyés au Salon que par une commune conception de la peinture, privilégiant une facture de plus en plus hardie. Durant ces années pré-impressionnistes, les allers-retours entre les œuvres de ces jeunes peintres sont nombreux, comme en témoigne une série de portraits réciproques, *Frédéric Bazille peignant Le héron*, de Renoir (Montpellier, musée Fabre, dépôt du musée d'Orsay) ou *Portrait de Renoir* par Bazille (*id.*). Ces jeux s'expliquent autant par la rareté des modèles que par une tradition picturale pratiquée en tout temps et en tout lieu, comme chez les pensionnaires de la très académique Villa Médicis.

La relation qui s'établit entre Monet et Bazille semble être la plus forte du groupe. Bazille, le moins désargenté de tous, héberge Monet et Renoir dans ses ateliers successifs. Pour venir en aide à Monet, il tente de se faire courtier et de placer ses peintures auprès des collectionneurs de son entourage, comme Bruyas. Il va même jusqu'à acheter *Femmes au jardin* (Paris, musée d'Orsay) en économisant sur la pension que lui alloue son père.

Deux portraits témoignent de cette proximité : *L'Ambulance improvisée* (Paris, musée d'Orsay), où Bazille nous montre Monet alité après un accident à Chailly, tableau exceptionnel alliant un réalisme soigné et une touche très libre. Il suit d'une année le *Portrait de Bazille*, qui a longtemps passé pour un autoportrait réalisé à Lattes, dans la ferme familiale de Saint-Sauveur. Les recherches récentes ont rendu à Monet ce beau tableau, et l'ont daté du mois de juillet 1864 lorsque, logés à Honfleur, Monet et Bazille travaillent et déjeunent à la ferme Saint-Siméon, haut lieu de la peinture qui accueille depuis la fin des années 1850 les meilleurs peintres de paysage, Corot, Daubigny, Diaz, Boudin, Jongkind... en villégiature sur la côte normande.

Les deux œuvres semblent liées par une conception commune : l'aisance du pinceau, le clair-obscur appuyé, la pose intériorisée déjouent les artifices et les codes du portrait pour mieux pénétrer dans un univers intime où s'expriment avec pudeur le doute et la mélancolie. L'année suivante, Bazille posera encore pour Monet dans le *Déjeuner sur l'herbe* (Paris, musée d'Orsay), où il apparaît à deux reprises en redingote et chapeau melon, dans un contexte social fort différent de la proximité manifeste de ces deux portraits. S.A.

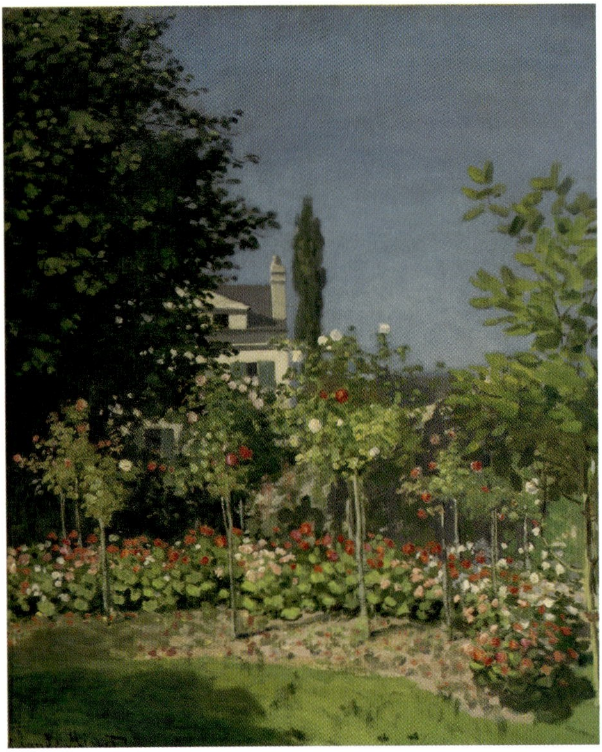

171
CLAUDE MONET (Paris, 1840 – Giverny, 1926)

Jardin en fleurs, à Sainte-Adresse

Vers 1866 • Huile sur toile • 65 × 54 cm • Signé en bas à gauche : *Claude Monet* • Dépôt du musée d'Orsay, Paris, 2006, inv. MNR 216

La vogue des stations balnéaires de la côte normande est à son apogée sous le Second empire, avant que celle de la Riviera ne la supplante à partir de 1880. À la suite de leurs aînés, Boudin, Courbet, Daubigny, les jeunes peintres impressionnistes se rendent en Normandie pour y trouver matière à peindre. Plus que tout autre, Claude Monet, dont les parents habitent Le Havre, a de bonnes raisons pour se rendre fréquemment sur les bords de la Manche ; au cours de l'été 1864, il y invite son ami Frédéric Bazille. La construction des lignes de chemin de fer facilite largement les déplacements des artistes et explique l'apparition de nouveaux sites dans la peinture de paysage, mais la vallée de la Seine reste un moyen de communication commode : c'est en bateau à vapeur que Claude Monet et Frédéric Bazille quittent Paris pour Honfleur, qu'ils atteignent après un jour de voyage. Ils résident dans le petit village côtier de Sainte-Adresse, où les parents de Monet possèdent une maison de campagne. Deux tableaux témoignent de cette proximité picturale : *Vue de la côte au Havre*, de Monet (Minneapolis, Institute of Art) et sa version réinterprétée en atelier par Bazille, *La Plage à Sainte-Adresse* (Atlanta, The High Museum of Art). Monet reviendra fréquemment sur la côte normande, en 1866 et 1867, années probables pour la datation de *Jardin en fleurs*, et en particulier dans les années 1880, avec la série des vues d'Étretat.

Le jardin qui sert de modèle au tableau de Monet est celui de la propriété Le Côteau, appartenant à ses cousins, la famille Lecadre ; dans une version plus complète de la scène, on y découvre l'un des habitants, *Jeanne-Marie Lecadre au jardin* (Saint-Petersbourg, musée de l'Ermitage). On connaît l'importance du thème du jardin en fleurs dans l'œuvre de Monet, qui finira par s'y consacrer tout entier à Giverny. En 1866, Monet est occupé par le sujet des *Femmes au jardin* (Paris, musée d'Orsay), ambitieux tableau peint intégralement en plein air, qui sera refusé au Salon, l'année suivante. On retrouve partiellement dans ce *Jardin en fleurs* le même traitement contrasté du jeu de la lumière dans la végétation. Avec son repoussoir d'ombre au premier plan, sa grande plage colorée de ciel bleu et le rouge vif des roses, la composition reste plus proche des formules classiques du paysage. La technique est en revanche beaucoup plus audacieuse : hormis la maison, l'essentiel du motif est restitué par des taches colorées juxtaposées. Le jeune Claude Monet se détache ici de l'exemple de Courbet et de Manet pour une pratique nouvelle, qui deviendra caractéristique du mouvement impressionniste. S.A.

172

FRÉDÉRIC BAZILLE (Montpellier, 1841 – Beaune-la-Rolande, 1870)

Nature morte au héron

1867 • Huile sur toile • 97,5 × 78 cm • Signé daté : *F Bazille 67* • Don de Mme Gaston Bazille, 1898, inv. 898.5.2

La *Nature morte au héron* symbolise l'amitié entre les futurs impressionnistes, de 1865 à 1870. En 1867, Bazille entreprend dans l'atelier de la rue Visconti à Paris, qu'il partage avec Renoir, la peinture d'un héron. Renoir nous a laissé l'image du montpelliérain (musée Fabre, dépôt d'Orsay), le grand corps tassé devant le chevalet, entrain de peindre son tableau non loin d'un paysage de Monet accroché au mur. Au même moment, Alfred Sisley, autre camarade rencontré à l'atelier de Charles Gleyre, s'intéresse au même motif : un héron cendré suspendu par les pattes à une robuste table de bois, occupe avec ses ailes déployées toute la longueur de la toile : derrière lui, la crosse d'un fusil et probablement une gibecière ; devant lui, disposés sur une pièce de tissu blanc, à même le sol, un geai des chênes et une pie bavarde. À la différence de Bazille, Sisley a réduit l'importance du décor en resserrant son attention sur les animaux vus en cadrage rapproché. Les deux artistes liés par des liens d'amitié et un même engagement pour la Nouvelle Peinture rendent, chacun à leur manière, un hommage non déguisé à Manet dont les natures mortes des années 1864-1865 ont orienté leurs recherches, non seulement par le choix des thèmes mais aussi par le style. Un pinceau souple, fluide et économe s'attache à rendre avec objectivité la surface des choses. L'attention du spectateur se porte d'emblée sur la touche à la fois expressive et raffinée. La palette extrêmement réduite – autre emprunt au grand aîné – joue habilement sur des oppositions de gris bleuté, de blanc éclatant, de noir et de beige. Seule, dans le plumage du geai, s'insinue imperceptiblement une note de couleur, rose et bleue. Outre l'exemple de Manet, Bazille se montre sensible aussi à la leçon des grands maîtres français du XVIIIe siècle – Oudry, Chardin – qui suscitent au même moment un regain d'intérêt et de curiosité.

Gaston Bazille, grand amateur de chasse à la macreuse, s'approprie le tableau lors d'un passage à Paris, contre le gré de son fils. « La toile, écrivait-il à sa femme le 23 décembre 1868, est un peu plus haute que large et pourra se mettre entre les deux fenêtres de mon cabinet si le jour y est suffisant. » M.H.

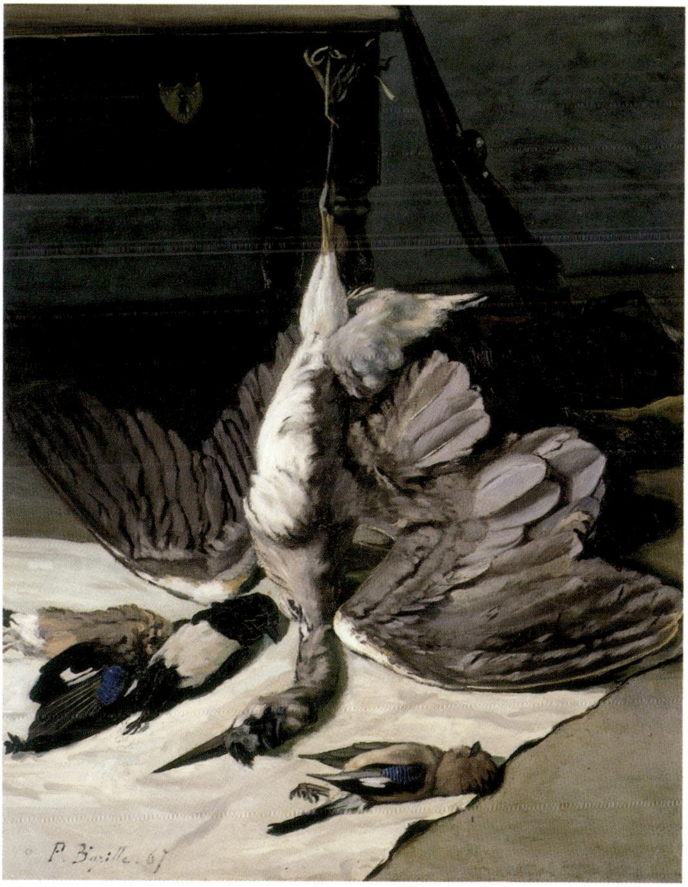

173

FRÉDÉRIC BAZILLE (Montpellier, 1841 – Beaune-la-Rolande, 1870)

Petite Italienne chanteuse des rues

1866 • Huile sur toile • 131 × 98 cm • Achat de la Ville avec le soutien du Fonds du patrimoine et du FRAM Languedoc-Roussillon, 2002, inv. 2002.5.1

Durant ses premières années à Paris, Bazille fut frappé par les tableaux à sujets modernes de Manet mettant en valeur des célébrités anonymes de la rue comme *La chanteuse des rues* (vers 1862, Boston, Museum of Fine Arts), tableau à propos duquel Zola vantait « le labeur consciencieux d'un homme qui veut, avant tout, dire franchement ce qu'il voit ». C'est précisément le programme que s'était fixé le jeune Bazille qui entreprend ici un de ses rares tableaux parisiens apportant une note inédite dans sa brève production plutôt marquée par la couleur et le Sud. Dans le Paris du Second Empire, ces petits mendiants ou musiciens ambulants venus d'Italie étaient nombreux. Selon le témoignage de Maxime Du Camp, ils pullulaient même, jouant de la harpe et du violon et montrant des marmottes ou des singes. Sans sentimentalisme, mais avec détermination et dans un souci de vérité, Bazille porte son regard sur cette fillette attifée comme une adulte, avec un large châle et un chapeau agrémenté de fleurs. Elle tient de la main gauche un violon et de l'autre un archer. Elle ne joue pas véritablement. Toute la tension du tableau réside dans ce geste maladroit, comme suspendu, et la position de ce visage aux joues trop pleines, au menton trop lourd et au regard douloureux tourné vers l'extérieur. L'immobilité de la figure, implorante et digne à la fois, condamnée à la rue et pourtant étrangement coupée du monde environnant, suscite chez le spectateur un vague sentiment de compassion et de gêne. La modernité du tableau ne réside pas seulement dans le traitement du sujet, elle éclate aussi dans l'exécution hardie qui laisse la touche bien visible et tranchée et les audaces de la palette colorée. La figure sans véritable épaisseur, comme une carte à jouer se détache sans concession sur le fond chaotique du boulevard. La touche virevoltante et confuse (peut-être abandonnée à cet état d'esquisse) tente de suggérer le mouvement perpétuel de la rue dans les grandes métropoles modernes, avec ces militaires et ces femmes élégantes. Sur ce camaïeu de gris de zinc se détachent quelques rares couleurs : le vert du tablier, la coulure d'un rouge sensuel de la sacoche, le rose des fleurs du chapeau. Le traitement sobre et rêche de ces fleurs rappellent celui de Manet dans ses tableaux de pivoines de 1864 (Paris, musée d'Orsay). *La Petite Italienne* est un témoignage précieux et précoce sur la sensibilité de Bazille pour la grande ville qui subit alors de profondes mutations. Au printemps 1864, alors qu'il préparait son doctorat de médecin, il avait dit son envie de peindre Paris, puis il n'en fut plus question. Au total, la ville moderne, avec ses places, ses parcs, ses gares et ses avenues n'apparaît pas (sauf ici, allusivement) dans l'œuvre du peintre qui préfère, comme Courbet, le réalisme des figures et les paysages de sa contrée natale. M.H.

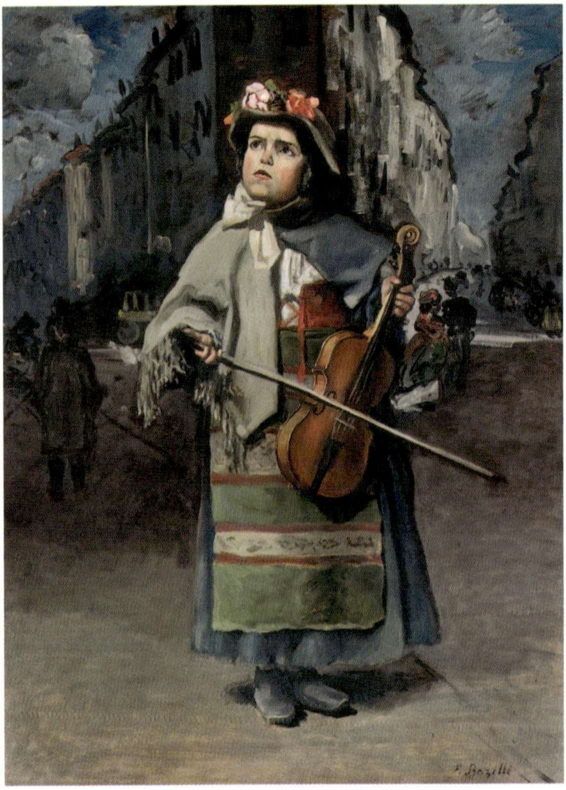

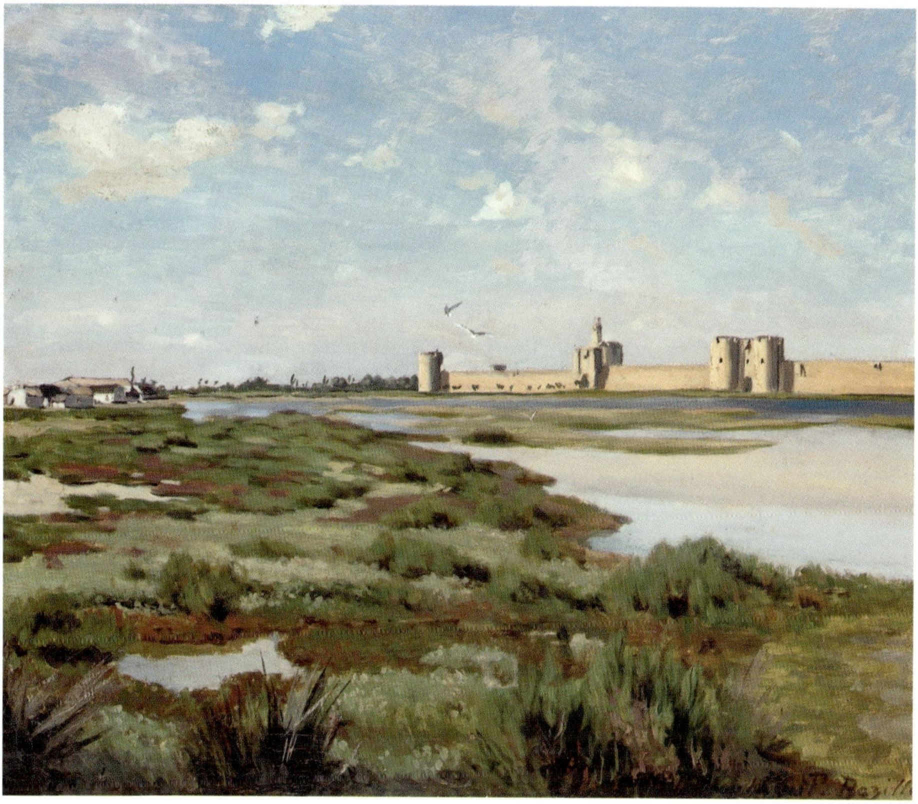

174
FRÉDÉRIC BAZILLE (Montpellier, 1841 – Beaune-la-Rolande, 1870)

Les Remparts d'Aigues-Mortes

1867 • Huile sur toile • 46 × 55 cm • Signé en bas à droite : *à M. Fioupou, son ami, F. Bazille* • Achat de la Ville, 1956, inv. 56.13.1

Fidèle à son Midi natal, Bazille revient chaque année séjourner dans sa famille, à la recherche de motifs nouveaux qui pourraient attirer l'attention de ses amis ou du jury du Salon. Son père, dès 1866, lui conseille d'aller explorer la petite cité médiévale d'Aigues-Mortes, chargée d'histoire, jusque-là peu représentée et de surcroît haut lieu du martyre protestant. L'année suivante, en mai, Bazille se rend à Aigues-Mortes, s'installe à l'hôtel Saint-Louis et va, malgré le temps incertain, dessiner et peindre sur le motif. Une première grande toile (Washington, National Gallery of Art) montre les remparts d'Aigues-Mortes vus de l'ouest, de l'autre côté du chenal maritime. Une deuxième (New York, The Metropolitan Museum of Art), à l'opposé, se concentre sur la silhouette massive de la porte de la Reine, du XIIIe siècle, qui étend son ombre menaçante au premier plan, alors que les derniers rayons du soir déclinent et illuminent la petite rue pittoresque au centre. Le tableau du musée Fabre, de format plus réduit, présente une structure proche du tableau de Washington : la grande ligne horizontale, formée par les remparts, divise la composition en deux accordant une large place au ciel et à l'eau. Cependant, ici, la mise à distance des remparts vus du côté du sud, décalés sur la droite, accentue l'impression de flottaison, de platitude et d'amalgame de tous les éléments, caractéristique du paysage languedocien en Petite Camargue. La touche lisse et compacte sur les remparts et la surface de l'eau se fait plus descriptive et sensible dans les replis de la végétation du marais. L'atmosphère moins figée que dans les deux autres toiles (plus redevables à l'art de Manet et de Monet) devient au contraire plus frémissante grâce aux jeux ténus de lumière sur les nuages et les cabanes blanches et roses, sans oublier le tremblement de la touche sur la cime des arbres à l'horizon, du côté du cordon littoral. Soigneusement préparés par une série de croquis appartenant à un carnet conservé au Louvre, tous ces tableaux lumineux et mélancoliques constituaient la réplique personnelle du peintre aux paysages urbains exécutés un mois plus tôt par ses amis Monet et Renoir.

M.H.

175
FRÉDÉRIC BAZILLE (Montpellier, 1841 – Beaune-la-Rolande, 1870)

La Vue de village

1868 • Huile sur toile • 137,5 × 85 cm • Signé daté en bas à droite : *F. Bazille 1868* • Don Madame Gaston Bazille, 1898, inv. 898.5.1

Ce chef-d'œuvre de Frédéric Bazille, un des emblèmes forts du musée Fabre, fut réalisé par l'artiste durant l'été 1868 pendant son séjour dans la propriété du mas Méric, aux portes de Montpellier. Bazille a souvent fait poser ses proches dans cette résidence estivale : d'après la tradition familiale, ici c'est la fille du métayer italien de ses parents, assise sur le sol, à contre-jour, sous un pin parasol, qui a revêtu pour l'occasion une robe de fête de mousseline blanche à fines rayures roses. Elle regarde gravement le peintre ; en dessous d'elle, on distingue les méandres paresseux de la rivière, le Lez et, dans le fond, le village de Castelnau et le clocher roman de l'église Saint-Jean-Baptiste. L'ombre rafraîchissante du premier plan, avec les verts intenses de la végétation, la coulisse savamment calculée du pin à droite, magnifie le paysage urbain construit dans la lumière qui préfigure déjà Cézanne. Le tableau frappe par son extraordinaire luminosité et la splendeur de la palette colorée : les rouges éclatants du ruban et de la large ceinture, les noirs profonds de la chevelure, du serre-cou, le blanc cotonneux de la robe travaillée en glacis délicats, resplendissent dans cet écrin de verdure, d'ocre et de bleu délavé. Une touche ferme et solide qui ne cède jamais, comme chez Monet, aux tentations du flou et de l'imprécis parvient, presque miraculeusement, à restituer les sensations délicieuses de l'instantané. Berthe Morisot admire l'œuvre présentée au Salon de 1869 et écrit en termes louangeurs à sa sœur Edma le 1er mai : « Le grand Bazille a fait une chose que je trouve fort bien : c'est une petite fille en robe très claire, à l'ombre d'un arbre derrière lequel on aperçoit un village. Il y a beaucoup de lumière, de soleil. Il cherche ce que nous avons si souvent cherché, mettre une figure en plein air, cette fois il paraît avoir réussi. » M.H.

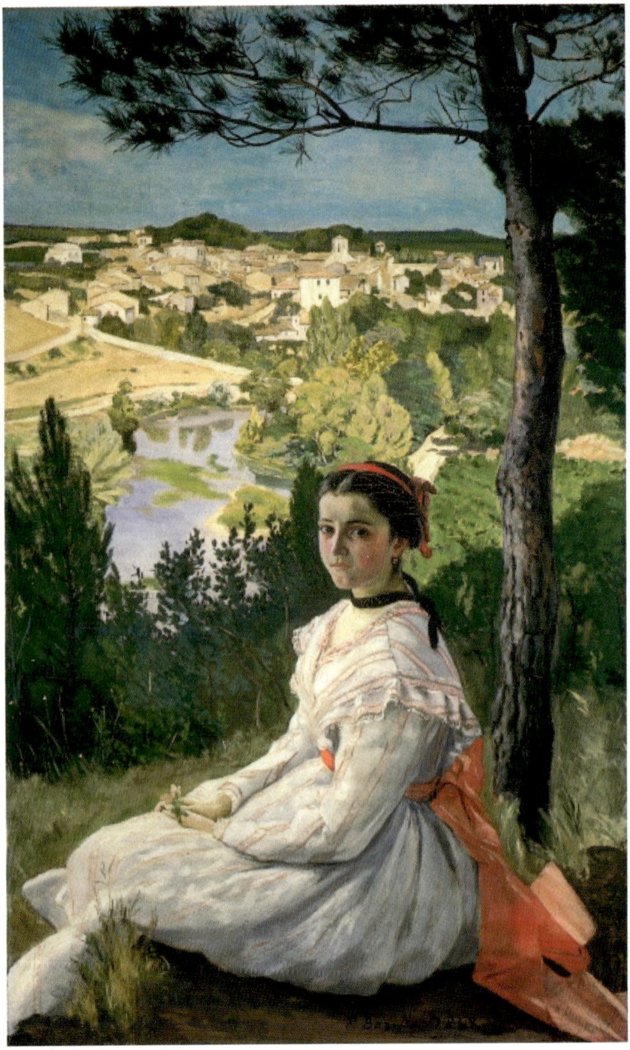

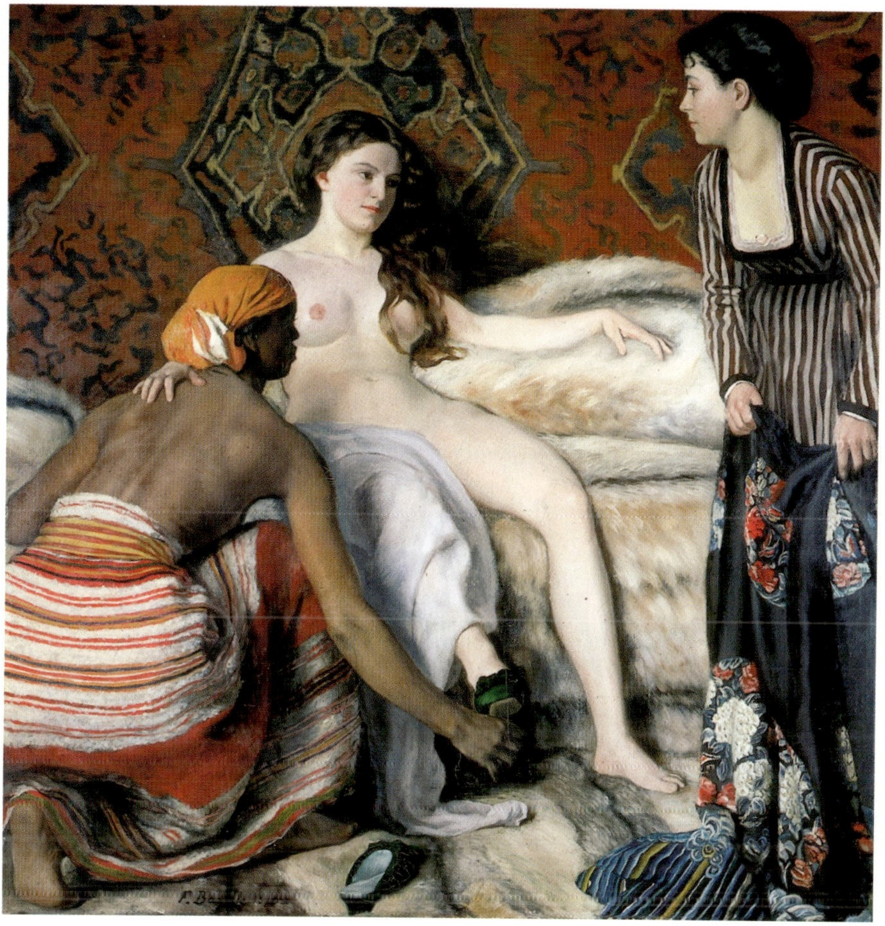

176
FRÉDÉRIC BAZILLE (Montpellier, 1841 – Beaune-la-Rolande, 1870)

La Toilette

1870 • Huile sur toile • 131 × 127 cm • Signé daté en bas à gauche : *F. Bazille / 1870* • Don Marc Bazille, frère de l'auteur, 1918, inv. 18.1.2

Bien décidé à figurer au Salon de 1870, Bazille, parallèlement à une vue de son atelier et à un portrait, entreprit cet ambitieux tableau au sujet relativement conventionnel mais susceptible de séduire les membres du jury et le président, le peintre orientaliste Gérôme. Peint entre décembre 1869 et mars 1870, le tableau a été soigneusement préparé par un dessin préparatoire mis au carreau (Paris, Louvre) et peut-être par une esquisse, comportant encore que deux figures, bien discernables dans *L'Atelier de la rue de la Condamine* (Paris, musée d'Orsay). Dans ses lettres à sa mère, Bazille fait allusion à « un modèle ravissant mais qui va me coûter les oreilles » et « à une négresse superbe ». La troisième figure à droite en habit contemporain peut être identifiée avec Lise Tréhot, la compagne et modèle de Renoir. Bazille avait à sa disposition un grand nombre de thèmes et d'attitudes légués par la tradition – la *Bethsabé* de Rembrandt donnée au Louvre en 1869 et vantée par son ami Zacharie Astruc ; le *Mariage mystique de Sainte-Catherine* du musée Fabre pour la pose de dos de la servante noire – mais il semble plutôt s'inspirer de Delacroix et de ses deux versions des *Femmes d'Alger dans leur intérieur* (Louvre et musée Fabre). Ce poème intime et féminin est l'occasion pour l'artiste qui vient d'avoir 29 ans de montrer son extraordinaire virtuosité dans le rendu des belles matières tactiles (fourrure, soie, satin, tapis, cotonnade), sa science de coloriste qui joue avec brio de l'opposition de tons chauds et froids et de tonalités rares comme l'orangé du turban de la négresse ou le vert émeraude des pantoufles. Malgré son sujet séduisant, sa couleur vibrante, son parti pris décoratif annonciateur de Matisse, le jury écarta le tableau sans doute à cause de ses allusions trop évidentes à Manet (dont l'*Olympia* fut sans doute révélé à Bazille au Salon de 1865) et lui préféra la *Scène d'été* pourtant plus audacieux. M.H.

177
FRÉDÉRIC BAZILLE (Montpellier, 1841 – Beaune-la-Rolande, 1870)

La Négresse aux pivoines

1870 • Huile sur toile • 60,3 × 75,2 cm • Don Marc Bazille, frère de l'auteur, 1918, inv. 18.1.3

Après avoir peint en 1868 pour ses cousins Teulon l'élégant et mondain tableau de *Fleurs* du musée de Grenoble, Bazille aborde à nouveau ce thème durant la dernière année de sa brève existence. Bazille a été profondément influencé par les tableaux de fleurs de Manet découverts au début de son séjour parisien mais aussi sans doute par ceux réalisés par Delacroix et Courbet. Bazille semble vouloir combiner ici une scène de genre avec une nature morte selon une tradition bien ancrée dans la peinture européenne (Flandres, Naples) depuis le XVIIe siècle. Le peintre adjoint à son tableau une femme qui n'est autre, sans doute, que la servante noire que l'on voit agenouillée à gauche au premier plan de la *Toilette* (1869-1870, Montpellier, musée Fabre). Bazille réalisa une première version de sa composition (Washington, National Gallery of Art) qui montre le personnage tourné vers le spectateur, présentant de la main droite un bouquet de pivoines. La version du musée Fabre, entreprise un peu plus tard, vers la fin du printemps 1870, met tout autant en valeur la sensualité colorée des fleurs mais insiste davantage sur l'action et l'intimité de la scène : la négresse dont le buste jaillit plus clairement de derrière la table est occupée à agencer le plus soigneusement possible le bouquet qu'elle compose avec une concentration extrême. Elle est sur le point d'introduire une tige de pivoine dans le vase d'où jaillissent déjà de grosses pivoines roses et rouges, des iris bleus et un rameau de tamaris. De la main gauche, elle garde en réserve un rameau de cytise. Devant elle, sur la table des fleurs en désordre, boules de neige et pivoines. Le fond neutre du tableau, la figure sobrement vêtue, le visage fermé, légèrement dans l'ombre à droite, font ressortir avec un éclat et une ivresse incomparables la guirlande de fleurs qui se mélange avec bonheur avec la panse généreuse et fleurie du vase à gauche. Ce vase de Laurent Bouvier, prêté par Fantin-Latour apparaît sur le bord de la table dans *Un atelier aux Batignolles* (Paris, musée d'Orsay) de ce dernier. Les reflets dorés du visage qu'exalte encore le jaune pâle du cytise, les effets moirés du foulard auxquels répondent les luisances du vase, le clair-obscur accusé achèvent de donner à l'ensemble une extraordinaire présence en même temps qu'un sentiment de jubilation qui est le signe d'une modernité retrouvée. Par son exubérance, sa sensualité mais aussi par son caractère énigmatique, le chef-d'œuvre de Bazille rivalisait une dernière fois, avec brio, avec Manet dont l'*Olympia* de 1863 (Paris, musée d'Orsay) montrait à l'arrière-plan, à droite, une servante noire présentant un bouquet composé, enveloppé par un fleuriste. M.H.

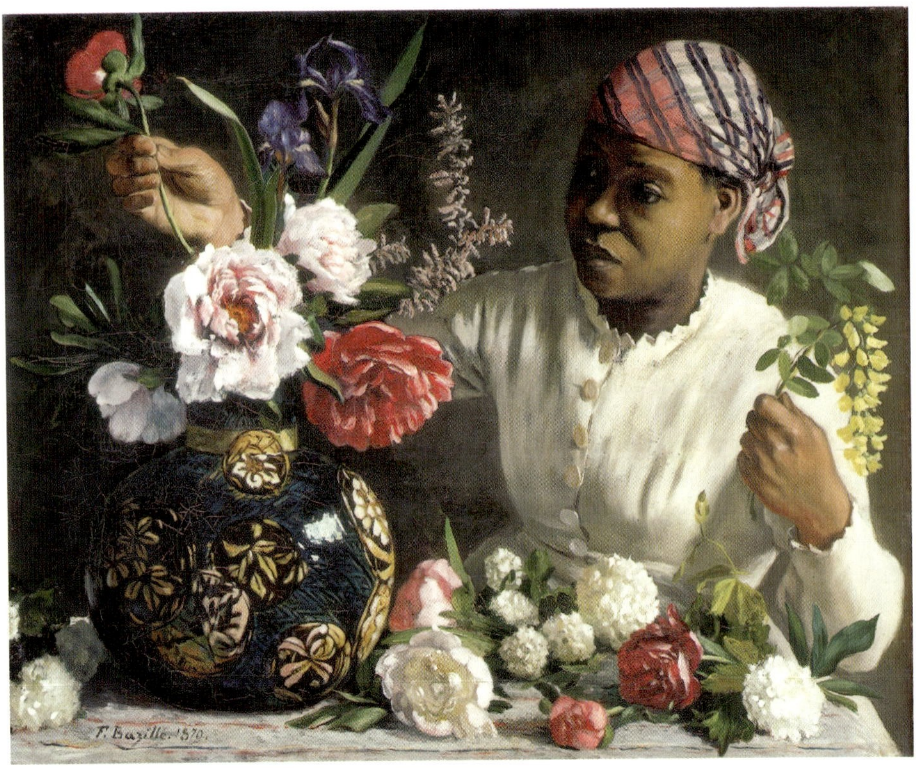

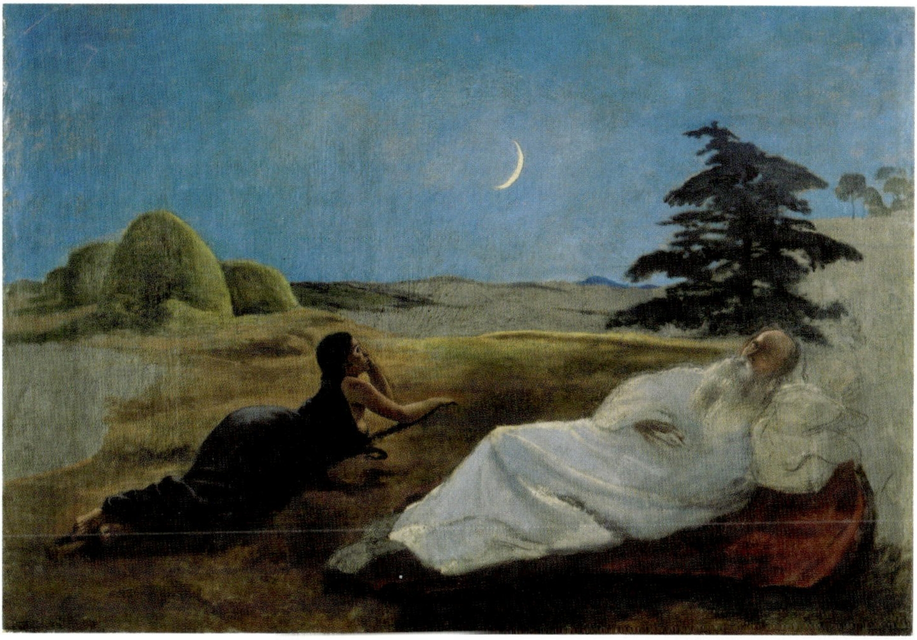

178
FRÉDÉRIC BAZILLE (Montpellier, 1841 – Beaune-la-Rolande, 1870)

Ruth et Booz

Vers 1870 • Huile sur toile • 138 × 202 cm • Achat de la Communauté d'agglomération, 2004, inv. 2004.13.1

Ce tableau de grand format récemment entré dans les collections constitue le testament artistique de l'artiste. Dans la solitude de son dernier été montpelliérain, Bazille poursuit plusieurs œuvres, comme il l'écrit à son ami Edmond Maître le 2 août 1870 : « [...] J'ai fini à peu près un grand paysage, une étude de jeune homme nu. Ruth et Booz sont à moitié chemin. » Pour la première fois, l'artiste, pétri de culture protestante, s'empare d'un thème tiré de l'Ancien Testament déjà traité avant lui, notamment par Poussin (cycle des *Saisons*, Paris, Louvre). Au XIXe siècle, plusieurs artistes y reviennent : Millet pour son *Repos des Moissonneurs* (1853, Boston, Museum of Fine Arts) initialement intitulé *Ruth et Booz* ; Puvis de Chavannes avec l'immense toile *Le Sommeil* du Salon de 1867 (palais des Beaux-Arts de Lille) ; enfin, Cabanel dans une composition exécutée en 1866 pour l'impératrice (réduction au musée Fabre, 1868). Comme son compatriote Cabanel, Bazille fait référence au poème de Victor Hugo, publié en 1859 dans *La Légende des siècles* :

« Donc, Booz dans la nuit dormait parmi les siens
Près des meules, qu'on eût prises pour des décombres,
Ruth songeait et Booz dormait ; l'herbe était noire. »

Bazille suit fidèlement les vers du poète, qu'il admire, et peint un Booz endormi, appuyé sur son bras gauche, avec à ses côtés Ruth, allongée, la tête relevée en direction de la « faucille d'or dans le champ des étoiles. » Sur la gauche, au second plan, apparaissent quatre meules de foin, tandis qu'à droite se dressent un beau cèdre bleu et quelques pins parasols, à l'évidence inspirés par le paysage de Méric. Pour mener à bien ce sujet inédit dans son parcours, Bazille a multiplié les études d'ensemble et de figures isolées (d'après le modèle) et emprunte à Puvis de Chavannes les traits généraux de la composition en largeur, de même que l'impression de calme grandeur qui se dégage de l'ensemble. L'espace du tableau demeure largement ouvert, le regard circule avec aisance entre les formes ; et c'est de l'intérieur, à partir du poids physique des personnages que naissent la méditation et la rêverie. L'enveloppe de bleu profond, les formes comme pétrifiées, le paysage résiduel favorisent la communion intime des figures avec la nuit. On a pas manqué de s'interroger sur les orientations nouvelles de Bazille, associé étroitement jusque-là aux recherches des adeptes de la Nouvelle Peinture de Manet. En fait, malgré son sujet d'histoire, le tableau s'inscrit dans la continuité de l'œuvre par sa franchise de ton, son humanité, sa facture à la fois économe et souple et sa poésie pleine de pudeur et de sensualité mêlées. M.H.

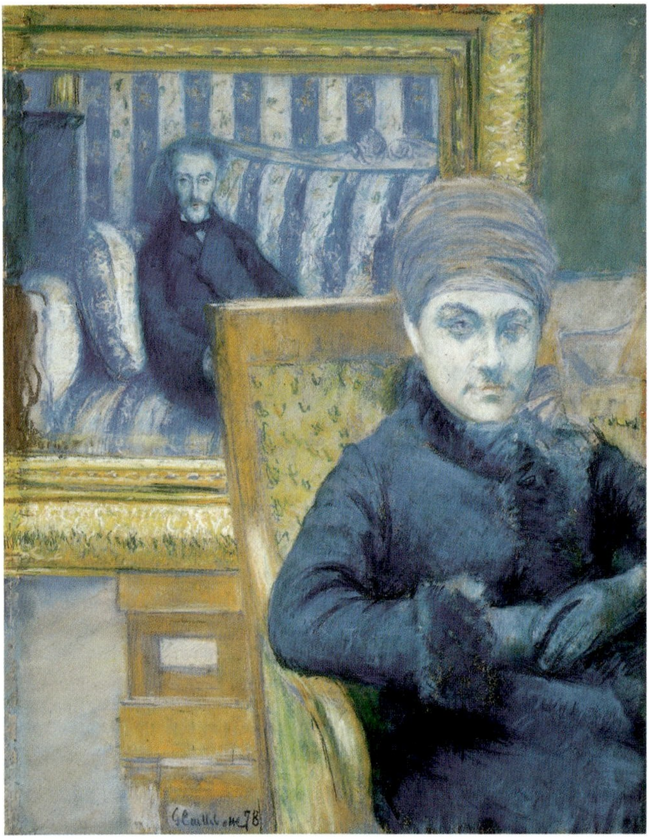

181
GUSTAVE CAILLEBOTTE (Paris, 1848 – Gennevilliers, 1894)
Portrait de Madame X
Pastel • 63 × 50 cm • Achat de la Ville, 1939, inv. 39.2.1

Figure centrale de l'impressionnisme, Caillebotte se forma dès 1871 dans le très académique atelier de Léon Bonnat. Alors qu'il réussit le concours d'entrée à l'École des beaux-arts de Paris, il fréquente Degas qui l'introduit en 1874 auprès des artistes refusés des Salons officiels : Monet, Renoir et Pissarro. S'il ne participe pas à la première exposition impressionniste chez Nadar, il sera présent à celles de 1876, 1877, 1879 et 1880. Très influencé par son ami Degas avec qui cependant il se brouille en 1881, il sera le tenant d'un art naturaliste inspiré par Courbet, un peintre de la réalité sociale et de la vie moderne (*Les Raboteurs de parquet*, 1875, musée d'Orsay ; *Le Pont de L'Europe*, 1876, Genève, Petit Palais). De même qu'il se passionne pour la représentation d'une humanité confrontée au monde industriel, il donnera de nombreux portraits et, toujours à l'image de Degas, son style sera basé sur une pratique assidue du dessin.

Exemplaire de ce goût pour la figure humaine, ce portrait est caractéristique de la maîtrise obtenue par l'artiste dans l'art du pastel. Assise sur un fauteuil, chapeautée et gantée comme pour sortir, la femme est placée au premier plan ; derrière elle, un homme apparaît dans un encadrement. S'agit-il d'un portait accroché au mur ou du reflet d'un miroir ? Dans cet espace sans profondeur, la composition joue de la dissymétrie du cadre et du dossier ainsi que de la divergence des regards pour nouer un dialogue étrange et silencieux entre les deux personnages ; climat énigmatique où se dissolvent les repères optiques alors qu'une singulière harmonie de bleu et de jaune souligne avec des accents stridents le décalage de la scène.

Cette confusion des perspectives sera un thème de recherche récurent des impressionnistes et atteindra l'un de ses points culminants avec *Un bar aux Folies-Bergère* de Manet (1882).

Malgré un réel talent artistique, Caillebotte connut une notoriété posthume non pas pour sa peinture mais grâce à son extraordinaire collection de tableaux constituée auprès de ses amis artistes. Le legs qu'il consentit en 1896 à l'État fut l'objet d'une vive polémique nourrie par les défenseurs de l'académisme. Cet ensemble constitue aujourd'hui le socle des collections impressionnistes du musée d'Orsay. J.F.

182

MARCELIN GILBERT DESBOUTIN (Cerilly, 1823 – Nice, 1902)

La Voiture d'enfant

Huile sur toile • 126 × 93,5 cm • Signé en bas à gauche : *M. Desboutins* • Dépôt de l'Etat, 1933, inv. D33.5.1

Après une scolarité au lycée Louis-le-Grand et des études de droit, Desboutin entre dans l'atelier de Thomas Couture en 1847 et se forme également à la sculpture chez Antoine Etex. Disposant d'une certaine fortune, il part en Italie avec son épouse, achète en 1854 une villa princière près de Florence où il mène grand train pendant les dix-huit années de son séjour, recevant la fine fleur des lettres et des arts. Il fréquente les macchiaioli, rénovateurs de la peinture italienne, et accueille Degas, de passage entre 1856 et 1860. Ruiné par cette vie dispendieuse, il rentre en France et, après avoir tenté sans grand succès une carrière dans les lettres, participe à la seconde exposition impressionniste de 1876. Il devient une figure de la bohème parisienne, et sa silhouette, familière aux clients du café Guerbois et de la Nouvelle-Athènes, se retrouve de tableau en tableau : Degas, *L'Absinthe* (Paris, musée d'Orsay), Manet, *L'Artiste* (1876, São Paulo, musée d'Art moderne).

C'est d'abord son métier de graveur qui contribue à sa reconnaissance et lui permet d'accéder au Salon à partir de 1878 : « Après avoir été impitoyablement refusé pendant des années aux Salons annuels, M. Desboutin a enfin gagné une entrée et une médaille. C'était justice. Les dix-sept gravures exposées sont superbes, son portrait surtout, dont l'allure est magnifique de puissance » (Salon de 1879, J.-K. Huysmans, *L'Art moderne*, 1883). Dès lors, sa carrière prend un tour plus heureux, il s'impose en tant que peintre et devient un portraitiste réputé du monde des arts et lettres. Zola, Edmond Goncourt, la duchesse Colonna, Manet, Puvis de Chavannes et Degas posent pour lui.

Mais Desboutin est bien plus encore le peintre de la famille : à l'exposition impressionniste de 1876 figurait déjà une *Étude d'enfant*, ainsi qu'un tableau nommé *Les Premiers Pas* ; au Salon de la Société nationale des beaux-arts, en 1890, il présente, sous le titre *Une bonne bête*, le portrait d'une nourrice portant deux enfants espiègles (Paris, Petit Palais). Comme dans *La Voiture d'enfant*, il dépeint avec une tendresse particulière les actes de la vie quotidienne, l'endormissement du nourrisson, les soins de la nourrice, la fierté timide du jeune garçon qui pousse le landau (son fils André Desboutin, plus tard auteur de vaudevilles à succès sous le nom de André Mycho). « Une toile digne des premiers Monet » disait de ce tableau Paul Valéry (propos rapportés par Gaston Poulain, *Paul Valéry au musée Fabre*, 1942).

Retiré à Nice à partir de 1881, Desboutin se partage entre les portraits et l'étude de personnages pittoresques dans un style réaliste comme *Le Marchand d'oignon de la Riviera* (1898, Paris, Petit Palais). Ses funérailles en 1902 sont grandioses et la presse nationale lui rend un hommage unanime. S.A.

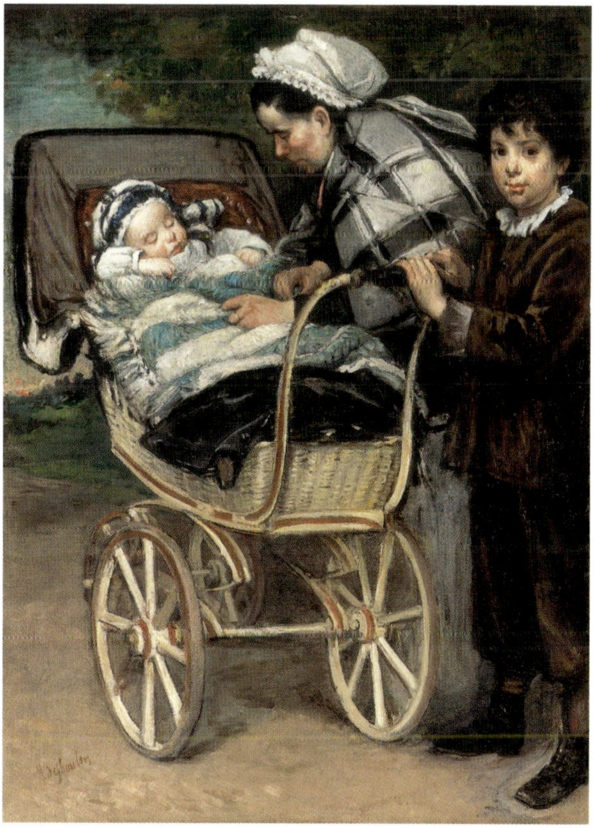

183
ÉDOUARD MANET (Paris, 1832 – Paris, 1883)

Portrait d'Antonin Proust

1881 • Huile sur toile • 183 × 110 cm • Signé en bas à droite : *Manet* • Œuvre récupérée par les Alliés en 1945, MNR 135 ; dépôt de l'État, 1952, inv. D52.2.1 (MNR WRM2697)

Antonin Proust est un personnage clef de la vie artistique sous la IIIe République. Né à Niort en 1832, il effectue des études de philosophie, suivies d'un voyage en Grèce dont il tire un livre, *Un philosophe en voyage* publié en 1864 sous le pseudonyme d'Antonin Barthélémy. Sa carrière politique se forge dans l'opposition à l'Empire et la presse : il collabore à plusieurs journaux et fonde en 1864 *La Semaine universelle*. Il fait campagne contre le plébiscite, est condamné pour ses écrits, et se présente sans succès aux élections législatives en 1869. Correspondant pour *Le Temps* lors de la guerre de 1870, il devient le secrétaire de Gambetta, qui sera désormais son protecteur en politique. Il est élu en 1876 député des Deux-Sèvres, mandat qu'il conserve jusqu'en 1893, président du conseil général de 1877 à 1881, maire de Niort en 1881.

À côté de cette carrière politique, ce père fondateur de la IIIe République est un fervent ami des arts ; il est l'auteur des illustrations de sa relation de la Grèce pour le magazine *Le Tour du monde* et continuera à peindre toute sa vie. Admis dans l'atelier de Thomas Couture en 1850, il y retrouve son condisciple de collège, Édouard Manet. Leur amitié se fortifie pendant trois années passées à combattre les doctrines académiques, fréquenter la bohème de Baudelaire, Mürger, Alexandre Dumas fils, suivre les conseils de Delacroix, et faire enrager Couture.

Lorsque Gambetta forme son « grand ministère » en novembre 1881, il appelle logiquement Antonin Proust, rapporteur du budget des beaux arts depuis 1879, et crée pour lui le premier ministère des Beaux-Arts. Connaissant la fragilité de ce gouvernement face à l'hostilité de la Chambre (il tombe trois mois plus tard), Antonin Proust agit avec rapidité pour marquer son bref ministère de mesures importantes : il crée l'École du Louvre, le musée de Sculpture comparée, le musée des Arts décoratifs (il commande à Rodin une porte pour ce musée qui deviendra la *Porte de l'enfer*), réhabilite Courbet en organisant la première exposition officielle à l'École des beaux arts et décore son ami Manet de la Légion d'honneur.

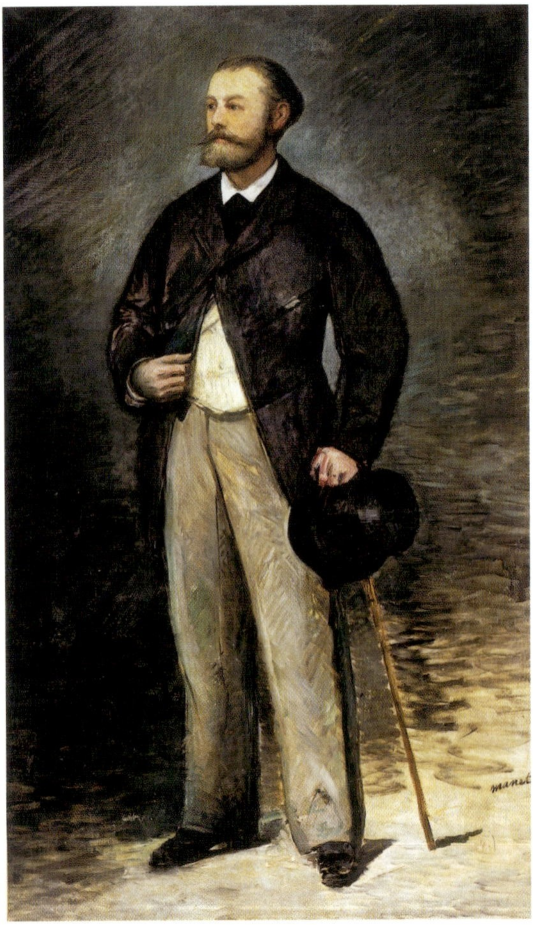

Antonin Proust avait ses habitudes dans l'atelier de Manet, qui a laissé plusieurs portraits de son ami, plus ou moins achevés. Plusieurs tentatives furent nécessaires avant le fameux tableau présenté au Salon de 1880 (Toledo Museum of Art), où l'apparition d'un Antonin Proust coiffé d'un chapeau haut de forme causa un certain émoi. L'étude du musée Fabre, moins poussée, appartient à un ensemble réalisé vers 1877, et qui compte aussi un portrait à mi-corps, de face, conservé au musée Pouchkine à Moscou. L'exécution rapide, que suggère le fond à peine brossé, est relevée par de véritables morceaux de bravoure, comme la main gantée, le soulier ciré, le chapeau, qui font du tableau final un véritable chef-d'œuvre.

Après une vente douteuse au musée de Cologne pendant la Seconde Guerre mondiale, le tableau fut récupéré par les forces alliées et, en l'absence de propriétaire déclaré, attribué au musée Fabre en 1952 sous le statut provisoire de MNR. S.A.

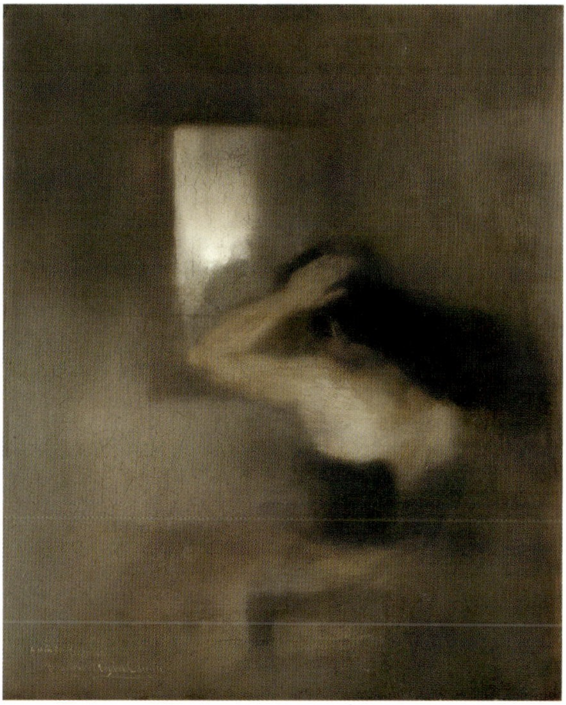

184
EUGÈNE CARRIÈRE (Gournay, 1849 – Paris, 1906)

La Coiffure

1887-1888 • Huile sur toile • 46 × 38 cm • Signé en bas à gauche : *A mon ami Brandon. Affectueusement, Eugène Carrière* • Achat de la Ville, 1939, inv. 39.3.1

Eugène Carrière a peint dans sa carrière de très nombreuses scènes d'intimité, en particulier des maternités qui mettent en scène la tendresse et la complicité d'une mère avec son enfant. Il a également saisi quelques instants de la vie familiale, un enfant dessinant, une jeune femme coupant du tissu, une adolescente lisant ou méditant. *Intimité* est justement le titre du tableau qui lance Carrière au Salon de 1889 comme peintre de la vie domestique, doué d'une perspicacité psychologique et d'une attention particulière à l'expression du sentiment.

Cependant, le peintre ne s'aventure que très rarement au-delà de cette intimité qui se sait observée. Il répugne aux nudités, à surprendre son modèle, et n'est pas voyeur. Exceptionnellement, son œuvre devient charnelle, troublante, comme dans *Femme aux seins nus – La Nature* (Paris, musée d'Orsay) où le visage du personnage se réfugie avec pudeur dans l'ombre. C'est à peine si quelques nus couchés, quelques belles endormies, apparaissent dans ses œuvres vers 1900.

Le sujet du tableau du musée Fabre, une jeune femme assise à sa toilette, est banal dans l'histoire de l'art ; comme en témoigne l'étude du critique Charles Morice, il est particulièrement important dans l'œuvre de Carrière où l'on recense « *Femme à sa toilette* (1988, à M. Devillez), *Jeune femme devant une psyché* (à M. Arthur Fontaine), *Femme se préparant*, *Femme se coiffant*, *La toilette* (à M. Carriou), *Jeune fille se coiffant* (à M. Mauzi), *Femme nue se préparant* ». Peut-être faut-il voir dans l'un de ces tableaux dont le propriétaire n'est pas nommé l'œuvre du musée Fabre, que la dédicace « A mon ami Brandon affectueusement » semble attribuer au sculpteur Édouard Brandon (1831-1897).

Dans la production assez abondante du peintre, le tableau se distingue par sa gamme de gris à peine colorés, qui tranche avec les bruns dont Carrière abuse vers 1900. La couleur froide, le personnage vu de dos, l'éclat de lumière sur l'épaule, évoquent *Les Dévideuses* (Londres, Tate Gallery), ce qui daterait *La Coiffure* vers 1887-1888.

Également singulière, la présence du miroir, intrusion violente du monde réel dans la pénombre d'un intérieur où tout est adouci et terni. Comme l'a noté Charles Morice, Eugène Carrière nous propose, dans chacune de ses œuvres, « ce spectacle mystérieux et sublime : la naissance de la clarté, qui est la naissance de la vie ; et nous suivrons docilement, pris à cette magie, le chemin toujours de plus en plus éclairé qui, des profondeurs de douces ténèbres, nous conduira au point brillant, central, de la lumière totale ». Le miroir de *La Coiffure* paraît alors incarner cette recherche d'absolu, cette ambition picturale que l'artiste résume ainsi : « une tache blanche où il y aurait tout ». S.A.

185
ADOLPHE PAUL ÉMILE BALFOURIER (Montmorency, 1816 – ?, 1876)

L'Abreuvoir

Huile sur toile • 131 × 195 cm • Signé en bas à droite : *Ad. Balfourier* • Don Alicot, 1865, inv. 865.5.1

Après une courte carrière d'avocat, Balfourier choisit de se consacrer à la peinture qu'il étudie chez Jean-Charles Rémond, le spécialiste du paysage historique. Il voyage en Italie, en Espagne, pays qui lui inspirent de nombreuses compositions exposées au Salon, où il obtient plusieurs distinctions dès ses débuts en 1843. S'il ne fait pas partie de l'école méridionale, il est cependant à partir de 1857 un des plus fidèles descripteurs du paysage provençal, de la Haute-Vienne au Var, en passant par la Crau. Il séjourne régulièrement à Hyères dont il devient en quelque sorte le peintre officiel (*La Rade d'Hyères*, Troyes, musée des Beaux-Arts). Peintre parisien séduit par la Provence, qui lui rappelle ses voyages lointains, Balfourier y adapte les modèles du paysage classique aux sites locaux, sans se départir d'une tradition parfaitement maîtrisée.

Aussi, si l'on croit reconnaître la chaîne des Alpilles au centre de la composition, et la montagne Sainte-Victoire à droite sur l'horizon, l'essentiel du tableau relève d'un vocabulaire presque rhétorique : on remarquera en particulier l'absence d'une végétation caractéristique qui, chez les peintres méridionaux, constitue un poncif récurrent et permet d'installer le contexte à peu de frais. Balfourier compose une feuillée sage, patiemment restituée en coups de pinceaux systématiques : la critique marseillaise lui reprochait en 1858 cette uniformité : « C'est toujours le même feuillage fauve, les mêmes branches minces, longues et flexibles » (Marius Chaumelin, Société artistique des Bouches-du-Rhône, 1858).

Autres éléments typiques de la tradition classique, le premier plan animé par des terrains rugueux, les reliefs accidentés, sur lesquels une lumière rasante sculpte un jeu d'ombre faisant repoussoir, l'horizon dégagé que la perspective aérienne tire vers une gamme de roses et de bleus propres à l'artiste. Dans cette fidélité aux canons du paysage composé, Balfourier est proche de l'art de Prosper Grézy (1801-1874, élève du peintre montpelliérain Jacques Moulinier) dont on rappellera ici *La Sainte-Victoire et le hameau des Bonfillons* (vers 1843, Aix- en-Provence, musée Granet).

Les peintres qui se sont penchés sur ces paysages n'ont pas manqué de décrire l'économie pastorale qui joue un rôle important en Provence. Émile Loubon, le chef de file de l'école de Marseille, en a fait son motif principal et a montré la voie à de nombreux épigones. Balfourier reste, lui, fidèle à la leçon italienne, en assignant à cet élément une fonction civilisatrice : prétexte pittoresque pour réintroduire l'homme et l'animal domestique dans un paysage semblable à celui des origines, le troupeau et son berger achèvent de transformer la terre provençale en une Arcadie heureuse et immuable.

S.A.

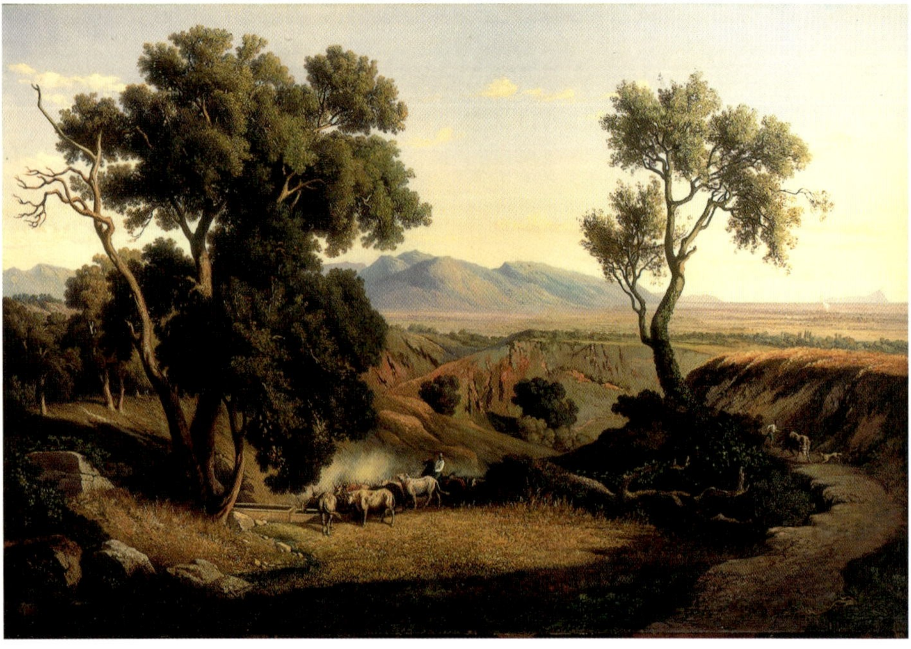

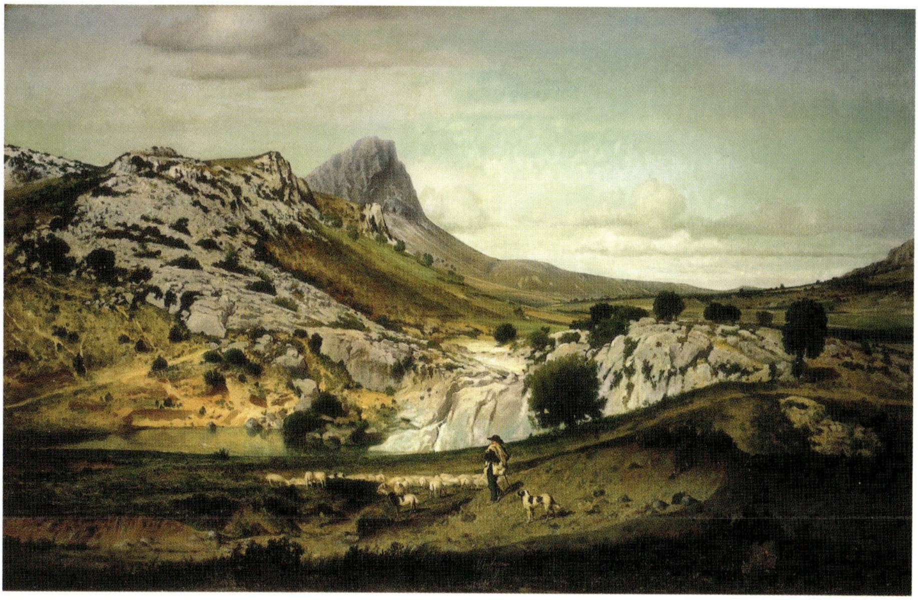

186

ALEXANDRE EUGÈNE CASTELNAU (Montpellier, 1827 – Montpellier, 1894)

Les Garrigues du pic Saint-Loup

1859 • Huile sur toile • 81 × 129 cm • Signé daté. : *E. Castelnau 1859* • Don famille Castelnau, 1894, Inv 895.1.2

Castelnau s'est attaché pendant toute sa carrière à restituer l'âme du Languedoc, sa terre natale, à travers des scènes de la vie rurale, les paysages, ou les portraits de simples gens, servis par une même objectivité de la vision et une peinture discrètement réaliste.

Le pic Saint-Loup, principal relief des environs de Montpellier, forme dans le paysage une sorte de récif, isolé dans une garrigue sauvage et pour ainsi dire inhabitée encore aujourd'hui. Castelnau n'a pas choisi de le représenter sous l'angle le plus habituel, ni d'en faire le motif central de sa composition, comme l'aurait fait un peintre aixois avec la Sainte-Victoire. Avec ce berger et son troupeau, il a contourné l'obstacle et en explore les abords. Tout ici rappelle l'hostilité de cette nature sèche et rocailleuse, qui ne semble pas faite pour l'homme : ni route ni bergerie, seules les pentes désolées et une végétation rare, sculptées par le vent. Tout juste devine-t-on les sentes des troupeaux aux abords d'une lavogne, dépression naturelle qui recueille l'eau de ruissellement et sert d'abreuvoir aux troupeaux. Il n'est pas interdit de penser ici aux paysages d'Écosse de Gustave Doré, dont les roches et les pentes herbeuses n'accueillent que très provisoirement le berger et ses bêtes, ici sur le qui-vive, prêts à reprendre leur chemin si les nuages déjà lourds s'amoncellent encore.

Comme Guigou à Marseille, Castelnau est à Montpellier le peintre des garrigues dont il restitue de manière franche et nette l'âpre réalité. Il n'idéalise ni le site, ni la lumière, ni la couleur du ciel, et livre le paysage pour ce qu'il est, sans artifice. Peint en 1859, ce tableau évoque immanquablement l'art de Courbet, qui séjourne à Montpellier en 1854 et 1857 : le chien du berger apparaît comme une citation de l'épagneul de *La Rencontre* (Montpellier, musée Fabre). *Les Garrigues du pic Saint-Loup* annoncent également la peinture de Frédéric Bazille, le cadet de Castelnau, qui réalise en 1866 une magistrale *Étude pour une vendange* (Montpellier, musée Fabre). C'est bien entre ces deux hérauts du paysage languedocien que se situe Castelnau : s'il peint avec une franchise héritée de Courbet, il cherche également à exprimer la puissance d'une terre que Bazille saura comprendre. En choisissant le site du pic Saint-Loup, Castelnau reste cependant attaché à une conception grandiose du paysage, là où ses pairs, en sillonnant les mêmes campagnes, font le choix de la banalité, comme pour mieux se rapprocher de l'intimité d'un territoire.

S.A.

187

PAUL CAMILLE GUIGOU (Villars-les-Apt, 1834 – Paris, 1871)

Paysage provençal

1869 • Huile sur bois • 24,5 x 40 cm • Signé daté en bas à droite : *Paul Guigou, 69* • Legs Bonduran dit Prunelles, 1908, inv. 08.2.1

Dernier enfant d'un négociant marseillais, Paul Guigou passe en 1851 un baccalauréat ès lettres et entre dans une étude notariale d'Apt. Petit à petit s'affirme pourtant chez lui la passion de la peinture : il suit les cours de dessins au collège d'Apt, expose pour la première fois en 1854 à la Société artistique des Bouches-du-Rhône. Établi à Marseille en 1857, Guigou peint sur le motif, en compagnie de Adolphe Monticelli, fréquente le docteur Gachet et reçoit les conseils d'Émile Loubon. Il renonce définitivement à la carrière notariale en 1861 et s'installe à Paris où le critique Théodore Duret l'introduit auprès du groupe pré-impressionniste au café Guerbois. Même si rien ne vient avérer leur rencontre, il est probable qu'il ait eu des contacts avec son compatriote Cézanne, un autre méridional exilé à Paris, de cinq ans son cadet.

Partageant son temps entre le Midi et la région parisienne, il peint aussi bien à Barbizon dans la forêt de Chailly que sur les bords de la Durance, à Martigues, dans la plaine de la Crau, autour de l'étang de Berre et bien sûr dans la rade de Marseille. Admis chaque année au Salon, il expose également en province, et décède en 1871 sans avoir jamais bénéficié de son vivant d'un achat de l'État ou d'un quelconque musée.

Paul Guigou fait partie de la deuxième génération de ces peintres, qui, à la suite d'Émile Loubon, apporte au paysage méridional une nouvelle dimension. Là où ses prédécesseurs ont joué des détails pittoresques du folklore, avec force bergers et troupeaux de chèvres, Paul Guigou se consacre à cette terre aveuglante et sèche, à peine humanisée. Il n'hésite pas à peindre les sites les plus anodins, les terrains vagues, le lit blanchi de la Durance, la terre plate et caillouteuse de la Crau. Trois rochers et une branche à la dérive, un bout de canal, une mare étale, un bouquet de pins au bord d'un chemin vide, sont pour Paul Guigou sujets de tableaux,

Il peint comme ici de petits formats sur bois, pratiques à réaliser en extérieur, dans une pâte riche qui semble piéger la lumière. Il excelle à restituer une perspective lointaine par d'infimes ruptures de ligne, multipliant les transitions qui conduisent le regard de la proximité la plus immédiate vers des horizons repoussés au plus lointain. Dans *Paysage provençal*, les personnages, posés par petits groupes sur trois plans différents, accompagnent le spectateur des rives de l'Arc, près des Milles, jusqu'à la montagne Sainte-Victoire, en empruntant le pont massif, peint comme une roche, et le mince sentier qui file entre trois arbres singuliers et grêles. On reste confondu par cette habileté à varier les échelles, à marier les proches et les lointains, au sein d'une unité totale. Guigou installe le calme et le silence dans sa peinture avec la symétrie parfaite des reflets qui vient boucler sur lui-même le motif principal au cœur de la composition. S.A.

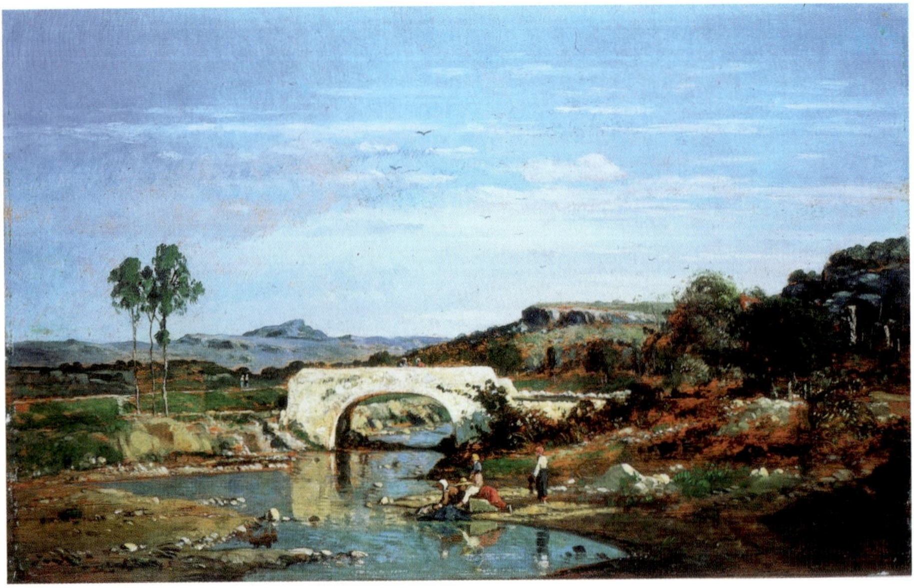

188
JULES BASTIEN-LEPAGE (Damvilliers, 1848 – Paris, 1884)

Portrait de Sarah Bernhardt

Copie réduite du portrait présenté au Salon de 1879 • Huile sur toile • 26 × 22 cm (ovale) • Don Rodolphe Finot, 1895, inv. 895.6.1

Curieuse et brève, la carrière de Jules Bastien-Lepage semble reposer sur deux sources contradictoires qui le définissent parfaitement : le monde rural, dont ce fils de cultivateur né à Dampierre est issu ; l'Académie, à travers Alexandre Cabanel dont il fut l'élève de 1868 à 1875 à l'École des beaux-arts, sans obtenir le prix de Rome. Avoir élaboré cette synthèse paradoxale reste le principal mérite de cet artiste, à l'origine du mouvement naturaliste bientôt répandu dans toute l'Europe.

D'un élève de Cabanel, on pouvait attendre un honnête talent de portraitiste ; Bastien-Lepage fut dans ce domaine tout simplement excellent. Il témoigna d'un esprit d'invention pure, ne se contentant jamais de formules ressassées, qu'il s'agisse de ses proches, dont on pénètre presque par effraction l'intimité directe et franche, ou du prince de Galles habillé comme un ambassadeur d'Holbein (Nice, musée des Beaux-Arts), ou d'une Juliette Drouet hors d'âge, fragile et jaunie comme une coquille d'œuf (Paris, musée Victor Hugo).

Dans ce contexte, le *Portrait de Sarah Bernhardt* apporte des solutions originales, aussi bien pour l'œuvre du peintre que l'iconographie de la comédienne. L'utilisation du strict profil, les paupières closes, la teinte légèrement olivâtre des chairs font de ce portrait une image presque dérangeante, qui renvoie à un univers spirite et morbide, cependant familier du modèle.

Le tableau du musée Fabre fait partie d'un ensemble d'études ou de copies de détail issu d'un tableau plus ambitieux (il nécessita quarante-cinq séances de poses) présenté au Salon de 1879 (Londres, Christie's, 1980). On y découvre l'actrice assise de profil sur un sofa, examinant une statuette qu'elle tient dans ses mains. Sarah Bernhardt pratiqua la sculpture, et prit les conseils de Mathieu-Meunier ; c'est donc en connaisseur qu'elle jauge un petit *Orphée* en plâtre patiné, invisible sur notre tableau, modelé par Bastien-Lepage.

En raison de la personnalité du modèle, le portrait fut abondamment commenté dans la presse, y compris par Sarah Bernhardt, elle-même qui, sous un nom d'emprunt, décerna les plus grandes éloges au peintre : « Le portrait est une exquise merveille : les chairs nacrées et délicates, les cheveux roux sont un prodige d'exécution » (*Le Globe*, mai 1879). S.A.

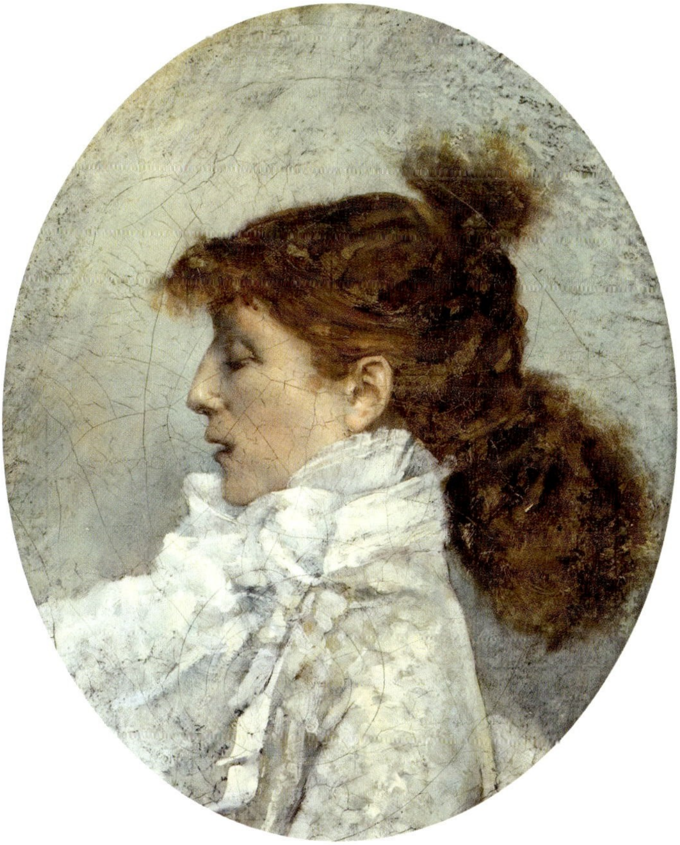

189

ACHILLE LAUGÉ (Arzens, 1861 – Cailhau, 1944)

La Route au lieu-dit "L'Hort"

Vers 1896-1898 • Huile sur toile • 94,5 × 115cm • Signé en bas à droite : *A. Lauge* • Achat de la Ville, 1958, inv. 58.6.1

L'art et la vie d'Achille Laugé gardent encore aujourd'hui un parfum étrange, celui d'un isolationnisme choisi, tant géographique qu'artistique, et poursuivi comme un sacerdoce. Quelle est l'énigme de cet homme qui, sans rien méconnaître de la situation parisienne, choisit de passer l'essentiel de sa vie à Cailhaud, 233 habitants, à 24 km de Carcassonne ?

Après avoir fréquenté l'École des beaux-arts de Toulouse, il se rend à Paris en 1881 dans l'atelier d'Alexandre Cabanel et de Jean-Paul Laurens. Il débute au Salon de 1883 avec un portrait de son ami Bourdelle, qu'il héberge dans un grand dénuement. Il rencontre également à Paris le sculpteur et peintre Maillol, et découvre avec lui la technique pointilliste, qu'il conserve jusqu'à sa mort.

Au moment où sa carrière parisienne semble sur le point de commencer, Laugé décide de rentrer dans son pays natal ; il s'y marie en 1891 et s'installe à Cailhaud en 1895, où il élève quatre enfants. En dehors de quelques portraits et bouquets de fleurs (Montpellier, musée Fabre), il se consacre à la peinture de la campagne voisine, qu'une roulotte atelier confectionnée en 1905 lui permet de sillonner et d'étudier sous toutes les variations de la lumière et de la gamme chromatique. Très sensible à la géométrie des formes, Laugé est fasciné par la régularité des arbres plantés sur le bas-côté des routes, et la rigueur de leur perspective fuyante. De 1892 à 1920, on compte plusieurs dizaines de versions de ce motif, devenu quasi obsessionnel dans son œuvre.

Le site du tableau conservé au musée Fabre est connu par une photographie prise par le chanoine Gabriel Sarraute, conservateur des Antiquités et Objets d'art à Carcassonne : « Le titre de son tableau, c'est *L'Horte*, ou *Hort* : c'est un coin de la route qui descend de Cailhaud et que j'ai photographié. C'est un des sujets favoris de Laugé. La maison que l'on voit fait partie de la propriété voisine de la maison qu'il s'est bâti (*sic*) lui-même et on l'appelle l'Hort. » Si l'artiste reste extrêmement proche de la réalité, il simplifie et donne à son tableau une fixité étrange. La juxtaposition extrêmement nette des couleurs, en particulier pour les ombres, le tronc des arbres, ainsi que les ruptures franches de lignes, nous indiquent que l'exécution se situe plus près de la régularité minutieuse des débuts, quand les tons sont posés comme les tesselles d'une mosaïque, que de la facture plus rapide, hachurée ou croisée des années 1920.

Si Laugé n'est pas toujours fidèle aux théories de Chevreul concernant le mélange optique des couleurs, la reconstruction idéalisée de la nature, presque mathématique rappelle ici Seurat, dont il a pu voir *Un dimanche à la Grande Jatte* au Salon des Indépendants en 1886.

S.A.

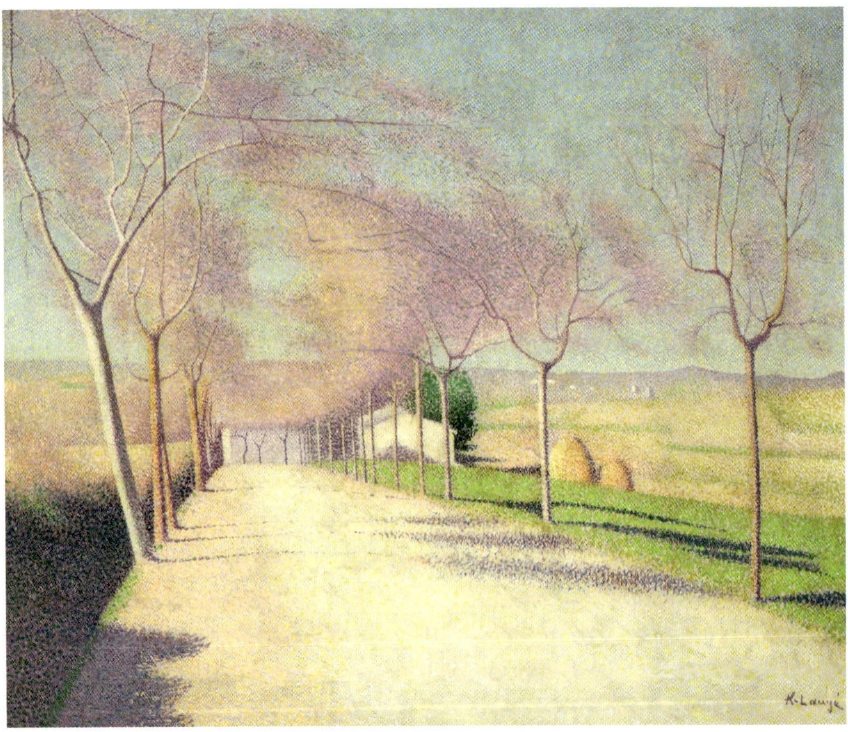

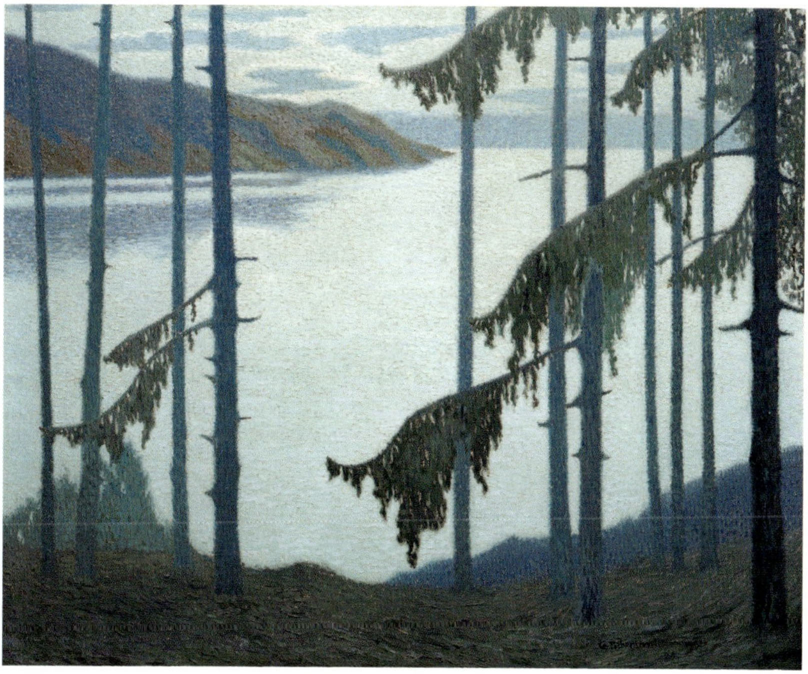

190
GEORGES RIBEMONT-DESSAIGNES (Montpellier, 1884 – Saint-Jeannet, 1974)

Paysage lacustre

1906 • Huile sur toile • 74 × 90 cm • Signé daté en bas à droite : *Georges Ribemont-Dessaignes, 1906* • Achat de la Ville, 2000, inv. 2000.6.1

Avant de devenir le célèbre dramaturge et poète du mouvement dada, Georges Ribemont-Dessaignes fut brièvement et talentueusement peintre. De 1903 à 1917, il brûla toutes les étapes, passant d'une esthétique proche des nabis au divisionnisme, puis au cubisme de la Section d'or, avant de produire une série de tableaux mécanistes, et de perdre le goût de peindre. Cet itinéraire, qui rappelle celui de Marcel Duchamp, marque d'abord un rejet : celui d'une peinture officielle, incarnée par Jean-Paul Laurens, dans l'atelier duquel son père avait tenu à ce qu'il s'inscrive. Il dénote aussi l'essoufflement d'une technique, la peinture, qui de rupture en rupture, peine à suivre la brusque accélération des idées, que seul le langage a su accompagner. Le retour à l'ordre de l'immédiate après-guerre ne pouvait satisfaire les esprits exigeants, et le très révolté Ribemont-Dessaignes n'était l'homme ni du retour ni de l'ordre.

Dès ses premiers essais en peinture, Ribemont-Dessaignes montre un intérêt pour les thèmes maritimes et lacustres, les effets luministes, le jeu graphique des arbres qui rythment ses compositions de leurs fûts rectilignes, aussi sûrement que des barres de mesure. *Paysage lacustre* peut se lire comme une partition mélancolique, et parle autant à l'ouïe qu'à la vue ; dans un mouvement diagonal régulier, les branches basses des sapins semblent se poser telle des notes sur une portée, plaquant des accords plus ou moins sonores. D'un tronc à l'autre passent de véritables plages de silence, et l'alliance des gammes colorées de vert et de violet, la scansion des lignes, la répétition de la touche restituent l'atmosphère apaisée d'un jour finissant.

Depuis le fameux texte de Baudelaire, « Correspondances », l'époque tout entière est marquée par la volonté de lever les barrières entre les arts et de réunifier l'homme avec le cosmos :

> « La nature est un temple où de vibrants piliers
> Laissent parfois sortir de confuses paroles ;
> L'homme y passe à travers des forêts de symboles
> Qui l'observent avec des regards familiers.
> Comme de longs échos qui de loin se confondent
> Vaste comme la nuit et comme la clarté,
> Les parfums, les couleurs et les sons se répondent. »

L'homme, absent du tableau, est en réalité partout : il est celui pour qui existe le spectacle de la nature, il en est le découvreur. Et pour comprendre cette cohorte de sapins, il faut se reporter aux illustrations parues en 1968 dans le recueil de Jacques Prévert, *Arbres*. Ribemont-Dessaignes, qui n'a jamais cessé de dessiner, détaille écorce, nœuds, racines, comme autant de détails anatomiques, manifestant de façon évidente leur caractère anthropomorphique. Des sapins du *Paysage lacustre* de 1906 aux oliviers de Saint-Jeannet où il s'est retiré, les arbres apparaissent comme les fidèles compagnons de l'artiste, parcourant toute son œuvre, spectateurs privilégiés de ses métamorphoses. S.A.

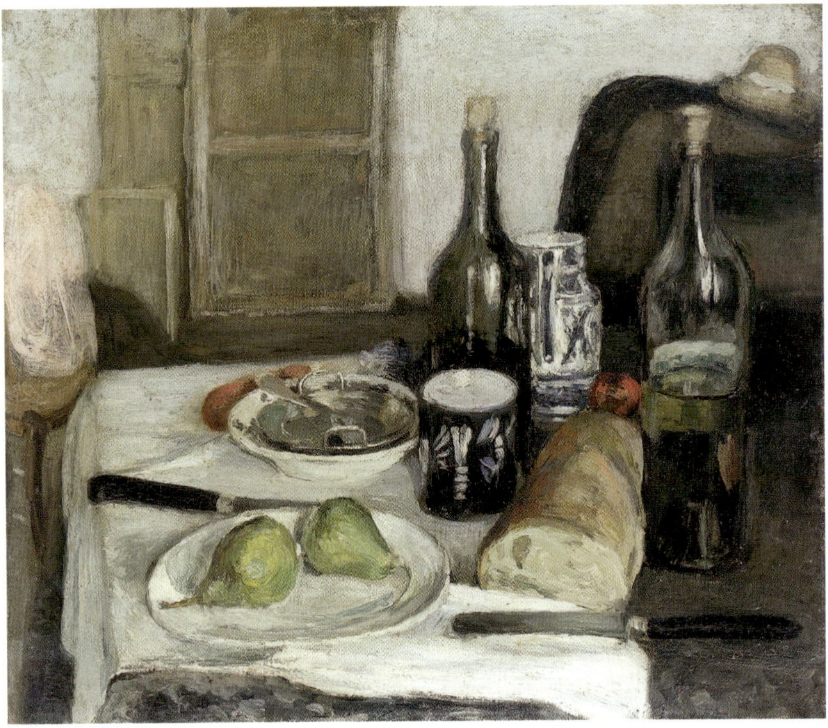

191
HENRI MATISSE (Le Cateau-Cambrésis, 1869 – Nice, 1954)
Nature morte aux couteaux noirs
1896 • Huile sur toile • 57,2 × 68 cm • Salon d'automne 1906 ; dépôt de l'État, 1905, inv. D05.2.3

La nature morte du musée Fabre est exposée pour la première fois au Salon d'automne de 1904 avec treize autres toiles sages, intérieurs, compositions florales, natures mortes, qui ne laissent rien filtrer de la radicalité de *Luxe, calme et volupté* (Paris, Musée national d'art moderne), alors en chantier. Tout se passe comme si Matisse, en choisissant délibérément des toiles peintes une décennie plus tôt, préparait en grand secret le coup d'éclat qui marquera l'avènement du fauvisme au Salon des Indépendants et au Salon d'automne de 1905.

Depuis dix ans, le critique Roger Marx regarde avec bienveillance le travail du peintre ; inspecteur général des musées, il fait acheter par l'État en 1904 cette *Nature morte,* au prix de 400 francs, une somme importante pour le ménage Matisse qui vit encore d'expédients.

Le thème de la nature morte traverse tout l'œuvre de Matisse, de la *Nature morte aux livres*, (1890 Nice, musée Matisse), aux dernières peintures qui précèdent la technique des gouaches découpées, tel le *Grand intérieur rouge* (1948, Paris, Musée national d'art moderne). D'année en année, Matisse peint les mêmes objets, faïences, assiettes, bouteilles, couteaux, qui habitent véritablement son quotidien, comme Gustave Moreau le constate en visitant son atelier en 1896 : « C'est magnifique, c'est extraordinaire, il a vraiment arrangé sa vie pour faire de la peinture. » Le couteau à manche noir et la cruche de faïence apparaissent ainsi dans la *Nature morte au pichet et au couteau noir* (Nice, musée Matisse) ; le pain bâtard, les triviales bouteilles contenant du vin de table et de l'eau, sont également sur la table dressée par la *Serveuse bretonne* (1896, coll. part.). Toutes ces œuvres ont en commun une gamme argentée et sobre, idéale pour restituer les transparences du verre et des liquides, et préparent une toile ambitieuse, *La Desserte* (1896-1897, collection particulière), hommage à Jan Davidsz de Heem. On devine, à l'arrière-plan de ce tableau, la toile encore vierge, posée sur le chant, avec quelques rares châssis de plus petit format, qui coûtaient alors aux Matisse d'importants sacrifices.

Cet ensemble de natures mortes témoigne à l'automne 1896 de la timidité picturale de l'artiste qui reste encore confiné dans les vues d'intérieurs et les copies de maîtres anciens ; il osera bientôt aborder le paysage, le portrait, genres dans lesquels il se montrera bien plus audacieux. Cependant, ces tables simplement dressées restent comme un témoignage sensible et vibrant du Matisse des débuts, déjà attentif à la vie silencieuse des choses, sous l'influence d'un Chardin qu'il vénère et affronte au Louvre des années durant, dans un face-à-face impressionnant, dont *La Raie* (Le Cateau-Cambrésis, musée Matisse) constitue le meilleur témoignage.

S.A.

192
HENRI MATISSE (Le Cateau-Cambrésis, 1869 – Nice, 1954)

Femme accoudée sur le bras d'un fauteuil

1941 • Plume, encre • 41 × 50 cm • Signé daté en bas à droite : *B6 Henri Matisse 41* • Don de l'artiste, 1943, inv. 43.9.2

Entre octobre 1941 et 1942, Matisse revient à Nice dans son atelier de l'hôtel Régina. Fatigué par la maladie – il est opéré en janvier d'un cancer du duodénum –, il néglige la peinture pour se consacrer au dessin : de cette ascèse artistique naîtront les séries des *Thèmes et variations*, dix-sept ensembles de dessins d'une grande liberté qui déclinent le même motif de femme ou de natures mortes. Le procédé demeure le même : à partir d'un premier fusain qu'il désigne comme « dessin du thème », Matisse explore au crayon ou à l'encre les perspectives formelles de la ligne.

Cette feuille intitulée *Thèmes et variations, B6* fait partie du deuxième ensemble. Son titre est en soi significatif. Plus qu'une représentation féminine, il s'agit ici d'une expérience artistique où l'artiste pousse les limites du trait dans ses ultimes retranchements. Une ligne claire encadre le volume du corps, désigne le fauteuil, les yeux, la bague de la main avec une formidable capacité d'épure.

Dans un texte destiné à Louis Aragon pour l'ouvrage *Matisse-en-France*, publié en 1942, l'artiste écrivait : « Quand j'exécute mes dessins *Variations* le chemin que fait mon crayon sur la feuille de papier a, en partie, quelque chose d'analogue au geste d'un homme qui chercherait, à tâtons, son chemin dans l'obscurité. Je veux dire que ma route n'a rien de prévu : je suis conduit, je ne conduis pas. [...] N'est-ce pas que je suis conduit seulement dirigé par un élan intérieur que je traduis au fur et à mesure de sa formation plutôt que par l'extérieur que mes yeux fixent et qui n'a pourtant pas plus d'importance pour moi qu'une faible lueur dans la nuit [...]. Chemin si intéressant, n'est-il pas le plus intéressant de l'action ? »

Matisse donna en 1943 au musée Fabre les sept dessins de la série alors que Martin Fabiani publiait la même année ces dix-sept ensembles.

J.F.

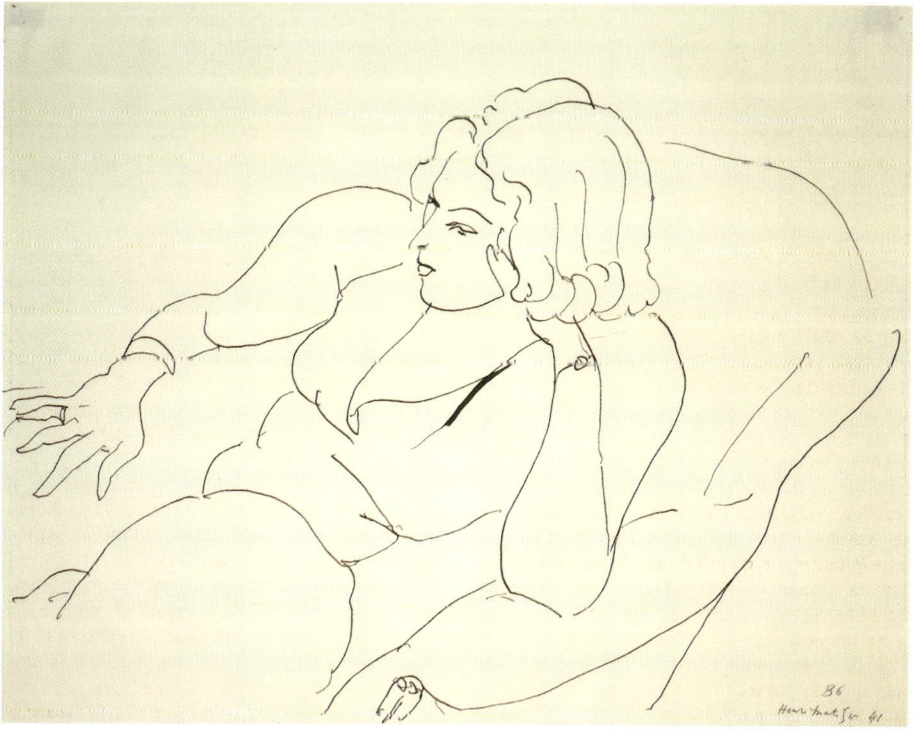

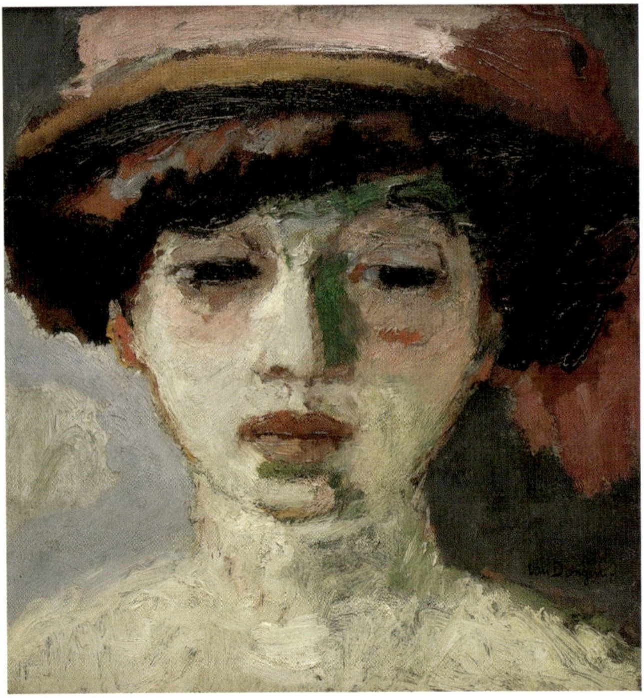

193
KEES VAN DONGEN (Delfshaven, 1877 – Monaco, 1968)

Portrait de Fernande Olivier

1907 • Huile sur carton • 39 × 35 cm • Signé en bas à droite : *Van Dongen* • Achat de la Ville, 1939, inv. 39.1.5

Attiré dès son plus jeune âge par le dessin, Van Dongen se forme à l'Académie des arts et des sciences de sa ville natale, Rotterdam, de 1892 à 1897. Son premier séjour à Paris est synonyme de misère matérielle, mais le jeune artiste est remarqué en 1898 par le critique Félix Fénéon, qui devient son fidèle défenseur. Installé à Montmartre à partir de 1899, il vit d'illustrations pour les journaux satiriques et se fait connaître par ses descriptions des milieux interlopes. Il trouve alors ses modèles dans les fêtes foraines, sur le boulevard de Clichy, peint la vie nocturne des music-halls, la prostitution, les forains du cirque Médrano. 1904 est l'année de ses grands débuts : Salon des Indépendants, parrainé par Signac et Luce, Salon d'automne, et première exposition personnelle chez le marchand Ambroise Vollard. L'année suivante, il est bien entendu présent dans la « cage aux fauves » au Salon d'automne, avec deux tableaux. Après être passé par une phase pointilliste, sa touche grasse et large est désormais au service d'une palette extrêmement colorée.

Averti qu'un atelier se libère au Bateau-Lavoir, il s'y établit en 1906 avec sa femme et sa fille dans des conditions précaires. Son voisin est Pablo Picasso, qui vit alors avec une modèle, Amélie Lang, dite Fernande Olivier (1881-1866). Ayant fui un mari brutal, la jeune femme a trouvé refuge dans la bohème artistique où, sous un nom d'emprunt, elle est la compagne de Picasso de 1904 à 1911. Si elle prête son visage énergique aux décompositions de Picasso, alors en pleine recherche cubiste, elle est également le principal modèle de Van Dongen entre 1905 et 1907. On la reconnaît par ailleurs dans un portrait de groupe de Marie Laurencin, aux côtés de Picasso et d'Apollinaire.

Les portraits de Fernande Olivier par Van Dongen révèlent la place singulière qu'occupe l'artiste dans le contexte des avant-gardes, et la rapidité de son évolution dans ces années charnières. Là où le premier portrait en buste de 1905 (Paris, collection particulière) se signale par un traitement simplifié du visage, un cerne de noir tournant autour du corps et la juxtaposition de couleurs stridentes, le portrait du musée Fabre est tout entier modelé en demi-pâtes et transparences, mariant les couleurs les plus vives au sein d'un cadre resserré. Cette unité formelle retrouvée le distingue de Matisse qui, dans le *Portrait de Madame Matisse* (Copenhague, Statens Museum for Kunst), avait utilisé cette singulière couleur verte pour traiter l'ombre du nez et de l'arcade sourcilière. Van Dongen affirme ici un style plus personnel, qui tient à distance les influences de ses puissants aînés : lui qui assiste au Bateau-Lavoir à la création des *Demoiselles d'Avignon*, en 1907, ne suivra pas plus la voie du cubisme. Il s'inscrit dans le courant expressionniste de la Mittel Europa, comme le confirme en 1908 son invitation par les peintres de Die Brücke à la Sécession de Berlin, et par les Russes de La Toison d'or, à Moscou. S.A.

194

ROBERT DELAUNAY (Paris, 1885 – Montpellier, 1941)

Nature morte portugaise

1915 • Huile, détrempe et cire sur toile • 108 × 85,5 cm • Achat de la ville, 1948, inv. 48.16.1

Robert et Sonia Delaunay se trouvent en vacances en Espagne lorsque la Première Guerre mondiale éclate. Robert, réformé depuis 1908, sait qu'il ne sera pas mobilisé ; le couple prend la décision de rester en exil. D'abord domiciliés à Madrid, ils s'installent au Portugal en 1915, où ils retrouvent le groupe Orfeu, dont le meneur, Amedeo de Souza Cardoso (1887-1918), rencontré à Paris en 1913, est un fervent admirateur de leur peinture. Ils ne rentreront à Paris qu'en 1920, au terme d'une période très créative encore mal appréciée. On a souvent parlé d'un « retour à l'ordre » chez les Delaunay, en quelque sorte assoupis par la torpeur du petit village de Vila do Conde, dans la vallée du Minho. Il n'en est rien. C'est moins le pittoresque de la vie quotidienne au Portugal qui intéresse le couple que son potentiel lumineux, coloré, véritable réservoir de sensations visuelles. Quand Robert décrit le savoureux spectacle des marchés, il note : « Des contrastes violents de tâches colorées, des vêtements de femmes, des châles éclatants avec des verts savoureux et métalliques, des pastèques. Des formes, des couleurs... » Pour Sonia, « au Portugal plus qu'ailleurs, il nous était donné de partir du réel pour aboutir naturellement à l'abstrait, aux éléments essentiels, aux formes circulaires dont la ligne ne brise pas le rythme de la couleur ». Dans la grande maison qu'ils partagent avec deux amis peintres, le Portugais Eduardo Vianna (1881-1967) et l'Américain Samuel Halpert (1884-1930), une véritable communauté « simultanéiste » s'est formée, qui électrise les milieux artistiques portugais.

La *Nature morte portugaise* se rattache à un cycle de tableaux où les deux artistes se répondent, peignent parfois à deux mains, expérimentent de nouvelles techniques comme la cire chaude dont on remarque par endroit les brillances. Au revers de la toile, une autre composition, partiellement recouverte par la préparation blanche de l'avers, montre un personnage féminin apprêtant une table. Si la scène peut paraître bien éloignée de la vie moderne, thème favori du peintre, il convient de rappeler que les époux Delaunay entreprennent alors d'étendre leurs théories artistiques à la vie en général. Un regard curieux remarquera la robe, posée au premier plan à droite, création simultanéiste de Sonia. Les couleurs vives du vase, à gauche, rappellent que les Delaunay s'entourent de poteries artisanales repeintes aux couleurs de l'art moderne. Au regard d'une lettre de Sonia Delaunay, citée par Pascal Rousseau, ces indices permettent de lire la *Nature morte* comme un élément d'un projet d'art total. L'artiste propose au galeriste barcelonais Josep Dalmau, « une exposition spectacle » mettant en scène ce quotidien revisité, où l'on trouverait « une table de salle à manger mise avec un arrangement tout à fait nouveau et inattendu, d'autres composition d'objets d'intérieur qu'on peut intituler l'art de la femme chez elle et qui intéresse beaucoup le public ». S.A.

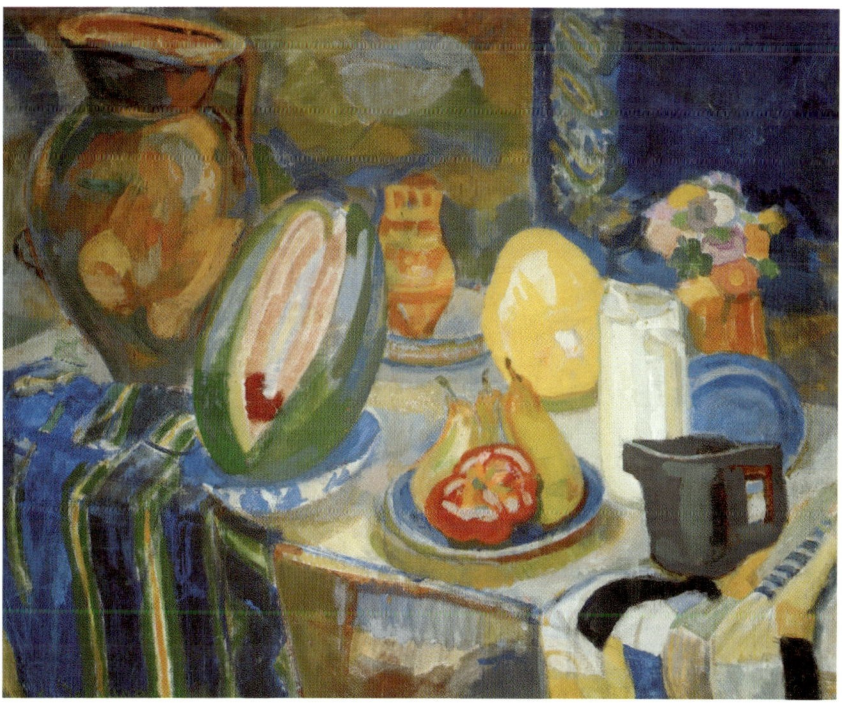

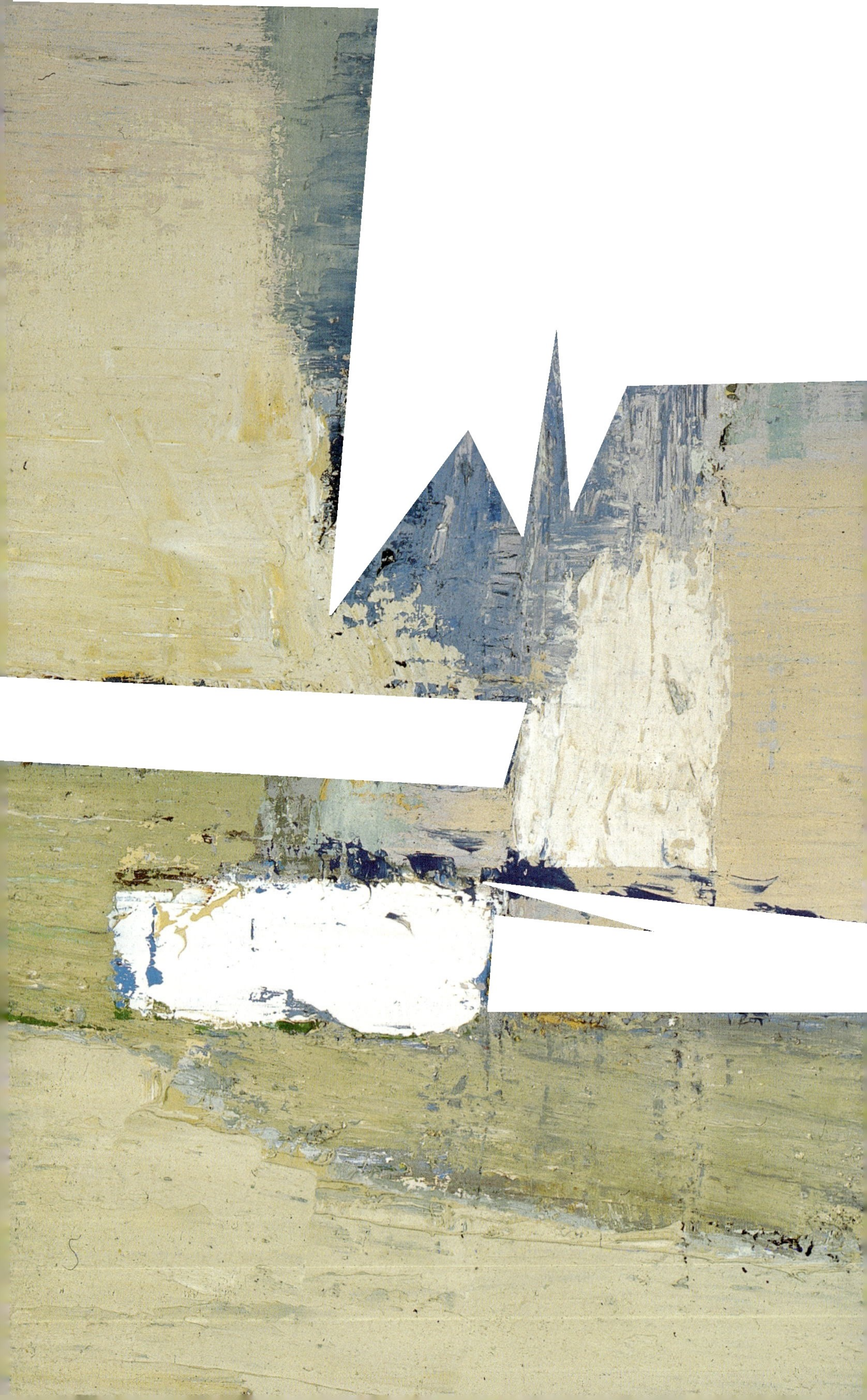

L'après-guerre
Entre figuration et abstraction

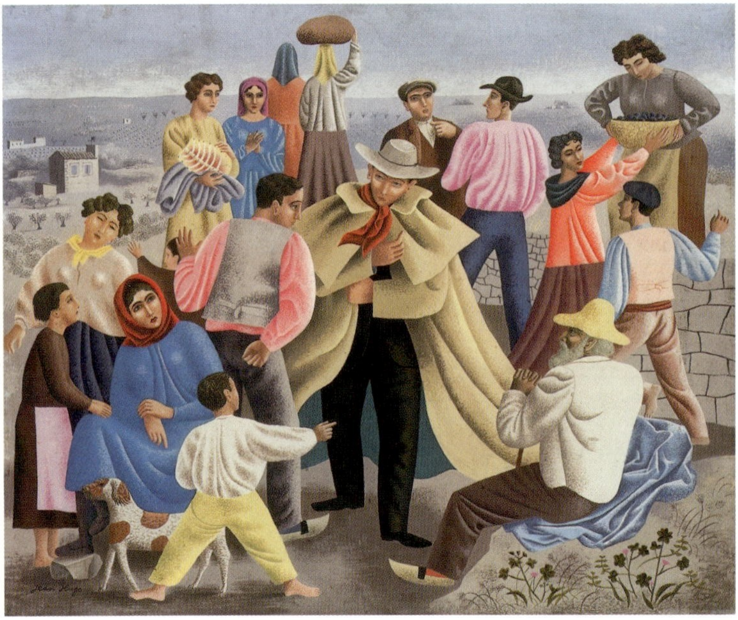

195
JEAN HUGO (Paris, 1894 – Lunel, 1984)

L'Imposteur

1931 • Tempera sur bois • 49 × 61 cm • Signé en bas à gauche : *Jean Hugo* • Achat de la Ville avec la participation du FRAM Languedoc-Roussillon, 1998, inv. 98.3.1

Jean Hugo a mis un soin tout particulier à ne pas fréquenter d'école d'art, et à se former en autodidacte. Peu d'environnements ne furent cependant aussi riches d'enseignements que le sien : arrière-petit-fils de Victor Hugo, il manie avec un habileté toute naturelle l'encre et le crayon ; son père, Georges Hugo est lui même un peintre de talent. Sa grand-mère, Mme Ménard-Dorian tient un salon où se presse le Tout-Paris artistique (Carrière, Rodin...) et sa collection de peintres impressionnistes compte le *Portrait de Mme Édouard Manet* (aujourd'hui au Metropolitan Museum of Art), que l'on devine sur une photographie montrant le jeune Hugo s'adressant à sa grand-mère. Outre ces sources visuelles, Jean Hugo fréquente également le musée du Louvre, et s'inspire des leçons des maîtres anciens. La première partie de sa production est presque exclusivement composée d'œuvres *a tempera*, technique ancestrale qui met en jeu une peinture à l'eau et un liant, souvent à base d'œufs. La première partie de sa production est essentiellement constituée de gouaches sur papier, souvent mises au service des arts du spectacle. Il est ainsi le créateur des costumes et des décors des *Mariés de la tour Eiffel*, de Jean Cocteau (1921). Marié à Valentine Gross, l'une des muses du surréalisme, il vit alors à Paris dans un tourbillon effréné de rencontres créatives. Son style, que l'on qualifie trop souvent de naïf, s'inscrit plus justement dans l'intérêt des avant-gardes pour les arts « primitifs », au sens large. Au début des années 1920, Miró ou Picasso s'expriment également dans le même registre.

L'Imposteur se situe à une époque charnière dans la carrière de Jean Hugo. Retiré à Fourques, le mas hérité de sa grand-mère, près de Lunel, séparé de Valentine, il rompt avec sa vie antérieure et s'interroge sur une foi naissante, qui va le conduire au baptême en 1931. Le tableau est fondé sur une anecdote personnelle, le malaise ressenti par l'auteur, alors catéchumène, lorsqu'en pleine messe de minuit lui fut refusée la communion. Comme son personnage, au centre de la composition, Jean Hugo traverse l'assemblée, sans y appartenir.

Sur le plan pictural, l'art de Jean Hugo est profondément bouleversé au cours de ces années, sous l'influence accrue de la peinture classique. À Matthieu Le Nain, qu'il copie en 1933 (*La Cène*, collection particulière), il emprunte les figures de paysans du premier plan ; à Poussin, à qui il voue une admiration profonde, les accords rouge-jaune-bleu, que l'on retrouve aux trois sommets d'un triangle dans lequel s'inscrit la composition. Cette culture toute classique se trouve incarnée, dans la vision de Jean Hugo, dans la réalité de son environnement. Le paysage dans l'arrière-plan, ce sont les garrigues de Lunel ; les murs de pierre sèche, ceux du Languedoc, les travaux agricoles, ceux de tous les jours, qu'il saura faire siens . L'acuité de la description, la minutie de la facture, les énigmes issues d'une symbolique toute personnelle (la carapace de tortue) achèvent de baigner la scène dans une atmosphère étrange, proche du réalisme magique. S.A.

196

JEAN HUGO (Paris, 1894 – Lunel, 1984)

Le Puits

1933 • Huile sur toile • 63,5 × 79 cm • Signé en bas à droite : *Jean Hugo* • Achat de la Communauté d'agglomération avec la participation du FRAM Languedoc-Roussillon, 2004, inv. 2004.3.1

Après les scènes naïves et gaies, les décors et costumes de théâtre qui font sa réputation dans les années 1920 (*Les Mariés de la tour Eiffel*, 1921), une série de toiles aux tonalités étranges et graves succède, au début des années 1930, à la folle période parisienne de Jean Hugo. Dans son recueil de souvenirs, *Le Regard de la mémoire*, l'artiste raconte comment, dans un songe, il s'entend dire au sculpteur Lipchitz : « Je ne veux plus désormais sortir de mon atelier ; je veux travailler toute la journée ; je vois trop de gens du monde : cela ne peut durer ainsi. Lipchitz m'approuvait. Ce songe était un avertissement. Il me frappa. Je venais d'hériter Fourques de ma grand-mère. Je décidai de m'y retirer. »

À l'abri de cette propriété familiale, Jean Hugo construit désormais une vie nouvelle, loin du tumulte de la scène parisienne. Dans sa peinture apparaissent des paysages de forêt, des thèmes érémitiques (*L'Ermite de Meudon*, 1933, collection particulière), dont l'écho est perceptible dans notre tableau, *Le Puits*. La technique de la peinture à l'huile signale le tournant pris par Jean Hugo au début des années 1930 : expérimenté avec *La Cène*, 1933 (copie d'après Matthieu Le Nain), l'usage de l'huile rompt avec celui de la tempera, de la gouache, de l'aquarelle, qui faisait jusqu'ici une des principales caractéristiques de son travail. On peut voir dans cette évolution la volonté de se démarquer d'une technique d'illustrateur, de décorateur, catégories dans lesquelles il refuse alors de se laisser enfermer malgré le talent dont il y a fait preuve et la réputation qu'il y a acquise. C'est à la grande peinture que Jean Hugo se réfère, celle du XVIIe siècle, en particulier l'art de Poussin dont on peut rappeler ici l'intérêt pour le thème des femmes à la fontaine (*Éliezer et Rébecca*, 1648, Paris, Louvre). La facture, avec ses préoccupations pour le clair-obscur, son aspect velouté est également caractéristique de ces années et fait écho à *Mullion Cove* de 1933 (Merion, fondation Barnes). La peinture chinoise est enfin une source d'inspiration importante, à laquelle Jean Hugo emprunte ces perspectives multiples et simultanées, qui traduisent une conception symbolique de l'espace.

La présence d'une étiquette collée sur le châssis portant le nom de « Vilmorin » rappelle par ailleurs l'amitié qui lie Jean Hugo à la poétesse Louise de Vilmorin (1902-1969) ; ensemble, il publient en 1954 un recueil illustré de jeux littéraires, *L'Alphabet des aveux*. La coïncidence de date avec l'arrivée de Louise de Vilmorin à Fourques en 1935 rend probable, à défaut de pouvoir le certifier, l'appartenance du tableau à cette personnalité éminente de la vie mondaine et intellectuelle entre 1930 et 1960. S.A.

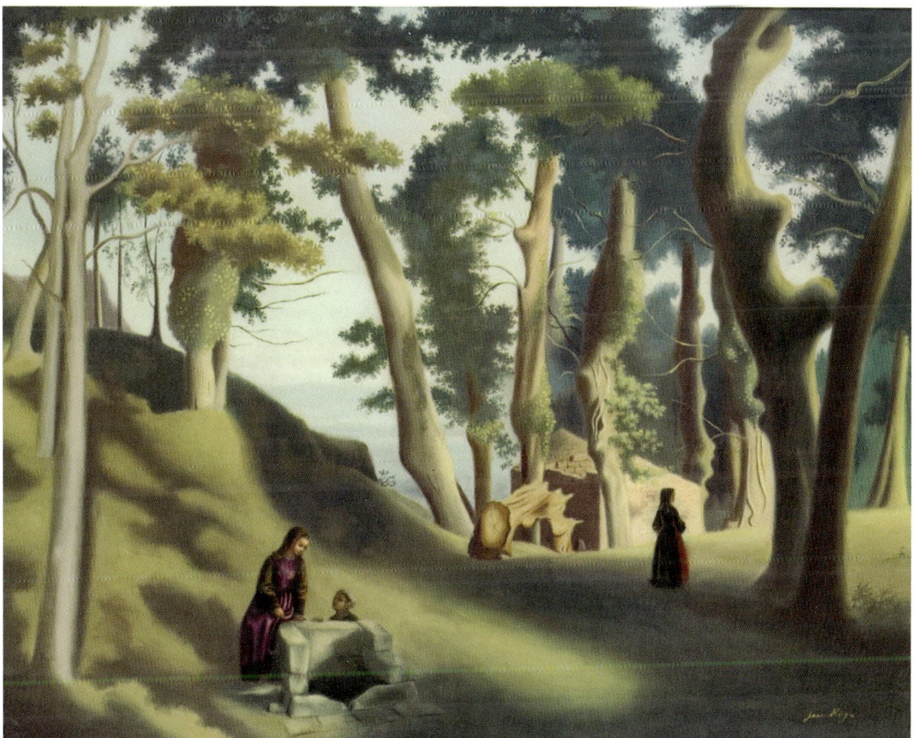

197

NICOLAS DE STAËL (Saint-Pétersbourg, 1914 – Antibes, 1955)

Ménerbes

1954 • Huile sur toile • 60 × 81 cm • Achat de la Ville avec la participation du FRAM Languedoc-Roussillon, 1984, inv. 84.2.1

L'année 1954 est particulièrement dense dans la vie et l'œuvre de Nicolas de Staël. Non seulement elle précède d'un an à peine son suicide, le 16 mars 1955, mais elle semble ouverte à tous les possibles.

Ses voyages en Espagne, en Italie, son séjour au Maroc, et sa fin même sur les remparts d'Antibes, témoignent de la fascination de Nicolas de Staël pour la lumière du Sud. Sa proximité avec René Char, qui vit à l'Isle-sur-la-Sorgue, explique sans doute l'attrait du peintre pour une terre de Provence dure, écrasée de soleil. Le désir de quitter Paris et de disposer d'un atelier au Sud grandit depuis le séjour à Carry-le-Rouet et Bormes-les-Mimosas en 1952. En juillet 1953, De Staël loue une magnanerie près d'Avignon, à Lagnes, où il passe un mois en famille. De retour d'un voyage en Sicile, il s'y installe seul à l'automne, pour travailler d'après ses notes et carnets. En novembre, il acquiert une maison dans le Lubéron, à Ménerbes, petit village situé en face de Gordes. Le Castelet est une ancienne demeure fortifiée, d'une impressionnante austérité ; De Staël fait peindre les pièces de couleurs vives et s'y installe avec sa famille en décembre. Les premières toiles produites en Provence sont exposées à New York le 8 février par le marchand Paul Rosenberg. Cette seconde exposition aux États-Unis consacre son succès : toutes les toiles sont vendues. L'hiver particulièrement rude voit le Castelet envahit par le neige en février. De Staël peint des natures mortes et retravaille les paysages de Sicile. Un fils, Gustave, naît en avril ; le choix du prénom n'est pas innocent : De Staël révère Gustave Courbet, qu'il place au plus haut de son panthéon personnel.

L'époque semble donc heureuse, porteuse de promesses. Cependant, sa liaison avec Jeanne Mathieu, fille d'un grand exploitant agricole, prend une importance croissante dans sa vie. Son exposition en juin à la galerie Dubourg, reçoit un accueil défavorable de la critique parisienne. Une période de doutes s'ouvre pour Nicolas de Staël.

La série des vues faites à Ménerbes, Briançon, Grignan est singulière dans la production de l'année 1954. Alors que s'annonce la manière fine, qui sera la marque de sa dernière période, ces paysages sont travaillés en pâte et demi-pâte, comme ceux réalisés sur les bords de la Seine en 1952. Les couleurs froides tranchent avec les gammes très hardies des vues d'Agrigente ; elles traduisent avec subtilité l'atmosphère si particulière de cette Provence, loin de la mer, où le soleil écrase les teintes vives. De Staël montre ainsi qu'il a assimilé la leçon de Courbet, qui avant lui s'est confronté à cette lumière, loin des chromos et du bleu azur, au plus près d'une terre blanchie et sèche. Un réalisme assumé dès 1950, en pleine vague abstraite, avec des propos qui semble empruntés à Courbet : « Je n'objecte rien à ce qui me tombe sous les yeux. Je ne peins pas avant de voir. Je ne cherche rien que la peinture "visible" par tout le monde. » S.A.

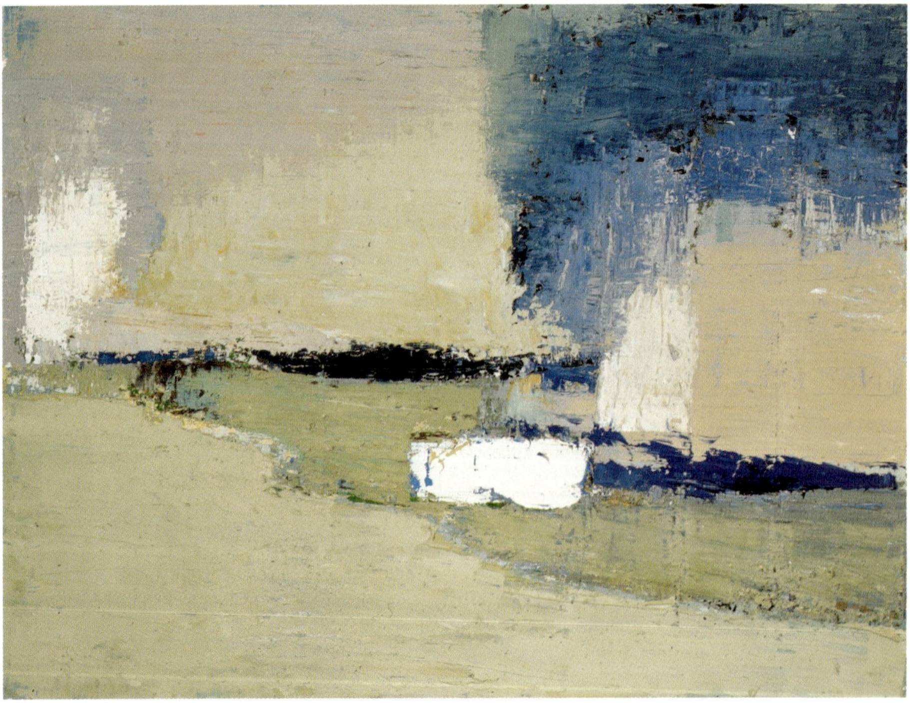

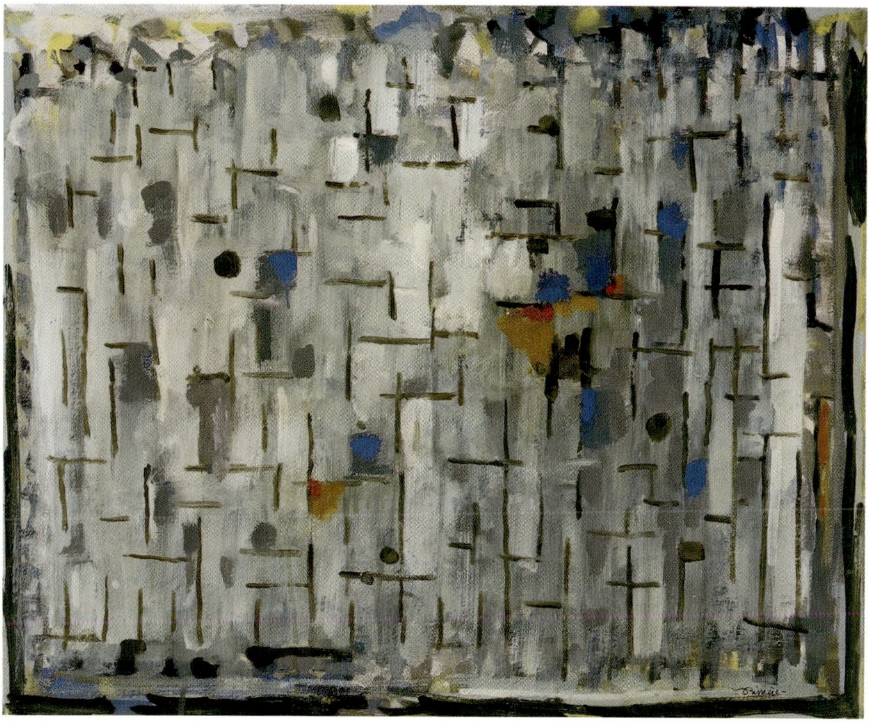

198
ROGER BISSIÈRE (Villeréal, 1886 – Boissiérettes, 1964)

Un peu de joie dans beaucoup de tristesse

1960 • Huile sur toile à matelas • 65 × 81,5 cm • Signé en bas à droite : *Bissière* • Achat de la Ville, 1963, inv. 63.3.1

Contemporain de Braque, Delaunay, Duchamp, Roger Bissière appartient à la génération des grands aînés de l'art moderne. Après des études à l'école de Beaux-Arts de Bordeaux, puis à Paris dans l'atelier de Gabriel Ferrier, insatisfait d'un travail qui oscille entre figuration et cubisme, Bissière s'engage dans une activité plus théorique : critique d'art pour la revue *L'Esprit nouveau* en 1920-1921, puis enseignant à l'académie Ranson de 1923 à 1937, il ne cesse de prendre du recul et finit par rompre avec la peinture. Retiré à Boissiérettes dans le Lot pendant les années de guerre, il se consacre à la restauration de sa maison, pour laquelle il utilise des matériaux de récupération, et aux travaux des champs qui lui permettent de renouer avec ses racines. Pendant ces années de retraite, où sa maison sert de refuge aux artistes fuyant l'occupant, son influence sur les jeunes générations (Manessier, Le Moal...) ne cesse de grandir. Faute de disposer de matériel pour sa peinture, il réalise avec sa femme Mousse des tapisseries archaïques qu'il expose pour la première fois en 1947 à la galerie René Drouin, après un silence de presque vingt ans. Atteint d'un glaucome, il craint de perdre la vue et doit se résoudre à une opération, traumatisme qui consacre la rupture avec son œuvre passée. Il renonce à la figuration, sans pour autant se reconnaître abstrait : « Je n'ai cessé de répéter que si j'étais non figuratif, je me refusais absolument à être abstrait. Pour moi un tableau n'est valable que si il a une valeur humaine, s'il suggère quelque chose et s'il reflète le monde dans lequel je vis, le paysage qui m'entoure, le ciel sous lequel j'évolue, la lumière du soir et du matin » (*Lettres françaises*, janvier 1966). À partir de 1951, il entre à la galerie Jeanne Bucher, qui accompagne une reconnaissance de son travail toujours croissante. C'est là que Georges Desmoulliez, adjoint à la culture de la ville de Montpellier et féru d'art abstrait, repère *Un peu de joie dans beaucoup de tristesse* en 1963.

Réalisé en 1960, le tableau est exemplaire de la seconde partie de l'œuvre de Bissière. Le recours à un support fruste, une toile à matelas, rappelle les matériaux de rebut utilisés dans ses tapisseries. Sur un fond en camaïeu qui installe une ambiance colorée, Bissière construit une grille faite de lignes horizontales et verticales interrompues qui semble héritée des exercices de simplification de Mondrian. Il place ensuite des taches de couleurs vives, complétées ici par un usage très personnel du vernis : appliqué par touches discontinues il apparaît, avec ses coulures et ses épaisseurs, comme une véritable couleur qui apporte au peintre une ressource supplémentaire. La toile achevée restitue un ensemble de stimulations visuelles, que le vocable de « paysagisme abstrait », inventé par James Guitet pour désigner l'école de peinture qui découle de l'art de Bissière, définit parfaitement.

S.A.

199

GERMAINE RICHIER (Grans, 1902 – Montpellier, 1959)

Loretto I

1934 • Bronze patiné foncé • 160 × 58 × 35 cm • Dépôt de l'État, 1938, inv. D38.1.1

Installée dès son plus jeune âge avec sa famille à Castelnau-le-Lez, aux portes de Montpellier, c'est à l'école des Beaux-Arts sise dans le bâtiment réunissant le musée Fabre et la bibliothèque que Germaine Richier se forme à la sculpture. Les registres de l'école la signalent inscrite en « dessin d'imitation » en 1920, à « tous les cours » en 1923, et enfin en « histoire de l'art, décoration, sculpture » en 1925. Elle est l'élève du sculpteur montpelliérain Guigues, qui lui enseigne la technique de la taille directe, sous l'influence de Rodin dont il a été le praticien.

Germaine Richier clôt sa scolarité en 1926 avec *Jeunesse*, qui lui vaut un premier prix, et poursuit son apprentissage à Paris, où elle est l'élève de Bourdelle. Dans son atelier particulier, elle succède à Alberto Giacometti et découvre l'art du modelage d'après le modèle vivant, qui donne une inflexion décisive à son art. Installée dans son propre atelier en 1929, elle travaille à partir de cette date « en toute indépendance » et accueille à son tour des élèves, tels César Baldaccini, dit César. Si sa carrière se fait à Paris et en Suisse (elle épouse Otto Bänninger, sculpteur zurichois rencontré chez Bourdelle), elle effectue tout au long de sa vie de fréquents séjours à Castelnau-le-Lez puis, après la destruction de la propriété familiale par une crue, à Mudaison et aux Saintes-Maries-de-la-Mer.

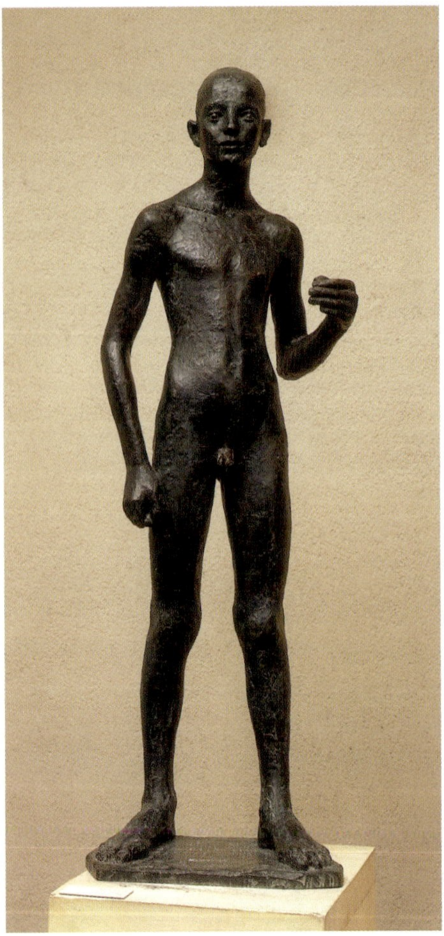

Le *Loretto* est l'une des plus importantes œuvres de l'artiste dans ces années de jeunesse. Germaine Richier occupe depuis 1933 son atelier de la rue de Châtillon, qu'elle conservera jusqu'à sa mort ; une photographie d'époque nous montre l'espace de l'atelier et le *Loretto* dans son état d'avant la fonte, entièrement modelée en terre. L'œuvre est montrée pour la première fois au musée du Jeu de paume en 1934, lors de l'exposition *Les Femmes artistes en Europe*. Germaine Richier prépare alors sa première exposition personnelle en 1936 à la galerie Max Kaganovitch à Paris et multiplie les études d'après nature, les bustes et les nus. Cette période, dite « réaliste », par opposition au reste de son œuvre, témoigne d'un métier parfaitement maîtrisé, et appartient pleinement à la statuaire de l'entre-deux-guerres. Pourtant, cette partie de l'œuvre fait déjà entendre une note discordante, qui deviendra, avec les années, stridente.

La grâce de l'adolescent, toute classique comme la beauté de *La Régodias* de 1938, se trouve immédiatement contredite par le crâne chauve, le torse maigre, presque rachitique, et l'ancrage ferme des pieds dans le sol. Les disproportions du corps, criantes, sont au service d'une force expressionniste qui transcende le modèle classique. L'aplomb rigoureux de la pose rompt avec l'harmonie du *contrapposto*. Avec *Loretto*, Germaine Richier met au point un vocabulaire qui lui est propre et se livre à une première exploration des possibilités expressives du corps humain, territoire dans lequel se développera toute son œuvre, des *Escrimeuses* réalisé à Zurich en 1943 aux sculptures à fil, tel *L'Araignée* de 1947, en passant par les êtres hybrides, comme *La Chauve-souris* de 1946. S.A.

GERMAINE RICHIER (Grans, 1902 – Montpellier, 1959)

La Chauve-souris

1946 • Bronze naturel nettoyé • 91 × 91 × 52 cm • Achat de la Ville avec la participation du FRAM Languedoc-Roussillon, 1996, inv. 96.10.1

Avec *Le Crapaud* en 1940 et *La Sauterelle* en 1944, deux sculptures dont le titre évoque le règne animal mais dont la silhouette est féminine, Germaine Richier entreprend un travail profondément original, destiné à prendre une place centrale dans son œuvre. De son enfance vécue au contact de la nature, elle a gardé le goût d'en collecter les dépouilles : sur les plages des Saintes-Maries-de-la-Mer, elle ramasse des galets et du bois flotté ; de la campagne languedocienne, elle se fait envoyer par son frère des branches d'olivier et des insectes. Dans son atelier à Paris, dans une vitrine, elle conserve coquillages, os de seiche, squelette de chauve-souris, galets, végétaux pétrifiés, etc. En 1945, elle façonne à partir d'une bûche *L'Homme-forêt*, assemblage de bois, feuilles, plâtre auquel la fonte au bronze vient donner son intégrité. La nature n'est plus un motif d'étude, un répertoire de formes, elle est devenue un matériau.

1946 est une année exceptionnellement créatrice pour Germaine Richier, qui achève trois œuvres majeures : *L'Araignée I*, *La Mante*, *La Chauve-souris*. Dans cette série des « hybrides », démêler la part de l'homme de celle de l'animal est difficile. Parfois inquiétantes, parfois paisibles, ces œuvres renvoient l'être humain à ses origines, et traduisent aussi bien la violence de ses pulsions que la permanence de son inscription dans le cosmos. Roger Caillois (cité par Valérie da Costa) souligne les similitudes qui rapprochent la chauve-souris de l'homme : petit mammifère doté d'un pouce opposable, mamelles pectorales et flux menstruel périodique chez la femelle, pénis libre et pendant chez le mâle. La mauvaise réputation de la chauve-souris, la terreur qu'elle inspire, son caractère nocturne, ses relations avec le monde infernal en font une sorte de double obscur de l'être humain, dont l'apparence déchiquetée semble ici porter les stigmates d'une guerre à peine achevée.

Pour cette sculpture, Germaine Richier utilise pour la première fois un matériau pauvre, la filasse. Utilisée d'ordinaire pour créer des volumes, elle est ici employée pour ses propriétés naturelles : plongée dans le plâtre, puis égouttée et étendue, la filasse devient une sorte de résille ajourée, évoquant la fragilité de la membrane qui couvre les ailes des chauve-souris. La fragilité de l'objet semble défier la technologie de la fonte, que réussit pourtant le fondeur Thiénot. Richier décide pour la première fois de ne pas recouvrir la sculpture d'une patine, mais de conserver le bronze dans son état naturel qui, une fois nettoyé, est doré. Cette technique, que l'on retrouve dans les années 1950 avec *La Cigale*, *Tauromachie*, *Le Cheval à six têtes*, traduit une autre des préoccupations de l'artiste, celle de réintroduire la couleur en sculpture. Elle annonce ainsi les incrustations de verre coloré et les plâtres peints de *L'Échiquier* réalisés dans les dernières années de sa vie. S.A.

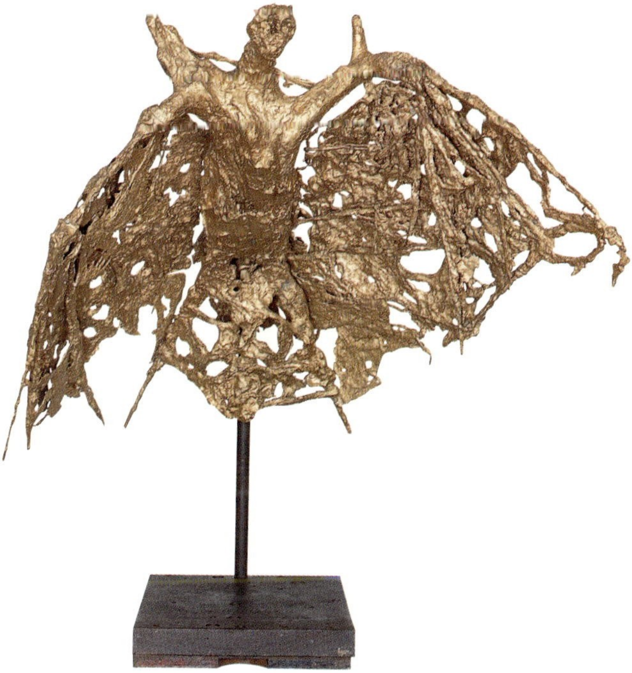

201

MARIA ELENA VIEIRA DA SILVA (Lisbonne, 1908 – Paris, 1992)

L'Été

1960 • Huile sur toile • 81 × 99,5 cm • Signé daté en bas à droite : *Vieira da Silva 60* • Dépôt du Musée national d'art moderne, Paris, 1979, inv. D79.2.2

Unique enfant d'une famille cosmopolite et cultivée, orpheline de père dès l'âge de trois ans, Vieira da Silva grandit auprès de sa mère et de son grand-père maternel, aidés d'un précepteur à domicile. Encouragée très tôt, son inclination pour les arts se concrétise en 1924 avec l'inscription aux cours de modelage de l'École des beaux-arts de Lisbonne et aux cours d'anatomie de la faculté de médecine. L'établissement d'une dictature militaire en 1926, autant que la volonté de poursuivre son apprentissage artistique, motivent le départ de Vieira et de sa mère pour Paris en 1928. Elle suit les cours de Bourdelle à la Grande Chaumière et devient l'amie de Germaine Richier ; après la mort du sculpteur, elle se tourne vers l'Académie scandinave où enseigne Despiau. Elle renonce définitivement à la sculpture pour la peinture, mais son art reste marqué par la recherche d'un espace réinventé en deux dimensions.

Dufresne, Waroquier et Friesz sont ses maîtres en peinture ; elle apprend la gravure dans l'atelier de Hayter, où elle rencontre son futur mari, le peintre hongrois Arpad Szenes. Elle suit brièvement les cours de l'académie Colarossi, de l'académie Fernand Léger, puis de l'académie Ranson, où enseigne Bissière, avec qui elle reste très liée.

En 1931, Vieira da Silva fait ses débuts au Salon d'automne et au Salon des surindépendants, où Jeanne Bucher la remarque. Dans cette galerie de renom, qui organise sa première exposition personnelle en 1933, Vieira est soudain en contact avec le meilleur de l'art moderne. La situation du couple devient délicate avec le début de la guerre : apatrides, ils sont contraints à un exil au Brésil. Une seconde carrière commence, marquée par une exposition au musée des Beaux-Arts de Rio de Janeiro en 1942. C'est du Brésil que Vieira envoie les tableaux de sa première exposition à New York, organisée en 1946 par Jeanne Bucher.

De retour à Paris en 1947, elle rencontre Pierre Loeb, qui lui organise une première exposition en 1949 ; Vieira rencontre dans sa galerie Zao Wou-Ki, Riopelle et Mathieu, une nouvelle génération de peintres abstraits qui va marquer l'après-guerre. Une troisième carrière commence, et Vieira atteint désormais une notoriété internationale ; elle et son mari sont naturalisés français en 1956.

Bien qu'abstraites, les œuvres de Vieira da Silva, portent généralement des titres qui font référence au monde réel ; *L'Été* a ainsi été préféré à *Composition grise* pour désigner le tableau de Montpellier. Il est exposé dès l'année de sa création à la galerie Jeanne Bucher avec *L'Hiver*, *Nuit blanche*, et *Le Cycle des saisons*. Dans une œuvre jusque-là intensément graphique, cette série de toiles procède d'une logique toute différente, marquée par une très grande retenue. L'économie des moyens, la tentation du blanc poussent la composition vers un évanouissement dans la lumière, une peinture qui ne procède ni du centre ni des limites, et qui fait partie de ses plus belles réussites. S.A.

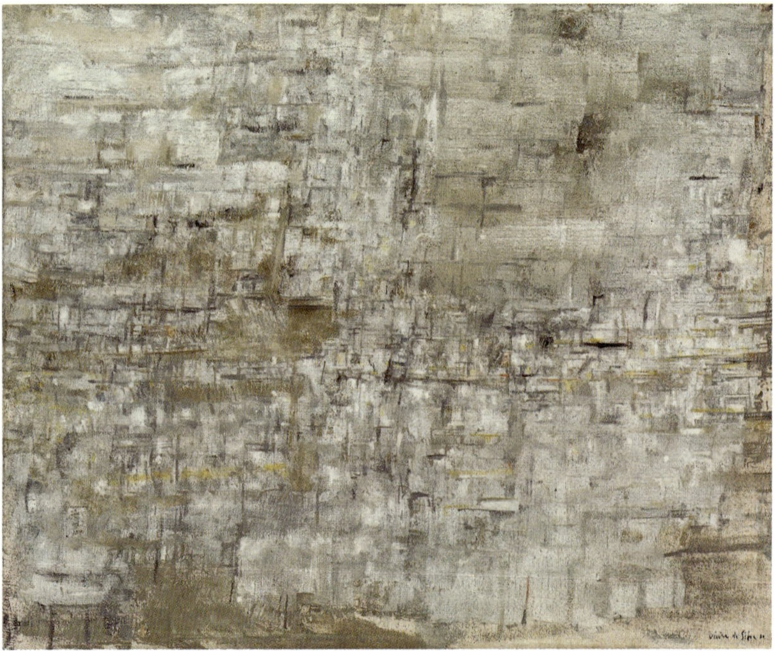

202
PIERRE SOULAGES (Rodez, 1919)

Peinture 162 × 114 cm, 28 décembre 1959

Huile sur toile • Donation Pierre et Colette Soulages, inv. 2005.12.2

Enfant, Pierre Soulages a la révélation de son inclinaison pour les arts lors d'une visite scolaire à l'abbaye de Conques, celle-là même dont il devait, un demi-siècle plus tard, réaliser les vitraux. Admis en 1938 à l'École nationale supérieure des beaux-arts, aussitôt abandonnée pour cause de conservatisme avancé, il prépare en 1941 le professorat de dessin à l'école des Beaux-Arts de Montpellier, où il rencontre son épouse Colette Llaurens. Il noue une relation particulière avec la ville, fréquente assidûment le musée Fabre et ses Zurbarán, Campaña, Poussin, Courbet, devient, sous une fausse identité, régisseur de domaines viticoles de 1942 à 1945, et se lie d'amitié avec l'écrivain Joseph Delteil (1894-1978).

Installé à Paris en 1946, il réalise ses premières toiles abstraites, où des plages de couleurs rompues, de larges barres noires rectilignes, de fines clartés, mettent en place un système qui donne à voir en même temps espace, forme et lumière dans un format investi jusqu'à ses limites. Sur les conseils du peintre Francis Bott (1904-1998), il participe au Salon des surindépendants en octobre 1947 et attire l'attention de Picabia et de Hartung.

Il rompt cette année avec la peinture traditionnelle pour adopter des outils de peintres en bâtiment : « C'est un matériel qui implique d'autres matières, d'autres gestes que ceux de la peinture traditionnelle. [...] J'ai eu envie de me servir de grande jarres de peinture [...] j'ai choisi le brou de noix. » Ce choix de revenir à des techniques artisanales, sinon « primitives » dit la volonté du peintre de rejeter toute affectation, de construire une pratique qui lui est propre et qu'il contrôle totalement. Grâce à l'acuité de James Johnson Sweeney, conservateur au Museum of Modern Art de New York, qui lui rend visite fin 1948, ou de Pierre-André Farcy qui fait entrer la première œuvre du peintre dans une collection publique française (musée de Grenoble), de la galerie Lydia Conti qui organise sa première exposition personnelle à Paris en 1949, suivie par la galerie Louis Carré, la peinture de Pierre Soulages est présente dans le monde entier dès le milieu des années 1950 et occupe une place prépondérante sur la scène française.

Peinture 162 × 114 cm fait partie d'un ensemble de toiles montré lors de la première exposition personnelle à la galerie de France en 1960, qui connaît un très grand retentissement. Elle est également exposée au musée Fabre, lors d'une importante exposition itinérante en 1975. La technique mise en œuvre pousse au bout une recherche sur la lumière, obtenue par transparence : le peintre procède par enlèvement de matière pour révéler à la fois une couche bleue sous-jacente et le blanc de la préparation. De cette manière, comme l'a souligné Pierre Encrevé, « la matière, la couleur et la forme deviennent inséparables ». L'équilibre parfait de la toile, calée comme une un effondrement rocheux entre deux parois, appartient à ces « hapax » recherchés par le peintre, c'est-à-dire, littéralement, une forme qu'on ne rencontre qu'une fois dans un corpus. S.A.

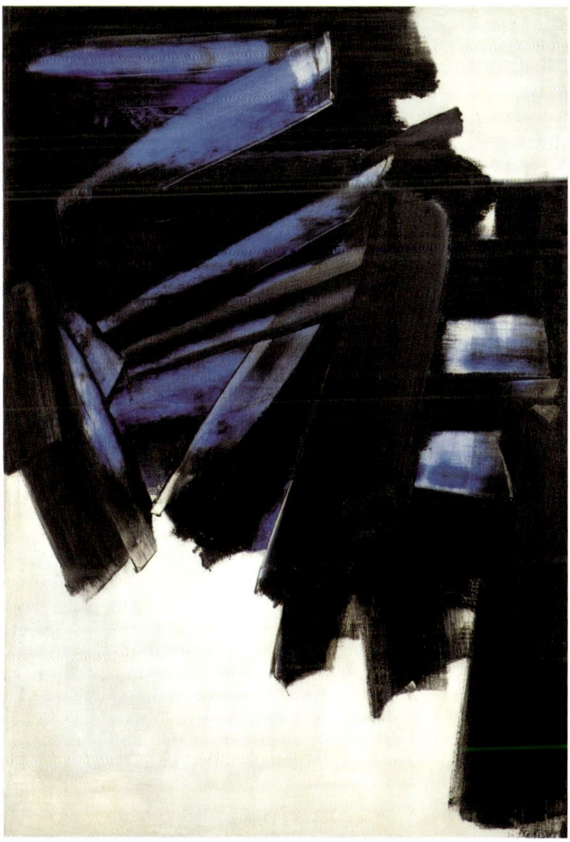

PIERRE SOULAGES (Rodez, 1919)

Peinture 162 × 434, 27 mars 1971

Huile sur toile • Don Pierre et Colette Soulages, inv. 2005.12.6

Les années 1967-1968 marquent un changement considérable dans l'œuvre de Pierre Soulages. Depuis plus d'une décennie, sa peinture met en jeu une palette où le bleu, le rouge, le brou de noix, le blanc jouent un rôle essentiel aux côtés du noir, comme si la lumière était le fait d'une couleur s'opposant à l'obscurité. L'œuvre se développe essentiellement sur des formats verticaux, d'abord aux dimensions du commerce, puis fondés sur le rapport irrationnel du nombre d'or. Enfin, la peinture a été travaillée en couches épaisses, autorisant raclages et transparences pour en faire jaillir la lumière.

À l'inverse, pendant ces années charnières, Soulages radicalise sa pratique et ne s'autorise que le seul dialogue du noir et du blanc ; les formats se développent horizontalement au-delà des limites habituelles ; la couleur est répandue de façon uniforme, en plages d'intensité égale. « En 1968-1970, j'ai commencé à faire une série de peintures en noir sur blanc, retournant à un ascétisme cistercien – comme certains l'ont dit. J'ai senti personnellement le besoin profond, l'exigence de ce retour », confie-t-il en 1970 à Catherine Millet. Pierre Soulages avait réalisé de nombreuses peintures au brou de noix sur papier en 1947, qui ne sont pas sans présenter quelques parentés formelles avec cette série. Mais il donne un nouveau sens à cet usage, en exprimant sa volonté d'isoler l'œuvre de son contexte : « Le noir est la couleur qui s'oppose le plus à tout ce qui l'entoure. Un tableau noir et blanc n'a rien à voir avec son environnement qui est toujours coloré. » De cette ascèse voulue naissent des toiles impressionnantes de maîtrise. C'est d'abord une pure réussite technique, avec laquelle le peintre contrôle parfaitement la coulée sombre sur le blanc immaculé de la toile, pour obtenir une forme venue d'un seul jet, que toute reprise aurait immanquablement détruite. C'est encore le défi relevé d'une monumentalité, obtenue avec le seul moyen d'un ruban de peinture noire liquide, qui se boucle et se développe avec un dynamisme inédit à une échelle si colossale.

La toile apparaît dans l'exposition *Soulages 1970-1972* organisée par la galerie de France du 31 mai au 31 juillet 1972, en même temps que la manifestation voulue par le président Pompidou, *1960-1972, douze ans d'art* contemporain, qui ignore délibérément les artistes installés au profit des nouvelles générations. La critique, qui accueille très favorablement le travail de Pierre Soulages, ne manque pas de s'étonner de sa mise à l'écart : « Pourquoi fait-on comme si les Grands des années 50 avaient cessé toute activité, alors que l'actuelle exposition Soulages apporte en un défi éclatant la preuve qu'il est encore possible de peindre », lit-on dans *Opus international*. L'opposition des générations apparaît d'autant plus arbitraire que les jeunes artistes de Supports/Surfaces, originaires pour la plupart du Languedoc, connaissent bien le chemin de l'atelier de Sète. S.A.

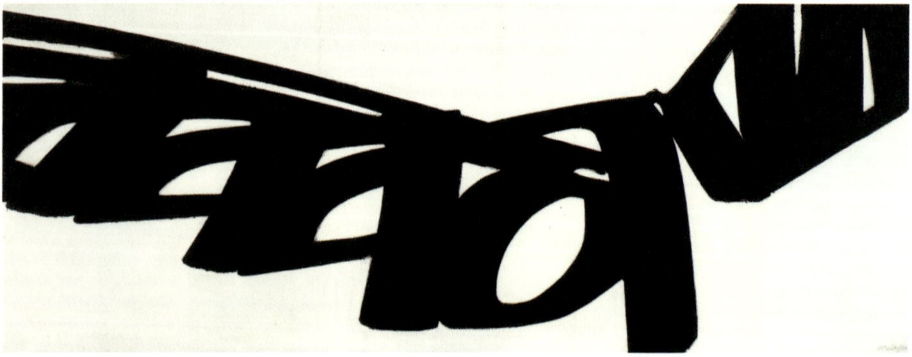

PIERRE SOULAGES (Rodez, 1919)

Peinture 324 × 362, 1986

Polyptyque F • Huile sur toile • Don Pierre et Colette Soulages, inv. 2005.12.15

« Ce jour-là, j'avais l'impression d'un échec, je pataugeais dans du noir, sans parvenir à en sortir ce que je cherchais. Le noir avait tout envahi, mais du coup c'était comme s'il n'existait plus. [...] J'ai pris une heure de repos. J'ai vu alors ma toile différemment, non plus avec ce qui me gênait en elle, mais comme quelque chose d'autre que je ne parvenais pas à vraiment juger. [...] Le lendemain quand je l'ai montré à Colette, avec sa réaction, j'ai compris que c'était vraiment une peinture autre. » Pierre Soulages a souvent raconté, à Pierre Daix comme à de nombreux interlocuteurs, ce moment d'une nuit de janvier 1979 où sa peinture a pris un tournant décisif.

Faussement perçu comme le peintre d'une seule couleur, il s'est toujours tenu à distance du monochrome, ce monument de l'histoire de l'art moderne depuis Malevitch. Si le noir est en effet sa couleur de prédilection, elle est utilisée pour sa puissance de contraste, qui fait jaillir une lumière aussi vive qu'elle est parcimonieusement distribuée. Ce jour où « le noir avait tout envahi », cette lumière avait disparu.

Il faudrait ici relater une autre expérience de Pierre Soulages, faite lorsqu'il découvrait l'eau-forte. Contrairement à toutes les règles en vigueur, il fit si bien que l'acide finit par trouer complètement la plaque de métal. Il en tira une série de gravures où, par la trouée de l'acide, réapparaît la lumière. Lors de cette « nuit de janvier », jolie formule que Pierre Encrevé emprunte à Aragon, Pierre Soulages est en quelque sorte passé au travers du noir pour retrouver cette lumière. Il a logiquement baptisé cette nouvelle matière du nom d'« outrenoir ».

Désormais, le travail ne consiste plus à utiliser le noir pour lui même, mais à s'en servir pour capturer une lumière qui sera mère de nouvelles couleurs. « Les ombres et les reflets mêlés qui s'accrochent aux multiples sillons creusés dans la pâte colorée par la brosse créent une lumière qui a une qualité propre et une couleur particulière, autre que celle du pigment et changeante. Par opposition, les surfaces écrasées, lissées en quelque sorte par la lame, apportent une couleur et une lumière différentes. C'est la texture de la surface et la manière dont la lumière s'y décompose qui créent la couleur. » L'outrenoir est en quelque sorte le pendant obscur des vitraux de Conques, pour sa capacité à diffracter la lumière selon de nouvelles longueurs d'ondes.

Le *Polyptyque F*, souvent exposé dans les rétrospectives du peintre, témoigne de ce travail de façon exemplaire. Il souligne l'importance décisive du format dans cette nouvelle peinture, qui ne se satisfait pas de surfaces médiocres. La solution du polyptyque, préférée à la toile unique, vaut pour les interruptions qu'elle impose. Car ce sont désormais les ruptures, les variations de la lumière que le spectateur est invité à découvrir, à inventer même selon son déplacement, et à inscrire dans le temps d'une perception où rien n'est figé. S.A.

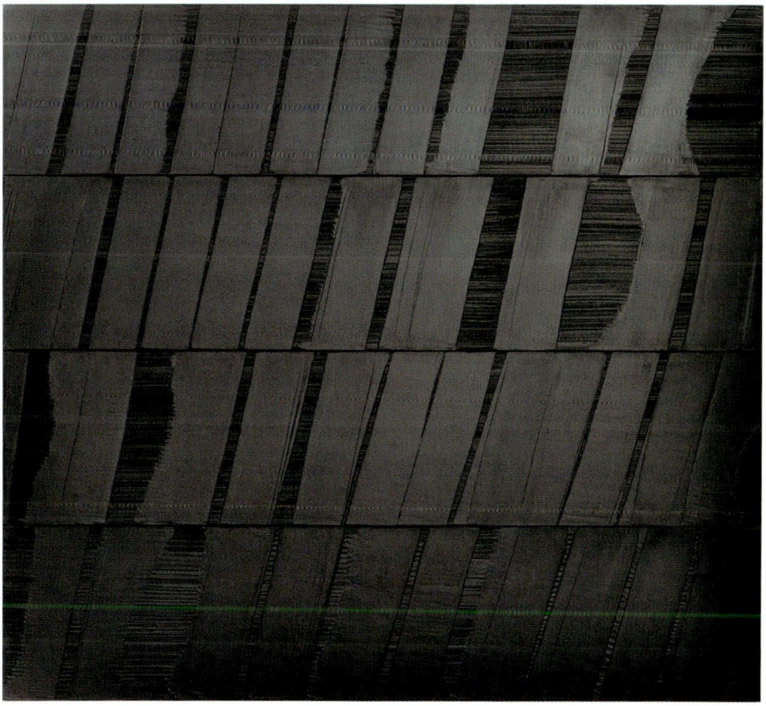

205 et 206

SIMON HANTAÏ (Bia, près de Budapest, 1922)

Sans titre, 1958

1958 • Huile sur toile • 244 × 231 cm • Achat de la Ville, 2002, inv. 200.10.1

Blanc, 1974

1974 • Huile sur toile • 236 × 208 cm • Signé daté en bas à droite : *S.H.74* • Collection Jean Fournier, don de M. Jean-Marie Bonnet, en mémoire de Jean Fournier, inv. 2006.10.1

Après des études à l'École des beaux-arts de Budapest et un voyage en Italie, Simon Hantai s'installe en France en 1949 où il est remarqué par André Breton, qui l'expose dans sa galerie L'Étoile scellée en 1950. Le jeune peintre se débarrasse rapidement de cette tutelle pour développer une réflexion inédite sur la pratique du peintre, visant à réintroduire dans le travail des processus automatiques et à le dépouiller des notions de talent et de savoir-faire.

Proche de l'expression lyrique, il réalise la série des écritures (*Sans titre*, 1958, Montpellier, musée Fabre) où, en ôtant sur son passage le noir qui vient recouvrir la toile, le geste de l'artiste révèle une couche colorée sous-jacente, « groupe de signes éclatants, jaune-orangé, bleu-vert, ou rouge pur, palpitant dans un espace nocturne » (Geneviève Bonnefoi). Il travaille à la mise au point d'une méthode fondée sur le pliage, dont l'importance peut être comparée à l'invention chez Matisse de la couleur découpée au ciseau. La toile nouée, peinte, puis dénouée, révèle une composition non maîtrisée où le « non-peint » a autant d'importance que le peint. La composition, le

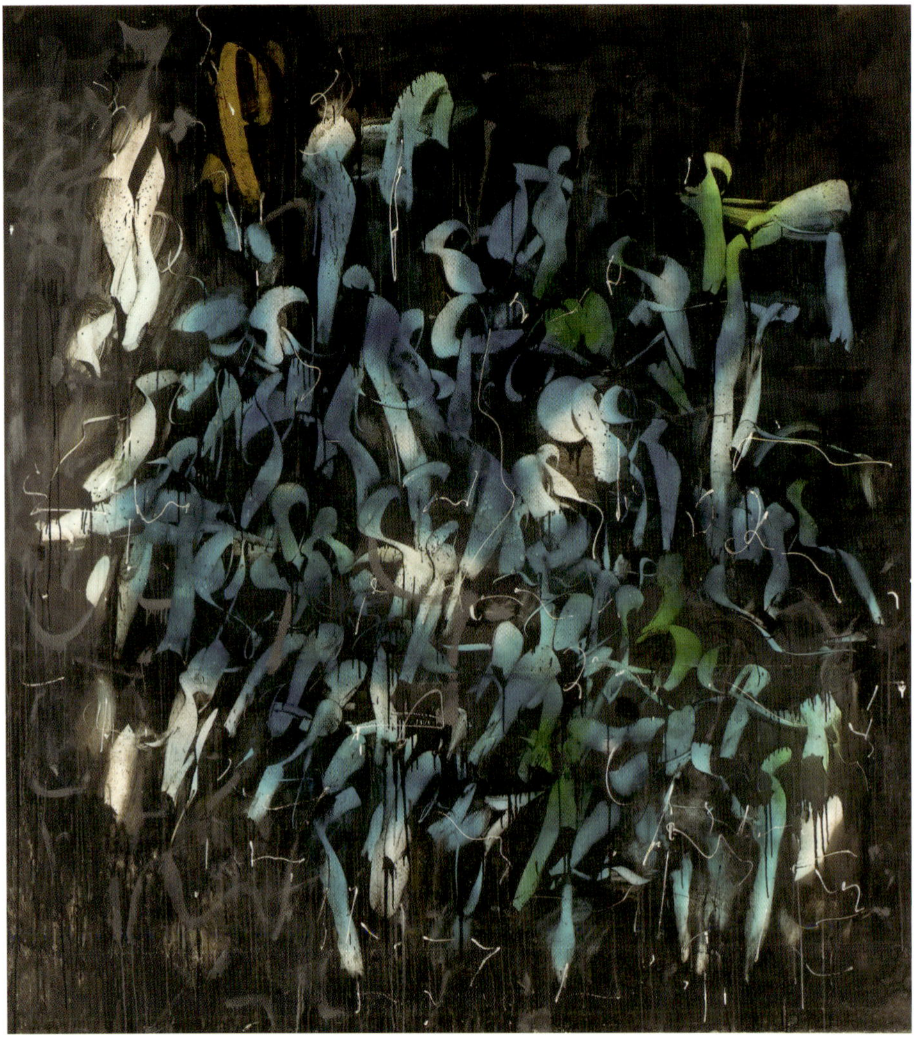

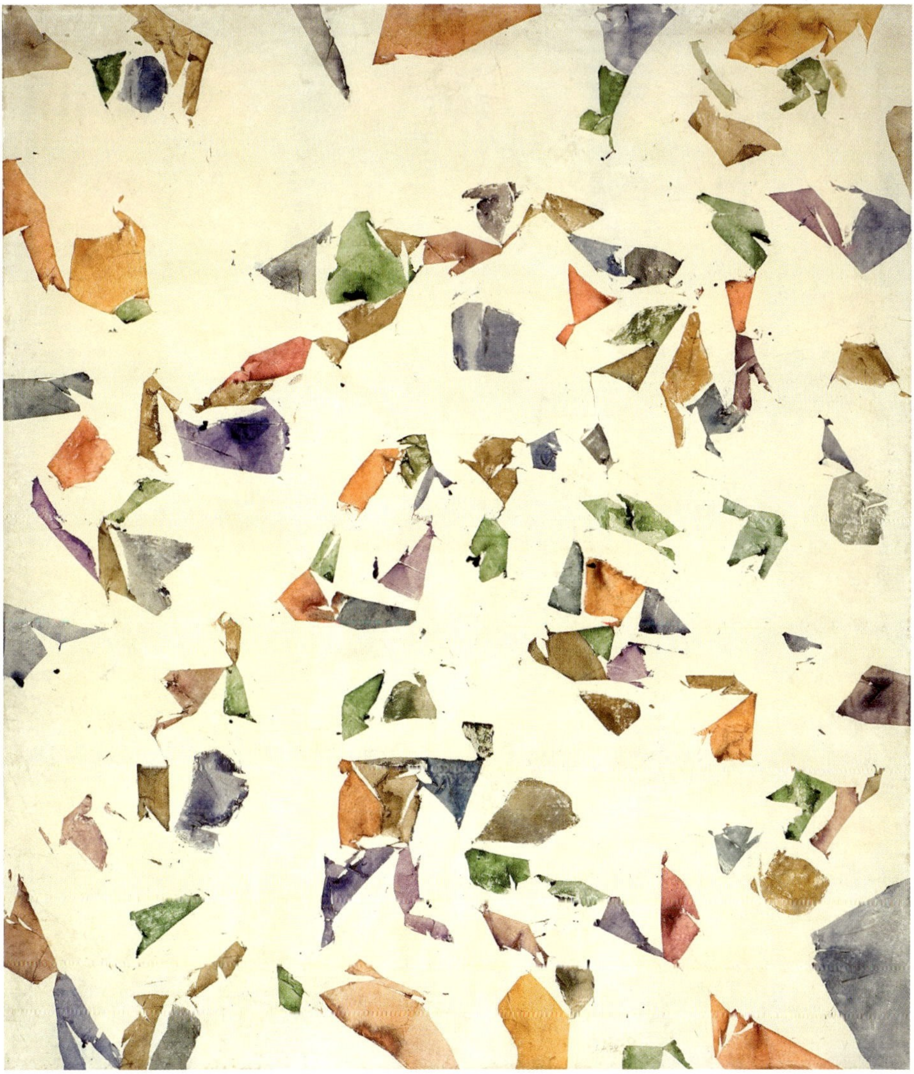

rapport du plein et du vide, les accords de couleurs se font ainsi à l'insu du peintre, qui travaille à l'aveugle, comme dans la série des *Panses* (*MM III*, 1964, Montpellier, musée Fabre). Le motif, taillé comme un diamant par le pliage de la toile et les couleurs appliquées sur chaque facette, apparaît au centre d'une toile laissée vierge de toute intervention.

Toute l'œuvre de Simon Hantaï repose sur le balancement entre ce qui est peint et ce qui ne l'est pas ; dans le *Blanc 1974*, le « non-peint » a envahi toute la surface ; mais de même que toute matière est plus constituée de vide que d'atomes, ce « non-peint » est cet élément actif qui tient le tableau. Le blanc, l'absence, le silence, apparaissent comme les mêmes facettes d'un artiste dont la vie et l'œuvre sont étroitement confondues.

Simon Hantaï joue un rôle clef dans la peinture française après guerre, tant par son œuvre que par son attitude vis-à-vis du monde de l'art. En mettant en avant les enjeux de l'acte pictural, le temps de la création, la place de l'artiste, les interrogations que peindre soulève, il a permis la nécessaire régénération d'une tradition alors singulièrement malmenée. Cette place, centrale pour les générations qui ont suivi (Supports/Surfaces, Parmentier, et ultérieurement Piffaretti, Bordarier...) fut paradoxalement acquise depuis une position marginale, qui devient, à partir de 1982, un retrait. L'œuvre de Simon Hantaï est, depuis, un corpus fini que l'artiste revisite, une matière à réflexion, dont l'importance historique ne fait que croître. S.A.

207 et 208

CLAUDE VIALLAT (Nîmes, 1936)

Sans titre

1996 • Acrylique sur toile de bâche • 290 × 424 cm • Achat de la Ville avec la participation du FRAM Languedoc-Roussillon, 1998, inv. 98.10.1

Sans titre

1996 • Acrylique sur toile de bâche militaire • 289 × 178 cm (plus les sangles) • Achat de la Ville avec la participation du FRAM Languedoc-Roussillon, 1998, inv. 98.10.2

C'est vers le milieu des années 1960 que Viallat émerge sur la scène artistique française : comme de nombreux artistes de sa génération (Parmentier, Rouan, Buraglio, Kermarrec), Viallat opte pour l'abstraction, stimulé en cela par sa découverte de la peinture américaine. Il engage alors une analyse critique des codes picturaux traditionnels en énumérant les différents paramètres qui constituent l'œuvre (châssis, toile, forme, couleur). Annexer de nouveaux matériaux, faire éclater l'espace, mettre en scène le travail du peintre, rechercher l'anonymat, assumer la précarité de l'œuvre, etc. sont quelques-uns des idéaux du groupe Supports/Surfaces dont Viallat est l'un des membres fondateurs. Dès 1966, l'artiste mit au point son système pictural auquel il est demeuré fidèle et qui lui permit d'un coup d'évacuer le problème de la représentation : utilisation d'une forme aussi neutre que possible qui fait songer à une palette ou à un osselet qui entre en contact avec des supports variés, en se répétant à l'infini : draps de lits, toiles de tentes, rideaux, sacs de jute, parasols, voiles de bateau, culs de fauteuils. Ce rebut de la civilisation est annexé dans le champ de l'art par l'artiste avec un sérieux, une joie naïve et une bonne part d'ironie. Bien vite, les supports neutres et purs du début ont laissé place, à partir du milieu des années 1970, à des formes de plus en plus complexes et heurtés à travers des raboutages, hâtivement collés, qui font penser aux collages cubistes de Braque ou de Picasso. Les motifs préexistants des supports, comme dans les bâches militaires, rugueuses et compartimentées, autorisent les combinaisons les plus variées. La forme, toujours la même, rythme ces espaces inexorablement, semblant se jouer de toutes les difficultés. Dans certaines toiles de grand format (*1996, Sans titre 290 × 424 cm),* l'effet *all over* est à son maximum d'efficacité. Jamais borné par aucun obstacle l'artiste semble habité par une sorte d'ivresse de l'expansion infinie. L'exubérance de la couleur est à son comble avec des reflets moirés qui sont autant un hommage à l'art de Venise (Véronèse, Titien) qu'à Matisse auquel Viallat est toujours demeuré attaché, dialoguant à l'occasion avec son œuvre à travers des toiles hommages superbement colorées. Bien que demeuré fidèle à l'idéologie contestataire du mouvement Supports/Surfaces, Claude Viallat s'inscrit néanmoins dans une longue filiation des peintres de la couleur qui va de Delacroix en passant par les fauves (Derain, Matisse, Chabaud) jusqu'à Simon Hantaï. Viallat n'a jamais dit le dernier mot. Installé à l'intérieur d'un travail « nombreux et spiralé », l'artiste guette ces « infimes déplacements », ces écarts qui orienteront l'œuvre à venir et lui apporteront, après coup, sa vraie signification. M.H.

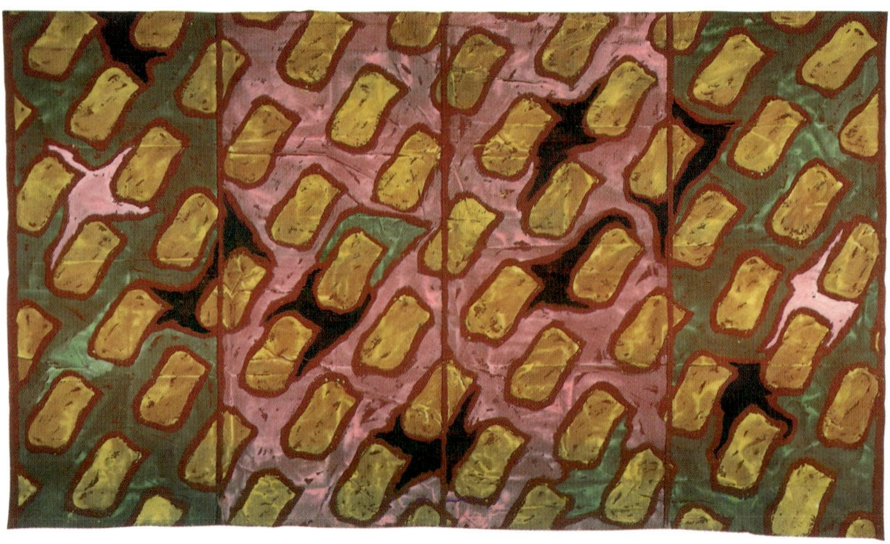

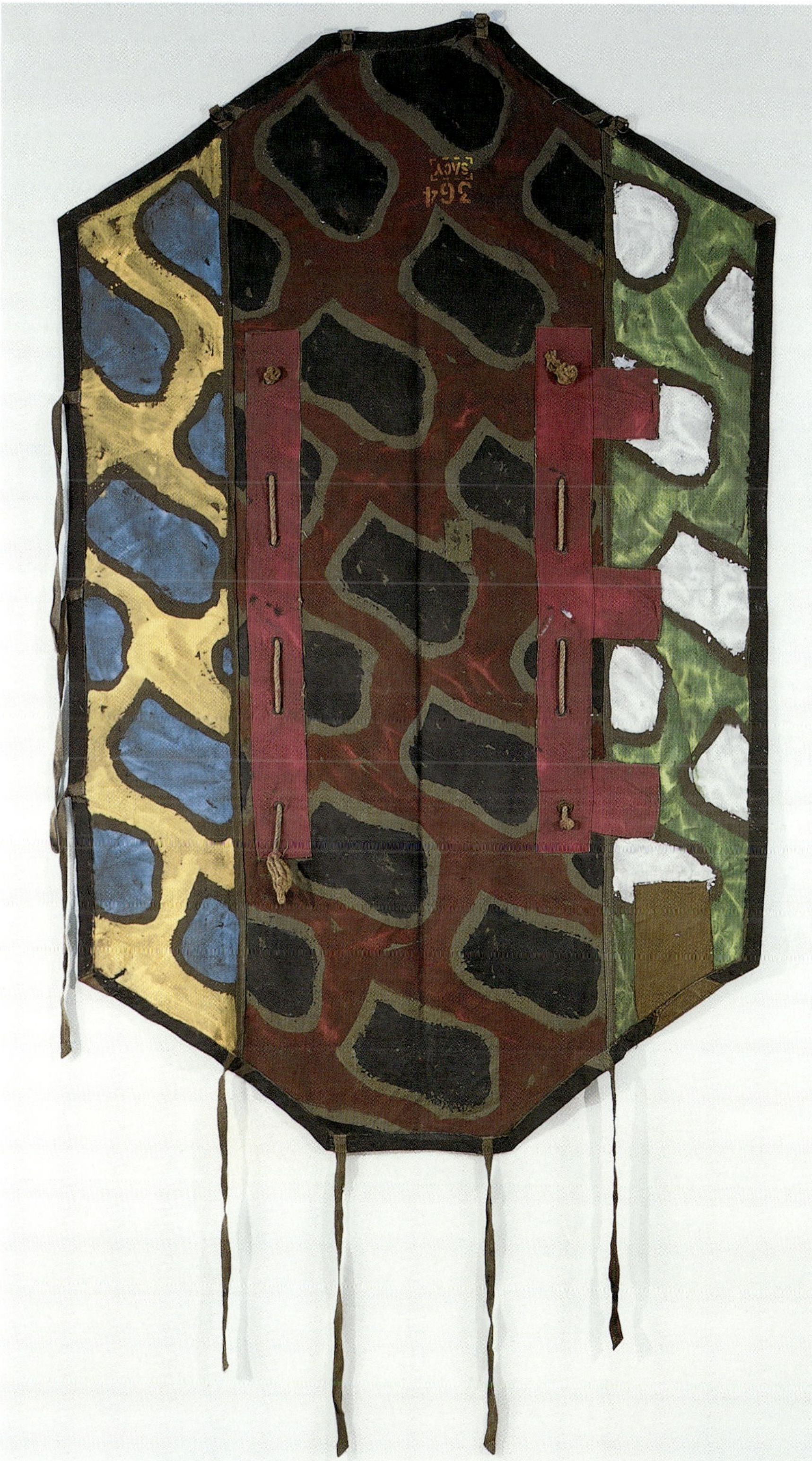
SACY
364

209

TONI GRAND (Gallargues-le-Montueux, Gard, 1935 – Mouriès, Bouches-du-Rhône, 2005)

Sans titre

1980 • 9 pièces en bois coupé, scié • 38,1 × 49,0 × 30 cm • Don de la California International Art Foundation, Californie, 2006, inv. 2006.8.1

Après avoir réalisé ses premières sculptures en autodidacte dans les années 1950, « du bricolage sans importance », selon l'artiste, Toni Grand se forme principalement dans l'atelier de Marta Pan. Il puise dans un répertoire de matériaux ordinaires, acier, os, plomb, polyester bois qui, à travers les transformations qu'ils subissent, révèlent à la fois leurs qualités et leur fragilité, et se lisent comme une métaphore de la condition humaine.

Associé dans les années 1960 au groupe Supports/Surfaces, Toni Grand est, avec Bernard Pagès, le représentant d'une approche véritablement « sculpturale » de l'œuvre. Tant par le choix d'un matériau classique, le bois, que par celui des outils (l'herminette), il paraît dans un premier temps s'inscrire dans la tradition d'un « métier » d'artiste ; cette approche est cependant très vite déjouée, puisque Toni Grand choisit délibérément des essences de bois ordinaires, voire viles, et recourt à une scie mécanique, subvertissant ainsi le geste « manuel » de l'artiste.

Le matériau apparaît dans un nouveau jour, entre nature et industrie, porté à ses limites mécaniques par les transformations successives que lui inflige l'artiste, sans que jamais sa nature originelle ne soit trahie, comme si le bois, équarri, débité ne reniait jamais l'arbre dont il est issu. Si Toni Grand abandonne à partir du début des années 1980 le bois pour le polyester, la forme du tronc, de la branche, persiste en creux, par moulage, comme dans les pièces réalisées pour le pavillon français de la Biennale de Venise en 1982.

Cette œuvre, datée de 1980, se présente comme une suite de neuf fragments d'un même tronc destinés à être présentés dans l'angle fait par le sol et la paroi. On sait toute l'importance de l'occupation de ces limites spatiales, angles, charnières, dans la sculpture contemporaine en particulier dans l'art minimal américain (Richard Serra) et chez Supports/Surfaces (Louis Cane, *Sol mur*). Toni Grand s'inscrit ici dans cette recherche et, comme à son habitude, décontextualise sa proposition. L'introduction d'un élément naturel, en bois brut de scierie, peu ouvragé, vient mettre en doute à la fois le lieu qu'il occupe, l'espace épuré du musée et le statut de l'objet, oscillant entre œuvre et matériau. De ce déplacement naît la surprise, et la poésie, comme si cette ligne de troncs sciés figurait les vestiges d'une nature primordiale, une rangée d'arbres réduite à l'état de souches arasées, prises dans l'interstice du bâtiment nouvellement construit. S.A.

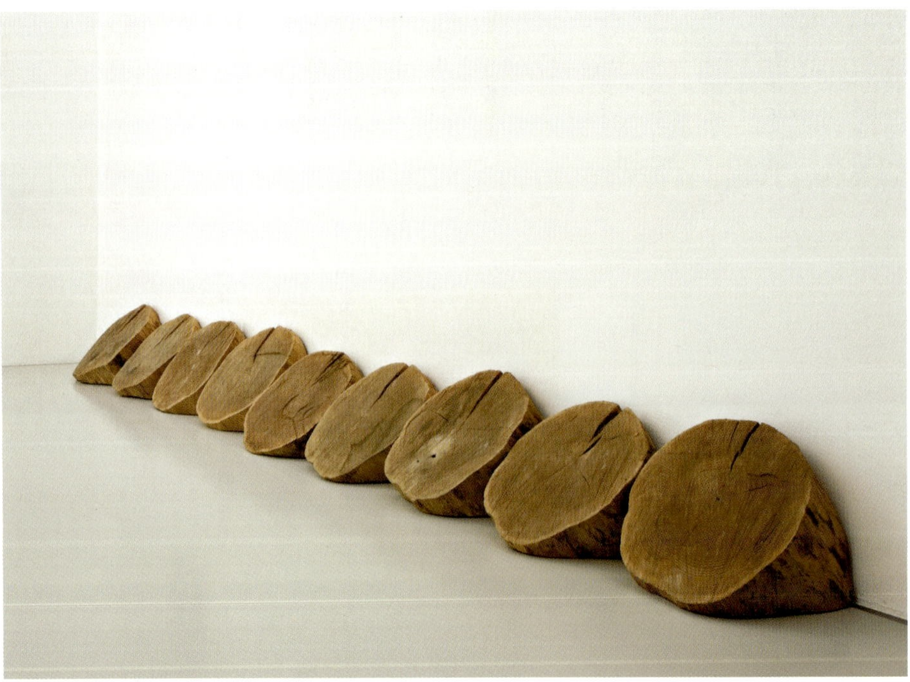

210 et 211

VINCENT BIOULÈS (Montpellier, 1938)

Place d'Aix, noire. Hommage à Auguste Chabaud

1977 • Huile sur toile • 190,3 × 2,50 cm • Achat de la Ville, 1982, inv. 82.3.26

Tombeau d'Aix-en-Provence

1977 • Huile sur toile • 1,90 × 2,50 m • Don des Amis du musée Fabre, 2001, Inv 2001.10.1

Comme la plupart des artistes de sa génération, Bioulès engage au cours des années 1960 une réflexion critique sur les fondements mêmes de la peinture : d'abord au sein du groupe ABC Production en 1969 avec Azémard, Alkéma et Clément, donnant lieu à des expositions de plein air, ensuite au sein du groupe Supports/Surfaces (dont Bioulès suggère le nom chez Viallat à Aubais) de 1970 à 1972. Le terme énonce la théorie « matérialiste » du groupe qui donne priorité aux éléments constitutifs du tableau. Bien qu'ayant toujours continué de peindre sur le motif, presque clandestinement, Bioulès revient officiellement à la figuration à partir de 1975-1977 avec le cycle des « Places d'Aix ». Bioulès rend un hommage vibrant à cette ville italienne et musicale, qu'il a appris à aimer durant les années d'enseignement à l'école des Beaux-Arts de 1967 à 1982. Bioulès se concentre sur le vaste espace de la place de l'hôtel de ville sur laquelle se tient le marché aux fleurs. Certaines toiles comme *Le Tombeau d'Aix-en-Provence* sont à l'évidence marquées par l'expérience abstraite : les grands aplats de couleur, l'organisation géométrique, la touche expressive rappellent les bichromes des années 1970. *L'Hommage à Auguste Chabaud* datant de la même année 1977 est la plus décorative et architecturée de toute la série. On y retrouve tels de vastes rideaux de scène, la poste, l'ancienne halle aux grains, œuvre de Georges Vallon, avec ses pilastres classiques. Du fronton, sculpté par Chastel, s'échappe dans le vide, la jambe de la Durance. La fontaine à gauche, œuvre de 1755 de l'architecte et du sculpteur, retrouve son évidence spatiale et sa massivité. Bioulès assume et revendique ouvertement l'héritage de la peinture française : Marquet, Derain, Dufy, Picasso, le cubisme et surtout Matisse, celui de la *Vue de Notre-Dame* ou de *La Leçon de piano* pour la saturation de la couleur et l'aplatissement spatial. La toile est dédicacée à Auguste Chabaud, artiste languedocien cher à Bioulès. Comme son illustre devancier, Bioulès rend hommage à ce « midi presque noir à force de lumière » : les noirs et les bleus profonds se heurtent sans transition à des beiges crémeux ou des jaunes acides. Il se plaît à souligner les formes d'un cerne lourd et gras comme au beau temps du fauvisme. Cet éclectisme à la fois ironique et décalé permet au peintre de retrouver une liberté nouvelle, une vraie joie de peindre tout en s'affranchissant des préoccupations esthétiques du XXe siècle. M.H.

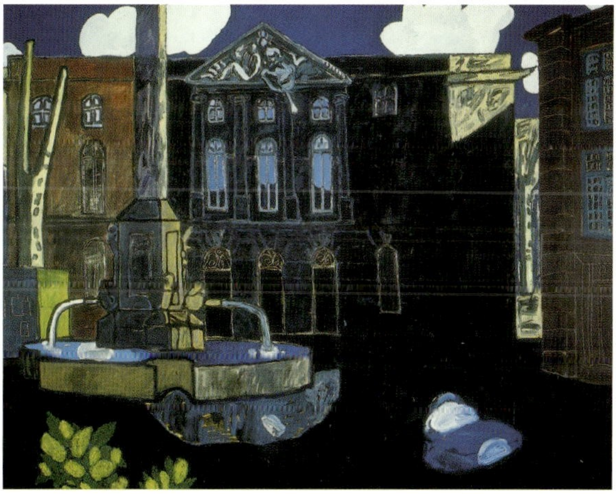

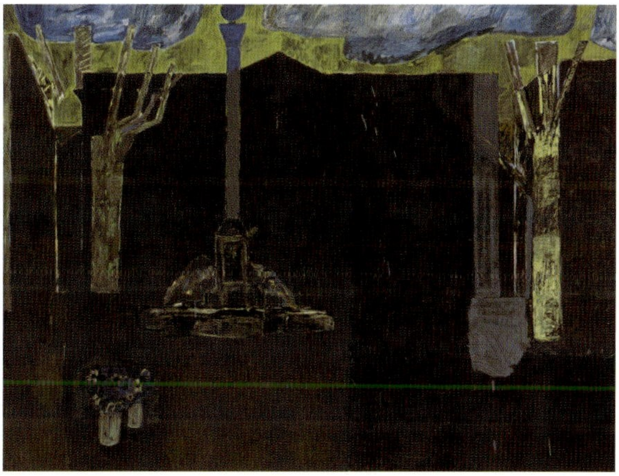

FRANÇOIS MORELLET (Cholet, 1926)

Défiguration n° 12 (Gustave Courbet « La Rencontre »)

2001 • Acrylique sur toile • Trois toiles, 92 × 73 cm • Achat de la Ville, 2002, inv. 2002.17.1.1 ; 2002.17.1.2 ; 2002.17.1.3

La biographie de François Morellet est simple : peintre figuratif de 1944 à 1949, il est ensuite industriel de 1948 à 1975, tout en participant au groupe de recherche en art visuel (GRAV) de 1960 à 1968. Pour le reste, il se déclare vivant (depuis 1926), marié (depuis 1946), peintre abstrait (depuis 1950), sans formation artistique, sans décorations, et « désire le rester ». Son œuvre se déploie aujourd'hui au confluent de l'abstraction géométrique, du minimalisme et de l'art conceptuel, sous la bannière d'un humour sans équivalent dans l'art français. Dans ce contexte, sa capacité à dialoguer avec l'art ancien pourrait surprendre si ses interventions dans les musées des Beaux-Arts (Grenoble, 1972 ; Nantes, 1973 ; Angers, 1982...) n'avaient fait la démonstration d'une intelligence de l'œil et d'une agilité de l'esprit, dont la série des *Défigurations*, qui débuta en 1988 à la galerie Fachetti de New York, est une conséquence logique.

Comme souvent chez Morellet, l'origine de l'œuvre trouve sa source dans le langage et l'histoire de l'art. Au départ se trouve une interrogation sur la question du format du tableau, traditionnellement réparti en trois genres : figure, marine, paysage. Avec le triomphe de la peinture de chevalet au XIXe siècle, leurs dimensions ont pris valeur de dogme sans fondement scientifique apparent. Au terme d'une enquête commandée à une historienne de l'art, François Morellet conclut que le « 30 figure » (92 × 73 cm) est statistiquement le format le plus répandu parmi les tableaux universellement admirés, et qu'il convient donc de l'adopter.

Pour mettre toutes les chances de son côté, il copie à sa façon les maîtres, s'inscrivant dans une tradition d'apprentissage tout académique qu'il ne peut manquer de subvertir. Prenant acte de la mort de la peinture avec le monochrome blanc de Malevitch (ou plutôt celui d'Alphonse Allais, *Première Communion de jeunes filles chlorotiques dans la neige*, 1883), il choisit pour outil une toile vierge format 30 figure, qu'il se borne à accrocher dans un apparent désordre. Un œil observateur note cependant que chaque la toile reprend fidèlement la position d'une *figure* du tableau d'origine. Ainsi, malgré une réduction drastique à trois toiles blanches, on reconnaît sans peine dans la *Défiguration n° 12 (Gustave Courbet « La Rencontre »)* la dignité du mécène, l'humilité du domestique et la fière assurance de l'artiste, comme si le chef-d'œuvre de Courbet survivait à toute tentative de *défiguration*.

En détournant l'exercice de l'accrochage, pouvoir régalien du conservateur, François Morellet signe avec les *Défigurations* la prise de contrôle par l'artiste de l'institution et du discours sur l'art. Cette réappropriation subversive d'un lieu dont l'artiste est le créateur originel ne manque pas de saveur au sein d'un musée fondé par un peintre, François-Xavier Fabre, en 1825.

S.A.

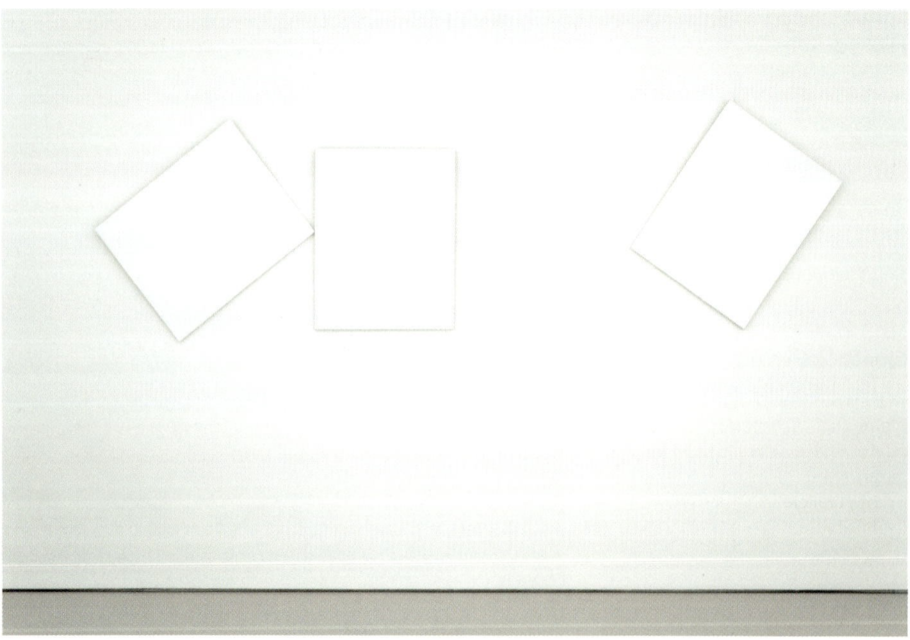

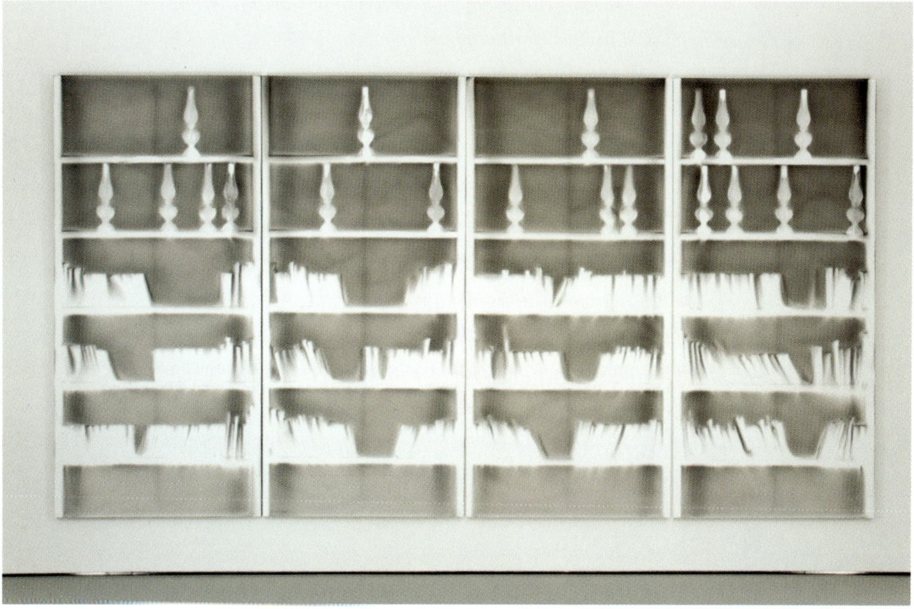

213
CLAUDIO PARMIGGIANI (Luzzara, 1943)

Sculpture d'ombre

2002 • Suie sur bois • 240 × 460 cm • Achat, 2002, inv. 2002.4.1

Né dans une petite ville d'Émilie-Romagne, Claudio Parmiggiani passe une enfance rurale, baignée par des images qui marquent définitivement sa mémoire. Les barques qui glissent dans le brouillard, les lampes à pétrole qui font reculer la nuit, le pain qu'il faut gagner, la boue dans laquelle les pieds s'enfoncent, autant de visions qui plus tard sont devenues des œuvres. Après une formation classique à l'école des Beaux-Arts de Modène, Parmiggiani se consacre essentiellement au dessin, et participe au Gruppo 63, mouvement d'avant-garde réunissant artistes et poètes. Sa rencontre à Bologne avec Giorgio Morandi le marque durablement. En 1965, il expose pour la première fois à la librairie Feltrinelli de Bologne des assemblages d'objets, conçus comme des poèmes visuels. Il organise en 1967 le premier festival de poésie concrète, *Parole sui muri*, au cours duquel cent cinquante poètes et artistes investissent le village de Fiumalbo. Son œuvre se déploie alors à travers montages photographiques, objets uniques, livres d'art, aux confins d'un surréalisme onirique, où les vaches portent des mappemondes sur leur pelage, les mètres-étalons mesurent quatre-vingt-dix centimètres, les continents sont épinglés dans des boîtes à papillons, et les planètes voyagent en barque.

En parallèle à cet univers poétique, une réflexion sur la condition humaine intervient avec une gravité insistante dans une œuvre qui va devenir l'une de plus importantes de l'Italie contemporaine. Les pauvres vestiges de l'activité des hommes, chaussures, linges, traces de mains, cendre, disent tout de la précarité de l'existence, de sa fragilité face à la violence de notre monde. À l'occasion de la biennale de Modène en 1970, Claudio Parmiggiani réalise la première *Delocazione*, pratique qui va prendre une place considérable dans son travail. Après l'intervention de l'artiste, la pièce qu'il a investie – une remise désaffectée – est entièrement couverte de suie. Les objets qui s'y trouvaient ont été *déplacés* et il ne subsiste plus que leur présence fantomatique en négatif. Appelé au musée Fabre en 2002 dans le cadre de l'exposition *Chantiers/Publics*, Claudio Parmiggiani réédite ce geste à la fois iconoclaste et tragique, en réalisant *Sculpture d'ombre* dans l'ancienne salle de lecture de la bibliothèque municipale. Livrée à la fumée, puis débarrassée, la pièce garde l'empreinte des étagères et des livres qui l'ont peuplée, tel un « monument au désastre obscur » (Christian Bernard). De cette réalisation éphémère subsistent quatre panneaux où apparaissent des livres et des lampes.

Claudio Parmiggiani est un homme du livre, comme l'a montré récemment l'exposition dont il a été le commissaire, *Alfabeto in sogno* (Reggio Emilia, 2002) célébrant cinq siècles de poésie visuelle. Il est également homme de l'ombre, produisant peu, exposant peu, dont le seul *Autoportrait* connu est une ombre (1979, collection Achille e Ida Maramotti). Dans cette nuit que le livre disparu annonce, la lampe, cet « esprit qui veille », selon Bachelard, s'est également éteinte. Il ne reste, pour Claudio Parmiggiani qu'à « résister dans l'obscurité ». S.A

Crédits photographiques

Toutes les photographies sont de F. Jaulmes, excepté n° 122 et n° 178 : G. Dufrêne ; n° 142 et n° 193 : agence photographique de la Réunion des musées nationaux ; n° 200 : T. Dedeshin.

Directeur des Éditions
Pierre Vallaud

Chef du département du Livre
Catherine Marquet

Responsable d'édition
Geneviève Rudolf

Conception graphique et mise en pages
Ursula Held

Iconographie
Guillaume Assié (musée Fabre)

Préparation et relecture des textes
Claire Marchandise

Fabrication
Philippe Gournay

Photogravure
APS / Chromostyle, Tours

Impression
Kapp, Évreux

Dépôt légal : février 2006
ISBN : 2-7118-5129-4
GK 39 5129

Imprimé en France